编 委 会

主　任：焦新安　丁建宁

副主任：叶柏森　陈亚平

委　员：黄建晔　陈国宏　洪　涛　周　琴　俞洪亮

　　　　刘巧泉　周如军　薛小平　张信华　赵文明

校史编纂组

组　长：叶柏森　陈亚平

副组长：张信华　赵文明　吴善中　林　刚

成　员：（以姓氏笔画为序）

　　　　王　成　王一凡　卢　彪　史华楠　毕　亮　刘怀玉

　　　　许文浩　孙　维　孙　强　孙剑云　李　亿　李长庆

　　　　杨　方　杨家栋　杨静雯　张　运　张　勇　张　琼

　　　　陆和健　陈森青　金永健　周　详　赵晓兰　殷宏楼

　　　　唐　尧　谈志娟　黄庆华　蒋义刚　蒋鸿青　虞　璐

　　　　戴世勇　魏训鹏

扬州大学
校史

《扬州大学校史》编纂组　编

广陵书社

图书在版编目（ＣＩＰ）数据

扬州大学校史 / 《扬州大学校史》编纂组编. —— 扬
州：广陵书社，2022.5
ISBN 978-7-5554-1863-4

Ⅰ．①扬… Ⅱ．①扬… Ⅲ．①扬州大学－校史－
1902-2022 Ⅳ．①G649.285.33

中国版本图书馆CIP数据核字(2022)第056106号

书　　名	扬州大学校史	
编　　者	《扬州大学校史》编纂组	
责任编辑	李　佩　　戴敏敏　　白星飞	
出版发行	广陵书社	
	扬州市四望亭路 2-4 号	邮编　225001
	（0154）85228081（总编办）	85228088（发行部）
	http://www.yzglpub.com	E-mail：yzglss@163.com
印　　刷	无锡市海得印务有限公司	
装　　订	无锡市西新印刷有限公司	
开　　本	720毫米×1020毫米　1/16	
印　　张	28.5	
字　　数	360千字	
版　　次	2022年5月第1版	
印　　次	2022年5月第1次印刷	
标准书号	ISBN 978-7-5554-1863-4	
定　　价	120.00元	

扬州大学校名

荷花池校区教学主楼远眺

张謇（1853.7—1926.8）字季直，号啬庵，江苏南通人，晚清状元，杰出的爱国主义者，著名实业家、政治家、教育家，扬州大学创校人。

1894年，张謇考中状元，授翰林院修撰。图为状元捷报。

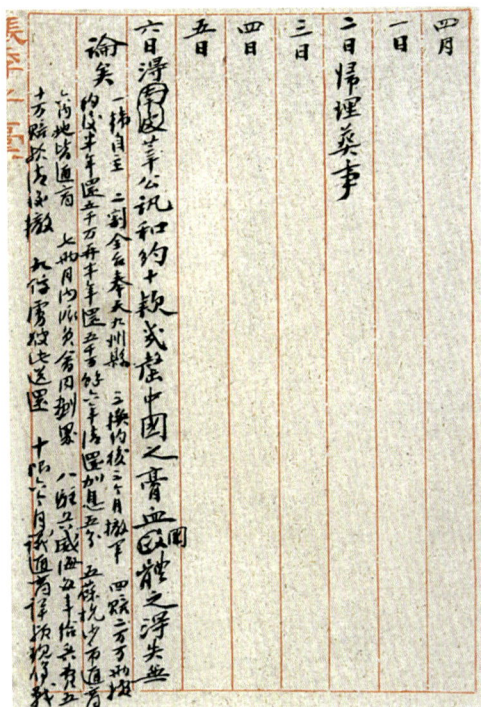

1895年，张謇得知清廷与日本签订《马关条约》，悲愤地在日记中写下"和约十款，几罄中国之膏血，国体之得失无论矣"。图为张謇日记。

1899年,张謇创办的中国第一个股份制纺织企业——大生纱厂正式投产。图为大生纱厂厂门。

1901年,张謇创办中国历史上第一个股份制农业企业——通海垦牧公司。图为通海垦牧公司大门。

　　1902年,张謇创办了中国历史上第一所师范学校——通州民立师范学校(习称"通州师范学校")。图为通州师范学校校门。

通州师范学校全景

张謇为通州师范学校题写校训"坚苦自立，忠实不欺"。图为通州师范学校校训牌匾拓本。

1905年7月，通州师范学校第一届本科毕业生毕业师生合影。

1928 年 8 月，南通农科大学、南通纺织大学、南通医科大学合并组建私立南通大学（1930 年国民政府教育部核定校名为"私立南通学院"）。图为南通学院办公楼。

私立南通大学农科校门

南通学院农科畜牧兽医系全体师生欢送 1950 年毕业同学留影

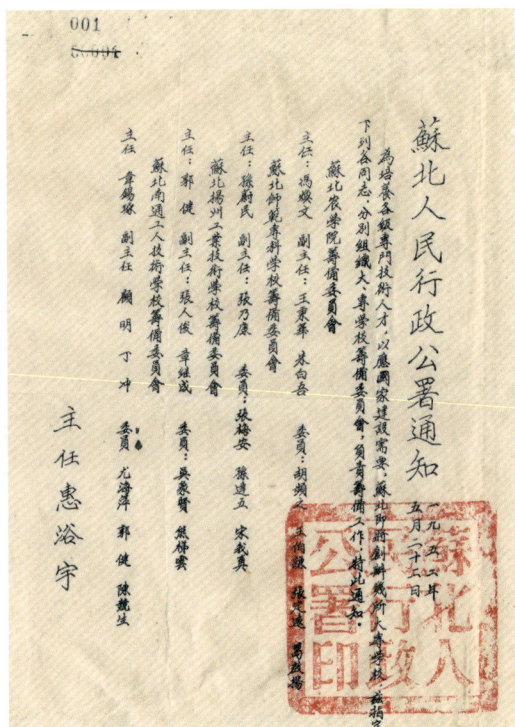

1952年5月22日，苏北人民行政公署发出《通知》，公布即将创办的苏北农学院、苏北师范专科学校、苏北扬州工业技术学校、苏北南通工人技术学校等大、专学校筹备委员会组成人员名单。

1952年苏北农学院建校原址——扫垢山

1952年在扬州办学之初的建校场景

在扬州办学之初，教师在临时搭建的芦席棚中授课。

苏北师范专科学校（原扬州师范学院前身）校景

1959年，扬州师范专科学校并入苏北师范专科学校，
成立扬州师范学院。图为扬州师范学院校门。

苏北农学院(原江苏农学院前身)校景

1971年,原南京农学院并入苏北农学院,学院更名为"江苏农学院"。图为江苏农学院大门。

1958年8月18日,扬州工业专科学校成立。图为扬州工业专科学校校门。

1984年7月16日,教育部批准扬州医学专科学校升格为扬州医学院。图为扬州医学院校门。

1950年7月,淮河水利专科学校在南京成立(原江苏水利工程专科学校前身)。图为淮河水利专科学校校门。

1982年2月,江苏商业专科学校迁至扬州,与江苏省商业学校合并,成立新的江苏商业专科学校。图为江苏商业专科学校和江苏省商业学校校门。

1953年6月,苏北师范专科学校中国语文班全体师生合影。

1954年8月,苏北农学院农学系一九五四级同学毕业留影。

1953 年 7 月，江苏省扬州工业学校（原扬州工学院前身）师生员工合影。

1950 年 8 月，苏北行署在高邮建立苏北卫生行政干部学校（简称"苏北卫生学校"）。图为苏北卫生学校开学典礼合影。

全體師生員工攝影 一九五三年七月廿四日

江蘇省蘇北衛生學校開學典禮

　　1961年，苏北农学院方定一教授在世界上首次发现小鹅瘟病毒，并研制出抗血清。次年底，又成功研发出疫苗。图为方定一教授指导研究生。

　　1981年11月3日，经国务院学位委员会审核、国务院批准，扬州师范学院中国古代文学专业获得博士学位授予权。图为博士生导师任中敏教授指导博士研究生。

国家教育委员会文件

教计[1992]84号

关于同意建立扬州大学的通知

江苏省人民政府：

你省《关于申请建立扬州大学的函》（苏政函[1992] 21号）收悉。

为了适应你省经济、社会发展的需要，克服分散办学所造成的弊端，进一步提高教育质量和办学效益，探索举办社会主义多科性综合大学的路子，经研究，同意扬州工学院、扬州师范学院、江苏农学院、扬州医学院、江苏商业专科学校、江苏水利工程专科学校及国家税务局扬州培训中心联合组建为扬州大学。

扬州大学下设：师范学院、农学院、工学院、医学院、水利学院、商业学院、税务学院等七个学院，在近期内，七所学院的原来隶属关系、级别待遇、经费渠道、办学任务不变。校本部的主要职能是对各学院进行行政领导和宏观管理，统筹事业规划，协调各方面关系，检查评估教育质量。在此基础上，总结经验，深化改革，

理顺关系，逐步把扬州大学建成统一的实体创造条件。

扬州大学的建立，是一项具有开创性的工作，是我国高等教育发展中的一件大事，对于探索创办具有我国特色的社会主义多科性综合大学有着重要意义。请你省切实加强对该校的领导，及时解决实施中出现的问题，尤其要注意采取得力措施，促使该校加快向统一实体过渡。

希望你省通过建立扬州大学的实践，为我国高等教育的改革和发展提供有益的经验。

国家教育委员会
一九九二年五月十九日

主题词：院校　设置　调整　通知
抄　送：国家计委、财政部、国家税务局，江苏省教委、计委

1992年5月19日，原国家教育委员会印发《关于同意建立扬州大学的通知》。

1998年1月，全国高等教育管理体制改革经验交流会议在扬州召开。图为学校在会上作经验交流发言。

　　1999 年 10 月 15 日，由中科院与扬州大学共同研究完成的"转基因体细胞克隆羊"在扬州诞生，该消息被 400 多位两院院士评为"1999 年中国基础科研十大新闻"之首。图为转基因体细胞克隆羊。

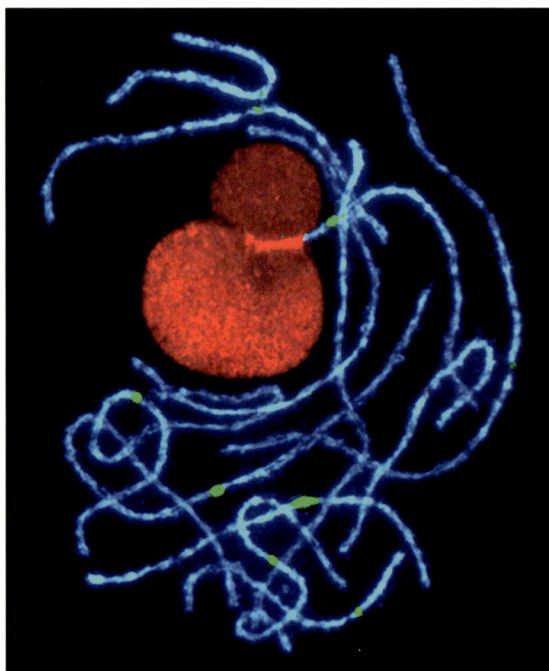

　　2003 年 1 月 26 日，学校参与的水稻第四号染色体精确测序工作被评为"2002 年中国十大科技进展头条新闻"。

第六届高等学校科学研究优秀成果奖
（人文社会科学）

成果名称： 《中国宝卷研究》
广西师范大学出版社 2008 年 10 月

主要作者： 车锡伦 著
成果类型： 著 作
学 科： 中国文学
等 级： 一等奖

教社科证字（2013）第 010 号

中华人民共和国教育部
二○一三年三月二十二日

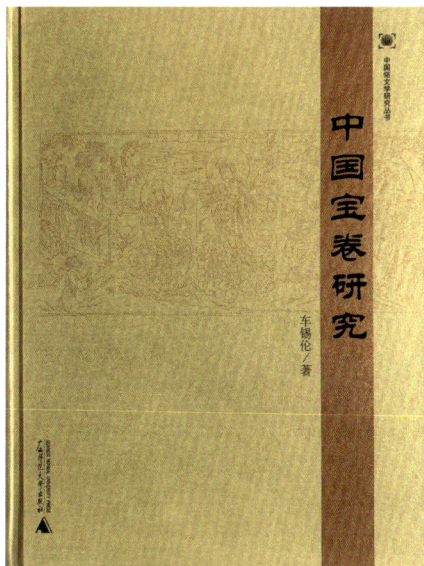

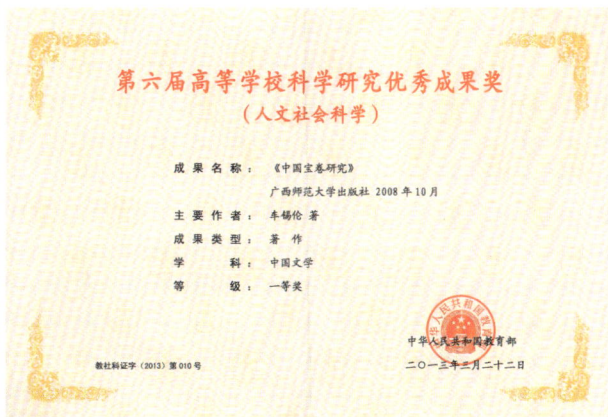

2013 年,车锡伦老师研究成果《中国宝卷研究》获第六届高等学校科学研究优秀成果奖(人文社会科学)一等奖。

学校长期坚持"农科教"三结合,服务地方经济建设和社会发展,得到李岚清副总理的高度肯定。图为 1998 年,学校与响水县联合召开贯彻落实李岚清副总理批示研讨会。

2002 年 5 月 19 日,学校隆重举办"合并办学 10 周年、在扬办学 50 周年、建校 100 周年"庆祝大会。

2004 年,学校获得教育部高等学校本科教学工作水平评估优秀成绩。图为本科教学工作水平评估意见反馈会会场。

2006 年 6 月 30 日,校党委被中共中央表彰为
"全国先进基层党组织"。

2017 年 5 月 5 日,学校召开全校思想政治工作会议。

2019年9月6日,学校举行省市共建扬州大学暨新一轮市校合作推进会。

全国"双百"人物、杰出校友吴登云回母校,与同学们在一起。

　　2005 年 5 月、2012 年 10 月、2017 年 9 月,学校先后召开第一次、第二次、第三次党代会。

2005 年 12 月 13 日,刘秀梵教授当选为中国工程院院士。

2015 年 12 月 7 日,张洪程教授当选为中国工程院院士。

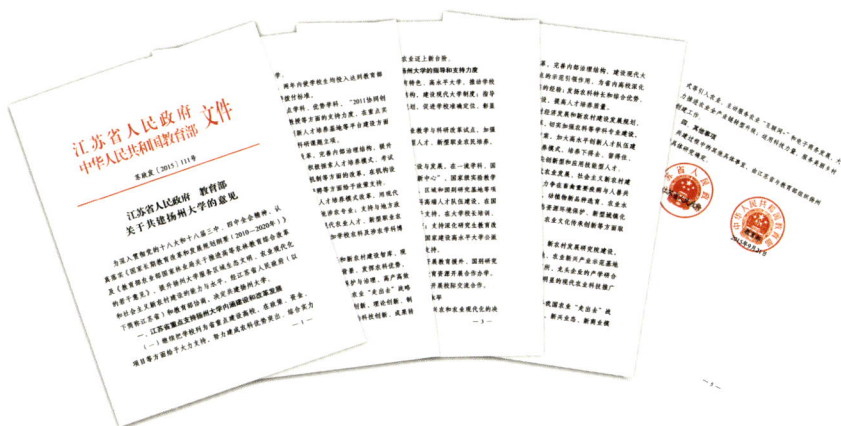

2015 年 9 月 21 日，江苏省人民政府与教育部联合下发《关于共建扬州大学的意见》。

学校先后荣获国家科学技术奖二等奖 10 多项，实现国家自然科学奖、技术发明奖、科技进步奖"全覆盖"。

2021 年 9 月 30 日，学校获批国家知识产权局、教育部"高校国家知识产权信息服务中心"。

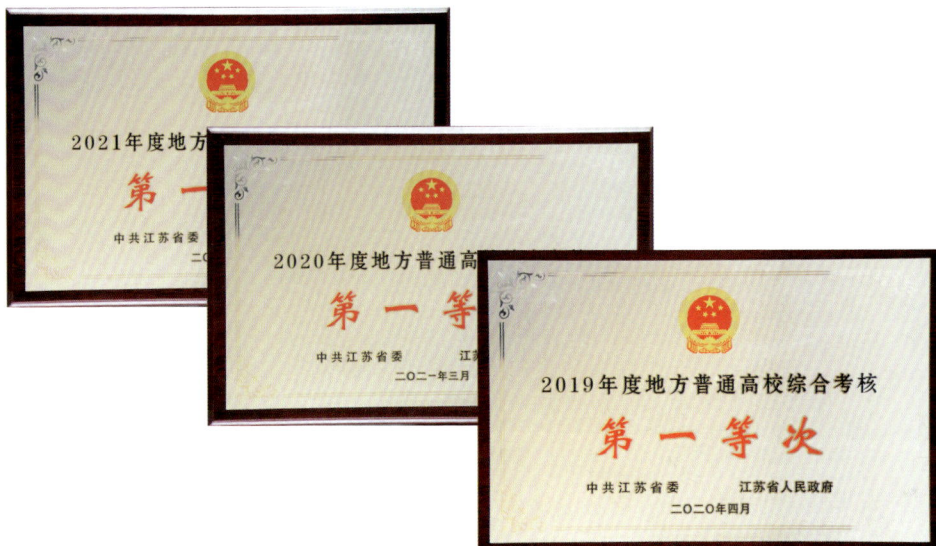

2019—2021 年,学校连续荣获江苏省属高校综合考核第一等次。

2021 年 6 月 1 日,扬州大学科技园被认定为国家大学科技园。

目　录

上　篇

中　篇

下　篇

上篇

扬州大学校史

第一章　张謇兴学办校

扬州大学肇始于 1902 年(清光绪二十八年)张謇先生筹办的通海农学堂和创办的通州师范学校。

晚清状元张謇是我国近代著名爱国实业家、教育家,1895 年起创办了以大生纱厂为中心的一系列近代企业,又于 1902 年起兴学办校,开创了我国近代民办教育的先河,建立了一个包括师范教育和学前教育、基础教育、职业技术教育、高等教育以及特殊教育在内的较为完备的国民教育体系。

第一节　清末新政中的教育改革

19 世纪末,西方列强掀起了瓜分中国的狂潮。1900 年 8 月,八国联军侵占北京,慈禧太后挟光绪皇帝仓皇西逃。为了继续依附帝国主义,安抚统治阶级内部各派系和资产阶级上层人物并欺骗人民,1901 年初,清廷发布"罪己诏"和"改革"谕旨,要求各级官员"各就现在情弊,参酌中西政治,举凡朝章国政、吏治民生、学校科举、军政财政"等情事,"当因当革、当省当并",限两月内奏报清廷。4 月,清政府成立督办政务处,作为筹划改革的机构。从此,各项改革"新政"陆续出台。主要内容有:改革官制、兵制,奖励工商,改革教育。其中,改革教育主要包括"停科举""设学堂"和"奖游学"三项内容。为了造就有用之才,传统的科举制度必须改革,成为有识之士的共识。1901 年,清帝谕令,从 1902 年起各省科举要考试能够解说四书五经和论述中国历史、政治及西学政治、艺学的"策论",废除八股文章;将各省、府、州、县的书院改设大、中、小学堂,毕业后可以取得功名;选派学生出国留学,毕业后"分别赏给进士、举人出身",自费留学生也"一体考验奖励"。1902 年,任命张百熙为管学大臣,主持拟定了我国第一部确立新式学制体系的《钦定学堂章程》,因 1902 年为农历壬寅年,亦称"壬寅学制"。该章程虽经颁布,但未能实施。1903年 6 月,清政府命张之洞、荣庆、张百熙等重订学堂章程,史称《奏定学堂章程》,即"癸卯学制",这是我国实施的第一个完整的近代教育总纲。该学制规定学堂的立学宗旨是"以忠孝为本,以中国经史之学为基,俾学生心术壹归于纯正,而后以西学瀹其知识、练其艺能,务期他日成才,各适实用"。章程对各级各类学校的管理、课程设置、修业年限、入学资格等作了详细规定,初步构建了以普通教育、师范教育与实业教育为主干的国民教育体系。整个清末"新政"过程中的这些教育改革,指导思想仍然是洋务派长期以来所倡导的"中学为体、西学为用",学堂教习的仍是"以四书五经、纲常大义为主,以历代史鉴及中外政治、艺学为辅",但各类学堂的培养目标和人才规格有所分化,突破了传统教育培养官僚精英的单一目标。张謇兴学办校正是在这一历史背景下进行的。

第二节　张謇振兴实业,兴办学校

张謇所处的时代,正是帝国主义列强入侵瓜分中国,使中国社会从封建社会向半殖民地半封建社会急剧变化的时代。面对列强环伺、朝廷腐朽、国力羸弱、民不聊生的惨痛现实,张謇毅然摆脱茫茫沉浮的宦海,舍弃状元宰相的锦绣前程,办厂兴教,踏上了一条荆棘丛生的实业救国、教育救国的道路,成为实践晚清"新政"的一名先锋。

张謇(1853.7—1926.8),江苏南通人,字季直,号啬庵。从小天资聪颖、刻苦好学,4 岁即随其父张彭年学习《千字文》,5 岁入邻家私塾。1864 年,张彭年延聘宋蓬山到家中为张謇兄弟 4 人授课。1866 年,宋蓬山去世,张謇遵从父命来到通州西亭,师从宋紫卿、宋璞斋二位先生。1868 年,张謇参加州试,位列二百余名,因此受到宋璞斋的训斥:"假如有一千个人参加考试可以录取九百九十九个,那一个没有被录取的,就是你!"回到西亭,张謇在书斋墙壁上、窗棂上、蚊帐顶上都写上了"九百九十九"五字,还拿来两块短竹子放在枕边,每天读书至半夜,燃尽两盏灯油才睡,睡着后稍一转身碰到竹子就会被惊醒,睁眼看到"九百九十九"五字,即不由内疚自责,立马起身读书。六个月之后,张謇在院试中以优异成绩考中秀才。

张謇的科举之途并不顺畅,从乡试到京试,从小考到大魁,一生参加过 20 多场考试。1894 年,朝廷设恩科会试,张謇以殿试一甲一名(状元)大魁天下,授翰林院修撰。他本可以沿着封官晋爵的道路青云直上,但甲午战败之辱,激起了张謇强烈的爱国义愤,他决定放弃仕宦前途,突破"学而优则仕"的陈旧传统,把全部精力投身到开创实业和教育的艰难事业之中。

1895 年夏,张謇在《代鄂督条陈立国自强疏》中提出练陆军、治海军、造铁路、分设枪炮厂、广开学堂、速讲商务、讲求工政、多派游历人员等主张,表达了他维新务实、自立自强的救国主张。同年,张謇接受时任署两江总督张之洞的札委"总理通海一带商务",开始集股招商,在家乡南通筹建纱厂,以此作为实业救国的第一步。

张謇创办实业,从一开始就带有开拓利源、保障民生和抵制外国资本入侵的目的。他曾在大生纱厂《厂约》中写道:"通州之设纱厂，为通州民生计，亦即为中国利源计。通产之棉力韧丝长，冠绝亚洲，为日厂之所必需。花往纱来，日盛一日，捐我之产以资人，人即用资于我之货以售我，无异沥血肥虎而祖肉以继之。利之不保，我民日贫，国于何赖？"

经过两年多的奔波，1898年3月，张謇用先凑集到手的资金在通州唐家闸陶朱坝兴工建厂，根据《周易》"天地之大德曰生"，取厂名为"大生纱厂"。1899年5月，大生纱厂正式投产。纱厂投产后，盈利日丰。张謇不断扩大投资领域，陆续创办了通海垦牧公司、广生榨油公司、大兴面粉公司、大隆油皂公司、大达轮船公司、淮海实业银行、资生铁冶公司等，形成了一个庞大的实业集团。到20世纪20年代初，大生集团旗下已拥有69家企业，成为当时国内最大的民营企业集团。

实业的发展，为张謇实现教育救国的理想，创造了物质基础。从1901至1903年，除花费心力巩固和扩大所办的实业外，张謇把主要精力投入兴教办学的事业中。

追溯张謇的兴学创校历程，当从筹建通海农学堂说起。1901年冬，张謇在刘坤一的支持下，奉旨创办通海垦牧公司。为了培养垦牧所需人才，张謇在筹办通海垦牧公司之初，即酝酿办一所农学堂。他在《通海垦牧公司集股章程启》中提出："兴工筑堤之始，即择千亩之地立农学堂，延日本农科教习，采日本农会章程，斟酌试办。讲求垦牧之事，备公司任用，亦即为他州县储才。"文中对农学堂作了较详尽的规划：在"核地"一节中提出"以一千项归入公司，一百项归通海小学堂，五十项归农学堂"；在"计工"一节中提出"学堂内堂学农学化学楼五幢十间，外堂学农学种植楼五幢十间，司帐、储器、门房、厨房、佃房各三间，共三十五间"；在"估费"一节中提出"费于学堂试垦者，凡辟渠培地工二千一百二十一两三钱二分三厘，总共十六万二千二百二十二两二钱九分三厘四毫。费于置物者,凡公司学堂牧所一切工程及日用器具……约一千五百两;书籍、化学器具、兽医药料、西法种植畜牧器具三千两,共规银四千五百两","费于自开办后每年经费者,总理垦牧学堂一人……学堂常驻经理一人,化学教习、种植教习二三人,中文书算教习二三人,司帐一人,司杂务一人,门丁一人,厨夫二人,杂役六人,薪水伙食杂用(内堂学生十二人,外堂学生二十四人,十个月伙食在内),及修理房屋器具,添备化学书籍药料机器,约共五千两"。然而,因通海垦牧公司地处海滨荒滩,自然条件十分恶劣,垦区建设启动不久,数年未遇的狂风海潮摧毁堤坝,淤塞河道,各项工程举步维艰。面对这一状况,张謇转而集中精力在城内创办通州师范学校。1903年,张謇在《通海垦牧公司说略》中写道"北至吕四,南至川洪港,西至海界河,水道处处淤垫,转运物料之难,百倍他处。故建造公司房屋十五六月,仅成八九;农学校不得不稍缓,非特无试种之地也"。筹划创办通海农学堂,体现了张謇"学必期于用,用必适于地"和"实业教育迭相为用"的办学主张。通州师范学校建成后不久,张謇即在校内分设了测绘科、农科、蚕科等实用性、专业性很强的科班。其中农科于1906年设立,1910年从通州师范学校分离出来,后来升格为南通农科大学,直到南通学院的创立。

张謇一生在南通创办了近400所学校,包括:初等小学(370余所)、中学(6所)、师范学校、女子师范、幼稚园、商业学校、盲哑学校、伶工学社、蚕桑讲习所、女红传习所、保姆传习所和南通农科大学、南通医学专门学校、南通纺织专门学校,等等。其中,通州师范学校在中国近代教育史上属于首创,孙中山领导的南京临时政府称之为"开全国之先河"。

张謇兴学办校,不仅施泽乡里,而且惠及全国。他当年亲自创办和参与创办的学校，与今天许多著名大学之间存在渊源关系。例如：他最早创办的通州师范学校是扬州大学的源头；他创办的南通医学专门学校和南通纺织专门学校，分别是南通大学、苏州大学和东华大学的重要源头；他创办的河海工程专门学校是河海大学的前身；他参与创办的南京高等师范学校及后来的国立东南大学，是南京大学、东南大学、南京师范大学和上海财经大学的前身；他筹办的上海吴淞商船学校和上海吴淞水产学校是上海海事大学、大连海事大学和上海海洋大学的重要源头。此外，他支持创办的复旦公学，发展成了复旦大学；他支持复校的同济医工学堂，发展成了同济大学；他曾经资助并任校董的南洋公学，发展成了上海交通大学；他参与发起并任校董的暨南学校，发展成了暨南大学。

"父教育，母实业"是张謇提出的一个著名观点。他把实业和教育二者的关系，生动地比喻为一个家庭的双亲，相互依存，共创未来。他认为："有实业而无教育，则业不昌"，"不广实业，则学又不昌"，只有"以实业辅助教育，以教育改良实业"，"实业教育迭相为用"，才能实现振兴实业、昌明教育之目的。

"教育必资于经费，经费惟取诸实业""实业为教育之母"。张謇兴办实业的起因之一，就是为了解决办学资金问题。他说："顾办学须经费，鄙人一寒士，安所得钱？此时虽已通仕，然自念居官，安有致富之理？……其可以惶惶然谋财利者，唯有实业而已。此又鄙人兴办实业所由起也。"他清楚地意识到，在国势衰微之时，单靠国家拨款办学，学校教育事业不可能有大发展，即使学校办起来了，也难以长期维持，必须通过多种渠道，集资办学。学校有官立、公立、私立，有国家办、地方办、私人办。他指出："考各国学校有官立、公立、私立三法：用国税立者曰官立，用地方税立者曰公立，用民人私财立者曰私立。"于是，他仿效各国私立学校的做法，"招集富绅，求助戚友，各出私财,捐助建设",从大生纱厂中以利润的十四分之一作为办学费用;他本人从兴办的企业中"提历年所得之费及其所生之息"(注:属于他本人的薪俸和利息),将他从 1900 年到 1925 年的 257 万元薪俸和利息充作通州师范学校和南通农科大学的办学经费,1920 年他花费 45 万元购置了华成公司垦地作为南通农科大学的永久基产。有时经费不足,他便张贴"鬻字启"公开卖字,为人书写楹联、条幅、扇面、斗方,将募到的钱全部用于办学。

纵观张謇一生,实业、教育及社会公益构成他的事业及其成就的主要内容。在当时内忧外患的形势下,作为中华文化熏陶出来的知识分子,张謇意识到落后必然挨打,提倡实干兴邦,他以家乡南通为基地,通过兴办实业推动教育及其他公益事业的发展,又通过兴教办学培养振兴实业的人才,启智兴邦,造福桑梓,提升社会文明程度,实现了他"建设新世界雏形之志",为后人留下了极其宝贵的历史遗产。

第三节 中国第一所师范学校

1901 年,张謇应张之洞之邀,赴武昌商议"新政谕旨",并筹办学校;同年又去南京为两江总督刘坤一拟订小学和中学的课程规划,建议刘坤一在省会兴办高等师范。1902 年 4 月,刘坤一电邀张謇与罗振玉共拟《学制奏章》,议定"兴学次第",先办师范学校,再办普通学校。但这个计划遭到刘坤一周围官员的反对,藩司吴重熹、巡道徐树钧、盐道胡延等人对办学"异议蜂起",群起攻之,声称"中国他事不如人,何至读书亦向人求法"。失望之余,张謇决定在家乡南通私资创办师范学校。

1902 年 5 月初,张謇择定通州城东南荒废的千佛寺作为师范学校校址,把自己在大生纱厂应得的酬劳——两万多银两拿出来作为建校资金；同月，张謇向两江总督府提交了《通海请立师范学校公呈》；6月，时任两江总督的刘坤一作出批复，同意成立"通州民立师范学校"（习称"通州师范学校"）。10月，张謇作《通州师范学校议》，自豪宣称："夫中国之有师范学校，自光绪二十八年始；民间之自立师范学校，自通州始。以二十一行省之大，四万万人之众，为同类知识之谋而仅此乎？彼日本兴学三十年，何以教师至今而不足用也？参观而审思，滋可痛矣！……奋而图之，谨而忖之，通理想于众人意识之中，善取法于各国参究之后，是则吾人之责也。"

1903年4月27日，通州师范学校举行开学典礼。大礼堂庄严朴素，台中央悬挂孔子画像，在主席台上就座的有汤寿潜、罗振玉、范肯堂、沙元炳、王国维、沈毅夫、张詧等各界名流，张謇聘请任教的日籍教师也应邀参加了典礼。在开学典礼上，张謇慷慨陈词，激励学生发愤读书，以雪国耻，建设国家，立志成才，成己之用。他在《师范学校开校演说》中道：

> 诸君诸君，须是将天下一家、中国一人、民吾同胞、物吾与也之道理，人人胸中各自理会；须是将先知觉后知，先觉觉后觉之责任，人人肩上各自担起。肯理会，肯担任，自然不惮烦琐，不逞意气，成己成物，一以贯之。孟子曰："人皆可以为尧舜。"愿诸君开拓胸襟，立定志愿，求人之长，成己之用，不妄自菲薄，自然不妄自尊大。忠实不欺，坚苦自立，成我通州之学风。

这一开学演说，在学生脑海中留下了深刻印象，成为一代又一代学子的座右铭，他们秉承"坚苦自立，忠实不欺"的校训精神，将"天下一家，中国一人""民吾同胞，物吾与也"的道理铭记心中，决心担负起"先知觉后知，先觉觉后觉"的责任，做一个为人师表、诲人不倦的教师。

通州师范学校建成后，张謇亲自担任学校总理（注：民国后称校长），事无巨细，均亲自过问。他曾说："师范乃鄙人血汗经营之地"，"家可败，不可败师范"。

通州师范学校的学生来自原来的"贡、监、廪、增、附"五项生员，旧学根底即汉文基础较扎实，因当时清政府已限期废除科举考试，这些读书人便纷纷转入新式学堂，故报考通师的人很多，连举人也来应试。由于初始条件限制，张謇决定"择举、贡、生、监中性淑行端、文理素优者为入格，报名时须得素有声望人保书，再由本学校访察试验开单招致"。学校分设本科（四年）、简易科（二年）、讲习科（一年），设置的课程有：修身、历史、地理、算术、文法、理化、测绘、体操、教授管理法（即教学法）等；学校先后聘请木造高俊、吉泽嘉寿之丞、西谷虎二等8名日籍教师和以王国维（静安）、江谦（易园）、陈衡恪（师曾）等为代表的一流师资到校任教。为造就各种地方建设人才，学校先后附设测绘科、农科、土木工科、蚕科等。此外，学校还规划建设附属博物苑和农艺试验场，兴办附属小学，为学生提供教学和实验、实习基地。

培养学生爱国思想和高尚人格，促进学生德智体全面发展，是张謇教育思想的核心内容。1905年，张謇在《师范章程改定例言》中规定："国家思想、实业知识、武备精神三者，为教育之大纲，而我邦之缺憾。师范造端教育，责任匪轻，故尤兢兢于国民教育、奖劝实业及师范体操以兵式为主之定章。"1914年在为"河海工程测绘养成所"制订的章程中也明确规定："一、注重学生道德思想，以养成高尚之人格；二、注重学生身体之健康，以养成勤勉耐劳之习惯；三、教授河海工程上必需之学理技术，注重实地练习，以养成切实应用之智识。"张謇的一些教育理念，还体现在他为通州师范学校所作的校歌、校训和楹联上。例如，校歌：

狼之山，青迢迢，江淮之水朝宗遥。风云开张师范校，兴我国民此其兆。民智兮国牢，民智兮国牢，校有誉兮千龄始朝。

校训：

坚苦自立，忠实不欺。

大礼堂题联：

极东西万国推崇为教育大家，先圣亦云：吾学不厌，诲不倦；
合周秦诸子受裁于狂狷一体，后生有志：各尊所闻，行所知。

学校教员室题联：

求于五洲，合智育体育；
愿为诸子，得经师人师。

学校会议厅（寿松堂）集联：

强勉学问，强勉行道；
其所凭依，其所自为。

1912 年中华民国成立后，废州立县，私立通州师范学校改称"私立南通师范学校"。同年 11 月，江苏省公署因学校开办以来"实树各省先声，规模宏远，成绩昭著"，决定改为"代用"，一切规程、待遇与省立师范学校相同，学生学费、膳费等由省署代纳，学校更名为"江苏省代用师范学校"（习称"代用师范"）。1918年2月，北洋政府教育部咨江苏省长，奖给代用师范学校一匾额，匾文为"横渠教泽"。1920年6月，美国著名哲学家、教育家杜威在江苏省教育会副会长黄炎培，北京大学沈君默，东南大学教授陈鹤琴、王伯秋、刘经庶（伯明）等国内教育名流的陪同下，参观代用师范学校，并给予高度评价。

1921年7月，江苏省教育厅函令，江苏省代用师范学校改称"江苏省第一代用师范学校"（习称"第一代师"）。1927年6月，南京国民政府在江、浙地区试行"大学区制"，第一代师改归"第四中山大学区"管辖，取消"代用"，并规定师范不得单设，学校遂恢复私立，改称"私立张謇中学"（习称"謇中"），招收初中及高中师范科学生。1928年7月，私立张謇中学召开校董会，选举张孝若为主席校董，并呈请中央大学批准恢复"通州师范学校"校名。1929年学校复称"私立通州师范学校"。

通州师范学校是一所具有光荣革命传统的"红色师范"，这里曾经诞生了中国共产党江海平原最早的党支部之一——"通师支部"（中共江苏省第一代用师范学校支部）。1924年6月，第一代师的丛永琮、徐家瑾等同学发起成立了进步社团——晨光社，把京沪等地的进步书籍、刊物，如《共产党宣言》《唯物史观》《俄国革命纪实》《中国革命论文集》带回学校，并组织大家一起阅读与交流。1925年3、4月间，中共早期领导人恽代英奉上海执行部之命，赴长江下游南通、丹阳、镇江、南京等地，举行悼念和宣传刚去世的孙中山先生的一系列活动。恽代英在南通等地的讲演，激发了广大民众反对帝国主义、反对封建军阀的爱国热情，推动和发展了革命统一战线。是年春，恽代英在上海约见了在上海读大学的窦止敬和武昌师范大学的李俊民等南通籍学生，要他们回到南通改组国民党南通县党部，宣传孙中山"联俄、联共、扶助农工"三大政策，组织进步青年，开展反帝、反封建的活动。1925年5月9日，第一代师学生发表《"五·九国耻纪念日"敬告青年》，呼吁取消一切不平等条约。"五卅惨案"发生后，第一代师召开了全校学生大会，声讨帝国主义的罪行，并着手筹备建立南通学生联合会。6月4日，第一代师和南通各大中学生代表在南通农科大学召开大会，成立"五卅惨案"后援会和南通学生联合会，通电全国，举行罢课游行。

1926年春夏，在恽代英的指导和帮助下，中共江苏省第一代用师范学校支部成立，王盈朝任支部书记，直属上海区委（江浙区委）领导。新成立的党组织，迅速成为学生开展革命活动、传播马克思主义的领导核心，一批进步学生骨干开始深入到工人、农民、士兵、市民之中开展革命活动。刘瑞龙便是这一时期进步学生的杰出代表。1924年，刘瑞龙就读于江苏省第一代用师范学校，1926年加入中国共产主义青年团，1927年9月加入中国共产党，并任党支部副书记。1928年1月，刘瑞龙与汪钦曾、袁锡龄、陈国藩等学生党员到大生副厂帮助工人建立工会，举办工人培训班，宣传革命道理。同年6月2日，他和汪钦曾、丁介和等在南通博物苑参加中共地下党南通县委扩大会议，被反动军警包围逮捕，并被押送南京，与中共南通地区领导人黄逸峰、陆景槐一同被关在"江苏省特别刑事法庭"候审。在狱中他们坚贞不屈，后经地下党多方努力营救，均无罪释放。此事件称"博物苑案"。1929年春，刘瑞龙任中共南通中心县委书记，同年秋出席中共江苏省党的二大，被选为省委委员。1930年，刘瑞龙任中共通海区特委书记，并参与创建和领导了中国工农红军第十四军。

1937 年,抗日战争全面爆发。1938 年 3 月 17 日,侵华日军占领南通城,通州师范学校毁于战火。为保持民族气节,维系教育命脉,学校决定迁至濒临黄海的海复镇第二附属小学继续办学。9 月,通州师范学校师生 60 余人,由金沙乘船开往吕四,又从吕四转车到达第二附属小学并复学上课。从 1938 年到 1946 年间,全校师生在于忱(敬之)校长和顾公毅(怡生)等老师带领下,于第二附属小学经历了近八年的敌后办学阶段。通州师范学校在这一时期被称为"通师侨校"(又简称"侨校")。1940 年 11 月,新四军挺进启、海地区,建立民主政权,粟裕、顾尔钥等领导来到侨校视察,并派中共党员孙卜菁到校担任时政教员。1941 年 2 月,通师侨校建立了第一个党支部,隶属于中共海启行署五区区委领导;同年 12 月,新四军一师进驻海复镇,司令部设在垦牧公司,教导队驻扎在通师侨校内。1942 年 5 月 4 日,一师师部与海启行署在通师侨校四合院操场举行纪念五四运动二十三周年活动。5 月 17 日,侨校举行通州师范学校建校四十周年庆祝大会。粟裕和苏中四分区司令员兼四专署专员季方、南通县县长梁灵光、海启行署主任顾尔钥、海启行署文教科长江树峰等参加庆祝大会。会后,于忱校长还陪同粟裕、季方首长参观了通州师范学校校史展览。同月,中国人民抗日军政大学第九分校在通师侨校成立。此后的 3 年中,侨校师生与抗大九分校的学员朝夕相处,互相学习,共同进步,许多学生报名参加新四军,走上了革命道路。

抗战期间,通师侨校所在地曾多次遭到日本军机轰炸。1942 年 6 月,日寇扫荡,转移到侨校的《四部备要》及武英殿本《二十四史》被烧毁。1943 年 5 月,通师侨校租赁民房开办"尊素"(师范部)、"具儒"(初中部)两学塾。1945 年 8 月,抗战胜利。通州师范学校在"张季直先生手创教养事业复兴委员会"和大生纱厂的资助下,开始在三元桥原址重建校园。

1949 年 2 月 2 日,南通城解放,从此通州师范学校获得了新生。1951 年 1 月,学校更名为"苏北私立通州师范学校"。1951 年 5 月,为了满足苏北区初级中学对文史教师的需要,苏北行政公署文教处委托通州师范学校代办文史专修科。8 月起,通州师范学校开办文史专修科一班,师范一年级两班,初师一年级一班,办学经费由政府拨款、补贴,学校设立人民助学金,学生食宿免费。1952 年 7 月,私立通州师范学校改为公立,学校改名为"苏北南通师范学校"。

张謇创办的通州师范学校之所以受到世人的瞩目,一是这所学校在我国近代教育史上,属于第一所专门性的师范学校,"实为中国师范学校之滥觞"(1930 年《教育大辞典》)。二是这所学校是私人资助的私立学校,未花政府一分一毫,将个人所得"尽数充作师范学校经费",体现了张謇先生等人热心教育事业的爱国热忱。三是这所学校是后来一些著名院校的根基或源头。例如从通州师范学校农科发展起来的南通学院,其农科于 1952 年参与组建了苏北农学院(江苏农学院前身);苏北行署文教处委托通州师范学校代办的文史专修科,参与组建了苏北师范专科学校(扬州师范学院前身),它们都来自通州师范学校这个"母体",共同成为扬州大学的历史源头。

第二章 师范农科暨南通学院的嬗变

南通学院源起于 1906 年（清光绪三十二年）张謇在通州师范学校附设的农科（习称"师范农科"）。1910 年,农科从师范中单列出来建立农业学校,1919 年升格为南通农科大学,与尔后创立的医科大学、纺织大学一起形成鼎足之势。1928 年众水归流,三校合并为统一的南通大学,1930 年南京国民政府教育部核定校名为"私立南通学院"。

1937 年抗日战争全面爆发,南通学院于 1938 年迁往上海,仅设农、纺二科。医科内迁湖南沅陵。抗战胜利后的第二年,南通学院的一部分师生迁返南通,同时,恢复医科;一部分师生仍留上海上课,形成"通院"和"沪院"两地办学的格局。1949 年 2 月和 5 月,南通和上海相继解放,南通学院全部迁返南通复校。1952 年全国院系调整,南通学院的医科在原址建立苏北医学院,后演变为苏州医学院和南通医学院;纺科演变为华东纺织工学院;农科作为南通学院的首系,则演变为苏北农学院（江苏农学院前身）。

张謇指出:"万事有始者有卒,教育有始而无卒之事也;万物有新者有旧,教育有新而无旧之事也。以一人业于一校,隘言之,有始卒;以一校被于人人,广言之,无始卒。"张謇于 1926 年 8 月谢世,但他所兴办的教育事业却绵延相续,源远流长,泽延后世。

第一节　南通学院的创立

南通学院是在张謇与其兄张詧（1851—1939，字叔俨，号退庵、退翁，张謇三兄）创办的南通农科大学、南通医学专门学校、南通纺织专门学校基础上创立的。

农业是南通的传统产业，"兼采东西洋各国种植、畜牧之法，以昌农学"，培植农业专门人才，服务和促进南通实业发展，是张謇在南通办学的重要考量。1902 年张謇拟筹建通海农学堂，1906 年 9 月在通州师范学校附设农科。师范农科的课程有两类，一是同师范本科一样的课程，即修身、文法（国文）、数学、外语、理化、体操等；二是农科自身的专业基础课程，即动物、植物、棉作、蚕桑、园艺、植物生理学、病理学、害虫学、土壤学、肥料学以及农业经济、农场管理、农业教育、农业社会问题等。农业知识的课约占总学时的 25%，实习占 15%。师范学校附属农场拨给学生实习地每人 3 亩，教员范作地（示范田）每人 5 亩，另有试验田 10 亩左右。学生大都是"有志以农为业之青年"，他们学习了一定的农业科技知识，掌握了一定的经营农业的能力，毕业后发挥了很好的作用，不少人分配在张謇所办的盐垦公司中，为淮南盐垦事业的发展作出了重要贡献。

1910 年，师范农科改建为初、高两等农业学校，并添设农业讲习科。学校聘请毕业于江南实业学堂农学专科的孙观澜（润江）为农科主任。1913 年，依教育部令，初、高两等农业学校改为甲、乙两种农校。1916 年，乙种农校停办，专办甲种农校。凡中学堂毕业，具有毕业证书者，经审查合格即可入学，学制三年，教学授以农艺、园艺、畜牧专业知识，尤以盐垦植棉之推广及改良为中心内容，校内设有棉作场、园艺场、养蚕场、家畜场等实验基地，为师生提供必要的实习实践场所。农校师生为提高棉花的品种质量,做了改良棉种的试验研究,育成青茎鸡脚棉等优良品种。农校主任孙观澜遵照张謇、张詧嘱咐,于1915年元旦举办了一次棉作展览会,深深吸引了周围农民,参观者络绎不绝。张詧记述说:"开会二日,观者五千,索种子者若干人,索方法者若干人。"(《南通农校棉作展览会报告》张詧序)

当时,南通实业事业蒸蒸日上,为培养人才,发展南通经济,张謇早就计划办一所大学,考虑到农业是各业的基础,他的企业就是在这一基础上创办的,所以决定首先创办一所农业大学。1919年夏,张謇和张詧于南通城启秀路南原甲种农业学校对径田地中兴建广厦,正式创建私立南通农科大学。1921年11月,农科大学校舍落成,开始招收大学预科生(三年制)。南通农科大学当时也称"南通大学农科"。1923年6月,农科大学根据"新学制"("壬戌学制")将预科改为南通农业大学附属高中农科(三年制);9月,南通农科大学开办本科(四年制),其办法均采用当时欧美各农科大学的最新学制,招生对象为国内高级中学或大学预科毕业生。1924年秋,农科大学又添设初级中学农科。南通农科大学成立后,校长由张謇、张詧自任,曾聘请浙江李敏孚担任农科主任,聘请广东郭守纯任畜牧系主任。其办学基金主要来源于张謇私资购得的阜宁县华成盐垦公司附近的11万亩田地收益。

南通医学专门学校是1912年张氏兄弟创办的专门学校,学校建于南通昭武院旧址,先设西医科。1913年购地新建医院为学生实习之用,初名"南通医院",后改称"南通医学专门学校附属医院"。1917年增设中医科。中、西医2科各设预科一年制,本科四年制。1919年预科停办。1921年在教育部立案后,遵部章取消中医科,专办西医科,建立了一个基础实习室,内分细菌、病理、组织、生理实习及医化实习等带有研究性的实验室。随着学校规模的发展,1927年升格为南通医科大学。

南通纺织专门学校是 1912 年 4 月张氏兄弟在大生一厂创办的"纺织染传习所"（纺织染技术培训班）的基础上发展起来的，校址设在南通唐家闸，中国纺织人才以学校教育来系统培养由此始，可以说，南通纺织专门学校是中国第一所纺织学校。本科招中学毕业生，三年制；预科招高小毕业生，五年制。1914 年扩建实习工场，设纺织、机织两班。1916 年增设丝织、电工、机械三班，建立染色实习所，毕业生分布全国各纺织工厂服务。1918 年毕业生协助上海厚生纱厂排装新机成功。1921 年毕业生主持完成了大生三厂全部纺织新机的排车设计与安装工程。数十年来受帝国主义钳制的纺织业技术，开始被祖国自己培养的新生技术人才所掌握。1923 年纺校增设染化系，1927 年增设金工系，与原有纺织系一起共有 3 系，同年升格为南通纺织大学。

以上 3 所大学经过张氏兄弟的艰辛开拓，成为苏北地区近代高等教育史上的奇葩。但根据当时国民政府教育部新颁法令，单独科不得成为大学，经校董会研究决定，于 1928 年将三校合并成立"私立南通大学"。然而，根据当时大学组织法规定，大学必须具备三个学院，南通大学虽然已有农、医、纺织三个"学院"，但当时部章中未列入"纺织学院"，因此，1930 年南京国民政府教育部在立案时，将学校定名为"私立南通学院"。

南通学院设农、医、纺三科。农科设农艺系、农化系、畜牧系；医科设西医本科（六年制）；纺科设纺织工程系、染化工程系。教师职称为教授、副教授、讲师、助教四级。抗战前夕，南通学院共有教授 17 人、副教授 10 人、讲师 10 人、助教 21 人。此时校誉隆盛，声名远播，陕西、甘肃、云南、贵州、四川及上海、浙江、福建、两广等地青年纷纷负笈来通学习。从 1930—1937 年，培养了 1000 多名学生，分布在全国各地(仅旅台校友就有 150 人左右),涌现了许多享誉海内外的人才。例如,南通学院农科 1934 年毕业生、中国科学院院士、中国农业科学院原子能利用研究所主要组建人徐冠仁,农科 1936 年毕业生、世界著名昆虫学家、圣马力诺共和国国际科学院院士、全国劳动模范、西北农业大学教授周尧,农科 1927 年毕业生、我国知名土壤学家、精通英法日三国文字的施华麐,农科 1931 年毕业生、我国知名稻麦遗传育种专家、1960 年全国教育系统先进工作者、出席全国群英会的苏北农学院副院长夏永生,农科 1935 年毕业生、我国知名盆景艺术家徐晓白以及中国工程院院士余松烈、殷震,联合国粮农组织顾问叶祥馨等等,都是抗日战争前从南通学院培养出来的老一辈知名大家。他们正如《南通大学校歌》中所云:

继前人之志,

尽我人之力……

传校誉于后世,

建大业于寰中。

第二节　南通学院的艰难发展

1937 年 7 月 7 日,日本帝国主义悍然发动卢沟桥事变,全面抗战爆发。1938 年 3 月南通沦陷后,南通学院的校舍包括仪器、设备、图书等,一夜之间荡然无存。师生无家可归,被迫逃难,四散于乡里。但是,南通学院师生员工满怀民族正气,秉承"坚苦自立"的校训精神,踏上了易地办学的历程。南通学院的农科、纺科迁往上海复校上课,医科随军内迁至湖南沅陵,与江苏医政学院合并,建成国立江苏医学院。

当时上海虽遭日寇侵占，但外国殖民主义者经营的公共租界和法租界，日寇尚无法控制，在日寇包围中形成孤立一隅的"孤岛"——中国人纷纷涌入"孤岛"避难，被战火波及的学校也迁入"孤岛"复课。南通学院农、纺二科在这一趋势下，迁入上海江西路451号，各班分别在上、下午上半天课，既无实习场所，更谈不上仪器设备，师生们在极端困难的条件下，互相鼓励，奋力撑持。

1941年12月8日，日军偷袭珍珠港，太平洋战争爆发。南通学院受到日寇强占租界的影响，被迫停课。直到1942年2月开学日期已过，仍未复课。这时，在中共地下党组织领导下，以各种社团和学习小组的名义，组织同学在停课期间开展学术活动、调查实习。如农科建立的"农学会"组织几十名同学，到上海附近农村实习花卉栽培、蘑菇栽培、蔬菜栽培；畜牧系学生自办了"新中农场"，既是课堂，又是宿舍，还购买了兔、鸡、蜂等饲养，把所学到的农业科技知识应用到生产与经营中。纺科的社团澄社组织同学自学功课，分工备课，共同讨论，互教互学，还聘请唐伟章教授到上海同学家中上课，弥补了同学们在停课期间学业上所受到的损失。

迁往上海的南通学院虽勉强复课，但因时局动荡，加之校舍局促，经费困难，办学条件极差，几乎难以为继。困顿之际，校董严惠宇先生雪中送炭、倾囊相助，使学院度过了这一段最困难的时期。严惠宇先生，江苏镇江人，毕生热爱祖国，致力于发展实业，兴办煤矿、工厂、农场，支持各种社会事业，十分敬佩张謇先生提倡的实业、教育救国精神。南通学院迁沪后，他目睹时艰，看到苏北学生流亡上海，就学不易，深表同情，不断在经济上慷慨支持，帮助学院改善办学条件。1942年，由严惠宇和南通大生纺织公司总经理张敬礼联合上海实业界有识之士，重新组织南通学院校董会，多方奔走筹集经费，斥资在上海重庆北路270号租用原新寰中学的两幢三层大楼，有大小房屋数十间,作为南通学院新校舍。1942年7月在新址招生开学,新老生一起,在校学生增至600多人。

为了提高教学质量,学院先后恢复了一部分基础实验室,农科在沪西程家桥租用数十亩农田,辟作学生实习基地;纺科利用校友关系在一些纺织厂和印染厂进行生产实习。此时,教学用房和实验条件均有所改善,基本上满足了教学需要。科系建设也有所发展:农科除原有一农艺系外,增设了畜牧兽医系(1942年)、农艺化学系(1943年);纺科设置了纺织工程系和染化工程系。同时,建立"南通学院附设高级农业职业学校"。

教师队伍除原有的一批教授外,又延聘了一批留沪的知名学者担任教授,如农科的尤其伟、冯焕文、陆费执、王企华、何畏令、王兆麒、张伟如等教授,纺科的邓禹声、诸楚卿、符海秋、严梅和、陈冠世、王君吉等教授。这些教授均属一时之选,享有盛誉。还聘请了一批纺织厂任职的厂长、工程师来校兼课,从而使教师阵容大为改观。

南通学院在抗战最困难时期能够在上海举办下去,并弦歌不辍,而且达到一定的规模,一直坚持到抗战胜利,除严惠宇先生等人的助学义举外,还与中共地下党组织的扶持有关。学院由上海江西路迁至重庆北路后,上海汪伪政府责令所有大专院校限期办理登记手续;重庆国民党教育部也催促学院迁往浙江国民党第三战区办学。学院师生面临着是接受敌伪当局的诱降在沪继续上课,还是接受国民党教育部的命令去大后方办学的抉择,这件事也引起院内的派系斗争。当时,原南通学院院长郑亦同去了大后方,他把学院政事委托其堂弟郑瑜,郑瑜由秘书代理院长,兼任语文教师。当南通学院面临"两难"时,郑瑜手足无措,内外交困。此时,中共江苏省委为贯彻中央指示,计划在新四军根据地开办大学。1942年5月,中共江苏省委派梅益(化名杨先生,学运文委)为新四军代表,与学院地下党支部舒鸿泉、胡瑞瑛取得联系,通过进步教授、农科主任冯焕文的介绍,与郑瑜商谈迁校问题。梅益明确表示,新四军欢迎南通学院迁往敌后抗日民主根据地,所需经费可以竭力支持。学生党员、积极分子访问农、纺二科教授,鼓励他们支持郑瑜去根据地办学。郑瑜等人去根据地参观后表示,只要能找到合适的校址,有驻军的支援,可以让学生安心学习就行了。

1942年7月,郑瑜在地下党交通员带领下进入新四军二师驻地——淮南抗日民主根据地盱眙新铺镇。新四军副军长张云逸亲自接见。经过认真商谈,打消了郑瑜的疑虑,作出几项重大决策:

第一,学校的经费与开支,由新四军及淮南行政公署负担;

第二,保证教学自由,不干涉校政,不强迫师生信奉共产主义,不在院内公开进行共产党的党务活动;

第三,校址确定在淮南抗日民主根据地天长铜城镇。迁校工作中,必须保障师生和教师家属的安全。

1942年8月,郑瑜分别向师生们作了传达,动员了62名师生去根据地办学。在中共江苏省委的安排护送下,师生们经过艰苦曲折的跋涉,冲破敌伪军警岗哨的重重阻挠,1942年10月安全抵达学校驻地铜城镇。

1942年11月1日,南通学院部分学生终于在铜城正式上课,共7个班,农、纺一年级在一起上基础课,其余分农、纺各二年级、三年级、四年级共6个班上课。根据地政府为南通学院师生提供了一定的实习场所。由于敌军集结边区,不断扫荡,为保证师生安全,新四军将师生们分散隐蔽在高邮湖水网地带的群众家里。1942年12月底,师生们集中到高邮湖旁紧靠黎城镇的翟家湾大地主庄院里,有了较好的上课和食宿条件。

在根据地期间,中共江苏省委、上海大学区党委曾多次派人探望和慰问南通学院师生,使师生们感受到共产党的温暖和关爱。1943 年元旦,新四军军部和淮南行政公署,送了大量猪、羊、鸡、鸭等食品,让师生们欢度元旦。军委宣传部长钱俊瑞、文委书记梅益代表军部和华东局赴高邮湖慰问南通学院师生,并在元旦庆祝会上,向师生们作了形势紧迫、动员回沪的报告。为了师生安全,为了保存人才,要求师生们做好暂时返沪的思想准备,一旦形势好转就动身。

1943 年春节后,南通学院师生又在地下党护送下,撤回上海,与原留在上海的师生处于"并存"状态,对外称"中国农纺学院",对内仍是南通学院。郑瑜运用中共江苏省委拨给的经费,在上海慈淑大楼、广东路外滩的友好大楼和北京西路铜仁路口等处租了教室,继续让这批学生上课,使他们如期完成了学业,取得了毕业证书。

抗战胜利后的第二年,南通学院在南通原校址的废墟上成立了"还校委员会",设立了"还校办事处",处理由上海迁返南通复校办学的事务,从以下几方面开展了返校工作:

（1）修葺校舍。分三步走,第一步修葺西、南、北三院;第二步修葺东一院;第三步修葺东二院及纺科唐家闸校舍;此外,配置校具,添购设备,补充图书、仪器等,共支出 6 亿 5 千万元。

（2）恢复医科。1946 年 7 月恢复了停办的医科,招收新生 81 名,学制仍为 6 年;恢复了附属医院,每月补贴医院 2500 万元;医科重建了药理学、病理学、细菌学 3 个实验室。

（3）重建纺科。纺科办学初,重纺轻织,继而纺织并重,嗣则纺织染三者平均发展,从实际需要出发,添设了纺织机械系、毛纺系,续办纺织物试验研究所,增设纺织经济、染料制造、人造纤维 3 个研究所。为提高教学质量,纺科高薪聘了 2 名英美教授。

（4）复兴农科。农科是南通学院的首系和重点,前任校长对农科较重视,投入较多,师资雄厚,校舍宽敞,环境优美。但日寇入侵后,农科惨遭浩劫，损失甚巨，先贤数十年惨淡经营的心血结晶几毁于一旦。沦陷期间，敌伪强行将农科改组为"苏北研究所农务部"，借研究棉作之名，行搜刮民财之能事。

复校后，农科的南、北二院列入修葺计划，1947年9月完工。根据教学和科研需要，设置了昆虫研究室，建立了生物研究室，设立了园艺部，强化了棉作部，新设了棉作病理室、棉作化学室、棉作害虫研究室，增辟了盐碱地植棉试验场，设立了绿肥繁殖场，创设了土壤调查室，为棉作的教学与研究提供了良好条件。

（5）人员聘任。1946年10月，南通学院校董会陆续聘定了一批教职员：冯焕文任农科科长，邓禹声任纺科科长，瞿立衡任医科科长，符海秋任教务主任，王梦凡任总务主任兼新生班主任，陆费执任农艺系主任，张天才任牧医系主任，张伟如任农化系主任，王企华任农经系主任，任理卿任纺工系主任，诸楚卿任染化系主任，农艺系教授夏永生兼附属农场场长，陆静苏教授任训导处主任。遵照部令，组建训育委员会，除院长、科长、处主任为当然委员外，各科主要教授为选聘委员，名额15人。

上述复兴计划实施后，院本部由上海迁返南通。1946年11月11日定为"还校典礼日"，是日校外来宾、校董、校友暨全体师生共五百余人参加典礼。仪式在学院西院大礼堂举行，悬挂创办人张謇、张詧二先生遗像，旁悬大幅红布对联：

立基于纪元十载以前，群才蔚起，百业昌荣，鼓舞九州树模范；

还校于胜利周年之后，四郊筑垒，万方多难，要凭教育挽狂澜。

又大门悬联:

继续先贤大业,确信唯实业教育真能救国;
发扬南通精神,须知必忠诚纯朴乃称学人。

典礼在热烈气氛中举行,常务校董张敬礼先生领导行礼,报告了南通学院的校史、宗旨、今后的办学希望以及返校经过。参加典礼的一位校友写了一副对联道:

黄浦潮声犹在耳,一廛暂借,九载强支,多士毋忘苦难;
紫琅山色似迎人,栋宇复兴,弦歌重续,同仁共庆中兴。

1947年2月,南通学院农、医、纺三科招新生351人(注册者348人),2月6日开学,2月10日上课;农、纺二科二、三、四年级学生暂留上海上课(注册学生419人),从而形成"通院"和"沪院"两地办学的格局。1947年夏,农艺系三、四年级学生114人迁返南通,其余学生仍留上海。1948年夏秋之交,社会秩序混乱,通院内部动荡不安。于是,三科部分学生又迁到上海上课,医科学生在上海借读于东南医学院。直到南通解放以后,上海师生才于1949年9月迁返南通。

第三节 南通学院的新生

1949年2月2日,南通解放。翌日,南通军事管理委员会的军代表到通院与地下党支部一起,宣传党的政策,依靠进步教授和积极分子,做好开学准备工作。通院成立了"临时院务委员会",推选尤其伟教授任主任委员。通过师生们的努力，通院学生于 2 月 21 日开学，2 月 28 日复课。

1949 年 5 月 27 日，上海解放。沪院地下党在上海解放前夕，奉上海党组织指示，组织党员、积极分子开展护校斗争，做好"应变"工作。上海解放不久，沪院也成立了"临时院务委员会"，领导和组织上海师生的复课工作。

1949 年 8 月 3 日，南通学院在南通举行学院院务联席会议，与会主要人员是通院与沪院的临时院务委员会全体委员，教师、职工、学生派代表参加。苏北行政公署南通行政区专员、公署文教处负责人丁冲苍会讲话。会议讨论通过了下述主要事项：

（1）准予原国民政府任命的唐启宇辞去南通学院院长职务；

（2）建立临时统一领导机构，定名为"南通学院临时院务执行委员会"，撤销通院和沪院的临时院委会；

（3）任命瞿立衡任医科科长，蒋德寿任纺科纺工系主任，诸楚卿任纺科染化系主任，夏永生任农科农艺系主任，冯焕文任农科畜牧兽医系主任。

1949 年 8 月 4 日，南通学院临时院务执行委员会举行第一次会议，选举张敬礼为主任委员，夏永生任副主任委员。同年 8 月 6 日执委会举行第二次会议，议决成立迁校委员会，办理沪院迁返南通事宜。冯焕文任迁校委员会主任。迁校工作在中共上海市新城区委员会领导下，通过南通学院党支部的积极活动以及各方面的支持配合，1949 年 9 月，沪院全部师生迁回南通，结束了 12 年动荡不安的生活，原来形成的通院和沪院两地办学的格局，从此终结。

1950 年 6 月 1 日，南通学院院务委员会成立。学院行政负责人、代理院长张敬礼，副院长冯焕文、蒋德寿，得到苏北行政公署的承认，并准予备案；同年 12 月上旬，苏北行政公署接到华东军政委员会教育部 12 月 2 日公函,称:"遵照《私立高等学校管理暂行办法》规定应准南通学院聘顾尔钥同志为该院院长并呈报中央人民政府教育部备案。"12 月 18 日,中央人民政府教育部批复:"私立南通学院聘任顾尔钥为该院院长事准予备案。"与此同时,苏北行政公署原则上同意私立南通学院关于改组校董会的申请。1951 年 7 月 28 日,华东军政委员会通知:"冷御秋、严惠宇与大生纱厂关系不大,似可不必参加校董,余均同意。"最终,校董会的成员由顾怡生、顾贶予、赵琅、顾尔钥、孙卜菁、宋炳生、冯焕文、瞿立衡、蒋德寿、王艮仲、张文潜、于敬之、张敬礼等组成。

1952 年 8 月,华东军政委员会教育部根据中央教育部全国院系调整部署,制定了《华东区高等学校院系调整设置方案》,规定南通学院农科迁往扬州,与私立江南大学农艺系、苏南文教学院农教系合并组成苏北农学院;纺科迁往上海,与其他纺织学校合并组成华东纺织学院;医科在南通学院原址建立苏北医学院(1956 年更名为"南通医学院"),后迁往苏州,改名为"苏州医学院"(同年在南通设立苏州医学院南通分部,1958 年成立南通医学院)。此间,通州师范学校代办的文史专修科,与扬州中学代办的数理专修科、苏南丹阳艺术学校代办的艺术专修科以及苏北师资训练学校代办的教育专修科等一起组成苏北师范专科学校,后升格为扬州师范学院。

50 年披肝沥胆,救亡图强;50 年筚路蓝缕,为国育才。创校人张謇倾尽心血所创下的教育基业,沐浴着新中国的阳光,在古城扬州赓续发展,不断壮大。

第三章　南通学院事业概貌

南通学院设立后,农、医、纺三科十分注重教学、科研与生产相结合,抗战前各科均建立了稳定的实验、实习基地,教风学风淳朴端正,社团活动丰富多彩。在抗日战争和解放战争中,广大师生继承先贤爱国报国的光荣传统,弘扬优良校风,精诚团结,自强不息,追求进步,坚持斗争,使得南通学院在烽火岁月中仍能学脉赓续、弦歌不辍。

第一节　机构设置

一、行政机构

张謇创办的企业、学校等内部均设董事会。学校一般聘请地方富绅、社会名流、厂校领导、企业经理等人士参加董事会。校董事会的职责是,举凡校(院)办学之方针,经费之筹划,预决算之审核,财务之保管监督等等,均由董事会协议决定。1919 年南通农科大学建立前,农校事务均由通州师范学校校董会议决,董事长由张謇、张詧兼任。1919 年农科大学建立后,单独设置校董会,董事有李石曾、于右任、李宗仁、秦汾、何玉书、张轶欧、钱永铭、许璇、荣宗敬、周威、吴兆曾、徐肇钧、褚民谊、张孝若、王志鹄、李希贤、陆费执、戴尚文、张谊,董事长褚民谊;1928 年,农科大学与医科大学、纺织大学合并为南通大学,1930 年更名为南通学院,机构仍沿袭南通大学体制,校董会董事有何玉书、于右任、于敬之、吴寄尘、沈燕谋、周仲奇、徐赓起、张轶欧、张孝若、蔡子民、荣宗敬、钱新之,董事长褚民谊;1935年校董会成员调整,董事有李石曾、吴稚晖、余井塘、何梦麟、沈燕谋、陈光甫、陈葆初、徐静仁、徐赓起、张敬礼、张轶欧、章警秋、褚民谊、赵棣华,董事长叶楚伧;1941年因迁驻上海的南通学院办学困难,张敬礼、严惠宇联合上海实业界有识之士,重新组建校董会,主席校董赵棣华,副主席校董严惠宇,常务校董张敬礼、陆子冬、徐赓起,校董吴敬恒、冷遹、余井塘、王公玙、徐静仁、李寿雍、沈燕谋、于敬之、张文潜;新中国成立后,校董会改组,新校董有顾怡生、顾贶予、赵琅、顾尔钥、孙卜菁、宋炳生、冯焕文、瞿立衡、蒋德寿、冷遹、严惠宇、王艮仲、张文潜、于敬之、张敬礼。

南通学院设院长1人,由校董会选聘,并任院务委员会主席,领导和综理全院一切教学、科研及行政工作;领导附属及附设机构;任免或请示任免教职员工;执行或请示执行行政纪律,处理奖惩问题;掌握全院经费预算与决算;监督校产管理;批准院务委员会决议并贯彻执行。遇有各种临时或特种事项,由院长聘请有关人员或组织各种委员会处理之。

院长下设院长室、教务处、训导处、总务处等部门,襄助院长处理院务(初期这些部门称总理室、学监室、庶务室等)。

院长室设秘书1—2人,组员若干人,承办文书、统计、公章及本院机要事宜。抗战前,院长室亦称总办公处(厅)。

教务处设主任1人,处理教学行政事务,并任处务会议主席,下设组主任、组员若干人,分别办理教学、注册、出版、图书等事宜。

训导处设主任1人,指导学生的行为与生活,并任训育委员会秘书,下设组主任、组员若干人,分别办理体育、卫生、军训及生活指导等事宜。

总务处设主任1人，处理全院后勤服务事宜，并任处务会议主席，下设组主任、组员若干人，分别办理房屋修建、校产管理、设备保管、会计事务、环境卫生等事宜。

以上机构，从1930年到抗战胜利后，中间虽有变化，但体制基本相同。1949年2月南通解放，学院先后成立临时院务委员会和临时执行院务委员会，领导和管理学校。1950年6月1日，成立新的院务委员会，成员有张敬礼、冯焕文、蒋德寿、张家汉、夏永生、孙石灵、瞿立衡、诸楚卿、黄季平、王同观、郑学年、范福仁、郭宜祜、陆静荪、陈冠世、理平度、王咸叔、严继昂、姚德生、许尊岱。行政负责人有代理院长张敬礼，副院长冯焕文、蒋德寿。1950年12月，聘任顾尔钥为院长。

私立南通学院及其前身正副院（校）长：

1906年秋—1926.7	校　长	张　謇
	代理校长	张　詧
1926.8—1930.10	校　长	张孝若（其中，1926年任"视察"）
1930.11—1935.10	院　长	张孝若
1935.11—1936.7	代理院长	褚民谊
1936.8—1940.1	院　长	郑亦同
1940.2—1942.6	代理院长	郑　瑜
1942.7—1945.2	代理院长	徐静仁
1945.3—1945.12	代理院长	严惠宇
1946.1—1948.7	院　长	张渊扬
1948.8—1949.7	院　长	唐启宇
1949.8—1950.5	主　任	张敬礼（院执委会）
1950.6—1950.11	代理院长	张敬礼

1950.6—1952.10	副 院 长　冯焕文
	副 院 长　蒋德寿
1950.12—1952.8	院 　 长　顾尔钥

二、科系设置

1930 年前,南通学院所设农、医、纺织三科均为三所专科性大学;1930 年后,三所大学演变为三科,各科设科长 1 人掌理科务,并任该科科务会议主席;每科分设若干学系(按不同专业设立不同的学系),每系设系主任 1 人,襄助科长处理系务。

根据 1946 年的资料,科系的设置为:

农　科　下设农艺系(将早期的棉作、农垦二系合一)、农艺化学系、畜牧兽医系、农业经济系,均四年制(兽医专业学制五年)。其中,农业经济系于 1946 年设置,同年 9 月招生。1949 年 9 月停办,学生并入浙江大学。

医　科　早期分西医科、中医科,后中医科停办,1946 年医科恢复办学后不分系,六年制,1950 年起改为五年制。

纺织科　下设纺织工程系、染化工程系,均四年制。

南通学院及其前身三科科长(主任)有

农科:

1908	照井喜三郎(日本人)
1909—1910	吴　崍
1910—1919	孙观澜
1919—1922	李敏孚
1922—1927	郭守纯(畜牧系主任)
1927—1930	王志鹄
1930—1935	谢锡龄
1935—1937	汤惠荪(科长)

王善佺（农艺系主任）

蓝梦九（农艺化学系主任）

1942—1944　尤其伟（科长）

冯焕文（畜牧兽医系主任）

1944—1946　冯焕文（科长兼畜牧兽医系主任）

陆费执（农艺系主任）

1946—1949　冯焕文（科长）

张天才（畜牧兽医系主任）

张伟如（农艺化学系主任）

王企华（农业经济系主任）

医科：

1912—1917　熊省之

沙元炳

1916—1917　沈尧阶

1917—1921　李希贤

1921—1928　赵　铸

1928—1929　李希贤

1929—1931　赵师震

1931—1936　瞿立衡

1936—1938　洪式闾

（抗战军兴,医科与江苏省立医政学院合并,南通学院医科中断,直至 1946 年 8 月恢复）

1946—1952　瞿立衡

纺织科：

1912—1927　高清泰

1927—1928　黄友兰

1928—1930　　张　谊

1930—1936　　张文潜

　　　　　　　张朵山（代理科长）

1936—1937　　邓邦逖（科主任）

　　　　　　　蒋德寿（纺织工程系主任）

　　　　　　　邓邦逖（兼染化工程系主任）

1942—1950　　邓禹声（科长）

　　　　　　　任理卿（纺织工程系主任）

　　　　　　　诸楚卿（染化工程系主任）

第二节　教学与科研

一、师资队伍

创立通州师范学校和建立南通学院初期的师资队伍，主要是从校外聘请的一批国内名师和外籍教师，1903 年到 1930 年，一方面从日本、德国、意大利等国聘用十多名外国教授，另一方面派出一批毕业生出国深造，回校任教师，并从其他高校引进一批人才，迄至 1946 年，学院教职员有：

教　授：专任者男 45 人、女 2 人，兼任者男 12 人，共 59 人。

副教授：专任者男 11 人，兼任者男 12 人、女 1 人，共 24 人。

讲　师：专任者男 24 人、女 3 人，兼任者男 18 人，共 45 人。

助　教：专任者男 15 人、女 4 人，共 19 人。

职　员：男 27 人、女 3 人，共 30 人（兼任教授者不计）。

1946—1950 年南通学院教授名录

农科教授：

冯焕文、陆费执、张天才、张伟如、王企华、符海秋、陆静荪、尤其伟、朱家驹、黄元波、蒋芸生、罗清生、顾复、杨叔雅、邵家麟、童致稜、蔡无忌、沈寿铨、郭锡管、汪惟晸、郑学年、范福仁、徐晓白、吴士英、陆理成、骆春阳、缪炎生、杨度春、夏永生、施华麏、钱淦庭

医科教授：

瞿立衡、黄季平、鲍耀东、汤肇虞、巫祈华、吕运明、季鸣时、张谷生、孙雄才、周德

纺科教授：

邓禹声、蒋乃镛、陈湖、刘准业、孙君立、杨宽麟、恽福森、李炳郁、陈冠世、严仲简、吕德宽

国文教授：周念永

数学教授：徐玉湘

英文教授：邹巽以

物理教授：丁思纯

生物教授：宋德芳

二、课程教学

抗战胜利前,南通学院的教学,三科均无统一的教科书,由教员编写讲义,指定参考书,教员口授,学生笔记。张謇十分强调理论联系实际的原则,他指出："学问兼理论与阅历乃成,一面研究,一面践履,正求学问补不足之法。"因此,长期坚持"听、看、做合一"的教学方法,各学科实行基本操作训练,经常组织学生外出参观、调查、实习,如农科学生在教师指导下进行农村调查、家畜防疫以及棉作技术和良种推广等;医科学生在老师指导下在附属医院进行病例见习,临床实习,去外地参加防疫医疗工作;纺织科学生在老师指导下参观纺织工厂,安装纺织机器,讨论工厂管理等。各科均有教学基地、实习场所——农科有实验农场,医科有附属医院,纺织科有试验工场。

1946 年,南通学院在南通复校后,按照本学院实际状况和当时教育部颁布的教育法规与部颁大专院校各科系暂行科目表,订立了各科课程。

农艺系课程:三民主义及公民(1949 年新中国成立后废除三民主义和国民党军训等课程,开设"政治常识"课,1950 年 3 月起规定的政治课有社会发展史、中国革命问题、辩证唯物主义与历史唯物主义、政治经济学。下同)、国文、外国文、化学、数学、动物、植物、农学概论、地质学、气象学、作物学、高级作物学、遗传学、土壤学、肥料学、植物生理、植物病理、昆虫学、作物育种、植物分类、园艺学、高级园艺学、定性分析、定量分析、稻作学、麦作学、棉作学、农艺化学、有机化学、真菌学、昆虫发生、昆虫研究、经济昆虫分类、棉作育种、农产品检验、畜牧学、农业经济、农业水利、农业合作、农业推广、农场管理、农村副业、饲用作物、农具学、军训与体育、第二外国文,学分总数为 156 分。

农艺化学系课程:三民主义及公民、国文、外国文、化学、物理、动物、植物、地质学、农艺通论、农业经济、气象学、有机化学、植物生理、农业微生物、分析化学、土壤及肥料、作物通论、肥料分析、土壤分析、农产制造、发酵学、营养化学、生物化学、胶体化学、食品化学、理论化学、化学机械、畜牧学、昆虫学、土壤管理、家畜饲养、酵素化学、肥料制造、杀虫药剂、细菌学、农业制造特论、军训与体育、第二外国文,学分总数为 110 分。

畜牧兽医系课程:三民主义及公民、国文、外国文、化学、动物、植物、农艺通论、遗传学、家畜生理及饲养、家畜解剖、家畜鉴别、家畜各论、家畜育种、家畜卫生、家畜病理、细菌学、家禽学、诊断学、药物学、免疫学、有机化学、生物化学、胚胎学、组织学、寄生虫学、家畜专论、饲用作物、养蜂学、养鸡学、内科、土壤学、乳品检查、畜产制造、血清制造、农业经济、畜场管理、军训与体育、第二外国文,学分总数为114分。

农业经济系课程:三民主义及公民、国文、外国文、数学、化学、地理、历史、动物、植物、经济学、作物学、土壤肥料、森林畜牧园艺养蚕、农业统计、会计学、农业金融、农村社会、农场管理、农村合作、农产贸易、农产物价、土地经济、农业政策、农业推广、气象学、土地问题、地方自治、财政学、簿记学、农业仓库、经济史、民法概要、农村建设、垦殖、农村组织、土壤管理、货币与银行、军训与体育、第二外国文,学分总数为116分。

医科课程:三民主义及公民、国文、外国文(第一、二种)、数学、物理、普通化学、分析化学、战时救护训练、生物学、有机化学、解剖学、组织学、胚胎学、神经解剖学、生物化学、生理学、药理学、细菌学、病理学、寄生虫学、物理诊断学、实验诊断学、内科学、外科学、热带病学、放射学、小儿科学、皮肤花柳科学、精神病及精神病学、泌尿科学、妇产科学、矫形外科学、公共卫生学、眼科学、耳鼻喉科学、法医学,学分总数为230分。

纺织工程系课程:三民主义及公民、国文、英文、数学、物理、化学、有机化学、应用力学、机械画、材料强弱、金工、纺织概论、织物组合、织物分解、机构学、机械设计、棉纺学、力织机学、热工学、纹织、电工学、人造丝、毛纺学、工业经济、工厂管理、工厂设计、工厂建筑、漂染学、织物整理、纺织物试验、纹织设计、成本计算、针织,学分总数为152分。

染化工程系课程:三民主义及公民、国文、英文、数学、物理、化学、高等无机化学、定性分析、有机化学、定量分析、工业化学、工业分析、物理化学、化学工程、染料化学、应用力学、机械画、机械学、热工学、电工学、漂白学、染色学、印花学、染色机械、织物组合与分解、织物整理、纺织染物试验、工业经济、人造丝、配色学、图案画、纤维学、染色药品、机织学概论、工厂建筑、工厂设计,学分总数为 212 分。

学生成绩考核有临时测验、学期测验、学年测验和毕业考试。临时测验每学期两次以上,核定学期成绩时参照临时测验成绩。有 1 项主要学科不及格者留级。一学年缺席三分之一以上者不得参加升级考试。学生成绩优异者,予以奖励,凡学期考试合格名列本级第一名者,下学期免交学费;学年终,品学兼优者,发给奖励证书。毕业考试分理论考试和实地考试,名列第一者发给成绩优异证书。实行论文制度,规定 4 学分,论文通过者授予学士学位。

三、科学研究

南通学院早期未单独设立科研机构,科研工作起初归教务处管理,以后由各科科长管理。1930 年南通大学改为南通学院后,科研工作一般由教研组承担。抗战前,不断增设了一些研究室。如农科增设了棉作育种研究室、棉作害虫研究室、棉作病理研究室、棉作化学研究室、作物栽培研究室等;医科增设了解剖学研究室、生理学研究室、细菌学研究室、病理学研究室、寄生虫学研究室、药理学研究室等;纺织科增设了纺织物试验研究室、染料制造研究室、纺织机械研究室等。抗战胜利后,这些研究室不断得到恢复、充实、完善,又增设了一批新的研究室,形成了一定的科研规模。

张謇在办学过程中,十分关注实业、教育、践履三者的结合,以实业的发展为教育的出发点,培养的人才满足生产实际的需要,研究的成果推广应用,促进实业的发展。为实现"三结合",学院办学初就建立了实验农场、实习工厂、附属医院,为科学研究提供了基础设施保证。例如 1919 年农校改为农科大学后,采取欧美农科大学的最新体制,设有农场五处,第一分场 140 亩,经常受理垦区各公司委托,由农科教员研治害虫和化验工作,为垦区提供天气情报,一度研究野生蚕丝，促进了纱厂生产；第二分场 120 亩，为南通农村培育试验品种专区，研究的优良棉种，使南通各县的棉田亩产量普遍大幅度提高；第三分场 80 多亩，是农科学生自营的经济农场及育种区所在，不仅解决了学生半工半读所应得收益，而且为学生提供了稳定的实验、实习场所；第四分场 60 多亩，作为改良棉豆的试验区，与盐垦公司联合，大规模推广改良棉豆工作。此外，设总农场一处，实施产、学、研三结合。

各科科学研究面向生产，结合教学，注意利用科研成果来充实教材内容，更新知识，更新观点，同时经过推广和应用，取得较好的经济效益和社会效益。现着重介绍一下南通学院农科棉作研究的成果。

南通盛产棉花，张謇创办的大生纱厂的主要原料就是棉花，因此棉花的品种质量至关重要。张謇在《南通农校棉作展览会报告》序中所说："吾通为全国产棉有名之区，故尤为纺织家视线注射之地。"张謇、张詧兄弟二人非常重视改良棉种的试验研究。从 1901 年起，张謇创办的通海垦牧公司引进美国陆地棉种植试验；1903 年张謇去日本考察，带回优良品种鸡脚棉，设场试验。张謇在序中论道："吾校学生、教员亦知趋重于棉业，于是有棉作局部分之试验，有土壤肥料分析成分之试验，有摘心距离之试验。凡试验之法，分数十种于同一地亩，应用之劳力、资本往往不同，就其不同之中而比较其经济之得失。"从 1906 年至 1914 年，8 年试验棉作汇集世界棉种 150 种。过去的南通棉纤维粗短，不宜改纺，经农校师生反复试验，研究了三种方法：一是改良本地棉种；二是交合（即杂交）本地与外来之棉种；三是选用外来之棉种改良本地棉种。经多次比较试验，认定第三种方法较前两法为上，取得较好成绩。张詧在《南通农校棉作展览会报告》演说词中说："就中棉（即南通棉种）而言，以青茎鸡脚为最优，纺纱可达三十支至六十支；就美棉（即美国棉种）言之，以洗伊兰特

（Seasland）为最优,纺纱可达三百五十支至四百支,此棉作成绩之略有可观也。"

1915 年元旦,南通农校乙级班三年级举行毕业式,加之南通农友会举行研讨会,孙观澜遵照张謇、张詧嘱咐,由农校师生筹办了第一届棉作展览会。展览会设在甲种农校校舍,会场门上悬挂用棉花制成的门匾,上书"棉业世界"四字,旁列张謇亲题的对联,文曰:"功效迈桑麻,群欣挟纩;纤维媲欧美,合赋同袍。"展览馆展出了 156 种棉花及茎秆净衣棉籽茎秆、156 种棉花的纤维比较图表、农校农场 14 种棉作试验成就、农校学生 11 种棉作试验成绩,棉的花、铃、籽及各种病虫害标本 5 万多种、各地棉产比较图片七八百种、南通纱厂布厂各种棉纱布品标本、各地农人棉作出品约 30 余种,此外还展出了农校和农场试验栽培的花卉、果树、蔬菜等品种及技术,以供纵览。

展览会极大地吸引了周围农民,参观者络绎不绝。浙江、上海、南京等地很多从事农业技术的人也赴通参观。据统计,"参观之人数约五千有余,以百分计之,农界占百分之六十,工商两界占百分之十,学界占百分之十,军警两界占百分之五,政界占百分之五,普通人民（男女老幼）占百分之十","农界来观者有经验之老农甚多"。展览会的这一年,周围老农来校贷种者约 300 人。种植农校试验的优质鸡脚棉后,棉田产量和棉花质量有了大幅度提高,所以第二年来校贷种者增加了十倍,达到 3000 多人。此后,农校研究的优质棉种不仅在南通各县普遍推广,甚至在整个江苏乃至上海、浙江等地也得到推广。据华商纱厂联合会 1920 年出版的《季刊》报道说:"南通棉田总产达 74 万担,居全省之冠。"东南大学农科 1920—1921 年征集的中棉品种,其中优质的鸡脚棉七种,南通就占了六种。这种情形,正如农学博士何伊榘在《季刊》上所说:"今日苏旦（埃及）之棉种为世界最良,倘南通之棉种一经改良,将来不特可与埃及之棉种并驾齐驱,且驾而上之,亦未可料也。"1924 年以后,大生各厂与大有晋、大丰、大祐盐垦公司联合,以农校为基本力量,产、学、研三者密切结合,连续十多年大规模地推进改良棉种工作,取得了巨大的经济效益和社会效益。

四、实习场所

南通学院各科均有贯彻教学、科研、生产三结合的稳定实习场所,如农科的实验农场,纺科的实验工厂,医科的附属医院;此外,还由学院特约附近的农场、工厂、医院等作为学生教学基地、实习实验场所。

农科的特约实习场所有:南通农业推广所、合作社、植物园、博物苑等;在上海的沪院临时特约的实习场所有:江湾经济实验农场、浦东园林场、真如棉作试验场、冠生园农场、工务局各公园各苗圃、源源牧场、源生牧场、可的牛奶公司、中法制药厂、细菌场、淀粉厂以及上海祁齐路(今岳阳路)及程家桥分场等。

医科无特约实习场所,主要是在所设医院院内实习。抗战胜利后,国民党接管日伪所办南通江北中央病院及其分院,改称"南通公立医院",1946 年改称"南通县卫生院"。是年 5 月,学院购原江北病院院舍及设备,恢复附属医院,同时挂"南通公立医院"的招牌,9 月即告终止,此后成为学院专设的实习医院。

纺科的特约实习场所有:中国纺织建设公司第十四、十五、十六、十七、十九等厂,中纺第一、第二纱厂,永安第一、第二、第三纱厂,中新九厂,新光内衣公司及南华、万利、昌兴、达丰等印染厂,统益纱厂、德丰纱厂、安达纱厂及南通大生纱厂等。

五、校舍、图书与经费

1. 校舍

东一院　楼房 20 间、平房 8 间,为各科系一年级教室;此外有测候所一座、家畜场一处、运动场三所,共占地 5 亩多。

东二院　楼房 118 间、平房 16 间,供农科用;此外有麦作试验场、棉作试验场及花圃菜地等,鱼池及天水池各一方,共占地 13 亩。

西院　楼房 20 间、平房 43 间,为礼堂教室及学生宿舍;此外有曝晒场、运动场各一处,水井两口,共占地 5.7 亩。

北院　楼房、平房共 166 间,为图书馆、实验室和总办公处;此外有喷水池一方、亭榭一座、花圃四块,共占地 4.5 亩。

南院　楼房 43 间、平房 61 间,为膳堂、寝室、浴室、厨房和盥洗室等;此外有水井两口、天水池一口、曝晒场一所,共占地 12.8 亩。

纺科校址唐家闸,楼房 82 间、平房 135 间,共 217 间,南部为宿舍,北部为膳堂宿舍,中部为大礼堂、图书馆、办公室和教室,东西二部为纺织实习室、机织实习室、手织机实习室、染印实习室、金工实习室、理化实习室及药品室、制图室、显微镜室、天秤室等,运动场两处、水塔一座、滤水池一口、天水池两口,共占地 22 亩。

医院院址城南江家桥 1 号,4 层楼洋房一幢,平房四幢,菜圃、花圃各一处,旷场 3 处,共占地 97.96 亩。

此外尚有医科二院、图书馆西馆为别单位占用,另有养鱼池占地 88 亩多,位于北院和东院二院之东。

2. 图书

复校后,南通学院藏书近 2 万册,除古旧书籍约 1 万册外,计有哲学、宗教类 200 余册,语文学 300 册,文学 400 余册,自然科学 1800 余册,应用科学 2200 余册,史地 300 余册,艺术 100 余册,社会学 1000 余册,总类 1500 余册。其中本国文图书 5600 余册、外国文图书约 2300 册。

各种杂志约 470 种,其中本国文 340 余种,外国文 130 余种;属于纺织类者约占 20%,属于农学类者约占 24%,属于医学类者约占 21%,属于普通性质者约占 35%。

3. 经费

1930 年前,南通学院经费来源主要靠张謇、张詧私资和学费,校舍建设费均系张氏二人投资。每年经费 1 万至 2 万元,抗战前的经费来源有四:一是政府补贴;二是大生纱厂补助;三是学校基地及事业收入;四是学费。1934 年全年经费 192148 元,来源:教育部补贴 42638 元,江苏省政府补贴 12400 元,南通棉纺会补助 25200 元,大生纱厂补助 48010 元,大达公司补助 10000 元,基产租息 4098 元,事业收入 13400 元,学费 36402 元。后来大生纱厂参加银团,无法开支学院经费,学校经济较困难。抗战胜利后,学院常务校董张敬礼任大生一厂经理,学院大部分经费由大生一厂承担。1946—1952 年院系调整前,学院经费大部分仍由大生一厂承担,政府适当补助。1949 年政府补贴 5% 名额人民助学金,1950 年苏北行政公署拨大米 3 万斤作补助费,华东军政委员会教育部 1950 年两次共拨行政补助费和经常补助费 5.1 亿元(旧币),另华东卫生部拨给医科补助费 2 亿元(旧币),苏北行政公署拨给学院行政补助费 2.85 亿元(旧币)。

第三节　学生社团活动

南通学院学生社团活动比较活跃。从 1919 年五四运动起,学校就成立了学生会组织。在第一、第二次国内革命战争、抗日战争、解放战争时期,中共基层组织处于秘密状态,党的许多工作往往通过学生会贯彻执行,由进步学生主持,团结全校学生,普及爱国主义教育,开展体育、文化娱乐活动,起到了动员、组织、宣传作用。

1938 年,南通学院迁入上海后,在学校地下党支部领导下,组织同学参加"上海学生抗日救亡协会",以"剧艺社"名义团结一批文艺爱好者,排练了《放下你的鞭子》等进步戏剧,教唱《五月的鲜花》

等救亡歌曲；1939—1941年间，学生党员和积极分子先后组织学术团体澄社和农学研究会、农科农学会等。农学会下设学术、实习二组，在老师的支持和指导下，开展了丰富多彩的学术活动，深受同学们的欢迎。在此期间，除澄社、农学会外，南通学院学生还组织了中流剧社、绿野体育会等，依靠"学协"骨干的积极作用，开展各项活动。与此同时，还以班级为主，组织了阅读进步书刊的读书会、读书组，提供了一批进步书刊如《西行漫记》《大众哲学》《农村经济调查》《新民主主义论》《钢铁是怎样炼成的》《静静的顿河》等，启发和提高了同学们的思想觉悟。

抗战胜利后，农、纺二科分别成立了"农之友团契"（注：团契，译自英文的 Fellowship，意为团结与契合）和"纺修社"，开展了一系列学术性活动。同时纷纷组织了一些学生社团，如"夜航"读书会（后改名为"纺学"读书会）、"纺联团契"、女同学会以及党的秘密外围组织"通院团契"。1945年6月成立了"清寒同学互助会"，向校友募捐和组织义卖、义演。据统计，在1945—1947年间，互助会通过各种形式的助学活动，解决了约300名贫困生的学费问题，得到老师们的赞许和支持，使互助会在校内成为唯一有号召力的全校性组织。

作为学生中的群众性的学术团体，"农之友团契"的影响较大，他们坚持开展以学术活动为中心的多样化活动。1946年农艺系迁回南通后，"农之友团契"不断壮大，其成员达到百余人。学校敌对势力攻击"农之友"和互助会、女同学会是"三头蛇"。1947年冬，"农之友团契"举行年会时，"三青团"先以断电破坏，后又冲入会场打人行凶，由于团契的坚决斗争，又有顾问老师（称"知照"）的出面制止，会议照常进行，直至胜利结束，粉碎了敌人的破坏活动。

学生的社团活动，尤其是"农之友"学术团体，得到教授们和校友们的支持，也得到科、处领导的赞成，如当时的农科主任冯焕文、纺科主任邓禹声、教务主任符海秋等，都非常赞成"农之友团契"的活动；团契聘请了冯焕文、尤其伟、徐晓白、郑学年等14位教授为"知照"，邀请校友吴蓉芬、卢荷贞为契友，团契通过各种途径、各种方式，同教授们建立了广泛而亲密的联系和深厚的感情，因而一旦发生危急时，便会得到教授们的保护。例如，1948年有两位同学先后两次由上海送宣传材料到南通，得到徐晓白、王煊之教授的保护，使他们避开了敌人的检查；在1948的大逮捕中，郑学年教授向翁思敬同学透露校务会决定逮捕他的消息，使其及时化装脱险；在反迫害斗争中，团契通过符海秋教授向校方呼吁，营救了一些被捕同学；解放前夕，由校方出面组织了一个包括全体师生员工在内的群众性"应变会"，"农之友"等学生社团，取得老师和职工的普遍支持，开展了护校斗争，胜利地迎接了解放。

第四节　校训

张謇创办的各类学校，每校都立有校训，由他亲自拟定并书写，挂在学生出入醒目处。这些校训都以"坚苦自立"作为一个共同的思想基础或立校精神，而将专门知识等分别作为各自的责任和追求。其中，南通学院农科校训是"勤苦俭朴"、纺科校训是"忠实不欺、力求精进"、医科校训是"祈通中西、以宏慈善"，它们与"坚苦自立、忠实不欺"的通师校训（南通学院源起于师范农科）共同构成了学院精神文化的核心内容，为广大师生员工所遵循和秉承。

张謇认为，在世变日亟的社会里，一个人要为国家富强作出贡献，必须有"坚苦自立"的精神。他不断以自己的亲身经历和体会告知学生，一切事业的成功必须依靠"坚苦自立"的精神，有了这种精神才能战胜各种艰难险阻。因此，他明确提出要使"坚苦自立，忠实不欺,成我通州之学风"。所谓"坚苦",就是矢志不移,刻苦耐劳,意志坚定地实现理想,不怕困难,勇往直前;所谓"自立",就是培养自立的意志,学会自立的本领,养成自立的习惯。所谓"忠实",就是忠于国家,忠于民族,发扬"天下兴亡、匹夫有责"的爱国主义精神;所谓"不欺",就是实事求是,人格高洁,不蒙混含糊,不弄虚作假,不欺侮和欺骗别人,也不受人欺侮和欺骗,做一个正直的"真人",决不做有辱人格和国格之事。

　　"勤苦俭朴"作为南通学院农科的校训,体现了通州师范学校八字训的思想精髓,反映了张謇关于农科教育的理念以及对农学生的期望和要求。1916 年,张謇在《农校开学演说》中对"勤苦俭朴"四字校训作了精辟阐释:

> 今日农校又开学矣。予对于诸生无多言,惟将校训之"勤苦俭朴"四字细细解释,冀诸生之易于领悟也。夫勤者,乾德也,乾之德在健,健则自强不息;俭者,坤道也,坤之德在啬,啬则俭之本。黄老之学得坤道。勤俭之广义,虽圣人之成德亦由之。所以加一"苦"字于"勤"字之下,加一"朴"字于"俭"字之下,非为凑成字句而然。盖勤有在思虑者,有在肢体者;若农之为业,则兼思虑肢体而为用,而肢体之劳动尤多,是苦为勤之所表示也。有勤而不必尽苦者,未有苦而不出于勤者也。俭之表示以朴,乃俭之在一人一家者,于俭之用为狭。而非朴则不足表示俭之实行,非徒托空言也。诸生听吾言,若能切实做将去,诸生之名誉在此,生计在此,而予之希望诸生以图应用于社会者亦在此。诸生勉之!

　　张謇对农校校训的解释,深刻地阐述了"勤""苦""俭""朴"的内涵，揭示了勤与苦、俭与朴之间的辩证关系，尤其是昭示了这四字训对于"农之为业"的人，具有更为现实而深远的意义，希望每个学生勤奋苦干，节俭朴实，把自己一生的名誉、生计以及为社会服务，都要建立在这四字的基础上。南通学院农科的师生员工，无一不牢牢记住张謇亲定的四字校训，并时刻以此为追求，作为一种学校精神来规范自己的行为。原南通学院农科主任、副院长，苏北农学院院长冯焕文教授在二十四届（1951 年）《南通学院农科毕业纪念刊》的序中写道："我们南通学院的毕业同学，向来有一个优良的传统精神，就是能够恪守创办人张啬公的'勤苦俭朴'校训，不避艰苦，脚踏实地地工作；二十多年来，服务在全国各地的毕业校友，都能信守不渝，获得一致的好评。这次毕业的同学，在解放后已经受过二年新的教育，无论在学习上或政治上，都有了相当的认识，相信出校以后，一定能够更好地工作，并且会从工作中继续学习，求得进步，埋头苦干，不仅能发扬我们南通学院的优良传统，并且一定能发扬我们毛泽东时代青年的爱国精神，在新中国的农业建设上，产生一定的作用。"

第四章 南通学院的共产党组织

南通学院有着光荣的革命传统。1927 年 4 月 12 日,蒋介石集团公开叛变革命,在上海发动反革命政变,大肆捕杀共产党人和革命群众,南通学院中共地下党组织正是在这腥风血雨中建立的。抗战期间,南通学院党支部组织进步学生,宣传党的主张,投身抗日救亡运动。抗战胜利后,针对国民党蒋介石镇压民主、挑起内战、推行独裁的倒行逆施,南通学院党组织带领师生持续开展反蒋反美反内战斗争。在十分艰难的环境中,学院党组织紧紧依靠广大群众,团结爱国民主人士,许多著名教授赞同、支持革命,他们主动帮助清寒学生,开展护校斗争,为党的事业和南通学院的生存、发展作出了重要贡献。

第一节 党组织的建立与发展

南通学院的中共地下组织建立于 1927—1928 年期间,不久因白色恐怖而转移活动;30 年代初,南通学院恢复了地下党组织的活动,以后又遭到敌人的破坏而暂停活动;1938 年南通沦陷,南通学院迁往上海租界,中共上海大学区委派党员曲苇考入南通学院来做恢复工作,以后又陆续增派党员,建立了党的支部,迄至抗日战争胜利,先后建立了四届地下党支部:

第一届支部　1938.9—1939.10　支部书记　曲　苇

第二届支部　　1940.9—1942.10　　支部书记　舒鸿泉

第三届支部　　1942.10—1942.12　　支部书记　胡瑞瑛、尹　敏

第四届支部　　1945.5—1945.9　　　支部书记　翁大钧

1946 年，南通学院本部和部分年级迁回南通，农、纺两科二、三、四年级仍留上海，从而形成"通院"和"沪院"两地办学的格局，沪院党支部派人在通院建立了分支部，1947 年中共南通城工委学委派党员王彪考入通院，建立了地下党支部，王彪任书记。1948 年国民党大肆逮捕进步学生，沪院党员按上级党组织部署，绝大部分撤退和隐蔽，1948 年 9 月党支部重建。至 1949 年年初前，任支部书记的有贺锦霞、王彩彪、李连钊、严春明。通院党支部和沪院党支部之间没有组织关系。

1949 年 9 月，沪院全部迁返南通，中共南通学院支部由上海市新成区委员会领导改属中共南通市青年部领导，原通院与沪院的党组织合二为一，支部书记王彩彪、副书记顾石明。王、顾二人均系纺织科学生，1950 年 5 月毕业离校，支部书记由院政治辅导处主任孙石灵兼任；1950 年 12 月，支部领导成员调整，顾尔钥任书记，孙石灵任副书记；1952 年 7 月，成立中共南通学院委员会，顾尔钥任书记，直至 1952 年 8 月院系调整。

南通学院党组织经过了一个曲折的发展过程。1939 年党员 3 名，1942 年 8 名，1944 年 1 名，1945 年 9 名，1946 年发展到 21 名；1946 年夏在南通地区招收的新生中有 4 名党员，并建立了通院分党支部；1947 年夏，通院的党支部党员增加到 12 名，而沪院党支部党员只有 6 名；1948 年国民党大逮捕，学校党员按上级部署组织撤退和隐蔽，而在校内的只有个别党员，沪院只有 1 名，后增至 4 名，通院原有 3 名，后只剩 1 名。1949 年党支部重组，解放前夕党支部有 8 名党员，后发展到 20 名。

南通学院党支部培养和输送了数批党员和积极分子到不同岗位上去工作,为革命事业作出了重大贡献。如:1939年10月,第一批送党员曲苇到上海女中区委任干事,后去江阴任县委组织部长。1940年夏秋,第二批送纺科党员余友秦(上海"学协"成员)去新四军领导的"江南抗日义勇军"(简称"江抗")。1942年底,第三批送党员舒鸿泉、胡瑞瑛、陈义鑫、尹敏、刘洁芳去淮南抗日民主根据地分配工作。1945年3月至10月,党员鲁绮霞,积极分子王俟、顾克兰、徐爱云,先后再次去淮南根据地参加革命,不久均入了党。1948年夏,吸收原农工民主党成员、"纺修社"主席沈耕农(学生)入党,去解放区工作。

1948年8月,送通院与沪院的14名党员和6名积极分子,进解放区华中党校和华中革命大学学习。不久,随军南下,参加了南通、上海的接管工作;有几名党员回到母校参加了接管工作,并担负了学校的领导工作。

第二节　党组织在抗日战争时期的活动

一、进步学生的爱国运动

1935年日本军队侵入山海关,侵占华北,"华北之大,已经放不下一张平静的书桌了"。在中国共产党领导下,北平爆发了学生爱国救亡运动。消息传到南通后,南通学院农科、医科、纺科及附设职业中学全体学生积极投入"一二·九"运动洪流,12月23日早晨整队上街游行示威,队伍沿启秀路自东而南,经过南通师范、女师、商中、崇敬中学、南通中学,一路联合各校同学,沿途高呼口号,吸引了很多市民;12月26日,南通学院三科学生组织晋京请愿团,清晨4时半300多人步行往天生港,8时抵达,10时登上大和轮,要求开往南京,地方当局的专员、县长等阻拦无效,但使江轮停开;12月28日,晋京请愿团300余人自早晨起绝食,江苏省政府派员赴通,与南通当局官员一起,表示同意同学们提出的"团结抗日,一致对外,停止内战""爱国自由""爱国无罪"等口号,官方的答复,当然是虚假的空头支票,同学们迫于无奈,同意返校。这次运动,没有党组织的直接领导,因而缺乏周密的计划,未达到去南京向蒋介石直接示威的目的。但是,这次运动得到南通中学党的外围组织"春泥社"负责人俞铭璜(南通中学学生,新中国成立后曾任华东局宣传部长)组织的学习马列主义秘密小组的领导和影响。

二、团结广大师生抗日救亡

1931年,日本帝国主义挑起"九一八"事变,悍然发动侵华战争,激起全国人民的义愤。9月24日,在地下党领导下,南通学院农科学生发起组织"南通学生反日会",在农科礼堂举行了成立大会,愤怒声讨日本帝国主义侵占中国东北三省的暴行。医科、纺科学生以及南通中学、崇敬中学、通师、女师、商中、女红传习所等校学生也参加了大会。同年12月,医科学生组织战地救护队,支援东北马占山抗日部队,投身于抗日救亡的前哨阵地。

1937年先后发生"七七"事变和"八一三"事变,面对日本侵略军的疯狂进攻,我国军民开始了全面抗战。在中共正确路线和敌区工作方针的指导下,南通学院地下党按上级组织部署,以坚持抗战为总任务,宣传抗日救亡,激发群众爱国热情,团结师生抗日救亡;宣传毛主席持久战战略思想,宣传党的抗日民族统一战线政策,宣传八路军、新四军抗战战绩。

当时党领导的抗日救亡运动处于半公开状态,大量活动依靠党的外围组织开展工作。党员曲苇发动南通学院学生参加"上海学生救亡协会",党员余友秦组织了"苏北同学同乡会",排演抗日戏剧,教唱救亡歌曲,激发了同学们的抗战热情。当学生运动被迫转入地下后,党组织便以学术团体、文化社团等形式开展活动,如农学会、读书会、"纺修社"、剧艺社等。把学术、读书、文娱和抗日救亡运动紧密结合起来,在抗日战争期间起到了宣传群众、组织群众、武装群众的作用。

1945年8月15日,日本宣布无条件投降后,南通学院党支部根据上级指示,开展了迎接抗日胜利的"天亮运动",组织党员、积极分子学习中共七大文件、《新民主主义论》《学习和时局》等著作,在学生中宣传爱国军(指八路军、新四军)积极抗战取得的伟大功绩,组织收集汉奸罪行,练唱革命歌曲,书写迎接解放军宣传标语。

三、组织清寒同学互助自救

由于连年战争,民穷财尽,连原来一些富裕家庭也日趋没落,故清寒学生的队伍不断扩大,到抗战末期,清寒生占南通学院学生总数的1/5—1/4。他们的生活十分艰苦,甚至仅能勉强糊口,连学费也缴不起。他们倾向革命,拥护共产党,是党的基本群众。南通学院党支部便将这批清寒生组织起来,开展互助自救,作为开展群众工作的突破口。互助自救的主要方法有三种:

一是向校友募捐。以党员和积极分子为骨干,把参加清寒同学互助会的同学分成若干小组,向纺织界的老校友募捐,他们是纺织厂的老板、厂长、工程师,在纺织界都有相当地位,经济上比较宽裕。作为校友,他们大多乐于赞助。学校的老师大多也是留校的老校友,虽然生活清苦,无力资助,但他们十分同情清寒生,因而指点募捐对象,提供募捐途径,从而使募捐工作顺利进行,仅花3个月时间,就解决了上百人的学费问题。

二是向亲友募捐。互助会的同学充分地利用各种直接或间接的社会关系,向一些经济条件较好的亲友劝募。同学们手捧募捐册,逐家走访,上门求募。平时关系密切者,一般都乐于赞助;平时关系疏远者，一般也碍于情面，多少资助一点。

三是义演所得，充作助学金。互助会于日本宣布投降前夕，借一间教学活动室举办过一次音乐会，演奏了古典乐曲，还有声乐演唱，其中有意穿插了一些抗日歌曲。由于日本兵与伪警前来干预，并抓走了主办音乐会的两位互助会负责人，而被迫停止。但经过会后的斗争，两名同学脱险。义演卖票所得的收入充作助学金。

上述活动虽属经济生活斗争，但实质上是地下党开展的统战工作和群众工作的一部分。通过募捐，接触了各方面的人士，既有企业家、实业家、工程师，也有学校的教授、专家、职工，这在南通地区党史上是空前的创举。通过互助自救活动，开始形成一支积极分子队伍和上百人的基本群众队伍，为解放战争时期的学运打下了基础。

第三节　党组织在解放战争时期的斗争

抗日战争的胜利，给蒙受沦陷痛苦的南通学院带来了新希望，师生们渴望着一个和平、民主、独立的新中国，随着美蒋反动面目的日益暴露，南通学院学生在中国共产党领导下，积极投入反对美蒋的斗争。

一、反蒋反美反内战

1945—1946年间，南通学院地下党组织发动党员、积极分子和一部分中间群众，参加了声援南通"三一八"惨案、"六二三"反内战大游行和抗议美军暴行等政治斗争。这些活动，激发了同学们对国民党反动派的义愤，使他们认清了国民党政府的反动本质，从而大大提高了政治觉悟，一批先进分子在这期间入了党，广大群众的爱国热情也大为高涨。普通学生赵志滢在一份抗暴传单上用英文写道：Get out "dogs", we don't need you, Let China's problem alone. We Know how to do it. If your sisters be raped, how do you feel？　Write by Zau Tse Fu at Nantong College.（意即："狗东西"滚出中国去，我们不需要你们！中国人的问题自己能解决，别来指手画脚！如果被奸污的是你们的姐妹，你们会作何感想？南通学院赵志滢写。）

　　参加"六二三"大游行的学生，约占全校学生总数的 1/4，很多是平时团结在互助会和女同学会周围的群众。地下党组织还把党员、积极分子和群众搭配，成立宣传小组，深入商店和家庭，向店员和居民宣传反内战、要和平的道理，这样既宣传了群众又教育了自己，使人们认清国民党反动派玩弄假和平、真内战的丑恶嘴脸。在活动中，党支部不断根据学校特点、群众基础和敌友我动向，采取适当的斗争形式，选择适当的斗争时机，例如在校门口张贴一些宣传标语、抗议声明等，也能达到震慑敌人、教育群众的目的。

　　1947 年 5 月 20 日，国民党反动派在南京以毒打和水龙头来对付各地学生的请愿，学生们被打成重伤者 20 人、轻伤者 90 人，制造了"五二〇"惨案。消息传到南通后，学校地下党支部立即组织罢课斗争，成功地利用事先安排好的一次联欢会，转而变为控诉国民党反动派制造南京惨案的大会，并当场成立了声援南京惨案的罢课委员会，使到会的 400 余名同学、家属和亲友受到一次教育，也使敌人受到了震动。当晚，地下党通宵进行了罢课的准备工作，翌日晨就发动了罢课斗争。但由于敌人的反扑和破坏，罢课斗争受到了挫折。半月后，地下党又组织了一次成功的反击，邀请了加拿大文幼章博士（文幼章，英文名 James Gareth Endicott，音译詹姆士·艾迪科特，1899—1993。他毕生致力于世界和平友好事业，1965 年中国人民对外友好协会授予他"人民友好使者"的称号）来校讲演《对中国学运之我见》，其规模不小于罢课大会。文博士曾任蒋介石国民党政府顾问，他列举犀利雄辩的事实，抨击了国民党卖国、独裁、祸国殃民的反动政策,使到会的群众大为振奋,使校内的反动分子哑口无言,狼狈不堪。

二、反破坏、反迫害,迎接解放,组织"应变"

由于通院党支部领导的互助会解决了许多清寒同学的学费问题,因而深得人心,成为通院唯一有威望的全校性群众组织。互助会的干事们都是一些品学兼优、作风正派、助人为乐的同学,连续 5 届的互助会正副会长和各股股长,全部由党员和积极分子担任,受到同学们的信任和爱戴;敌人曾企图在竞选中争夺互助会的领导权,沪院校方右派势力两次企图建立御用的学生自治会,以替代互助会,但他们的阴谋没有得逞,乃另外策划几个小团体同互助会相对抗,他们组织的"苏北流亡青年协会南通分会""护权委员会"以及"同学联谊会",经常同互助会等进步组织唱对台戏。

针对敌人的破坏活动,通院地下党采取又联合又斗争的对策,挫败了校方右派势力组织全校性御用学生自治会的企图,迫使校方在整顿校风中解聘了国民党训导员。敌人阴谋失败后,便采取无理取闹或突然袭击的卑鄙手段,污蔑互助会主要骨干为"四大金刚""八大罗汉"。1946 年下半年开始,沪院三青团(1938 年 7 月,民国政府组建的"三民主义青年团")骨干在暗里撕毁互助会布告,砸碎布告橱窗;1947 年上半年大闹互助会,大打出手,砸坏互助会主办的小卖部;用漫画攻击互助会、"农之友"、女同学会是"三头蛇"等等。在一连串破坏事件面前,党员、积极分子奋起反抗,进行了机智勇敢的反破坏斗争,采取暗中监视、众人保卫、出版壁报、说理斗争等办法,粉碎了敌人的破坏活动,保护了群众组织和学生领袖。

1947 年 5 月前后,敌人偷偷散发一批小传单,企图在学生中将14 名党员、积极分子孤立起来,也为进一步开除迫害做舆论准备。果然,校方右派势力于 1947 年夏贴出布告,开除 10 名学生,其中,沪院 7 名,通院 3 名。于是,党支部立即争取教授的支持,同校方进行面对面说理斗争,迫使校方重新做出决定,从而保存了一些骨干力量。1948 年夏,敌人进行了大逮捕,有 28 人上了黑名单,由于事先得到组织的通知,党支部作了疏散和隐蔽,大多数人脱险,但还是被敌人抓走了 1 名党员、3 名积极分子和 3 名群众。在狱中,同学们进行了绝食等形式的斗争;同时,地下学委也立即着手营救,组织家长会,大闹特刑庭,并请了一批民主律师为同学们辩护。经过几个月狱内狱外联合斗争,终于迫使敌人全部释放被捕学生。1949 年解放前一个月,敌人进行了一次"四二六"大逮捕,公开发出逮捕令,一批党员、积极分子又遭到迫害,但由于地下党的掩护,这些同学顺利脱险。为保存党的力量,学校党支部在地下党统一领导下,分批地将一批党员、积极分子护送到解放区。

1949 年初,通院党支部利用有利形势,发展了一批新党员,并于同年四月建立了一个党的秘密外围组织——通院团契,有 40 余人参加;同时又组织了有上百人参加的人民保安队和人民宣传队,保护学校,宣传解放战争的大好形势和党的政策。解放前夕,由校方出面组织了一个包括全体师生员工在内的群众性的"应变会",党支部支委过庆增参加并掌握了领导权,团结了一批教授和一般群众,并把职工普遍发动起来,组织食堂购买、运输、保护和分发应变米、物资等。在上级党的直接指导下,通院党支部调查了本区内国民党党、政、军、警、宪、特的驻地情况,绘制了重要设施方位图,提供给进城的解放军;同时,党支部给南通当地反动头目和本校反动骨干发出警告信,并向国民党兵营散发过两次传单,号召国民党官兵弃暗投明,求得新生。

三、党支部在斗争中加强党的建设

1. 在斗争中培养积极分子

抗日战争时期,南通学院党支部在七大路线指引下和上海大学区委直接领导下，根据斗争需要抓了两件大事：一是积极发展成熟的积极分子入党，壮大党的力量；二是广泛开展群众工作，把群众发动组织起来，团结在党的周围，为打败日本侵略者，建立一个和平、民主的新中国而奋斗。同时在群众工作过程中也培养了一批积极分子，有的先进分子入了党。但在不同时期，党的组织建设有不同的方针：1939—1941年，按秘密慎重原则，在"学协"中发展了2名党员；太平洋战争后基本上不发展党员，只非常慎重地吸收了1名党员；1945年放手发展了5名党员，加上校外转入的党员共有20人。

抗战胜利后，党的组织建设有较大的发展，在斗争中发现、培养、教育积极分子，从群众团体的领袖人物中吸收了一批人入党。如任互助会会长的范成森、邱复生，女同学会主席黄贞诰、尹素华，"农之友团契"主席程鸣之、丁德生，"纺修社"主席沈耕农，等等，他们站在斗争第一线，在党支部领导下开展了各项斗争，发挥了巨大作用。

2. 在斗争中加强党的思想建设

党在不同时期，针对当时形势，对党员进行党的路线、方针、政策的教育，包括形势教育、党性教育、纪律教育、气节教育等，提高党员的思想觉悟和政策水平。在教育中，还不断学习和研讨各种斗争艺术、工作方法，如秘密工作与公开工作的结合，合法斗争与非法斗争的结合，政治斗争与生活斗争的结合，依靠骨干与联系群众的结合，不断提高党员的斗争艺术和工作能力。

为了使党员能够适应形势需要，顺利地开展各项工作，上级党的领导人经常来南通学院传达和分析当时的形势，如传达八路军、新四军取得的战绩，传达苏德战场红军取得的战绩，介绍根据地建设的成就，部署如何粉碎敌人的反共高潮。抗战胜利前夕，组织党员学习党的七大文件，学习中结合分析第二次世界大战和国内抗日战争的形势,学习、了解我党争取抗战胜利的路线和一系列方针政策;抗战胜利后,学习和宣传毛主席的《抗日战争胜利后的时局和我们的方针》,明确必须用革命的两手和国民党作斗争的策略思想;全面内战爆发后,主要是学习和认识战场形势和党的路线方针;解放前夕,普遍地学习了《目前形势和我们的任务》。通过一系列形势学习,提高了党员的觉悟,坚定了对革命胜利的信心。

3. 团结广大群众,壮大党的力量

抗战胜利后,南通学院校董会迫于国民党的政治压力,聘用了一些国民党员和三青团团员,其中有一些是反动骨干分子,采取各种手段破坏我党领导的爱国民主学生运动。为此,南通学院党支部紧紧依靠广大群众,做好学校中的统战工作和群众工作,削弱敌人势力,壮大党的力量。根据不同对象的不同特点,把广大群众尤其是中间群众团结在党支部周围。按照上级党组织的"勤学、勤业、交朋友"的指示,广泛开展交朋友活动,参加一些联谊活动、学术活动、文化活动、社会活动。例如组织不同形式的时事讨论或辩论会,如组织听取马叙伦、马寅初、林汉达等著名民主人士的时事报告会;传阅地下学联出版的学生报;组织编辑《现实》壁报、油印快报等,不仅教育群众,也教育党员自己。

根据"放手发动群众,壮大人民力量"的战略思想,有理、有节、有利的策略原则,做好统战工作和群众工作,争取和团结尽可能多的群众,把敌人孤立到最小范围。有相当一部分出身于地主、资产阶级家庭的富家子弟,由于国民党长期的反动宣传,对共产党无知而抱有恐惧心理,但他们中有些人作风正派,勤于学业,颇有爱国心和正义感,具有实业救国和振兴家业的愿望,因而易于接受党的影响,党支部采取各种方法团结他们,引导他们参与政治生活,在斗争中受到教育,提高认识。即使有些国民党、三青团的普通成员,也是团结的对象,同他们建立友谊,从而也争取了他们。有一名三青团分子还向党的积极分子透露了1948年国民党大逮捕中被列入黑名单的人员,使这些同志从虎口脱险。

在统战工作中,南通学院党支部特别注意做好教授等上层人物的工作,争取他们的支持和帮助。1942年的代理院长郑瑜,由于党的思想政治工作,促使他带领部分师生一度在淮南抗日民主根据地办学。平时,党支部依靠党员、积极分子经常走访教授,争取支持,同教授们建立了广泛而又亲密的联系,因而一旦情况危急时,教授们就出来竭力掩护,如冯焕文、尤其伟、徐晓白、郑学年、王煊之、符海秋、邓禹声等著名教授,都营救过处于危难中的党员、积极分子,为党作出了重大贡献,立下了汗马功劳,至今人们仍在怀念这些可敬的导师。在南通学院的校史上,在南通学院共产党组织的历史上,记下了他们的敬党爱党之功!

中篇

扬州大学校史

第五章　新中国成立后创立新院校

在中华人民共和国成立以前,古城扬州除 1933 年(民国二十二年)有一所具有高等教育性质的私立国学专修学校外,还没有一所正规的高等学校。新中国成立后,为适应大规模经济建设和社会发展对高级专门人才的迫切需求,1952 年,中共中央、政务院制定了"以培养工业建设人才和师资为重点,发展专门学院和专科学校,整顿和加强综合性大学"的方针。同时,为改变旧中国高等学校布局和系科设置不合理的状况,国家从 1951 年底开始对全国高等院校进行大规模的院系调整。在这样的历史背景下,苏北区党委、苏北行政公署报请中共中央华东局、华东军政委员会批准,决定在扬州建立苏北农学院、苏北师范专科学校和扬州工业学校三所院校(后来分别发展成为江苏农学院、扬州师范学院和扬州工学院)。1952 年 5 月,"三院校"筹建委员会成立,筹建委员会由俞铭璜(苏北区党委宣传部部长)、周一萍(苏北区党委宣传部副部长)、李俊民(苏北行署文教处处长)、杜干全(苏北行署教育处处长)、孙蔚民(苏北行署教育处副处长)、郭建(苏北行署工商处处长)、杨祖彤(扬州市市长)等人组成,俞铭璜任筹建委员会主任,筹建委员会研究和确定了三校的建校方案、建校地址和基建投资等事项。

在此前后,苏北卫生行政干部学校、江苏水利学院、江苏省商业学校等三所学校先后在扬州建立或迁入扬州办学,后来分别发展成为扬州医学院、江苏水利工程专科学校和江苏商业专科学校。六所院校的创建使得扬州在全省高等教育中的地位提升，在苏中、苏北地区居于领先地位。

第一节　扬州师范学院的创建

扬州师范学院的前身为苏北师范专科学校，校址位于扬州城西郊瘦西湖畔。1952年5月由私立通州师范学校文史专修科、扬州中学数理专修科、苏南丹阳艺术学校艺术专修科和苏北师资训练学校教育专修科合并建立。当时征地186亩，基建拨款80.9亿元人民币（折合新人民币80.9万元）。1952年5月22日，苏北师范专科学校筹备委员会成立，由孙蔚民、张乃康、张梅安、孙达伍、宋我真等5人组成，孙蔚民任主任，张乃康任副主任。建校工作在孙蔚民主任直接领导和筹划下有条不紊地展开。

根据苏北行政公署决定，苏北师范专科学校于1952年暑期即行招生，暑期结束后边搞基建边上课。经过近半年的奋战，至1952年底，学校已建成面积近6000平方米的教学楼、学生宿舍楼、学生食堂兼礼堂、教工宿舍平房等一批建筑。1953年，建成学生宿舍、教学楼、图书馆、传达室、服务部、配电间、车库、水泵房等校舍，总面积达10000平方米。1954年，又完成基建14222.6平方米。按当时学校的办学规模，所建房屋已基本满足师生教学、科研和生活的需要。

1952年6月，苏北区党委和苏北行政公署任命孙蔚民为苏北师范专科学校校长，朱白吾、张乃康为副校长。成立由孙蔚民、张乃康、孙达伍三人组成的中共苏北师范专科学校委员会，孙蔚民兼任党委书记。学校行政机构设一室三处：校长办公室，郑彤任办公室秘书；政治辅导处，下设组织科、宣教科、青年科、校刊编辑委员会，章心如任处长；教务处，下设教材科、注册统计科、图书馆、体育室、实验室，由张乃康兼任处长；总务处，下设医务门诊室、庶务科、财务科、工程科，由朱白吾兼任处长。1953 年 1 月，干部调整，张乃康兼任政治辅导处处长，孙达伍任教务处处长。苏北师范专科学校设有教育、艺术、历史、数学、化学、语文 6 个两年制专修科，语文、数学、化学、地理等 4 个一年制师资培训班，另附设工农速成中学一个班。1952 年暑期开始招收第一批新生，同时集中了由苏北行政公署文教处委托扬州中学代办的数理专修科、私立通州师范学校代办的文史专修科、苏南丹阳艺术学校的艺术专修科，以及苏北师资训练学校的教育专修科的学生共计 545 人。有教师 54 人，行政人员、职员 61 人，工勤人员 56 人。6 个专修科的主任分别是：语文科主任王楫，历史科主任刘拜山，数学科主任许仲苌，化学科主任侯湘石，艺术科主任程虚白，教育科主任孙达伍；还有体育室主任余衡之，工农速成中学班主任钱厚霭。1952 年 11 月 10 日，苏北师范专科学校举行开学典礼，后经校务会议研究决定，11 月 10 日为苏北师范专科学校校庆日。

苏北师范专科学校建立以后，师生们于 1953 年 1 月份陆续搬进新校区，并于 1 月 12 日在苏北师范专科学校大礼堂隆重举行建校开学典礼。孙蔚民校长在典礼上郑重提出本校的任务，即"根据新民主主义教育方针，以理论与实际一致的方法，培养具有马克思列宁主义和毛泽东思想的基础，高级文化与科学水平和教育的专门知识与技能，全心全意为人民教育事业服务的初级中等学校师资"。他号召师生员工："紧密地团结在毛泽东思想旗帜下，为建设我们在伟大历史时期新建立的负有时代使命的新型的苏北师范专科学校而奋斗！"扬州地委周泽政委和扬州市委周邨书记到会作了讲话，他们号召全体师生确立"为祖国而教""为祖国而学"的正确思想，保证教好、学好，为祖国培养优秀的人民教师。

1953年4月29日，中央人民政府教育部批复，同意任命孙蔚民为苏北师范专科学校校长，朱白吾、张乃康为副校长。1953年暑期后，根据教育部高等学校院系调整的部署，教育专修科并入江苏师范学院，艺术专修科停办。1956年4月，江苏省委文教部任命孙达伍为苏北师范专科学校副校长。1956年8月，副校长张乃康同志兼任苏北师范专科学校党委书记，孙蔚民校长不再兼任党委书记。1957年12月，江苏省委决定，原扬州地委副书记兼扬州专员公署专员陈超同志调任苏北师专党委书记兼副校长，张乃康任党委副书记（行政职务不变）。

1959年4月，在扬州财政学校基础上建立的扬州师范专科学校文史、数理、生物3个专修科，学生315人，教职工73人，一起并入苏北师范专科学校，升格为扬州师范学院。1959年5月1日，扬州师范学院宣布正式成立。

扬州师范学院的校风是忠诚、勤奋、求实、创新。

第二节　江苏农学院的创建

江苏农学院的前身为苏北农学院，位于扬州城西郊扫垢山。1952年5月5日，时任苏北区党委书记肖望东、苏北行政公署主任惠浴宇、"三院校"筹建委员会主任俞铭璜、南通学院副院长冯焕文教授以及当时参加筹建工作的施华麐、郑学年教授等一同至扫垢山，现场勘定了这一校址。当时征用土地927.3亩，基建投资人民币181亿元（折合新人民币181万元）。

苏北农学院是根据国家政策由省内相关农科院系调整组建而成的。1952年7月4日，苏北农学院筹建委员会主任冯焕文教授去北京出席全国农业院校校长会议。会议研究了高等农业教育方针，并拟订了院系调整和专业设置草案。会议决定将南通学院农科、苏南文化教育学院农业教育系和私立江南大学农艺系合并，在扬州创建苏北农学院，设置农学、畜牧兽医两个系，三个专业（农学、畜牧、兽医）。

苏北农学院组建后，苏北行政公署又决定将苏北工农速成中学划归苏北农学院领导，改名为"苏北农学院附设工农速成中学"。原工农速成中学校址由市内熊园迁至扫垢山，有学员 121 名。1952 年 9 月 2 日，苏北行政公署决定成立苏北农学院建校委员会，由冯焕文、王秉华、郭守纯、王伯谦、张乃康、夏永生、张谷生、高煜珠、钱淦庭、吴达璋、葛启扬、季亭等 12 人组成，冯焕文任主任，王秉华、郭守纯任副主任。此后，冯焕文就任苏北农学院院长，王秉华、郭守纯任副院长。建校委员会下设五个处，即秘书处，主任窦止敬；教务处，教务长夏永生（原为蒋涤旧）；总务处，总务长钱淦庭；场务处，主任郑学年；工程处，主任张谷生，副主任张乃康、平福增。建校委员会成立后，于 9 月 26 日、10 月 28 日先后两次讨论通过了《苏北农学院建校的初步意见》和《苏北农学院暂行规程》。《意见》的主要内容是：（1）建校的基本情况；（2）建校的基本要求；（3）建校的步骤；（4）院系调整及招生；（5）补充意见。《规程》共 8 章 32 条。

1952 年 8 月 5 日，苏北农学院建校工程正式开工。建校初期，条件十分艰苦，全院师生在完成教学任务的基础上，在院长冯焕文教授带领下，利用节假日和课余时间，积极参加建校劳动。由于建设者全力奋战，组织管理到位，工程进展较快，按时按质完成基本建设任务。在一年左右时间里，先后完成了北大楼、办公楼、学生宿舍的工程任务，总面积为 8899.16 平方米。随后又相继完成了东大楼、西大楼阶梯教室、图书馆、大饭厅、大礼堂、家畜诊所、解剖室、牛舍、温室、疗养室及苏农一村等建筑任务，基本上满足了学校教学、科研、办公及生活的需要。

1952 年 10 月 23 日,中共苏北农学院委员会成立,由王秉华、成克坚、徐观伯、季亭等人组成,成克坚任党委书记,副书记李之林于 12 月 15 日到职工作。11 月 7 日,经苏北区党委批准,苏北农学院建立政治辅导处,下设秘书、组织、青年和宣传 4 个科,成克坚任主任。11 月 10 日,苏北农学院借扬州市大舞台戏院举行首届学生开学典礼。除了从其他高校调整来的学生 200 人外,入学新生 113 人,其中农学专业 78 人,畜牧兽医专修科 35 人。1954 年 2 月 2 日,为纪念苏北区党委和苏北行政公署主要负责人勘定苏北农学院建校地址的时间,经院务委员会研究决定,将 5 月 5 日定为校庆日。

1962 年 8 月,江苏省委、省人委决定将江苏水利学院大学部机电排灌、农田水利和河川枢纽及发电站专业及其师生、部分党政人员计 290 余人(其中学生 228 人)并入苏北农学院,新成立农田水利系。由于实验室、专业设备等原因,直到 1964 年暑假才完成搬迁。1971 年 11 月,江苏省革委会决定,南京农学院与苏北农学院合并,组建江苏农学院,校址设在原苏北农学院。1979 年 1 月,南京农学院回迁南京继续办学。

江苏农学院的校风是严谨、求实、团结、奋发。

第三节　扬州工学院的创建

扬州工学院的前身为 1952 年建立的扬州工业学校,校址位于扬州城西南郊三元桥。当时征用土地 321.28 亩,基建投资 210 亿元人民币(折合新人民币 210 万元)。建校工作直接在建校筹备委员会主任郭建、副主任张人俊的领导和指挥下开展。经过勘测、设计、组织人力等一系列筹备工作,工程于 1952 年 9 月破土兴工。分教学用房、生活用房、教职工宿舍三个工区,齐头并进,到 1953 年初,大部分工程完工。

苏北行政公署教育处为学校及早开学,积极调配干部、师资,安排招收新生。1952年5月下旬调章继成到校任筹建委员会副主任、副校长,兼政治辅导处主任。根据华东军政委员会教育部决定,苏北行政公署通知扬州中学将该校工科土建、机械、电机三个专业二年级,水利专业三年级学生411人,全部专业教师、部分基础课程教师和政工、总务后勤干部40余人调整到扬州工业学校。此外,苏北行政公署教育处又从苏北地区各中学指名抽调近50名教师到校任教,还有当年分配来校任教的高等学校本科毕业生10余名,至此,教师基本队伍初步形成。苏北行政公署教育处同时还通知所属苏北65所中学,按分配名额择优选送1200名应届初中毕业生进扬州工业学校学习,所有新生于1952年11月5日至10日全部按期报到注册。1952年11月14日,学校借用扬州中学"树人堂"举行开学典礼,11月14日也因此成为扬州工学院的校庆日。开学时,全校学生共有1607人,编成34个教学班,其中一年级24个班,二年级8个班,三年级2个班。学校设水利、土木、机械、电机和化工五个专业。

建校之初,苏北区党委和苏北行政公署任命郭建兼任扬州工业学校校长,张人俊为副校长,负责学校建设和组建工作。11月8日,郭建不再担任扬州工业学校校长职务,苏北行政公署委派张渤如到校任校长。同时,苏北区党委直属机关党委会批准张渤如任学校党支部书记,随后又调徐少朋到校任党支部副书记。当时学校的组织机构设有基建办公室、秘书室、政治辅导室、教务处、总务处、团委等职能部门。各室、处、专业科的负责人都经苏北行署教育处批准任命。

自1952年建校以来,几次变更隶属关系。1953年10月,扬州工业学校归二机部领导,并改名为"华东第二工业学校",为国防工业培养人才。1954年9月,华东第二工业学校成立党总支,张渤如任党总支书记,徐少朋任党总支副书记。1955 年 8 月,华东第二工业学校更名为"扬州建筑工程学校"。9 月,西安建筑工程学校并入扬州建筑工程学校。1957 年 3 月,扬州建筑工程学校成立党委会,张渤如任党委书记。1958 年 7 月,扬州建筑工程学校划归江苏省领导,由省重工业厅主管。1958 年 8 月,扬州建筑工程学校从中专学校升格为扬州工业专科学校,附设中专部,张少堂兼任校长,张渤如任党委副书记兼副校长。1961 年 7 月,扬州工业专科学校改名为"扬州农机专科学校",江苏省人民委员会决定将无锡工专与扬州农机专科学校合并,无锡工专的 278 名学生和 23 名教职工并入扬州农机专科学校。1962 年 9 月,扬州农机专科学校又改回扬州工业专科学校。1963 年 3 月,学校召开党员大会,选举新的党委会和监察委员会,新党委会经中共扬州地委报请省委批准,张渤如任书记。1965 年 9月,扬州工业专科学校划归第五机械工业部管理,并经国务院批准,升格为扬州工业学院。同年 12 月,第五机械工业部派范建文来校任党委第一副书记兼政治部主任。1969 年,学校改建为第五机械工业部 5308 厂(扬州曙光仪器厂)。1972 年 8 月,开办扬州光学机械学校,学校和工厂为同一个领导班子,张渤如任 5308 厂党委副书记,具体负责筹办学校。1978 年 10 月,江苏省召开全省教育会议,会上决定,在以原扬州工业学院为基础的扬州光机学校基础上,举办"南京工学院扬州地区专科班",学制三年。1979 年 1 月,录取新生 300 名。1979 年 9 月,五机部将扬州光学机械学校交江苏省管理。1980 年,江苏省高教局决定以扬州光学机械学校为基础,筹备恢复扬州工业专科学校。1981 年 8 月,经国务院批准恢复扬州工业专科学校,隶属江苏省政府领导。1987 年 12 月,升格为扬州工学院。

扬州工学院的校风是团结、奋进、严谨、求实。

第四节　扬州医学院的创建

扬州医学院源于 1950 年苏北行署在高邮创办的苏北卫生行政干部学校（简称"苏北卫校"），设医士、助产士、护士三个专业，1950 年 7 月，在苏北地区招生 200 人，学员享受供给制待遇，校长由苏北行署主任惠浴宇兼任，副校长由卫生局局长王子鲁兼任。1951 年 2 月，苏北卫校迁至扬州（其中医士专业迁镇江，建立苏北第一医士学校，后发展为镇江医校）。1952 年 8 月，为发展苏北妇幼保健事业，经华东军政委员会卫生部批准，将上海市私立惠生高级助产职业学校接管并迁校扬州，与苏北卫校合并，学校更名为"苏北扬州助产学校"（校址在扬州北河下灵徽庵 7 号）。1953 年初学校改属省卫生厅直接领导，并于当年 7 月，将扬州助产学校更名为"江苏省扬州医士学校"。1954 年 7 月，根据中央"整顿巩固、重点发展、提高质量、稳步前进"的文教工作方针，江苏省卫生厅颁发《江苏省 1954 年中等医药学校调整方案》，决定将南通医士学校并入江苏省扬州医士学校。并校后，校部设在北河下，分部设于淮海路，成为一校两址。1956 年 9 月分部教学楼竣工，校址正式定于淮海路（北河下校舍转让给扬州妇幼保健院使用）。1956 年 8 月，省卫生厅决定，江苏省扬州医士学校更名为"江苏省扬州医士助产士学校"，仍属省卫生厅领导。1958 年 1 月，学校改名为"扬州卫生学校"，设有医士、护士、助产士三个专业。1958 年，国家卫生部提出将有条件的中等卫生学校发展为高等医学专科学校。1958 年 6 月，扬州地、市委先后通知成立扬州医学专科学校筹备委员会，同年 6 月 7 日，扬州卫校经江苏省人民委员会批准，升格为扬州医学专科学校，肖广普任党委副书记兼副校长，主持学校工作，於十恺任党委副书记；原扬州卫校成为扬州医专附属卫校。同期,在扬州医专党委的统一领导下,还创办了扬州中医专科学校(一套班子,两块牌子,1959 年 7 月并入扬州医专),原苏北人民医院为扬州医专的附属医院。全校设有医疗专业(大专三年制)、中医专业(大专五年制、初中毕业进校)、医士专业和护士专业(中专三年制)。1962 年 6 月,扬州医专因国家经济调整停办,10 月,省卫生厅决定,扬州医专附设卫校改名为"扬州卫生学校",继续培养中级医、护人才。"文化大革命"开始后,1967 年 2 月,学生"造反派"组织将校名变更为"白求恩战校"。1967 年 11 月,经扬州地区军管会批准成立"扬州卫校革命委员会"。1972 年 5 月,经扬州地区革委会批准,将学校划属为扬州地区人民医院并命名为"附属卫生学校",开始招收"社来社去"的医士专业学生。1973 年 10 月,扬州地委批准恢复"江苏扬州卫生学校"。

1976 年 12 月,扬州卫校经省革委会批准,扩建为江苏新医学院扬州分院,第一学年设医学专业,第二学年增设中医、卫生两个专业,学制均为三年。原扬州卫校改为分院的中专部,设有医士、助产士、中医士、检验士和护士五个专业(1978 年中专部停止招生)。1978 年 12 月 28 日,经江苏省革命委员会报请国务院批准,正式成立扬州医学专科学校,设有医学、中医两个专业,后又增设卫生专业,均为三年制。1982 年 4 月下旬,卫生部在镇江召开了全国高等医学专科教育座谈会。学校根据会议"调整、改革、整顿、提高"和"专科校调整升格为医学院"的精神,全面努力,创造条件,争取升格。当年 9 月,扬州医专在苏州医学院和南京中医学院的支持帮助下,分别招收临床医学和中医学本科生,学制五年。1984年 7 月 16 日,教育部批准扬州医学专科学校升格并定名为"扬州医学院",升格后仍归江苏省人民政府领导,由省高教局具体管理,设置医学、中医两个本科专业(学制五年),并新建妇产专科专业(学制三年)。

扬州医学院的校训是严谨、求是、团结、自强,校庆日是7月16日。

第五节　江苏水利工程专科学校的创建

江苏水利工程专科学校源于1950年7月在南京创建的淮河水利专科学校。1950年7月,为了适应治淮工程建设的需要,经华东军政委员会批准,原苏北建设学校水利科,即前淮河水利工程职业学校一部分人员和华东水利部在南京举办的水文训练班合并,在南京长江路后街成立淮河水利专科学校,归淮河水利工程总局领导,由总局正、副局长刘宠光、汪胡桢兼任正、副校长。淮河水利专科学校是新中国成立后我国第一所单科性水利院校,设有水文和水利工程两个专业,当年暑假开始招生。1951年7月,更名为"华东水利专科学校",直属华东水利部领导。1952年10月,该校一部分与南京大学、浙江大学、上海交通大学、同济大学等院校的水利系(科)合并,在南京成立华东水利学院;一部分改办中等专业学校,招收初中毕业生,定名为"华东水利学校",1953年改由江苏省水利厅代管。该校是全国13所水利学校之一,是四年制中技,也是全国3所以办水文专业为主的水校之一,设有农田水利、水工建设2个专业。1955年7月,该校由水利部直接领导,改名为"水利部南京水利学校"。1958年7月,学校下放归江苏省管理。9月,江苏省人民委员会决定将水利部南京水利学校升格为南京水利学院,胡扬任党委书记兼院长。学院招收河川枢纽及水电站建筑、农田水利、机电排灌三个专业的本科生和水力发电专科生,同时附设中专部。1959年2月,江苏省水利厅决定,将设在扬州的江苏省水利机械工业学校并入南京水利学院。

截至 1959 年 10 月，该院共培养本科生 200 余名，中专生 1420 余名，学制皆为 4 年。

因南京原校址附近无多余空地，难以发展，1960 年 2 月，江苏省人民委员会发出通知，南京水利学院迁址到扬州，改名为"江苏水利学院"，设置农水系（含农田水利工程、机电排灌专业）和河川系（含河川枢纽及水电站建筑专业），同年增设机电排灌系，后因国家经济紧缩，徐州、盐城、扬州等地区所办水利学校相继停办。1961 年 8 月，原扬州水利电力学校水利专业和镇江水利学校并入江苏水利学院中专班，盐城水利专科学校并入江苏水利学院大学部。1962 年 6 月，由于国家经济困难，江苏水利学院停办，后来该院大学部在校生与部分教师、干部并入苏北农学院，中专部学生全部被动员回家（后于 1964 年全部由水利部召回，分配至全国各地水利部门工作）。1962 年 12 月，中专部由水利电力部收回，学校定名为"水利电力部扬州水利学校"。1970 年 1 月，学校再次下放归江苏省领导，更名为"江苏省扬州水利学校"。1973 年恢复招生，设水工建筑、农田水利、陆地水文三个专业，一批工农兵学员进校学习。1977 年恢复高考制度，招收了水工、农水、水文三个专业学生。翌年，增设气象、水利工程自动化两个专业。1980 年，新设了水利经济管理专业。1983 年，又增设了工业与民用建筑专业。同年 7 月，水利电力部将设在湖北襄樊市的全国水文培训中心迁至扬州水利学校。8 月，经江苏省人民政府批准，成立江苏省水利职工大学，设水利工程与工业与民用建筑两个专业。1984 年 4 月 16 日，经江苏省人民政府批复，成立江苏水利工程专科学校，同时，继续保留扬州水利学校，由省水利厅主管。此后，江苏水利工程专科学校、扬州水利学校、江苏省水利职工大学、水利电力部水文培训中心等，实行党政领导一套班子，统一领导，统一管理。1985 年，学校扩大规模,增设水文与水资源、工业与民用建筑、电气技术等三个专业。此外,还接受水利电力部、江苏省水利厅等单位以及甘肃、青海等的委托代培学生,或举办各类短期培训班,学校形成了多学科、多层次、多渠道办学的格局。到 1990 年,设四系二部,即水利工程系、土木工程系、电气工程系、经济管理系、基础部、社会科学部;设置水利工程等 10 个专业,成为一所多科性高等工程院校。

江苏水利工程专科学校的校风是严谨、朴实、文明、奋进,校庆日是 11 月 7 日。

第六节　江苏商业专科学校的创建

江苏商业专科学校的源头有两支,一支是 1952 年由政府接管镇江私立新华中学建立的苏南镇江商业学校,后迁扬州更名为"江苏省商业学校";另一支是以 1945 年建立的南京第一职业学校为源头,后于 1958 年成立的南京市财经学校。

江苏省商业学校是 1952 年 10 月 18 日接收改组私立镇江新华中学而建立起来的财经性质的中等专业学校。私立镇江新华中学成立于 1949 年 8 月,它由五个私立中学合并组建而成,设有银行、会计专业和普通中学班。接管新华中学时原名"苏南镇江商业学校",1953 年苏南、苏北合并建省时,改为江苏省镇江商业学校,校长韩澐。1955 年 8 月,校址迁到扬州后,称"江苏省扬州商业学校",校长韩澐,副校长周文照、王文举。1965 年 10 月,改名为"江苏省商业学校"。1969 年"文化大革命"中停办。1973 年 5 月复校,同年开始招收工农兵学员,校长兼党总支书记张少堂。1980 年被国家列为全国重点中专学校之一。

建校初期,学校设有财务会计、计划统计专业。1958 年,学校首先倡议，打破地区界限，在华东各省、市间开展校际协作，设置多种专业，相互培养并交换各类人才。这个倡议得到商业部的积极支持和有关省市的热烈响应，从而建立了华东各省、市商业学校协作会议制度。协作活动的方式和经验为商业部推广，协作范围从华东区扩展到全国。1960年设置了三年制的日用工业品商品专业。1973年复校后，又增设了商业物价、纺织品商品检验、中国烹饪、商业企业管理等专业。1982年与江苏商业专科学校合并办学，中专停止招生。

江苏商业专科学校的另一源头是1945年创建的南京市第一职业学校，新中国成立后被接管，后并入南京市工人业余大学。1958年以南京市工人业余大学财经专业为基础成立了南京市财经学校。校长由南京市财政局长苏云兼任，党支部书记刘永信。1960年，江苏省农业经济学校并入，刘永信任党委书记，王雨云任校长，邱鸿鼎、朱民振任副校长。1961年初，邱鸿鼎调任正校长，薛子勇任党支部书记。1961年夏天，接收停办的南京市农业专科学校校舍及教学设备，校址迁往南京市螺丝桥。年末，学校停办。

1963年春，江苏省和南京市决定在南京市财经学校基础上合办南京商业职业学校。1965年夏，改名"南京商业专科学校"。邱鸿鼎担任校长兼党支部书记，马朴任副校长。同年秋，易名为"南京半工半读商业专科学校"，邱鸿鼎任校长，潘维忠任党总支书记。1971年，学校奉令停办。

1979年春，省政府决定，并报请国务院批准，恢复南京商业专科学校，易名为"江苏商业专科学校"。校长由省商业厅厅长王长友兼任，副校长兼党支部书记夏云，副校长张乃炎。复校后的行政机构设有行政科、教务科、办公室、人事科、学生科、图书馆等；教学机构设有财会、政治经济学、企业管理、数学、基础课、体育等教研组。

1982 年 2 月,江苏商业专科学校迁校扬州,与江苏省商业学校合并建校,由夏云主持学校工作。合并建校时,大专有财会、企管两个专业,6 个班;中专有财会、计统、物价、商业机械、纺织品检验等五个专业,13 个班。合并以后的江苏商业专科学校是全国省属商业专科学校中建立最早、综合实力最强的学校。

江苏商业专科学校的校训是勤奋好学、求实创新、遵纪爱校、团结上进,校庆日是 10 月 18 日。

第六章　办学初期探索前进

　　1952年起,扬州陆续成立的6所院校,一方面调动一切积极因素,艰苦奋斗建校创业,一方面积极探寻求索、励精图治,努力快速踏上教育教学、培养人才的正常轨道。

　　高等学校的建设和发展有其自身规律,同时受社会生产力水平、国家的政治体制、经济政策、国际国内形势等诸多因素的制约。新中国成立后,党中央指示,教育要为革命工作和经济建设工作服务,向工农开门;一段时间内大力提倡要借鉴苏联教育先进经验,建设新民主主义教育;此后又提出"教育必须为无产阶级政治服务,必须与生产劳动相结合"的方针;1961年,党中央、国务院正式批准试行《中华人民共和国教育部直属高等学校暂行工作条例(草案)》(简称《高教六十条》);宣传贯彻毛泽东、刘少奇等关于教育改革的讲话等等,都为当时的高校办学和各方面工作确立了根本原则,提出了基本要求。1957年起,全国范围内先后开展的"反右派"斗争、"大跃进"运动、"反右倾"运动、农村社会主义教育运动等,对这段时期高等教育事业的发展规模、教育观念、专业设置、课程开设、人才培养规格、师资队伍建设等方面产生了直接而又重大的影响和制约作用。从1952年到1966年"文化大革命"爆发,作为初建不久的扬州高校,在国家宏观形势及政策影响下不断调整,在曲折中前进,各自有所成长,有所发展。

第一节 建立健全领导体制和组织机构

一、领导体制的变更

高等学校的领导体制包含领导制度、管理权限、机构设置及其相互关系的组织制度,我国高校领导体制随着经济社会发展和党在各个时期的路线方针政策调整而变化。建校初期,扬州各院校根据党和政府治国理政大局,领导体制也经历了多次变更。

1952年苏北农学院、苏北师范专科学校建立后,上级主管部门直接任命了学校行政领导班子和党委领导班子。根据政务院颁发的《高等学校暂行规程》,当时学校领导体制都采用了院(校)长负责制,在院(校)长领导下,设院(校)务委员会决定学校办学中的重大事项。

苏北农学院的院务委员会经苏北区党委批准,在原建校委员会基础上改建,于1953年1月成立,行使议决全院教学、科研、师资队伍建设、职称晋升、行政干部任免和总务后勤等重要工作的职权。1953年下半年,又增设了院务行政会议制度,研究决定学校教育教学中的有关事宜。1956年3月,苏北农学院党委和行政明文规定院务委员会每学期召开两到三次会议,院行政会议每星期召开一次。这期间的院务委员会是全院的最高议事机构。

苏北师范专科学校在建校初期校务会议基础上,于1955年4月建立了校务委员会并制定了《校务委员会简则》。校务委员会由学校党政领导及教务处、政治辅导处、总务处和校长办公室正副主任、各科主任,图书馆、实验室、体育室主任以及群团组织代表等组成。学校工作中的重要事宜,都经过校务委员会或校务扩大会议讨论决定。此后还增设了校务行政会议,主要围绕学校行政工作,商定重大事项。

1958年中共中央、国务院《关于教育工作的指示》明确规定："一切学校应当受党委的领导""在一切高等学校中,应当实行学校党委领导下的校务委员会负责制"。根据这一指示,苏北农学院经过充分酝酿,对院务委员会进行了较大调整充实,吸收院、系两级党政负责人和专业教师骨干加入,并报经中共江苏省委文教部批准。共由31人组成,党委正副书记3人均是成员,并由院党委书记担任院务委员会主任委员。此后还讨论通过了《苏北农学院院务委员会工作暂行办法(草案)》,进一步明确院务委员会的工作职责和职权范围。

1958年10月,苏北师范专科学校撤销了校务行政会议,并于1959年3月正式建立党委领导下的新校务委员会,为了更好地执行校务委员会决议和处理日常工作,又成立由党委正副书记、正副校长和院务办公室主任等6人组成的常务委员会。1961年3月,院党委与各方面代表协商,确定了第二届院务委员会35人名单,其中12人为常委。

1958年建立的扬州工业专科学校、扬州医学专科学校经扬州专员公署批准,都相继建立校务委员会。1960年由南京迁扬州的江苏水利学院也于次年5月成立了院务委员会。这期间,扬州高等院校的院(校)务委员会都是党委领导下的最高行政执行机构。

1961年教育部颁布了《高教六十条》。条例规定:"高等学校的领导制度,是党委领导下的以校长为首的校务委员会负责制。"扬州高等学校参照执行此条例,在党委统一领导下,各院校进一步调整和健全院(校)务委员会,并在系(科)也建立了以系(科)主任为首的系(科)务委员会。在学校的管理活动中,院(校)系(科)务委员会发挥了重要作用。

二、组织机构的健全

1.党务机构

扬州高等院校创建初期,都设立了党委会。苏北农学院于1952年10月成立党委会,成克坚任党委书记。下设速成中学党总支、农干班党总支和大学部党支部,共有党员465人。1952年下半年设置的政治辅导处,配备组织、宣传、青年等科室,虽然机构属行政序列,但实际上成为党委的专门工作机构。1956年下半年,撤销政治辅导处,先后设立党委办公室、组织部、宣传部,增加了党的专职干部,从组织上加强党对学校的领导。

1952年6月,苏北区党委决定建立苏北师范专科学校党委,由校长孙蔚民兼任党委书记。先后成立了教工党支部和行政党支部,计有正式党员18名,候补党员8名。1956年底,党组织发展到1个党总支和8个直属党支部,校党委班子由3人扩大到8人,并设立常委会,张乃康接任党委书记。党委下设组织科、宣传科、保卫科。

1960年至"文革"前,扬州各高等院校都逐步建立健全党的组织机构,陆续建立了监察委员会,各院校党委逐步设置和充实党组织办公室、组织部、宣传部、人武部、统战部等。

1952年11月,扬州工业学校在成立之初由苏北区党委直属机关党委会批准校长张渤如任学校党支部书记,此后又调派了副书记、政治辅导处主任等干部。扬州医学院前身扬州医专在1958年成立时由肖广普任党委副书记、副校长,主持学校党政工作。党委下设1个总支部,8个分支部和组织、宣传、生产3个科室。1960年12月,由南京迁来扬州成立的江苏水利学院,由朱晨任党委书记,并设组织、宣传等部门,加强党对学校各项工作的领导。1955年秋,江苏商专前身扬州商业学校经扬州市委批准,建立了学校党支部,由韩澋任书记。1959年3月升格为党总支,下辖3个党支部,并有计划、有步骤地积极发展壮大党的组织。

2. 行政机构

1952 年 10 月苏北农学院、苏北师范专科学校建校后，上级主管部门即任命了两校的行政领导班子。冯焕文教授任苏北农学院院长，孙蔚民任苏北师范专科学校校长。

1952 年至 1954 年，两院（校）行政机构设三处一室，即教务处、政治辅导处、总务处和院（校）长办公室及各教学系（科），各处均设立了科、室，行政管理体制实行院（校）、部（处）、系（科）三级制。当时在院（校）务委员会领导下，还成立了教学改革委员会、财务检查委员会、体育运动委员会、爱国卫生运动委员会和学生实习指导委员会等专门委员会。此后的十多年中，学校行政机构设置几经变更，由三级管理改为二级管理，再由二级管理改为三级管理。

至"文革"前，苏北农学院的行政体制为院务委员会领导下，由院长直接领导行政、教学等机构。行政机构的设置为院长办公室、教务处、总务处、人事处、图书馆、实验农牧场和农学、牧医、农水三个系。

扬州师范学院则是在院长领导下，设置了院务办公室、教务处、人事处、总务处、图书馆和各专业系、科、室、组。

扬州工业学校 1952 年建校时，除基建办公室外，秘书室、政治辅导室、教务处、总务处、团委等职能部门逐步建立。苏北行署委派张渤如任校长，此后至"文革"前，学校隶属关系多变，五易领导部门，六易校名，各领导部门对人才需求类型不一，培养计划和方式以应急为主，行政领导体制和部门设置也改变频繁。

扬州医专 1958 年成立后，其行政体制为由校长领导各行政机构。行政机构设有校长办公室、教务科、行政科、人事科、图书馆、医疗科、中医科、基础部、附属医院以及生产办公室等。

1960 年 2 月，南京水利学院迁校扬州，改称"江苏水利学院"，胡扬任院长(至 1960 年 12 月),后金左同任副院长(主持行政工作),下设农水系、河川系和机电排灌系。仅两年多后,省委、省人委决定停办江苏水利学院,大学部在校生和部分教师、干部并入苏北农学院。

1955 年迁扬的江苏省扬州商业学校,由韩澐任校长,在校长统一领导下,由教导处、总务处、工会和团组织的负责人组成学校领导核心,通过每周的行政会议和定期召开的校务会议,使学校的各项工作有计划地进行。至 1962 年,行政机构设校长办公室、教务科、行政科和普通课、贸易经济、商品学等教研室。

有关扬州高等院(校)的组织管理系统和主要领导任职情况见表一至表八。

表一　苏北农学院行政组织系统表(1952 年)

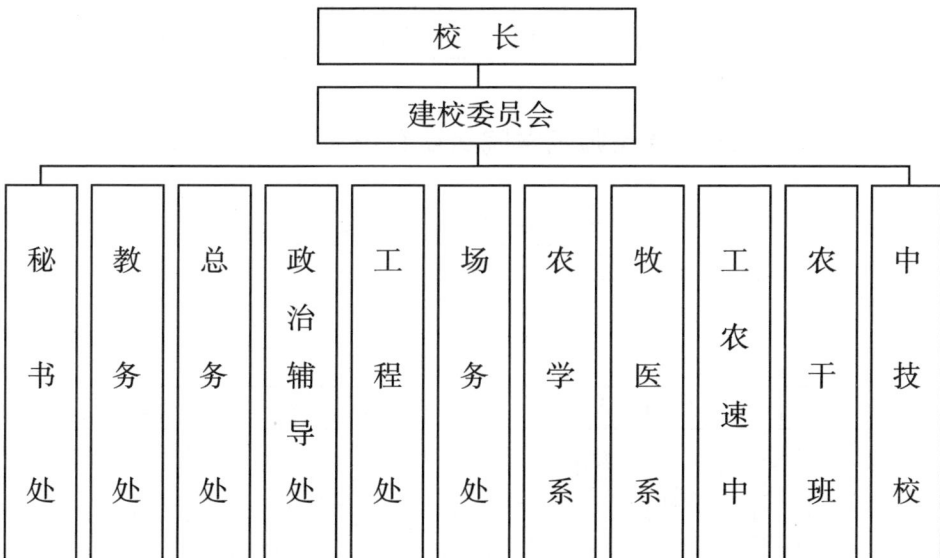

校　长
建校委员会

| 秘书处 | 教务处 | 总务处 | 政治辅导处 | 工程处 | 场务处 | 农学系 | 牧医系 | 工农速中 | 农干班 | 中技校 |

表二　苏北师范专科学校行政组织系统表（1952 年）

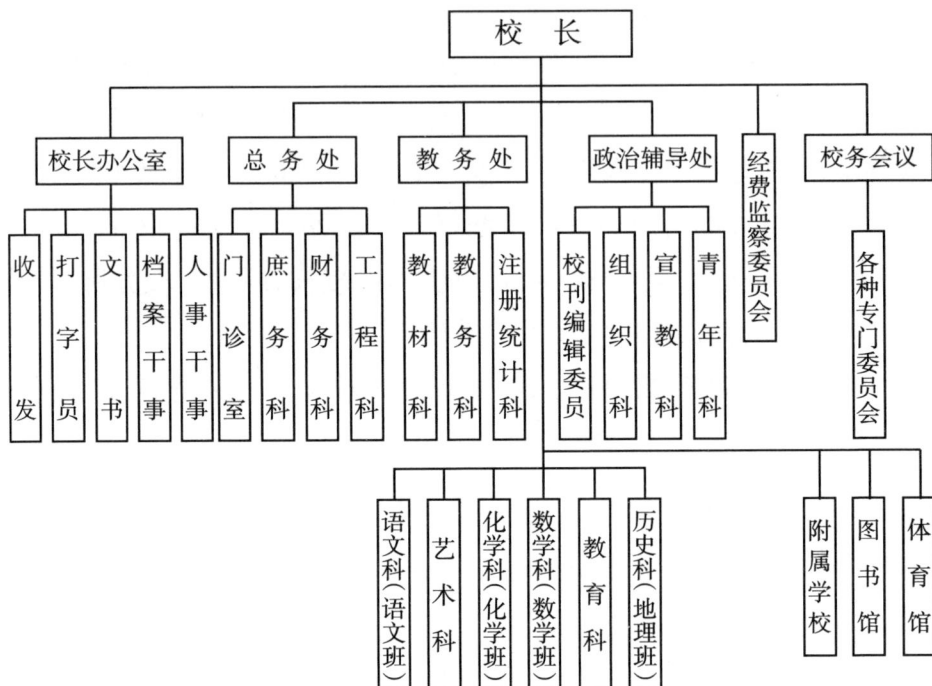

校 长

- 校长办公室
  - 收发
  - 打字员
  - 文书
  - 档案干事
  - 人事干事
- 总务处
  - 门诊室
  - 庶务科
  - 财务科
  - 工程科
- 教务处
  - 教材科
  - 教务科
  - 注册统计科
- 政治辅导处
  - 校刊编辑委员
  - 组织科
  - 宣教科
  - 青年科
- 经费监察委员会
- 校务会议
  - 各种专门委员会

- 语文科（语文班）
- 艺术科
- 化学科（化学班）
- 数学科（数学班）
- 教育科
- 历史科（地理班）

- 附属学校
- 图书馆
- 体育馆

表三　扬州师范学院组织系统表（1962 年）

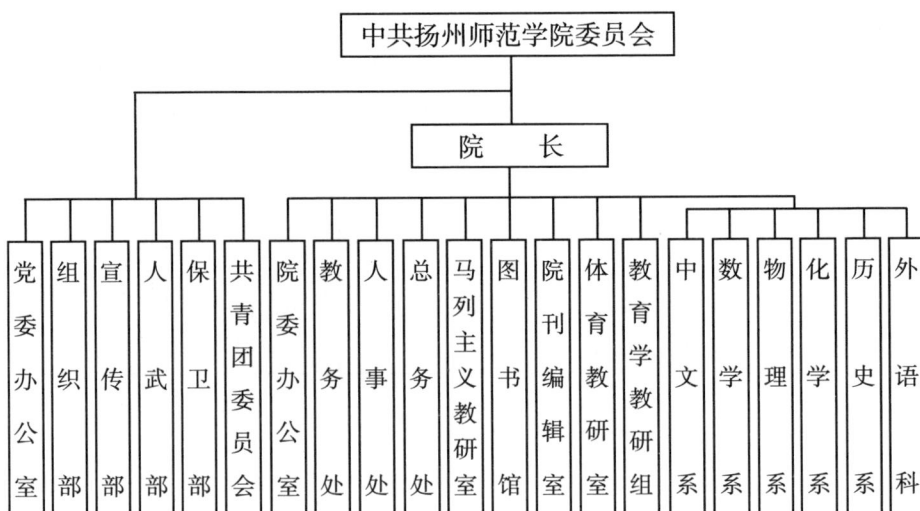

中共扬州师范学院委员会

院 长

- 党委办公室
- 组织部
- 宣传部
- 人武部
- 保卫部
- 共青团委员会
- 院委办公室
- 教务处
- 人事处
- 总务处
- 马列主义教研室
- 图书馆
- 院刊编辑室
- 体育教研室
- 教育学教研组
- 中文系
- 数学系
- 物理系
- 化学系
- 历史系
- 外语科

表四　苏北农学院组织系统表（1962 年）

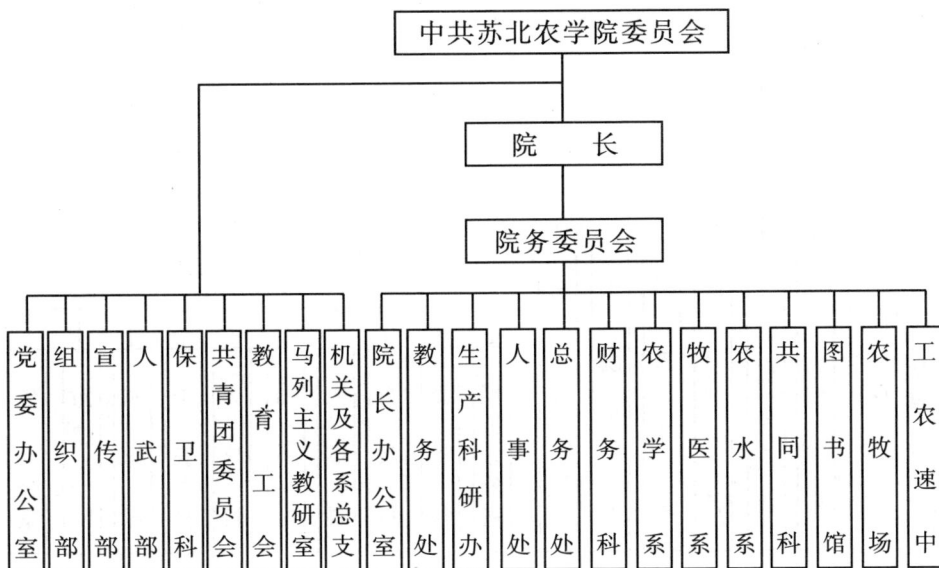

```
中共苏北农学院委员会
        │
        │
      院　长
        │
      院务委员会
        │
```

党委办公室 │ 组织部 │ 宣传部 │ 人武部 │ 保卫科 │ 共青团委员会 │ 教育工会 │ 马列主义教研室 │ 机关及各系总支 │ 院长办公室 │ 教务处 │ 生产科研办 │ 人事处 │ 总务处 │ 财务科 │ 农学系 │ 牧医系 │ 农水系 │ 共同科 │ 图书馆 │ 农牧场 │ 工农速中

表五　扬州工业专科学校组织系统表（1962 年）

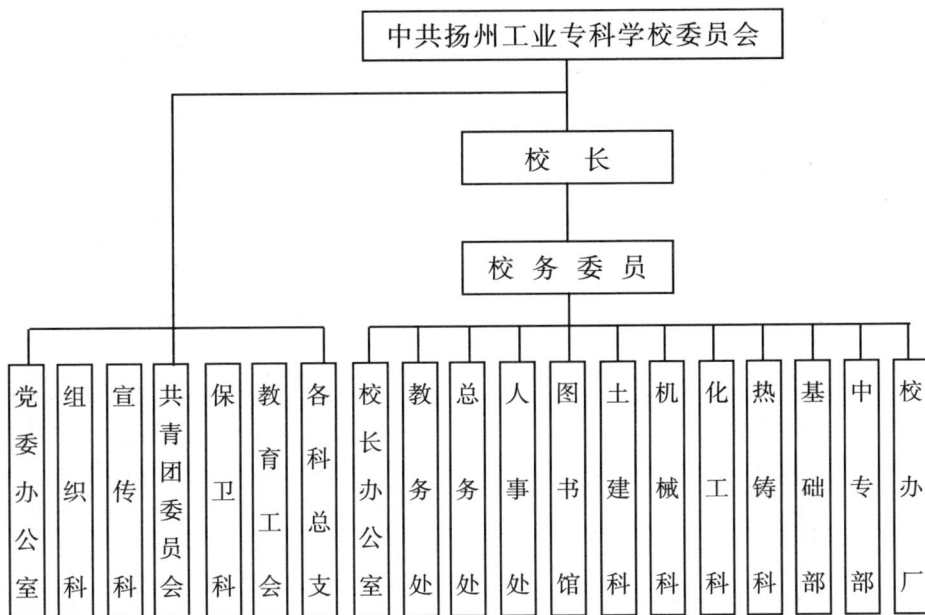

```
中共扬州工业专科学校委员会
        │
        │
      校　长
        │
      校务委员
        │
```

党委办公室 │ 组织科 │ 宣传科 │ 共青团委员会 │ 保卫科 │ 教育工会 │ 各科总支 │ 校长办公室 │ 教务处 │ 总务处 │ 人事处 │ 图书馆 │ 土建科 │ 机械科 │ 化工科 │ 热铸科 │ 基础部 │ 中专部 │ 校办厂

表六 扬州医学专科学校组织系统表(1962 年)

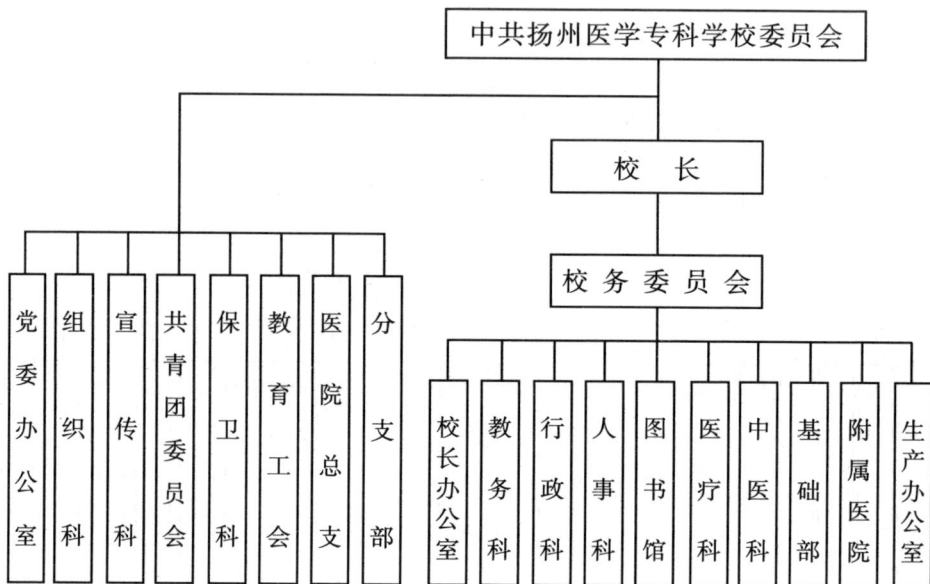

```
              中共扬州医学专科学校委员会
                         │
                      校   长
                         │
                   校 务 委 员 会
```

党委办公室　组织科　宣传科　共青团委员会　保卫科　教育工会　医院总支　分支部

校长办公室　教务科　行政科　人事科　图书馆　医疗科　中医科　基础部　附属医院　生产办公室

表七 1952—1966 年扬州各院校党组织书记任职情况

单位	姓名	职务	任职时间	备注
苏北师范专科学校	孙蔚民	书记	1952.6—1956.8	
苏北师范专科学校	张乃康	书记	1956.8—1957.12	
苏北师范专科学校	陈 超	书记	1957.12—1966.8	其间,1959 年 5 月升格为扬州师范学院
苏北农学院	成克坚	书记	1952.10—1966.8	1953 年 5 月行文;任至 1971 年 1 月
扬州工业学校(华东第二工业学校、扬州建筑工程学校)	张渤如	书记	1952.11—1958.8	其间,1953 年 10 月改为华东第二工业学校,张渤如任党总支书记;1955 年 8 月,改为扬州建筑工程学校,1957 年 3 月,成立党委,张渤如任党委书记

（续表）

单位	姓名	职务	任职时间	备注
扬州工业专科学校	张渤如	副书记	1958.8—1963.3	其间,1958年12月,任党委副书记兼副校长;1959年7月,任党委副书记,主持工作
扬州工业专科学校	张渤如	书记	1963.3—1965.7	1965年9月改为扬州工业学院
扬州医学专科学校	肖广普	副书记	1958.12—1963.5	先主持工作;1962年6月,扬州医专停办,改为扬州卫校,1962年8月,任中共苏北人民医院、扬州卫校书记
扬州卫生学校	缪祖培	书记	1964.5—1966.7	
南京水利学院	胡 扬	书记	1958.10—1960.2	
江苏水利学院	胡 扬	书记	1960.2—1960.12	1960年2月迁到扬州,改为江苏水利学院
江苏水利学院	朱 晨	书记	1960.12—1963.12	
扬州水利学校	丁永康	书记	1963.12—1964.10	党总支
扬州水利学校	于建华	书记	1964.10—1966.5	党总支
江苏省扬州商业学校	韩 澐	书记	1955.8—1965.10	1955年任党支部书记。1959年3月,支部升格为党总支
江苏省商业学校	韩 澐	书记	1965.10—1969	
南京商业专科学校	邱鸿鼎	书记	1965.7—1971	

表八　1952—1966年扬州各院校校（院）长任职情况

单位	姓名	职务	任职时间	备注
苏北师范专科学校	孙蔚民	校长	1952.6—1959.5	
扬州师范学院	孙蔚民	院长	1959.5—1966.8	
苏北农学院	冯焕文	院长	1952.5—1958.3	
扬州工业学校	郭 建	校长	1952.4—1952.11	

（续表）

单位	姓名	职务	任职时间	备注
扬州工业学校	张渤如	校长	1952.11—1958.8	其间，1953年10月改为华东第二工业学校，1955年8月，改为扬州建筑工程学校
扬州工业专科学校	张少堂	校长	1958.8—1964.1	
扬州工业专科学校	张渤如	代校长	1964.1—1965.7	1965年9月改为扬州工业学院
苏北卫校	惠浴宇	校长	1950.6—1951.8	兼任
扬州助产学校	邢 白	校长	1951.8—1953.1	兼任
扬州助产学校	程学铭	校长	1953.1—1953.5	
扬州医士助产士学校	顾少初	校长	1953.6—1954.7	1954年7月，於十恺任副校长；1958年1月，改为扬州卫生学校
扬州医学专科学校	肖广普	副校长	1958.12—1962.8	先主持工作；1962年6月，扬州医专停办，改为扬州卫校
扬州卫生学校	於十恺	校长	1962.8—1962.12	1962年12月，调无锡工作
扬州卫生学校	杨凤太	校长	1963.2—1966.7	兼党支部副书记
华东水利学校	刘晓群	校长	1952.9—1952.11	
南京水利学校	金左同	校长	1956.5—1958.10	
南京水利学院	胡 扬	院长	1958.10—1960.2	
江苏水利学院	胡 扬	院长	1960.2—1960.12	1960年2月迁到扬州，改为江苏水利学院
江苏水利学院	金左同	副院长	1960.12—1963.11	主持工作
扬州水利学院	金左同	校长	1963.11—1965.12	
苏南镇江商业学校	王 枚	代理校务	1952.10—1953.8	
江苏省镇江商业学校	韩 澐	校长	1953.8—1955.8	
江苏省扬州商业学校	韩 澐	校长	1955.8—1965.10	
江苏省商业学校	韩 澐	校长	1965.10—1966	任至1969年学校停办
南京商业专科学校	邱鸿鼎	校长	1965.7—1966	兼党支部书记；任至1971年学校停办

3.群团组织与附属机构

群团组织主要包括共青团和工会。最早成立共青团组织的是扬州工业学校,1952 年 8 月,共青团扬州市委员会批准吕庆红同志为扬州工业学校共青团委员会书记。1953 年 1 月 15 日,经共青团扬州市委员会批准,苏北师专团委正式成立,由汪卓文任团委书记,分设 7 个团支部。4 月 19 日,苏北师范专科学校召开第一次全校团员大会。1953 年 3 月,苏北农学院团委成立,佐牧任书记。1954 年 10 月召开全院团委大会,选举 11 人组成的第二届团委会。扬州商校在 1955 年即建立了团总支,后又建立了团委,由袁松岩任书记。共青团组织在扬州高校的建立,加强了对学生的管理和思想政治教育工作。

扬州各院校在建校初期就重视工会组织的建设和作用发挥。1952 年 12 月,苏北农学院成立工会筹委会,夏永生任主席,1953 年 2 月正式召开全体会员大会,选举由 25 人组成的工会委员会,曹侃任主席。1953 年 1 月,中国教育工会苏北师范专科学校委员会成立。第一届工会委员会由郑彤等 15 位同志组成。10 月,苏北师专工会委员会改选,由周伯骅任主席。4 月 2 日,扬州工业学校也召开工会成立大会,选举了第一届工会委员会和主席、副主席。

此外,由于旧中国广大工农大众和他们的子女几乎没有受教育的机会和权利,城乡文盲众多。新中国成立后,中央明确规定新中国的教育向工农开门,为工农服务。因此,新中国成立初期,苏北农学院和苏北师范专科学校还附设有工农速成中学。

第二节　借鉴苏联教育经验

1949 年 12 月召开的中华人民共和国第一次教育工作会议决议

指出：“以老解放区的教育经验为基础，吸收旧中国教育的有用经验，借助苏联教育的先进经验，建设新民主主义教育。”根据这一精神，全国各级各类学校都开始学习苏联的教育理论和经验，按照苏联模式办学，并有组织地翻译出版了各专业教学计划、教学大纲、教材和各种教育文献资料，聘请苏联专家当顾问。

苏北农学院和苏北师范专科学校在建校初期根据中央有关教育工作的指导思想和各项方针政策，结合学校实际情况，明确提出“认真学习苏联教育理论和先进经验，稳步地重点地进行教学改革，健全教学制度，实行计划教学，以提高教学质量”。1953年4月，苏北农学院成立了由郭守纯、冯焕文任正副主任的教学改革委员会，在讨论通过的教学改革工作计划（草案）中首次提出“向苏联学习”的口号，要求培养完全合格的农业技术人才。此后，又分别召开了全体教师、学生代表、课代表等会议，对教改进行动员和推动。

苏北师范专科学校从1953年初开始组织学校教师与干部学习凯洛夫主编的《教育学》，要求教师必须学好《教育学》，以其先进的教育原理、教学原则为指导，采取“边教、边学、边结合”的办法，逐步改革教学工作。

一、专业设置与变更

1952年苏北农学院建校时，设置了农学、畜牧、兽医3个本科专业，1个兽医专科专业，还附设工农速成中学。1958年增设了农业机械化和电子两个专业和1个农机专科。1963年江苏水利学院大学部并入后，设置了农田水利和机电排灌两个专业。1965年又增设了“半农半读师范专修科”（内设农学、畜牧兽医两个专业）。

苏北师范专科学校建校初期设置了中文、教育、历史、数学、化学、艺术等6个专科专业，并开设中文、史地、理化、数学4个一年制师资培训班。1953 年 8 月,一年制培训班结业,未再招生,保留中文、数学、化学、历史 4 个专科专业。从 1958 年起开始招收中文、数学本科生。1959 年 5 月升格为扬州师范学院,最初设中文、历史、数学、化学 4 个本科专业以及中文、历史、数学、化学、物理、生物 6 个专科专业,1960 年又增设物理、生物两个本科专业以及外语、政治两个专科专业。此后又经过一番调整,至 1966 年,扬州师范学院仅保留了中文、数学、物理、化学 4 个本科专业,其他的都已撤销。

1958 年 8 月成立的扬州工业专科学校共设有民用建筑、给水排水、机械制造及其设备、无机物工学等 4 个专业,另有中专部,除上述专业外,还有一个分析化学专业。此后,经过多次调整变化,至 1965 年 8 月划归国家第五机械工业部,成立扬州工业学院时,设置了自动武器设计与制造、机械制造工艺与设备、金属学热处理工艺及设备、铸造 4 个专业。

1958 年 6 月,扬州医专成立时,设有医疗(大专 3 年)、中医(大专 5 年)、医士和护士(中专 3 年)等专业。

1952 年华东水利学校设有水利工程建筑、农田水利工程及陆地水文等 3 个专业。1960 年 2 月,南京水利学院迁址扬州,改称"江苏水利学院",设农田水利工程、机电排灌、河川枢纽及水电站建筑专业。1962 年 6 月,江苏水利学院停办,后来该院大学部的相关专业并入苏北农学院,中专部由水利电力部收回。1964 年以后,学校设置水利工程建筑、农田水利、水工建筑工程管理、厂房建筑、陆地水文等专业。

1955 年夏,镇江商校和省国营商业干部训练班同时迁来扬州,组建江苏省扬州商业学校时,设有财务会计、计划统计专业,银行专业学生毕业后不再招生,增设了百货文化商品、针织品商品和外贸专业。

二、教学计划、教学大纲与教材的编修

制定教学计划。教学计划是学校教学工作的依据，它规定了培养规格、学制、课程设置等等，是培养目标的具体体现。扬州各院校在1953年到1957年之间根据教育部有关会议决议和指示精神，为保证培养目标的实现，保证教学计划本身的科学性、系统性，从当时的师资水平、学生基础和设备条件等情况出发，订立教学计划。

苏北农学院建校之初，各年级学生参照北京农业大学的教学计划，进行教学活动并制定过渡性教学计划，以此作为教学工作的权宜之计。苏北师范专科学校于1952年建校就执行教育部颁发的《师范专科学校教学计划草案》，该《草案》是参照苏联教育部《苏联师范专科学校教学计划》制定的。同年12月，政务院公布了《关于改进和发展高等师范教育的指示》，提出"教学改革应着重教学内容的改革，首先解决教学计划、教学大纲和教科书的问题"。1954年全国高等学校开始执行由教育部统一制定的教学计划和教学大纲。两所高校对照教育部颁布的教学计划，并根据自己学校的特点，在执行时略做调整。

苏北农学院在高教部颁发的高等农林院校各专业统一教学计划的基础上，于1957年上半年对教学计划进行修订。新计划具备四个特点：一是体现学习苏联经验与我国实际相结合；二是切实减轻学生学习负担；三是体现"全面发展、因材施教"方针；四是体现理论联系实际原则。

在此期间，苏北师范专科学校和扬州师范学院教学计划都是按照教育部统一制定文件的精神，结合学校实际，在实践中不断更新，日趋完善。课程设置由四部分组成：（一）政治理论科目：中国革命史、马列主义基础；（二）教育科目：心理学、教育学、各科教学法；（三）专业科目：包括各科专业科目以及与之相关的科目和体育课；（四）

教育实习。各科的专业课程按照"面向中学实际,适当拓宽加深"原则设置。

这一时期,其他几所学校基本都是中专学校,也都按照国家的统一部署和要求,学习苏联经验,开展教学改革,逐步制定、修订、完善各专业教学计划,并不断完善,为培养人才的系统性、科学性、实用性进行了积极的探索和不懈努力。

拟定教学大纲。各校在制定教学计划的同时,也参照苏联的版本着手组织教师编定课程的教学大纲。1954 年底,高教部陆续颁布统一的教学大纲后,苏北农学院组织教师学习和研究,积极付诸行动,到 1956 年底,全院共制订教学大纲 44 种,占所有课程的 74%。苏北师范专科学校在前期参考苏联数学、物理学教学大纲取得经验的基础上,推动制定各门课程的教学大纲。在教学大纲中都规定了该门课程的教学目的、教学要求、教学内容要点、教学法要求和实践性作业等,成为教学活动的重要依据。教学大纲的制定和实施,有利于教学目的性和计划性的加强,有利于教学质量的提高。

选用及自编教材。建校初期,各门课程缺乏合适教材,教材建设是学校面临的紧迫任务。各校动员和组织广大教师刻苦钻研,奋力攻关,齐心协力抓教材建设。苏北农学院采用三种办法解决教材问题:一是参考苏联同类教材自编讲义;二是选用苏联同类教材;三是采用国内出版的统编教材。苏北师范专科学校组织教师按教学大纲要求,自编各门课程的教材,供学生学习用。据统计,1952 年至 1957 年全校自编教材 209 种,其中理科教材 102 种,如《近世几何》《解析几何》《无机化学课堂演示实验》等;文科教材 107 种,如《中国近代史》等。这些自编教材贯彻了"少而精"的原则,反映了当时学科建设和科学发展的成就,适用性强,基本上满足了当时教学的需要。

三、加强教学管理，稳定教学秩序

建校初期，举步维艰。由于物资匮乏、教学和生活条件都比较差、部分学生还没有适应新的环境、专业思想没有确立、师资力量严重不足、社会活动影响过多等原因，一段时期教学工作存在忙乱无序现象，学生的学习自觉性亟待提高。针对这些情况，学校对学生加强专业思想教育，整顿学习纪律，同时制定并公布了一系列规章制度，使学校教学秩序得以稳定。在此期间，苏北师范专科学校颁布了《苏北师范专科学校暂行学则》《学生守则》《课程考试与考查暂行办法》《优秀学生奖励办法》《教学研究组织通则》《教室规则》等规章制度。苏北农学院颁发了《系科工作条例》《学生守则》《班主任工作暂行办法（草案）》《教学和生产实习暂行规程》《教学和实习暂行办法》《关于补考、留级、退学暂行规程》《优秀生奖励办法》等规程。其他各校也颁布了教学管理相关规章制度，并组织全体师生进行学习和讨论，联系实际，对照规章，查摆差距，加深对规章制度建设和实施重要性、必要性的认识，使广大师生的思想和行动有了规范和遵循的目标。

对教学的组织工作，各院校一方面加强对系（科）的领导，充分发挥教学行政基层组织的作用，明确系（科）主任的职责是"直接领导本系（科）教学和领导教师提高业务水平，并组织学生自学，监督自学的进行"；另一方面，发挥教学管理机构——教务处对教学工作的指导、检查、组织的作用。建校初期学习苏联教育经验，将各学科教师组成若干教学小组，通过编订教学大纲、使用或借鉴苏联教材、相互听课、举行观摩教学、编写新教材等形式，开展教学研究活动，促进教师业务水平的提高和教学质量的稳定。

运用计划、检查、总结等领导方法进行教学管理。从 1952 年开始，各院校每个学期或学年都制定详尽而周密的教学工作计划，其内容包括对学期教学工作成绩的肯定、教学工作缺点的分析,阐述本学期教学工作的要求和进程。工作计划经院(校)务会议通过和院(校)长批准方生效。每学期初由教学副院(校)长向全院(校)教职工做报告,提出教学要求,以此引导和规范全院(校)教学工作。每学期都举行期中教学检查,期末进行教学工作总结等等。这些都大大提高了教学管理的有效性,稳定了教学秩序。

学习苏联教育经验还体现在教学制度和教学方法的改革上。各院校基本参照苏联教学计划的模式,重视基础知识、基本理论教学和基本技能训练,注重发挥教师的主导作用,实行教师责任制。在教学中重视课堂讲授、课堂讨论、书面作业、实验、实习等环节。在此期间,还试用5节课连上、5级记分制、课堂讨论、口试等方式方法,教学形式生动活泼,师生关系和谐融洽。

四、重视教学实践,培养实际能力

苏北农学院建校初期,由三校合并来的仪器设备比较少,只能开部分常规实验课。为了拓宽学生的知识面、培养学生的动手能力,学院成立了科研小组,学生在老师指导下,通过参加科研活动,学会收集、综合参考书籍和文献资料,总结研究成果,提高实践操作能力和综合分析能力,加深对所学课程的理解以及知识的系统化。随着学校的发展,实验仪器设备逐渐添置,到1957年常规实验课基本开全。1952年建校时,还同期建起了教学试验农场、家畜诊所。1955年2月,为了促进理论与实践的结合,使农业科技更好地为农村经济建设服务,在院长冯焕文和党委书记成克坚的倡导下,将高邮三垛的农业生产合作社作为校外第一个基地,组织教师去进行农业科技指导,组织学生去教学实习和生产实习。在联系校外基点的活动中,培养了师生的实践能力,增强了师生热爱劳动人民的思想感情。

苏北师范专科学校从 20 世纪 50 年代初建校起，教学工作就始终坚持"面向中学"的方向和贯彻理论联系实际原则，踏实地进行教育专业训练。1954 年 11 月，经江苏教育厅批准，将扬州市第二初级中学划归苏北师范专科学校作为附属中学。这段时期，学校联系中学的方式多种多样，内容也渐趋丰富，如组织教师参加扬州市教育科组织的中学教学质量检查活动，参加中学的教研组会议，为中学教师做业务讲座，参观中学公开课活动和参加评议会，帮助中学进行教学改革等等。这些在中学的实践，促使高师办学主动适应中学教育需要，锻炼了教师队伍。学生的知识巩固和技能训练也通过教育理论的教学与教育实习来进行，结合心理学、教育学、教材教法课程教学，组织学生到中学进行教学见习和班级活动观摩，组织编写教案和试教练习。各学科学生都必须参加为期四周的教育实习，实习内容包括教学和班主任工作两个方面。

这一时期，成立不久的扬州工业学校改属国家第二机械工业部领导，更校名为"华东第二工业学校"。学校重视学习苏联教育经验，坚持教学改革，努力保证并提高教育教学质量。从 1953 年下半年开始，基本执行了比较正规的专业教学计划和部颁教学大纲；大多数课程采用适宜的苏联教材和综合教学法；试行 10 多种教学表格制度；同时实行 6 种工作计划，即校务会议计划、提高教师政治业务水平计划、学生思想政治教育计划、学生课外活动计划、各学科委员会（教研组）工作计划和总务工作计划。1954 年 8 月，学校还制定和实行了《教职工劳动纪律试行办法》等规章制度，使学校各项工作健康正常开展，保证了教学秩序的稳定。

1952 年，华东水利学校学习苏联的经验，组织制订了专业教学计划及各课教学大纲。1957 年初，组织力量对我国水利建设和毕业生情况进行调查，修订了 3 个专业的教学计划。1960 年 10 月，江苏水利学院成立中等专业学校有关课程教学研究会。学院逐步筹建了水力学、建筑材料学、电工等实验室和仪器室、模型室,基本满足了教学需要。重视培养学生动手和实践能力,学生在校期间除教学实习外,3 年中进行两次生产实习,还加强对课程设计、毕业设计等的指导与考核,学生在毕业后很快就能胜任工作,为华东等地区输送了急需的水利技术干部,受到好评。

江苏省扬州商校 1955 年夏迁扬办学后,根据国家高教部颁发的"财经类学校标准教学计划"和"普通课及基础技术课的时数"等文件,拟定了财务会计、计划统计两个专业的教学计划,学制为两年半。在计划中增加了普通课和基础课的比重,明确了专业课的教学要求,并将生产实习列为重要内容。其时,有的课程采用苏联教材,如"政治经济学",有的参考苏联和中国人民大学教材自行编写,如"财务计划",教学中注重学习苏联关于课堂教学多个环节的经验来改进教学方法,采用五级记分、加强平时成绩考查、全面执行各种计划和教学表格、按照新的考试方法对有关课程分别进行口试和笔试、适时开展教学研究等等,不断提高教师"教"和学生"学"的质量。

扬州各院校 50 年代学习苏联教育理论与教育经验,按照苏联高等教育模式办学,对于端正办学方向,建立较为完整的教学制度和教学体系、增强教学的计划性和系统性,加强教学管理、提高教师业务水平、提高教学质量确实起到了积极作用。但是在学习苏联教育经验中,也产生了一些生搬硬套、不切合中国实际和本校实际的弊端,对传统教育和西方教育中的很多优秀做法弃之不用,一定程度上影响了兼收并蓄。从 1956 年开始,在中央关于创造符合中国国情的高等教育精神指引下,扬州各院校和全国高等学校一样,正视以往学习苏联教育经验中出现的弊端,采取改革措施,加以纠正。

第三节　开展"教育革命"

1957 年 2 月,毛泽东主席在《关于正确处理人民内部矛盾的问题》一文中,针对我国教育工作中存在的问题,提出了"我们的教育方针,应该使受教育者在德育、智育、体育几方面都得到发展,成为有社会主义觉悟的有文化的劳动者"。毛泽东主席还强调要加强学校的思想政治工作,学习马克思主义,学习时事政治,并指出:"没有正确的政治观点,就等于没有灵魂。"此后,中共中央于 1958 年 4 月召开了教育工作会议,讨论教育方针,批判教条主义,批判右倾保守思想,批判脱离生产和脱离实际以及忽视政治的"错误"。全国教育工作会议以后,党中央随即发动了"教育革命",并与"大跃进"运动、人民公社化运动、"反右倾"运动交织在一起,持续了 3 年时间。"教育革命"的目的是试图突破苏联教育经验的局限性,走出一条适合中国国情的教育之路,结果由于"左"倾错误的影响,在以勤工俭学、教育与生产劳动相结合的所谓的"教育革命"中,师生参加生产劳动过多,参加政治活动过多,忽视了课堂教学与教师的主导作用,影响了正常的教学秩序,在一定程度上降低了教育质量。

一、重视发挥知识分子在高校办学中的作用

1956 年 1 月,中共中央召开专题会议,周恩来总理作了《关于知识分子问题的报告》。指出"为了最充分地动员和发挥知识分子的力量,第一,应该改善对他们的使用和安排,使他们能够发挥对于国家有益的专长";"第二,应该对于所使用的知识分子有充分的了解,给他们以应得的信任和支持,使他们能够积极地进行工作";"第三,应该给知识分子以必要的工作条件和适当的待遇"。扬州各院校党组织认真贯彻会议精神,在党内组织学习,提高党员干部特别是领导干部的政策水平。同时在全体教职员工中组织开展《关于知识分子问题的报告》的学习,使广大知识分子感受到党的亲切关怀和爱护,认识到自己在社会主义教育事业中的使命,加强了对社会主义教育事业的责任感,并表示要加强自我教育,加强团结,为提高教学质量而努力。苏北师范专科学校党委作出了"贯彻党中央知识分子问题会议精神,改进学校工作"的决定。通过贯彻落实党的"团结、教育、改造"的知识分子政策,关心他们的思想、工作和生活,比较充分地调动了知识分子的积极性,他们在这一时期心情舒畅,积极性高,普遍兢兢业业投入工作。苏北农学院从建院开始由我国著名小动物饲养专家、畜牧学教授冯焕文担任院长,王秉华、郭守纯、夏永生教授先后任苏北农学院副院长,其他一些教授担任各系科主任、研究所所长和研究室主任。1956 年 3 月,苏北农学院党委经过认真考察和讨论,报经中共江苏省委批准,院长冯焕文、教务处长夏永生两位著名教授加入中国共产党,这对广大知识分子起到了很好的引领和示范作用。为改善知识分子的工作状况,给他们配备了一批教学、科研助手及教学辅助人员。此后,还通过精简会议、减少兼职、制定工作制度等措施,保证教师六分之五的时间用在教学科研上。

二、整风和反右派斗争扩大化

1957 年 4 月起,全国范围内掀起了整风运动和反右派斗争。苏北农学院和苏北师范专科学校党委分别向师生员工传达毛泽东在最高国务会议和在党中央宣传工作会议上讲话的精神。同年 5 月,两高校党委召开全体委员会议,传达中央关于党内开展整风运动的有关精神,并根据中共江苏省委对高等学校进行整风的意见,决定立即开展党内整风。苏北农学院于 5 月中下旬召开正副教授、教研室主任、民主党派及各系有关人员座谈会,讲清整风的目的、意义,请大家帮助党组织整风;6 月上旬,又召开师生员工大会,动员全体师生员工给党组织提意见,帮助党整风。5月21日,苏北师范专科学校召开教职工大会,号召大家打消顾虑,大胆鸣放,帮助党开展整风。同时,学校成立由孙蔚民、张乃康、孙达伍、常焕文、戎道纯、路本全等6人组成的整风领导小组,负责领导全校党内整风运动。

6月8日,《人民日报》发表题为《这是为什么?》的社论。自此,一场反击资产阶级右派进攻的斗争在全国范围内展开。两所高校组织教师与学生对反社会主义的谬论展开批判、驳斥。经过5个多月的批判、斗争,到11月中旬,两校党委宣布反右派斗争结束。在此期间,扬州几所高校与全国一样,反右派斗争严重扩大化,混淆了两类不同性质的矛盾,在教师、干部、学生中错划了100多名“右派分子”。这场政治运动严重地打击了知识分子的工作积极性。此后,两校党政领导召开全院教职工大会,宣布学校转入整改阶段,并提出分四步进行:(1)整编机构,下放人员,整顿校风校纪;(2)贯彻勤俭办学的方针;(3)改善党群关系;(4)总结教学与科研工作,贯彻社会主义教育路线。两所学校还成立了整改办公室。整改办公室的主要任务是:制定整改方案,处理鸣放材料,订出处理办法和深入各整改小组了解情况等。苏北农学院与苏北师范专科学校在整改期间,根据党中央关于干部下放基层锻炼的精神,于11月份,先后动员159位教师、干部下放到江都、六合、邗江等县农村参加生产劳动。

三、教育“大跃进”

1958年3月24日至4月8日,教育部召开第四次全国教育行政会议,在会上提出“反对保守思想,促进教育事业大跃进”的口号。在这一思想指导下,全国高等学校出现了一波快速增设、提档、扩容的局面。扬州的高等学校也在此形势下大规模扩张。1958年7月,经江苏省人民委员会批准,在财政部扬州财政学校基础上,创建扬州师范专科学校。学校设置有文史、生化、数理3个专修科,学制为两年,另外还附设有中学师资培训班、体育科和附属中学。仅仅办学一年,1959 年 4 月,该校并入苏北师范专科学校,不久,苏北师专升格为扬州师范学院。

1958 年 6 月,经江苏省人民委员会批准,扬州卫生学校升格为扬州医学专科学校。同时期,在扬州医学专科学校党委统一领导下,创办了扬州中医专科学校(一套班子,两块牌子)。1959 年 8 月,扬州中医专科学校并入扬州医学专科学校。学校设置医学和中医两个专业。原苏北人民医院为扬州医专的附属医院,扬州卫校为附属中专学校。

1958 年 7 月,原扬州建筑工程学校由中央一机部领导转交江苏省领导,同时省人委决定将此校改建为三年制的多科性工业专科学校,改名为“扬州工业专科学校”。学校专业设置为:土木建筑科的工业与民用建筑、给水排水专业;机械科的机械制造及其设备专业;化工科的无机化工专业。另外设有中专部。

1958 年 8 月,水利部南京水利学校下放江苏省领导,改为南京水利学院,招收了河川结构、农田水利、机电排灌三个专业的本科生与水力发电专科生,同时附设中专部。1959 年初,扬州水利机械学校二百余名学生由扬州迁至南京,编入机电排灌专业学习。1960 年1 月,江苏水利学院迁址扬州。同时,徐州、盐城、扬州等地区所办的水利学校相继停办,先后并入江苏水利学院,学校规模进一步扩大,1960 年 9 月,在校生猛增至 1847 人,教职工人数达 369 人。1962 年6 月,江苏水利学院停办,后该校大学部在校生与部分教师、干部并入苏北农学院,中专部及校产为水利电力部接收,定名为“水利电力部扬州水利学校”。

1958 年以后,短短 2 年,在扬州设置的全日制高等学校增加到5 所,加上当时已初具规模和实力的江苏扬州商校,1992 年 5 月合并入扬州大学的六所院校，在这一时期都形成了基本架构和基础条件。当然，后因国民经济困难，执行中央"调整、巩固、充实、提高"方针，合并、停办了2所高等学校，改办中专，只保留扬州师范学院、苏北农学院和扬州工业专科学校3所高校。即使在保留的高校中也停办、调整、合并了一些专业，减少了招生数，缩小了学校规模。

四、"大跃进"和生产劳动

1958年起，在全国各条战线掀起了"总路线、大跃进、人民公社三面红旗"运动。教育战线在"教育为无产阶级政治服务，与生产劳动相结合"方针指引下，开展了以勤工俭学、教育与生产劳动相结合为中心的"教育革命"。扬州高校师生都被引导投身其中。

苏北农学院师生除参加勤工俭学、大炼钢铁外，还建起了"红旗机械厂""农机厂""生化厂"等。经扬州市委批准，将西郊的西湖、五星、秋雨等9个农业合作社划归苏北农学院，单独建设"五星农场"，并派一名党委副书记兼任场长。1958年10月，根据省委决定，苏北农学院组织878名师生分别下放盐城东台县和扬州兴化、泰兴参加劳动锻炼并实行准军事化管理，全院为总队，下分大队、中队、小队。院党委书记成克坚担任总队长，并随东台大队蹲点。

苏北师范专科学校于1958年3月，制定《1958年开展勤工俭学活动实施方案》，按照《方案》要求，全校学生成立39个勤工俭学小组，利用课余时间在校内、校外开展工农业生产劳动。4月，与西湖乡5个农业合作社分别签订联系合同，加强协作。学校协助农业社开展扫盲工作，承担农业社业余学校、农业中学的教学任务，给予农业社劳动力方面支援，以及农业科学知识的介绍。农业社为学校师生介绍生产经验、作生产技术上的指导。8月份学校成立生产办公室，领导学校生产劳动事宜。此后，学校又掀起大炼钢铁与大办工厂的群众运动，建成土高炉6座，其中4座投入生产，生产生铁1600斤。

以后又筹建成化工厂、玻璃厂、印刷厂、教具厂、木工场、代食品加工厂、农场和牧场等。全校师生这段时间除参加学校组织的工农业生产劳动外,还参加了筑路、积肥、开渠、收割庄稼等支援工农业生产的各种劳动。1962年以后,许多工厂和农牧场停办,仅保留机械厂和印刷厂两个工厂。

1958年至1959年间,扬州工业专科学校广大师生先后积极投入勤工俭学、大炼钢铁、大搞生产劳动中,甚至还大养生猪。学校多次组织师生下乡、下工地、下农村(汊河、瓜洲、甘泉、双桥等公社),直接为工农业生产服务。1958年9月,工业与民用建筑和给排水专业500多名师生在科主任带领下到安徽合肥建筑工地参加勤工俭学,非常高兴地见到了恰好来这里视察的毛泽东主席。1959年3月22日,教育部副部长叶圣陶等全国人大代表、全国政协委员等到扬州工专视察,叶圣陶为学校题词:"党的教育方针,你们体会的最深刻。从你们的言谈,从你们的成绩,从你们的兴奋和欢欣,都得到这样的认识。"1959年4月17日,《人民日报》发表了叶圣陶这一题词,并作了说明:"学校办工厂,学生到工厂和农村,劳动、学习、科学研究三结合,这个学校的成绩很显著。"

南京水利学院迁校扬州初期,校园内仅有房屋面积13000多平方米,不敷使用,1960年曾临时在扬州东关街设立分部,442个学生组成10个班。师生在此学习、工作和生活,同时还参加修建新教学大楼的劳动。1961—1962年,在现址建造了教学大楼9700平方米,基本解决了教室用房问题。图书馆、实验室都是长期利用原有旧房,工作条件简陋,师生宿舍也较为拥挤。在此情况下,广大师生努力克服各种困难,坚持勤俭办学,自己动手,逐步形成了勤俭朴实、团结奋进的校风。

江苏扬州商校在勤工俭学运动刚开始,就率先向全国同类院校及扬州各兄弟学校提出了"比思想、比学习、比劳动、比俭朴、比团结、比组织纪律性、比文娱活动、比体育锻炼"的"八比"友谊竞赛，并成立各种活动小组。有开垦种植的，有养猪养兔的，有刺绣、制鞋、缝纫、编结的，还有到建筑工地劳动的，下厨房帮工的，管理果蔬园林的，学校还兴办了针织厂，建立了生产劳动基地，和农村公社挂钩，组织师生参加农忙劳动等等。

五、"教育革命"的局部调整

1958年底，中央注意到"教育革命"中出现的问题，12月22日中共中央批转教育部党组《关于教育问题的几个建议》。1959年1月20日，中共中央召开教育工作会议，对1958年的"教育革命"进行了总结，在肯定成绩的同时，针对"教育革命"中出现的劳动过多、没有很好上课、学术批判打击面太大、教育质量有所下降等问题，提出1959学年教育工作"主要是巩固、调整和提高，并在这个基础上重点发展"的意见。1959年5月，国务院对全日制高等学校教学、劳动和生活安排作出了新的规定，文件指出："高等学校每年的教学、劳动和假期的时间，由于学校的性质和修业年限不尽一致，不能强求一律。教学时间一般规定为七个半月至八个半月（33周至37周），学生生产劳动的时间一般规定为两个月至三个月（8周至13周），假期一般规定为一个半月（6周至7周）。"扬州高等学校根据中共中央和国务院有关文件精神，在总结"教育革命"经验的基础上，对原有的教学计划进行修订，使课程设置、时间安排符合中央精神，以利于提高人才培养质量。

扬州师范学院新修订的教学计划将课程分为思想教育课程、教育课程、专业课程、生产劳动课、军事体育课5个部分。专业课程开设原则有：先打基础后提高，体现高师特点，理论联系实际，面向中等教育等。时间安排上，平均每年8个月学习，两个半月劳动。

学校还制定了教改方案,提出"以教学为中心,统一安排教学、科研和生产劳动时间,教学工作一定要做好,书要读好,基本理论要学好"等。

苏北农学院在总结"教育革命"经验教训的基础上,进行教学改革。提出以教学为中心,以课程建设为中心,对课堂教学、生产劳动、科学研究三者的比例重新进行了调整。同时调整课程设置与授课内容,稳定教学秩序。在工作步骤上,先在农学系进行试点,摸索经验,逐步推广。教学内容上,突出了政治理论教育,将劳动列入教学计划。为加强基本理论教育,许多专业加强了高等数学、生物、化学等课程的教学。

扬州工业专科学校坚持"以教学为中心"来安排各项工作,把"红"落实在"专"上。组织教师编写各门课程的教学大纲,实行教学检查和两周一次的教学例会制度。1959 年 6 月,学校党委组织全校师生员工学习国务院发布的《关于全日制学校的教学、劳动和生活安排的规定》,并联系实际进行对照检查,提出要保护群众的积极性,关心群众生活,首先让师生员工有必要的睡眠休息和自由活动时间,才能实实在在提高工作和学习效率。11 月,制订印发了《行政组织系统校委会、部门工作职责范围和有关规章制度(试行)》,为学校落实岗位责任制、规范办学行为起到了积极作用。

江苏扬州商校首倡华东五省市进行协作,得到商业部亲切关怀,有关省市大力支持,短时间内参加协作的学校就积极行动起来,分头创办新专业,相互培训干部教师。扬州商校增设了日用百货、文化用品、针棉织品、纺织品 4 个商品专业,并积极制订、修订教学大纲,编写教材,采取党委、教师、学生三结合的方法,先后编写新的教学大纲 17 种,教材 26 部,计 324 万字。教师在教学中也形成了"理论教学在课堂,生产过程下工厂,花色品种到商店,保管养护去库房"

的特色和经验。

六、创办函授教育

扬州师范学院和苏北农学院在建校时间不久、百废待兴的情况下克服困难,开办函授教育,在当时的历史条件下,为多渠道、多形式培养更多国家建设急需人才做出了积极贡献。

在"大跃进"的形势下,1958年苏北师范专科学校开始举办高师函授教育,设置语文、教学、物理、化学4个本科专业,修业年限为4—5年。招收对象为具有相当于高中毕业,但未达高师毕业的中学教师、教育行政干部。自愿报名,县市选送,名额不限,不举行入学考试。第一期由苏北师专包干的扬州、盐城两地区报名参加函授教育的达1690人。从1960年8月到1963年8月的三年间,由于建立了扬州专区教师进修学院承担高师函授工作,扬州师院暂停了这项工作。1963年9月,扬州地区教师进修学院停办,省教育厅决定扬州师范学院成立高师函授部,函授部除直接负责扬州地区以外,还负责南通、盐城函授辅导站的业务领导。函授部是处级建制,在院长直接领导下开展工作。此时的高师函授教育设语文、数学两个专修科,修业年限为4年半到5年。扬州、盐城、南通3地区参加学习的在籍学员共有2363人。函授部的主要任务是制定教学计划、组织编选教材,编写出版《函授辅导》和《函授简讯》,组织开展各项教学活动、总结交流函授工作经验等。函授教学工作贯彻"自学与辅导结合"原则,自学时完成布置的作业,面授时讲解重点、难点,解答学生提出的疑难问题,以保证教学质量。

苏北农学院于1960年夏成立函授教育部,设置农学和畜牧两个专修科,学制为2年,于同年8月开学,首批招收学员454名。同时还承担了省政府委托举办的畜牧兽医函授大学(扬州专区分部)150名学员的教学任务。1962年招收农学、畜牧专修科函授学员 457 名。这次招生面向全省,侧重苏北(长江以北 4 个地区 39 个县)。为了提高函授教育质量,学校决定将学制由 2 年改为 3 年,组织教师到各地巡回辅导,利用已毕业的学生建立函授辅导站。函授教育的覆盖面逐步扩大,学员人数逐年增加。1965 年 4— 6 月间,苏北农学院和邗江、仪征、宝应等联合举办的函授分校先后开学,此次共设农学、畜牧、兽医、机电排灌等 4 个专科专业。在籍学员达 4530 人,他们都是由公社挑选保送的插队知青、回乡知青,农技站、畜牧兽医站的干部和农中教师。教学以样板田、畜牧场、兽医站为基地,边讲理论,边进行实际操作,理论联系实际,教学效果良好。1965 年 7 月,国家农林部派人来扬总结苏北农学院函授教育工作做法和成效,并印成专辑向全国推广。1965 年 8 月,高教部在南京召开全国高等函授教育会议,蒋南翔部长在大会总结报告中,充分肯定了苏北农学院开办函授分校的经验。大会期间,全体代表抵扬参观了苏农在邗江县施桥、蒋王两个教学点的现场教学活动,给予了一致好评。

第四节 贯彻党的教育方针

1961 年 1 月,党的八届九中全会制定了对国民经济实行"调整、巩固、充实、提高"的"八字方针",中央各部门相继分别制定农业、工业、商业、教育、科学、文化等方面的暂行工作条例(草案)。6 月 15 日,中共中央正式批准试行《高教六十条》。几个月后,教育部召开了全国师范教育工作会议,农业部召开了农业教育工作会议,这些会议既肯定了前几年师范教育和农业教育的成绩,指出党在高校中的领导地位得到了加强,师生的思想政治面貌发生了深刻的变化,对体力劳动和劳动者的态度有了显著的改变。同时又指出,高等教育中存在学生劳动、社会活动过多,贯彻教学为主的原则不够,有部分课程质量降低,基本训练有所削弱等缺点。会议提出要打好基础,重视基本概念和基础理论教学,基本技能训练要严格,同时要培养学生从事实际工作的思想和能力。

一、贯彻实施《高教六十条》

扬州师范学院认真贯彻《高教六十条》,在总结前几年办学过程中正反两方面经验教训基础上,制订了《扬州师范学院教学工作纲要》。《纲要》提出办学的基本原则:坚持教学为主,保证学生牢固地掌握中学教师必备的基础知识、基本理论和基本技能;加强主要基础课的教学,保证足够的教学时间和学生的自习时间;注意开设选修课程,促进学生兴趣、特长的发展;充分重视教师在教学工作中的主导作用。按照《纲要》的精神和基本原则,学校对教学工作作了一系列改革,纠正了以往教育教学工作中存在的一些违反教育规律的倾向,使教育教学工作逐步重新走上正确轨道。到1963年,学院建立了比较稳定和正常的教学秩序,学校面貌有了较大的改变,教学质量显著提高。

苏北农学院根据《高教六十条》精神,认真总结了"教育革命"以来的经验教训,修订了4个本科专业的教学计划和过渡性计划,确定了教学、生产劳动和假期的时间比例为6.6：1.4：2。在教学时间内强调保证师生的业务活动时间,较好地处理政治与业务、理论与实践、教学与生产劳动的关系,恢复了过去行之有效的教学实习、生产实习、课程论文(设计)和毕业论文(设计)等教学环节,使教学大纲和教学计划得到相对的稳定和完善。同时,学校提出了"五稳定"的措施,即教学计划稳定、教学大纲稳定、教材稳定、教学时数稳定、教师稳定,使学院的教学秩序逐步变得井井有条。

1961年8月,无锡工专并入扬州农机专科学校,1962年夏,常州工专、苏州工专、南通工专、盐城工专、淮阴工专、新海连工专同时停办，各校部分教师、学生、设备仪器、图书资料等调配给扬州农机专科学校，扬州农机专科学校的条件和实力有所提升。这期间，学校在调整、磨合、稳定中做了大量工作。1962 年 9 月，扬州农机专科学校改回扬州工业专科学校。

1962 年底，扬州工业专科学校对贯彻《高教六十条》以来的工作做了总结，在下列几方面取得明显成效：一是学校以教学为中心的原则得到贯彻，学校其他各项工作都以保证教学任务的完成为前提；二是下大力气培养师资队伍，通过在职进修和外出深造的方法，使教师业务水平有所提高；三是对学生贯彻执行"少而精、学到手""劳逸结合""因材施教"三原则、加强"三基本"的教学要求得到保证；四是发扬了对学生进行思想教育工作的好传统。

这一时期，江苏扬州商校率先提倡的华东区同类学校协作得到商业部的充分肯定并在全国推广，协作范围扩大到 20 多个省（市）。扬州商校积极参与各项工作和活动，代培师资，代培学生，拟定教学计划、教学大纲，协作编写教材、习题和教学参考资料，教学方法研讨等；在学校内部强化内涵建设，对全体教师提出了"三认真"——认真备课、认真讲课、认真辅导，"五结合"——个人备课与集体研究相结合、教师钻研与吸收学生意见相结合、校内编写教案与请校外有专长者相结合、理论与实际相结合、内部观摩与校外取经相结合，很大程度上改变了过去照本宣科、填鸭式的教学方法，教学质量有了较大的提高。

二、落实党的知识分子政策

在 1957 年的"反右派"运动以及之后的"双反"（反浪费、反保守）、"向党交心""教育革命""反右倾"等运动中，错划了一批"右派分子"，错误批判和处分了一些干部、教师与学生，部分知识分子受到打击和排斥，甚至蒙受冤屈，同时也挫伤了相当一批知识分子的积极性。在各高等学校贯彻《高教六十条》过程中,国家科委于 1962 年 3 月在广州召开科学工作会议。周恩来总理发表重要讲话,提出党在对待知识分子问题上的政策。同年 4 月,中共中央发出《关于加速进行党员、干部甄别工作的通知》。《通知》指出:对于批判处分完全错了或基本错了的党员采取简便办法认真迅速地加以平反。扬州各高校积极贯彻中央《通知》精神,组织专门班子,对历次政治运动中,被批判、处分的人与事进行复查甄别工作。为被错误批判、处分的党员干部、教师进行公开平反;对于受错误批判伤了感情的干部、教师进行赔礼道歉,解决思想、情感上的疙瘩,融洽党内关系和党群关系。这期间,还给大部分在校工作的被错划为"右派分子"的同志摘帽,恢复原来工资级别,重新安排工作。扬州师范学院等学校在调整关系、调动积极性的基础上,更加注意完整地贯彻党"团结、教育、改造"的知识分子政策,更加注意改进工作作风和工作方法,更加注意对知识分子在政治上帮助关怀,工作上支持提高,生活上适当照顾,并认真贯彻"百花齐放、百家争鸣"方针,提倡学术研究、自由讨论、著书立说风气。经过近两年的工作,各高等院校党内关系、党群关系有了很大改善,干部和知识分子的积极性在一定程度上得到提高。

三、重视师资队伍建设

扬州各高等学校从培养合格的专门人才,以适应社会主义事业发展的需要出发,普遍重视师资队伍的培养工作。各高校经常分析教师队伍的状况,把提高师资的政治觉悟、知识水平、业务素质、科研能力作为办好学校的关键措施来抓。

1961 年,扬州师范学院在调查研究、总结经验的基础上,制定了《十年师资培养规划》,要求每个教师从实际情况出发,拟定个人的两个五年进修计划。从 1962 年起,在青年教师中建立了"在职教师业务进修卡",卡上填明进修目标和具体计划,写明指导教师,每学期都把进修的成绩记在卡上。1963 年 11 月,院党委常委会议研究决定,把师资队伍的建设工作作为常委的一项重要工作,并成立一个专门负责师资培养工作的领导小组,组长由党委书记陈超担任。

1956 年,苏北农学院根据高等教育部《高等教育十二年规划(1956—1967)》的基本精神,结合学校实际,制订了该校十二年发展的具体规划。其中把师资队伍建设列为重要内容,对各类教师的配置提出了明确要求,并规定讲师在 3 年内、助教在 6 年内争取达到副博士的考试条件,12 年内教师队伍整体水平争取接近国际先进水平。为了提高青年教师的外语水平,1962 年 10 月,农学院开办了青年教师外语进修班,分俄语、英语、日语 3 个班,参加学习的教师达165 人。1963 年 1 月,院务委员会讨论通过了《苏北农学院教师工作暂行条例》,进一步强调加强院系两级对师资培养工作的责任,明确教师的基本要求。

扬州工业专科学校制订了《1964—1973 年培养提高师资规划》,要求教师结合课程设置需要,定方向、定任务,提倡在职进修,由老教师带领,通过实际教学工作锻炼,提高业务水平。学校还举办了外语、工程数学等青年教师业余学习班,同时选派一批教师到国内其他高校学习深造,采用各种方法提高师资队伍水平。

到 1965 年,扬州各高校师资数量有较多增长,师资水平有较大提高,已基本能满足正常教学的需要。

四、大力推动科学研究

苏北农学院和苏北师范专科学校从 50 年代建校初期,就引导、要求教师有计划地开展科学研究,并取得了显著成绩。1961 年,两校全面贯彻《高教六十条》文件精神和"百家争鸣"的科学研究方针,加强对科学研究活动的领导和管理,制订了科学研究的规划和科研工作的规程等文件,有力促进了学校科研工作的进展。

苏北农学院早在 1952 年就有 10 名教授、讲师从事 7 个课题的研究,到 1956 年有 82 位教师从事 74 个课题的研究。当年参加科研活动的正、副教授比例达 97%。青年教师参加科研的人数也日益增多,初步形成了一支老中青三结合的科研队伍。这个阶段科研工作的主要成果有:作物栽培老师与华东农科所、江苏省农业厅合作开展棉麦两熟区陆地棉栽培的品种试验,证明用营养钵育苗移栽比麦行套种和麦后直播可增产一倍。这一科研成果在江苏、浙江等地区得到推广,有效地促进棉花增产。兽医微生物老师进行的小白鼠鸡新城疫苗的试验研究。农机老师根据马尔采夫原理试制成功双翼松土犁等。1959 年学院成立了科学研究委员会,领导全院教师有计划地开展试验研究和应用研究。1960 年 5 月苏北农学院向全省群英会献礼的成果有专著、论文、教材共 38 本(篇),试制成功的仔猪白痢血清为全国首创,受到大会表彰。1961 年学院组织教师进行科学研究选题,按照"集中兵力、缩短战线、围绕教学、开展科研"的指导思想推进科学研究。一年中全院和各系组织大小学术报告会达 80 余次。方定一教授将搁置多年的小鹅瘟课题重拾进行研究,成功发现病原体并研制出抗血清,翌年又成功研发出疫苗,这一成果为国际首创。1962 年院务委员会制定了《苏北农学院十年(1962—1972)科学研究工作规划(草案)》和《苏北农学院科学研究工作暂行办法》。文件规定了科研工作计划的制定、设计的审定,研究工作的检查、总结、鉴定、推广和奖励办法等,从制度上为学校科研工作的顺利开展创造了良好的条件。1963 年学校组织教师学习农业部制定的《全国农业十年科学技术发展规划》,让大家对科学研究的方向、重点认识更加明确,促进了学校科研工作有计划、有秩序地开展。该年度共确定 40 个科研课题,其中属于农业部科技计划的就有 30 多项,完成了 20 多篇研究报告,30 多篇学术论文。此后,学校按照国家《科研十四条》精神,力求落实各项措施。如恢复耕作研究组、稻麦研究组,增设芳香植物研究组等,建成同位素实验室,挑选一批科研能力强的老师,减免其教学工作量,配备科研助手等。从 1963—1966 年,学院的科研又取得了不少重要成果。

苏北师范专科学校在 1955 年就成立了科学研究委员会,制定了《本校科学研究工作方案(初稿)》,引导广大教师积极开展科研工作。历史科祁龙威开展的太平天国史研究,取得了丰富的科研成果,先后发表了 16 篇论文。化学科诸询治致力于标准电池性能与制作研究,先后发表了 5 篇科研报告。1959 年 5 月,学校升格为扬州师范学院后,院党委提出了"教学、科研、生产三结合"的办学方针,颁布了《关于加强科研工作的决定》,从思想上、组织上、政策上做出了一系列部署。同期制定的《扬州师范学院 1959—1962 年科学研究项目》,提出要在 3 年内完成科研项目 1000 至 1500 项,其中尖端课题占 10%。1962 年至 1965 年间,扬州师范学院认真贯彻《高教六十条》和学术研究中的"百家争鸣"方针,制定科学研究规划,有计划地开展科学研究,并取得了一批科研成果。如谭佛雏的《论毛主席诗词的艺术方法》《刘熙载的美学思想初探》,曾华鹏的《蒋光赤论》《谢冰心论》,蒋声的《从欧氏平面三角公式"译"出罗巴切夫斯基三角公式》等一批论文、论著的发表,均在学术界产生了一定影响。

五、关心师生员工生活

因 1958 年的"大跃进"、1959 年的自然灾害和 1960 年的"持续跃进",我国生产力受到极大破坏,国民经济严重困难,人民生活十分艰苦,城乡居民生活必需的粮食、油料、副食、棉布、燃料等物品都十分紧张。当时扬州几所高等学校师生员工的生活也都遇到了空前的困难,体质严重下降,病员剧增。学校党政领导发扬吃苦在前、享受在后,与群众同甘共苦的精神,想尽各种办法,带领师生员工走自力更生、生产自救的道路,改善生活,渡过难关。

第一是通过办农场、牧场的方法,为师生员工提供一定数量的粮食和副食品,改善生活。苏北农学院从建院起就成立了教学实验农场和教学实验牧场,在师生员工生活困难时期,学校将实验农牧场生产的农副产品和畜产品提供给食堂。同时要求膳食科除搞好师生员工的伙食外,炊事人员每年养壮猪10余头,以改善就餐人员的生活。扬州师范学院此时也办了实验农场和实验牧场,既为生物系学生提供实习基地,为全院师生提供接触工农、劳动锻炼的场所,同时也为全院师生员工提供了相当数量的农副产品,帮助大家改善生活,共渡难关。如1961年,每天供应食堂蔬菜3000余斤,每年供应猪肉2300多斤、鸡鸭2380只。

第二是办好学校食堂。此时除全体学生在食堂用餐外,大部分教职员工也在食堂就餐。学校领导亲自抓食堂管理,以改善师生员工生活。食堂管理抓三方面工作:(1)教育食堂职工确立为师生员工服务的思想;(2)学校成立伙食管理委员会,对食堂工作进行监督;(3)健全食堂管理制度。

第三是加强预防,积极治疗,做好全校师生员工的卫生保健工作。苏北农学院医务室针对师生体质下降情况,1960年开展了1200余人的健康普查工作,并建立了设有18张病床的医务室。

1959年秋,江苏省省长惠浴宇专门来到扬州工业专科学校了解师生生活情况,校领导如实作了汇报,同时介绍了师生们克服困难、积极开展勤工助学的情况。惠浴宇省长亲切嘱咐:"要珍惜并保护师生的积极性,重视劳逸结合,管理好伙食,做好思想政治工作,克服前进中的困难。"校党政按照中央和省领导的指示,组织专门班子集中力量抓生活,加强后勤人员思想教育,严格管理制度,尽力做到"计划到人,点滴入肚",比较平稳地度过了困难时期。

经过各级领导和师生员工的积极努力,到 1963 年,终于克服了物质上的不足,渡过了难关。

第七章 "文革"时期曲折前进

十年"文化大革命",我国教育战线特别是高等学校成为首当其冲的重灾区,受到了严重摧残和破坏。扬州高校同全国其他地区的高校一样,也经受了新中国成立以来最严重的挫折,造成了无可弥补的损失。

第一节 "文革"中受挫

1966 年 5 月 4 日至 26 日,中共中央政治局扩大会议在北京召开,5 月 16 日讨论通过了《中国共产党中央委员会通知》,认为"我国正面临着一个伟大的无产阶级文化革命的高潮",要求全党"高举无产阶级文化革命的大旗,彻底揭露那批反党反社会主义的所谓'学术权威'的资产阶级反动立场,彻底批判学术界、教育界、新闻界、文艺界、出版界的资产阶级反动思想,夺取在这些文化领域中的领导权"。

1966 年 5 月 10 日,江苏省委宣传部电话指示,要求高等学校要把开展"文化大革命"提到重要议事日程上来。扬州师院党委随即研究决定成立"文革办公室",并于当日下午召开全院党员大会,传达中共中央批转的《林彪同志委托江青同志召开的部队文艺工作座谈会纪要》精神。5 月 13 日,院党委召开全院师生员工大会,由院党委副书记、副院长孙达伍作题为《开展无产阶级文化大革命》的动员报告。5月27日,理科班师生开始停课搞运动,其他各系各单位也先后进入专题学习、批判阶段。6月1日,中央人民广播电台播发了北京大学聂元梓等7人的大字报后,扬州水利学校有人开始张贴第一张大字报。6月上旬,扬州工业学院有些学生和教职工起来"造反",并成立了"红旗战斗队""东方红战斗队";6月13日,有人策划张贴出第一张大字报,对原扬州工专党委书记、扬州工业学院党委常委张渤如进行诬陷攻击,学校秩序混乱,无法正常上课。6月15日,苏北农学院也贴出了第一张大字报,点名批判院党委书记成克坚。从6月4日起,江苏商校校园内相继出现很多大字报,开始主要是批判修正主义教育路线,后来,大字报的矛头逐渐指向学校党委和学校领导,特别是校长韩澋。扬州卫生学校的师生也开始停课搞运动。至此,扬州各院校开始进行"文化大革命"。

6月上旬,扬州地委派出以李学民、顾亚峰为首的"文化革命工作组"到扬州师院指导运动,扬州师院党委也对地委关于当前"文化革命"部署的指示精神进行了传达和讨论。6月18日,陈超代表扬州师院党委向全院宣布了"文化大革命"的八项规定:(一)全院革命师生员工必须在院党委统一领导下,把无产阶级"文化大革命"进行到底;(二)在运动中,革命师生必须服从系(科)党总支(支部)的领导;(三)大字报一定要在规定的地方张贴,不要贴到街上;(四)对任何人都不得进行人身侮辱;(五)在运动中,不许打人、骂人,不要乱扣帽子,乱放空炮,只能摆事实讲道理;(六)在运动中,互相间发生意见分歧,可以互相辩论,但不得互相攻击,或对持相反意见者进行包围责难;(七)在运动中,凡涉及政治历史和男女关系问题,只能书面或口头揭发,不要出大字报;(八)共产党员必须严格保守党的机密,任何人不得强迫共产党员泄露党的机密。这八项规定,得到了绝大多数师生员工的拥护，但也遭到少数人的强烈反对。

与此同时，中共扬州地委派出以地委宣传部长郭铁松为组长的工作组到苏北农学院协助开展"文化大革命"。在此前后，水利部通知扬州水利学校停止期末考试、考查，让师生集中精力投入"文化大革命"运动，并要求推迟应届生毕业分配，继续在校参加运动。

8月14日，扬州师院"文化大革命筹备委员会"成立，并发表第一号公告宣布，"文革筹委会"是学院"文化大革命"运动的最高权力机构。8月下旬，扬州师院造反派组织连续派人到扬州地委、江苏省委大门前"静坐"示威，以院党委镇压群众运动的罪名，要求罢免党委书记陈超。在上海"一月风暴"之后，扬州师院造反派于1967年1月26日全面夺权，他们召开大会宣布"学院一切权力归造反派"。同年3月，扬州师院造反派将学校更名为"鲁迅大学"，并将师院附中改名为"鲁迅战校"。到1968年3月，学校成立革命委员会时，校名又被恢复为"扬州师范学院"。

1966年8月31日，苏北农学院造反派师生要求批斗院党委书记成克坚，并提出"罢官"口号，又有600余名师生在造反派组织的鼓动下，于当天深夜徒步赴南京"告状"。在此前后，造反派组织还成立了苏北农学院"文革临时领导小组"。到11月中旬，造反派组织把苏北农学院校牌换成了"东方红公社"的标牌。次年1月29日，农学院造反派召开了夺权大会，宣布夺取院党委、院行政和各系科、各部门、各单位的领导权，并决定将"东方红公社"改称"东方红农业大学"。

1966年8月底，扬州工业学院造反派学生将"红旗战斗队"和"东方红战斗队"组成"联合指挥部"，统一指挥和组织造反行动。9月，学院成立"文化革命筹备委员会"。10月，造反派组织夺取了学校领导权，宣布将校名改为"红旗工业大学"，并将学院办公楼命名为"东方红楼",将图书馆阅览室楼命名为"红旗楼"。1967年1月19日,造反组织联合指挥部在工院大操场召开批斗中共扬州地委书记胡宏的大会,并将地委副书记张利群、苏北农学院党委书记成克坚、原扬州工专党委书记张渤如等押至台前陪斗。

1967年1月底,江苏商校造反派夺取了学校党政大权。扬州卫生学校"卫东战斗队"与苏北医院造反派组成的"院校造反联合指挥部"夺取了学校的党政领导权,并将校名改称为"白求恩战校"。扬州水利学校造反派也夺取了学校的党政领导权。至此,造反派夺取了扬州高校一切党政大权。江苏商校的造反派参加了扬州市造反组织九大总部联合夺取扬州地、市级党政财文大权这一行动,商校因此成为扬州造反派的东北指挥部驻地。1967年1月28日,扬州工业学院造反派召集全市造反组织九大总部的负责人开会,宣布成立"毛泽东思想扬州革命造反派接管委员会",联合夺取了扬州专区和扬州市党政财文领导大权,并派人进驻地、市机关。

1967年7、8月间,在"文攻武卫"口号的鼓动下,扬州市的两派造反组织多次发生武斗。扬州师范学院"停课闹革命"后,尤其是在两次派性大武斗中,学校的课桌椅、家具被拿来构筑"工事",学校仓库的木材、铁器,甚至实验室的仪器、药品,都被拿作武器,校舍门窗被砸得千疮百孔,一些别有用心的人,还趁动乱之际,浑水摸鱼,大肆盗窃。据不完全统计,"文革"十年,师范学院的花草树木、鸟兽虫鱼等被当作"封资修"的东西一概"砸烂",校园内名贵花木被偷抢、被摧残。苏北农学院实验室被占用,仪器设备遭破坏,由于无人过问,冬天被寒流冻死的名贵金橘就有上百盆。扬州工业学院的财产同样遭受严重的破坏和损失,1958届毕业生集资建造的象征着"珍惜时间、勤奋学习、造就人才"的钟塔,也被毁无存(现仅存照片)。扬州卫生学校、扬州水利学校等的校产也同时遭受了不同程度的破坏和流失，江苏商校最少时在校师生只有几十人，学校系统完全瘫痪。

1967年3月，中共中央发出《关于大专院校无产阶级文化大革命的规定（草案）》，提出大专院校应按照《十六条》的要求，开展"文化大革命"，必须由革命学生、革命教职工和革命领导干部组成临时权力机构以领导运动，在条件成熟时，正式选举建立"文化革命"小组、"文化革命"委员会、"文化革命"代表大会等，作为领导运动的正式权力机构。在扬州几所院校中，扬州工业学院于同年5月宣布成立"红旗工大"革命委员会，范建文任主任；苏北农学院于同年7月宣布成立"东方红农大"革命委员会，杜冬生任主任。

根据中共中央、中央军委关于人民解放军支持革命左派的决定，1968年初，由中国人民解放军第60军组成的军宣队进驻扬州师范学院。在军宣队的宣传组织下，扬州师院两派造反组织于当年2月实现联合，并签订了《鲁迅大学实现革命大联合协议》，同时着手筹备成立学校革命委员会。与此同时，驻苏北农学院执行"三支两军"（即支工、支农、支左，军管、军训）任务的解放军开始参加院内各单位、各部门的政治学习。此后，军宣队陆续进驻扬州工业学院、扬州卫生学校、扬州水利学校和江苏商校。同年3月，中国人民解放军第60军委员会批准扬州师院成立革命委员会，张路任主任。1968年6月1日，扬州地区革委会批复，同意成立江苏省商业学校革命委员会，宋官金任主任。此后，扬州卫生学校和扬州水利学校相继成立革委会，卫校由蒋标等任副主任，水校由于建华等任副主任。至此，扬州各院校革委会全部成立。

到1968年8月，中央发出《关于派工人宣传队进驻学校的通知》后，工人毛泽东思想宣传队先后进驻扬州工业学院、扬州师范学院、苏北农学院等学校，领导学校的"斗、批、改"。各校革委会的成立和工宣队、军宣队的进驻,使"文革"开始以来3年的派性斗争有所缓和,混乱局面有所好转,日常工作有人管理。

1969年7月,扬州师院工宣队、革委会印发了整党建党工作计划,在停止党内生活长达3年之后,扬州师院开展了整党运动。同年9月,扬州卫生学校恢复党的组织生活;10月,扬州水利学校开始进行整党建党工作。江苏商校也开展了整党运动,教职工党员20人中有19人恢复了组织生活,选举出新的支部委员会。这次整党建党是"斗、批、改"全过程中的一项重要内容,主要任务是遵照毛泽东"五十字建党纲领"进行整顿和"吐故纳新",具体做法是从大学习、大批判入手,大搞"斗私批修",人人检查过关,然后分期分批恢复组织生活。

1970年初,中共中央发出了《关于打击反革命破坏活动的指示》《关于反对贪污盗窃、投机倒把的指示》和《关于反对铺张浪费的通知》,即"一打三反"。1970年3月,中共中央又发出了《关于清查"五一六"反革命阴谋集团的通知》。从是年5月开始,扬州师院、苏北农学院正在进行中的"一打三反"运动转入到所谓"清查'五一六'分子"运动。举办学习班,清查大事件,搞大检举、大揭发、大批判、大清理,重点对象受审查,"知情人"受牵连。历时一年多的"清查"搞得人人自危,最终也没搞清什么人是"'五一六'分子",什么组织是"'五一六'反革命阴谋集团",反而又造成一批新的冤假错案。直到"文化大革命"后期,这批错案才陆续得到平反纠正。

在此期间,经中共扬州专区革委会核心领导小组批复,师、农两校于1971年3月分别成立了中共扬州师范学院革委会核心小组和中共苏北农学院革委会核心小组。师院核心小组由钱仁凤(军代表)任组长(同年8月,改由任显亭任组长,李振铎为副组长),农院核心小组由郭银廷(军代表)任组长,刘学震为副组长。至此,党组织对学校的领导得以恢复。1971年11月，省革委会文教局下达文件，由南京农学院军代表郭兴旺来苏北农学院传达江苏省关于两校合并、组建江苏农学院的决定，校址设在苏北农学院。12月，成立中共江苏农学院革委会核心小组，郭兴旺任组长，杨健民、张春兰、郭银廷任副组长。

与全国各地高校的遭遇一样，"文化大革命"使扬州各院校的大批教师、干部遭受种种迫害，身心备受摧残，不少人在无休止的审查、批斗、关押中致伤、致残、致死，损失极为惨重。所有这些，不仅使学校的事业发展遭受重创，更给广大师生员工及其家庭带来长久的伤痛。

第二节　逆境中办学

"文化大革命"开始后，扬州各校的日常工作即不能正常进行，一切教育教学活动被迫停止。1966年6月和7月，中共中央、国务院先后发出《关于改革高等学校招生考试办法的通知》和《关于改革高等学校招生工作的通知》，认为现行高校招考办法，"基本上没有跳出资产阶级考试制度的框框，不利于贯彻执行党中央和毛主席提出的教育方针，不利于更多地吸收工农兵革命青年进入高等学校。这种考试制度，必须彻底改革"；决定将高校招生工作下放到省一级办理；取消考试，采取推荐与选拔相结合的办法进行招生。由于"文化大革命"已经开始，各省自然无法进行招生工作。自此到1969年，全国高等学校停止了招生。扬州各校也从1966年起停止招生，直到1972年开始招收工农兵学员。1966年9月，江苏省教育厅发出通知，决定应届高中、初中毕业生，留校参加"文化大革命"，推迟毕业，推迟升入高一级学校。

1969年6月,第五机械工业部军管会发出《关于扬州工业学院改为小型工厂的通知》,迫使这所苏北唯一的高等工业学院中断办学。1969年11月17日,根据江苏省革委会生产指挥组发出的通知,撤销江苏省商业学校,有关学校的财产处理和人员安置由扬州专区革委会负责。1970年1月6日,中国人民解放军水利电力部军事管制委员会印发关于扬州水利学校交由江苏省革命委员会领导的函:"经与你省协商同意,现将扬州水利学校交由你省领导。有关该校的财务预算、人员编制等均自一九七〇年元月一日,请由你省安排。"学校再次下放给江苏省领导,改称"江苏省扬州水利学校"。

1970年10月,扬州师范学院受扬州专区革命委员会委托,举办"红师班",以培训一批"无限忠于毛主席,忠诚党的教育事业"的中学师资。第一期招收学员500名,其中语文200名,数学150名,工业基础知识100名,英语50名。学习时间3个月。此外,金湖县也委托师院培养100名中学师资。1971年2月,举办第二期"红师班",学员450名,其中语文160名,数学120名,英语75名,工业基础知识95名,学习时间6个月。上述学员大多来自扬州地区各县(市)刚刚走上教学岗位的工人、回乡知青、插队知青和退伍军人等。为了办好"红师班",学校专门成立了党总支委员会和领导小组,由原院党委副书记柏林担任党总支书记兼领导小组组长,还组织相关专业教师专门制定了"红师班"教学计划。1972年至1973年,师范学院又受邗江、高邮、宝应、兴化、江都等县教育局的委托,举办了两期函授试点班,参加培训的有语文和数学两个专业1100多人。语文专业开设毛泽东文艺思想讲座、语言、逻辑、修辞、习作讲座等课程;数学专业开设代数、几何、三角、解析几何、测量、制图等课程。学习时间为1年。

早在1968年7月,鉴于"文化大革命"以来高校招生考试制度的废止及高校教育教学工作的停顿,结合上海机床厂从工人中培养工程技术人员的经验,毛泽东提出"大学还是要办的",尤其是"理工科大学还要办,但学制要缩短,教育要革命"。这个意见,后来通称"七二一指示"。此后不久,毛泽东又补充指出,"我说大学还要办,讲了理工科,但没有讲文科都不办"。然而,当时动乱中的高校尚不具备正常招生开课的条件。直到 1970 年 6 月,中共中央批转了《北京大学、清华大学关于招生(试点)的请示报告》,确认两校即行招生。同年 10 月,国务院通知各地,参照该《报告》开展高校招生工作。江苏省于当年 12 月在南京 4 所高校试点招生,采取群众推荐、领导批准和学校复审相结合的办法,从工人、贫下中农、解放军战士、上山下乡及回乡知识青年中录取新生即"工农兵学员"1000 余人。此后,招收工农兵学员工作大面积启动。

1971 年 6 月,国务院在《关于大专院校放暑假和招生工作的通知》中要求,各高校的招生问题,由各省、市、自治区按照本地区和院校的实际情况,根据需要和可能,酌情处理。据此,师院于 1972 年初,组织了 3 个招生工作调查组分赴扬州、南通、盐城 3 个地区进行调查。调查组系统地调查了 5 个县(市)、7 个公社(乡镇)、两家大型企业,召开了各种类型的座谈会,走访了教育局、上山下乡办公室、转复军人安置办公室等部门,并进行了有针对性的个别走访,最后整理成《关于招生工作调查情况的汇报》上报,为招生做准备。接着,学院调整了后勤机构,配备力量,整理校园,修缮校舍,清点校产,维修设施,恢复正常工作秩序,确保工农兵学员新生能如期入校开学。

到 1972 年 4 月,扬州师范学院和江苏农学院先后完成首届工农兵学员的招生工作,两校分别招收新生 341 人和 441 人。4 月 30 日,江苏农学院和扬州师范学院借扬州地区工人文化宫大礼堂,联合举行了隆重的开学典礼。从 1972 年到 1977 年我国高校招生考试制度恢复前,师范学院和农学院共招收了5届工农兵学员计3481人,其中师范学院1812人、农学院1669人。

1972年2月,扬州卫生学校招收学制为两年的"社来社去"学员168人。

1972年8月,第五机械工业部下发《关于开办扬州光机学校的通知》,决定在已停办3年之久的原扬州工业学院的办学基础上开办扬州光学机械学校(简称"扬州光机学校")。学校和工厂是一个领导班子,对外既是学校又是工厂(当时称"一个班子,两块牌子")。学校规模暂定300人,以后逐步扩大为500人。设置精密机械、工具制造、光学工艺三个专业。学校主要面向华东地区常规兵器工厂,培养中等技术人才。10月,张渤如临时负责扬州光机学校开办事宜,并逐步从5308厂抽调原扬州工业学院的教师干部到校工作。到1978年初,教职工人数有90余人,其中教师60余人。1973年3月,为了贯彻五机部关于"工厂、学校是一个领导班子"的规定,中共江苏省国防工办委员会发文批准原扬州工专党委书记、扬州工业学院党委常委张渤如任5308厂党委副书记,原工专副书记、扬州工业学院党委常委王焯任厂革委会副主任,并参加5308厂党委,具体领导学校工作。

1973年5月,首批新生(工农兵学员)150人入校开学。这一时期,政治形势有所好转,学校教师教学认真、政治思想工作抓得紧,学生遵守纪律,学习勤奋,学风良好,教学秩序正常。同月,江苏省国防工办党委发文批准成立中共扬州光机学校党总支委员会,同时任命总支书记和副书记。11月,根据五机部与省国防工办通知,学校从省军工系统内部招收在职职工100名进行培训,学制一年。分工具制造、热处理、光学工艺三个专业培训班。

1974年7月,5308厂组织工宣队进驻扬州光机学校。10月,扬州光机学校第二届学生 100 人入学。这届学生全由公社大队推荐，学业基础不齐，教学中困难较大，但教师仍耐心尽力地帮助。1975年 6 月底，中共扬州地委批准改组扬州光机学校党总支委员会，另行任命党总支书记和副书记。1976 年 8 月，五机部教育局通知扬州光机学校及有关省、市、自治区兵器工业管理机构，由光机学校举办真空镀膜等四个短期训练班。因为当时扬州地区处于地震预报临震状态，由学校分别电告有关省工办和工厂，推迟开学。后真空镀膜、机床改装两个短训班于 1977 年 3 月 10 日开学。

1973 年 10 月，江苏省扬州水利学校恢复招生，设水工建筑、农田水利、陆地水文 3 个专业，首批工农兵学员 237 人进校学习。

1973 年 5 月 16 日，江苏省革命委员会发出通知，决定恢复江苏省商业学校。张少堂任校长兼党总支书记，梁公美、王文举、张铎、张英、郭兴华、葛蔓生、王基、汤钺任副校长。在扬州地委组织部的协调下，调回部分原商校教职工，安排部分下放干部到商校工作。省商校复校后设置财会、计统、物价、烹饪四个专业，第一批招收的是工农兵学员。学校组织了若干招生组，分赴全省 11 个地、市招生办公室招录新生。首批录取的 330 名学生分成 7 个班，财会专业 3 个班，计统专业 2 个班，物价专业 1 个班，烹调专业 1 个班。由于物质条件和师资的限制，新生到 11 月份才开学报到。新生来自各条战线，有工人、农民、知识青年、转业退伍军人、文工团演员、三军仪仗队号手、商店管理人员等。年龄最大的已近 30 岁，最小的只有 20 岁左右。

由于工农兵学员入学时文化水平参差不齐，知识基础普遍较差，给教学工作带来了不少困难。如 1972 年 5 月，农学院对入学新生的文化程度进行摸底调查，在 441 名新生中，小学程度 81 人，初中程度 261 人，高中程度 99 人。针对这一情况，各校的教师们通过各种形式对首届工农兵学员进行文化补课，帮助学员掌握必要的基础知识(主要是补习中学各科知识)。这一措施为学员开展正常的学习做了准备,收到了较好的效果。师、农两校还针对工农兵学员文化程度参差不齐、知识基础普遍较差的状况,组织教师编写适用的教材和讲义。几年中,两校 17 个专业招生,共编新教材近 100 种,讲义和实习指导书 30 余种。到 1975 年,又开始招收"社来社去"的学生。于是根据教学对象的特殊性,重新修订了教学大纲,对原先的教学计划进行了调整和补充,压缩了学军和生产劳动时间,增加了专业课的教学时数,加强了基础理论教学,对已经教过的课程,有计划有目的地进行了补缺,基本上保证了教学质量。商校先开基础课后开专业课,派员到相关学校借来教学计划、大纲,拿回来参考,再根据工农兵学员的实际情况,对以前的教材加以改造,制定出自己的教学计划、大纲,编写出部分教材(讲义)。聘请全省各地有丰富经验、有理论水平又善于表达的行业先进代表人物作为兼职教师,请他们带着本单位的好做法、好经验来学校授课。

1975 年 9 月,根据江苏省委的决定,江苏农学院开办西藏班,设农学、牧医、植保 3 个专业,学制 3 年,在本省招收 75 名学员;1975 年 12 月,扬州师范学院接省招办通知,为西藏培训中学师资,招收本省知识青年 40 名(中文、数学、物理、化学各 10 名)。这些工农兵学员毕业后全部分配到西藏工作。

这一时期,在高等教育要"开门办学"的口号和政策主导下,扬州师范学院组织师生分批到江苏海安角斜等公社(乡镇)、中学、厂矿学农、学工,到解放军驻安徽滁县装甲兵部队、驻淮阴炮兵部队学军。同时不断请老工人、老贫农、先进模范人物来校作忆苦思甜报告、模范事迹介绍等。

1974 年至 1975 年,江苏农学院还经历了"学朝农"浪潮的冲击。辽宁农学院朝阳分院从 1972 年开始在部分专业实行"社来社去"

的办学方针,即学生由农村社队选送,毕业后仍回原社队当农民;教学方式强调"从农业需要出发"实行"几上几下"。《光明日报》在1973年底对"朝农经验"进行了初步宣传报道。1975年4月,国务院批转教育部《关于推广辽宁朝阳农学院经验和有关政策问题的请示报告》,要求各地认真执行毛泽东关于教育革命的指示,学习"朝农经验"。由此,"学朝农"活动广泛推行。先是在1975年3月,江苏省教育局要求江苏农学院搬迁到农村去办学,并要派出力量支援镇江、淮阴两地的"五七农大"。到4月下旬,江苏省委和扬州地委按教育部文件和国务院批示精神,正式宣布关于江苏农学院学"朝农经验"的决定,要求江苏农学院搬离扬州市区,到农村去办学,把农学院办成"朝农式的学校"。经过实地考察,农院最终确定以仪征青山为搬迁校址,随即开始了青山校址的基建工作。到1976年,在青山建成校舍近5000平方米,包括两幢教学楼、两幢学生宿舍楼。在此前后,农院还陆续派出教师近百人次,到苏北农村各地的20多个实践教学基点"开门办学"。

1973年12月,河南马振扶公社中学事件发生后,一股"知识越多越反动""宁要没有文化的劳动者"的歪风刮到扬州各院校,学生要求"上、管、改",学校维持正常教学秩序和教师对学生的严格要求,反而成为被批判的内容。学生考勤、考试难以进行,学校处于动荡之中。但是学校绝大多数干部、教师凭着对人民教育事业的赤诚,仍然各自坚守教学岗位和工作岗位,耐心帮助学生,使多数学生抵制错误思潮干扰,继续坚持学习,取得较好成绩。

第三节　困顿中拼搏

在"文化大革命"中,同所有知识分子一样,扬州各院校的教师遭受沉重打击,头上顶着各种政治帽子,身心备受凌辱摧残。但是,许多教师及科研人员凭着自己的良知和拳拳报国之心,仍然在逆境中奋力拼搏,用顽强意志坚持或恢复中断了的科研工作,并在教学、科研及科技推广方面取得了若干成果。

"文化大革命"开始后,扬州各院校只有少部分科研项目能勉强坚持进行。苏北农学院直到 1971 年以后,科研工作才逐步恢复并有所发展。1972 年 5 月,江苏农学院科研部门为了掌握科技动态,组织部分专家和教授翻译科研外文资料 100 余万字,译稿大部分打印成册;随后又对全院有成果的研究课题逐个进行总结,并将总结的材料汇编成科技简报,和译文一同发送到全国各地的 100 多个有关高校和科研单位,进行交流。在这前后,机电系受原扬州地区有关部门委托,为泰兴马甸翻水站进行泵站模型试验结果正式鉴定。这是由冯汉民老师指导和组织的江苏第一个泵站试验台,它的建设成功,为相关专业的实践教学和科学研究创造了有利条件。接着,机电系又受省水利局委托,编写《小型机电排灌配套手册》,该书由冯汉民老师任主编,于 1976 年 7 月完稿出版。

1972 年 7 月,江苏农学院承担了省教育局下达的为坦桑尼亚农村编写教材的任务,经过 6 个多月的努力,9 门课程共 170 多万字的初稿全部完成。1974 年 2 月,机电系开展了"江都提水枢纽工程"的总体模型试验,为教学与科研相结合创出新路子,美国、墨西哥、意大利、巴基斯坦等国家代表团参观后,给予了较好的评价。同年 5 月,为解决江水东调问题,开发江苏海涂垦区,机电系受省水利厅委托进行泰州泵站蘑菇型双向流道试验,取得较好进展,受到上级有关部门的肯定,当时该型式试验在国内尚属首次。1976 年,江苏农学院共承担科研课题 150 余项,其中协作课题占 45% 左右。由于广大教师克服重重困难,顶住压力,坚持科研工作,"文化大革命" 10 年中,共取得科研成果 43 项。

师范学院的一批教师克服重重困难,在极其艰难的环境下坚持科学研究,并取得一定成绩。祁龙威老师致力于太平天国史的研究,他编注的《洪秀全选集》和《洪仁玕选集》,先后由中华书局出版。他还发表了《试论李秀成》《沙俄武装干涉太平天国革命的罪证》等一系列重要论文。朱宗宙老师参加中华地图学社出版的《中国历史地图》的编绘工作,绘制了蒙古地区图幅。此外,一部分从事历史教学的老师还选辑世界古代及中世纪部分的历史资料计 40 万字,编印成册。中文系教师编选的《鲁迅作品选读》《红楼梦研究参考资料选编》等书,获得多方好评。周而琨老师参加了《外国文学简编》《外国文学》两书的编著工作,撰写了关于莫里哀、法捷耶夫等章节。数学系蒋声老师先后发表了《引力规范理论的无挠真空解》《杨振宁方程的一些严密解》《卡样板角度的计算》《有关车多边形夹具的数学问题》《地质勘探中的一个数学问题》等论文,在国内数学界产生一定影响。邱贤忠老师发表《从平面几何课本中的一个习题试谈逆命题制作法》等论文,林子炳等老师翻译了《四十年来的苏联数学》,这些均反映了他们在各自的研究领域内所取得的成绩。1975 年,师范学院还承担了《汉语大词典》的分工编写任务,编写组由孙达伍任组长,赵继武教授任副组长,成员有王善业、李光信等 8 人。被迫于"文化大革命"中停刊的《扬州师范学院学报》,在毛泽东发出关于出版工作指示后的 1974 年 2 月复刊。

在科技推广方面,农学院农学系和畜牧兽医系的《紫云英北移研究》(与淮阴、盐城农科所合作)、《新扬州鸡选育》《糯稻新品种选育》《12 种新农药药效、毒力研究》和《江苏省主要土壤营养诊断》等研究成果,经过推广和应用,都取得了较好的经济效益和社会效益。此外,许多教师还针对农业生产中提出的实际问题,主动承担了一些研究课题,如《扬麦1号丰产试验》《猪6号病防治》等,都在生产上取得了显著成效。师范学院数学系秦景明老师等致力于研究"正交试验设计",并将成果应用于扬州制药厂、泰县光华针织厂等企业的生产实践,大大提高了生产效率和工艺水平。在扬州地区计委科技组的支持下,"农用正交试验设计"在农业生产上获得推广应用,取得了较好的效果,他们编写的《正交试验设计》《正交试验设计问答》《农业正交试验设计法》等书,先后由扬州地区科技组和江苏人民出版社印行、出版。物理系工厂1974年研制示波管和示波器取得显著进展,省革委会批拨试制经费7万元,1975年底生产示波器样品,1976年转入示波器的试制工作,是年5月份制成示波器样机,送省局鉴定。化学系标准电池的研制和生产取得突破性成果,1971年开始进行标准电池的小批量生产,完成了省机电局下达的3200只标准电池的生产任务。1972年正式筹办化学系实验工厂,接受国家计量科学研究院定货,提供"年稳性0.1微伏的高精密标准电池"。经长期考核,其电动势稳定性已超过当时由苏联提供的国家基准电池。1975年生产的电池中,有1组被中国计量科学院选送给西德国家技术物理实验室,测量记录表明,电池电动势稳定性优于1微伏。

1970年2月,扬州卫生学校与扬州专区有关方面联合举办"中草药新医疗法"展览会,历时半年,获得较好的社会反响。

同年,扬州水利学校实习工厂生产的定型出口产品A65型螺杆式启闭机,销往尼日利亚、尼日尔、坦桑尼亚、苏丹、索马里、赞比亚、刚果、多哥、贝宁等国,极受欢迎。1975年9月,根据水利电力部、省水电局通知,扬州水利学校和省水利工程总队各抽调50人组成测量队,支援河南灾区的水利修复工程。测量队由金璧带队,在河南灾区工作达4个月,出色完成了任务。

事实证明,扬州各院校的党组织和绝大多数党员、师生员工,经受住了"文化大革命"的严峻考验,他们是拥护党、热爱祖国、拥护社会主义的,他们忠诚于党和人民的教育事业,历尽磨难,痴心不改,任劳任怨地坚守在自己的岗位上,盼望动乱的平息,期待春天的到来。这是在结束"文化大革命"之后,学校教育教学和各项工作能很快得到恢复和发展的重要基础。

第八章　改革开放中稳步前进

"文化大革命"结束后,全国教育战线按照党中央的统一部署进行全面拨乱反正,清理"左"倾错误思想,整顿教学秩序,恢复中断十年的高考制度,倡导尊师重教,提出了教育应优先发展和"科教兴国",以及教育要"面向现代化、面向世界、面向未来"的战略思想。在这一宏观的历史背景下,扬州各高校认真贯彻中央"调整、改革、整顿、提高"的方针,在整顿和恢复中,学校事业发展开始一步一步地走上了正确的轨道。

第一节　推进党建和思想政治工作

一、加强党的建设

党的十一届三中全会召开以后,各高校党组织根据全会精神,按照实事求是的态度,妥善处理"文化大革命"遗留问题,贯彻落实党的知识分子政策,坚持以教学为中心,不断加强党建和思想政治工作,并以此为统领,推进各项工作的有序开展。

各校充分发挥党组织的战斗堡垒作用和党员的先锋模范作用,组织党员学习《中共中央关于建国以来党的若干历史问题的决议》《中共中央关于加强高等学校党的建设的通知》等文件精神,为全面整党打下坚实的思想基础。从 1985 年初开始到 1986 年初,各校普遍开展了整党活动,出台了《关于建立、健全组织生活制度的决定》《关于纠正不正之风的决定》等文件,通过整党,广大党员增强了共产主义信念,提高了为人民服务的自觉性,在思想、作风、纪律、组织等方面,都比整党前有了进步,党组织的战斗力得到加强,党委成为领导学校事业的核心,为学校的改革和发展提供了坚强的政治保证。

在江苏省委以及扬州地委、市委的领导下,各校党委领导班子不断健全,党的组织建设不断增强。此外,各校还建立健全了必要的党委工作例会制度和行政办公制度,定期研究党的建设和学校发展的大政方针,检查各阶段工作计划的完成情况,及时解决各种问题。加强领导班子思想作风建设,增强领导班子坚定执行党的路线、方针、政策的自觉性。对全校中层干部的德、能、勤、绩进行认真的考察,及时调整和充实干部队伍,并建立后备干部队伍。坚持党员教育的正常化,不断提高党员的政治素质。加强党风党纪教育,促进党风廉政建设。加强党支部建设,充分发挥支部战斗堡垒作用和党员的先锋模范作用。党的建设取得显著效果,保证了学校各项事业的健康发展。

二、改进思想政治工作

各校高度重视教职工和大学生的思想政治工作,将改进教职工和学生思想政治工作列入党委重要议事日程,鼓励全体教职工开展教书育人、管理育人、服务育人活动;相继成立学生工作领导小组,充实和配备学生工作干部队伍。成立思想政治教育研究机构,开展思想政治工作研讨活动。

1980年8月,江苏省委召开全省高校党委书记会议。会议学习了中央书记处讨论教育工作问题的指示,讨论了新时期学校思想政治工作任务、重视政工队伍的整顿与建设、加强知识分子工作、改善党的领导以及加强党的建设等方面的问题。1984年9月,省委高教工委和省高教局党组联合发出《关于加强和改善高等学校思想政治工作的意见》，各校进行了认真学习，并对贯彻会议和文件精神提出了要求。组织党员、干部、教职工和学生学习中共中央《关于教育体制改革的决定》、中共中央《关于当前反对资产阶级自由化若干问题的通知》以及党的十二大、十三大有关会议和文件精神，积极开展理想信念教育、纪律教育、反"和平演变"教育和中国国情与社会主义教育等，使广大师生进一步加深了对党的基本路线的理解，增强了执行党的路线、方针、政策的自觉性和坚定性。

1981年后，各校先后在学生中开展"学雷锋、树新风""学雷锋、创三好""五讲四美"等精神文明建设活动，在教职工中持续开展"五讲四美、为人师表"活动，涌现出一批又一批先进集体和先进个人，有不少教师被评为江苏省优秀教师、江苏省优秀教育工作者，很多学生被评为江苏省"新长征突击手"、江苏省"三好学生"。各校还根据大学生的特点，对思想政治教育从内容到形式进行了一些改革。在内容上，除了正常的政策、时事、德育、法制等教育外，增加了美育等有益于大学生身心健康的内容；在形式上，尽量减少集中型政治活动，尽可能让学生多接受主动式教育或自我教育，以开设讲座，举办演讲、知识竞赛，组织讨论，建立社团等形式，寓政治教育于知识教育之中，集政治性、知识性、科学性和趣味性为一体，收到了很好的效果。

1986年1月，针对社会上出现的资产阶级自由化倾向，根据上级的指示精神，各校相继有计划有目的地开展了"四个坚持"的教育，使师生员工增强了党性观念和组织纪律性。1989年春夏之交发生的政治风波同样波及扬州，对扬州高校的少数师生影响较大。各高校党委旗帜鲜明地坚持四项基本原则，除对少部分师生进行严肃教育外，对绝大多数师生进行了深入细致的思想政治工作，通过积极疏导、说服，使校园逐步恢复到平静的学习和生活状态。同年秋，根据全国和全省高校工作会议的统一部署，对学生集中进行了形势与政策教育。针对部分师生的模糊认识和少数人的对立情绪，组织全体师生学习党的十三届四中全会文件以及中央领导的有关报告和讲话，引导师生正确认识这场政治风波的性质、事实真相以及党中央做出的果断决策，保持了校园的安全和稳定。

在此期间，各校还高度重视思政工作队伍建设，相继成立了学生工作领导小组，实行班主任工作制度、辅导员制度，采用多种形式对现有政工人员进行培训，提高他们的政治素质和工作能力。召开思想政治工作经验交流会，由各系科从不同侧面，分别介绍在教职工和学生中开展思想工作的经验和做法，并专题研究在改革的新形势下思想政治工作的特点、方法及政工队伍的建设等问题。另外，还成立了思想政治教育研究会，组织开展思想政治工作研究，探索思想政治工作的规律和方法，不断提升思想政治工作水平。

第二节　调整充实领导班子

一、党委领导班子的调整充实

在教育战线拨乱反正的过程中，扬州高校党委领导班子逐步进行了调整和充实。扬州师范学院原党委书记杨巩于 1977 年 9 月调出后，1978 年 1 月，江苏省委决定任命成克坚为扬州师范学院党委书记、院革委会主任。1979 年 3 月，江苏省委决定任命孙桂儒为扬州师范学院党委副书记，路本全为扬州师范学院党委副书记、副院长。1980 年 5 月，扬州师范学院党委建立纪律检查委员会，由党委常委、副院长程熙兼任纪委书记。1981 年 6 月，江苏省委决定任命顾材民为扬州师范学院党委副书记。1983 年 8 月，江苏省委决定，顾崇仁任扬州师范学院代理党委书记，盛浩良任党委副书记，顾材民任纪委书记，成克坚任顾问。1983 年 11 月，江苏省委组字（83）626 号通知，接中共中央宣传部任字 139 号通知,顾崇仁同志任扬州师范学院党委书记。

1979 年 11 月,江苏省委决定,谢邦佐、杨健民、章干全任江苏农学院党委副书记,谢邦佐主持党委工作。1981 年 2 月,经江苏省委批准,江苏农学院党委建立纪律检查委员会,由党委副书记章干全兼任纪委书记;同年 11 月,经江苏省委批准,梁隆圣任江苏农学院党委副书记。党委下设 10 个党总支委员会和 2 个直属党支部。1983 年 9 月,江苏省委决定,江苏农学院党委会暂由梁隆圣、傅忠仁、卞正中 3 人组成,梁隆圣任代书记,傅忠仁任纪委书记,免去谢邦佐、杨健民、章干全党委副书记职务。同年 11 月,江苏省委决定,梁隆圣任江苏农学院党委书记。

1980 年 1 月 8 日,江苏省高教局下发《关于成立扬州工专筹建处的通知》;3 月,扬州地委下发《关于成立中共扬州工专筹建处临时党总支委员会的通知》,张渤如、王焯分别任总支书记、副书记。1981 年 8 月,国务院批准恢复扬州工业专科学校,扬州地委研究决定,将该校临时总支委员会升格为中共扬州工业专科学校委员会。1982 年 12 月,江苏省委决定,冯霖任扬州工业专科学校党委书记,张道周任党委副书记、副校长。党委下设 6 个党总支委员会。1986 年 9 月,扬州市委决定,薛钜任扬州工业专科学校委员会党委副书记,免去冯霖党委书记职务;免去张道周党委副书记职务,任命陈永俊为扬州工业专科学校纪委书记。1987 年 7 月,江苏省委决定,叶杏生任扬州工业专科学校党委书记;扬州工业专科学校升格为扬州工学院后,1988 年 8 月,叶杏生担任扬州工学院党委书记,顾宸任副书记;1991 年 11 月,叶杏生调离扬州工学院,由刘炳坤接任党委书记。

1978 年 12 月,经国务院批准,重新成立扬州医学专科学校,1980 年 1 月成立校党委会,吴越任书记,韩云、钟万彬任副书记,党委下设 5 个总支委员会。1983 年 12 月，陆以和任扬州医学专科学校党委书记，毛颖任副书记；1984 年 7 月，经教育部批准，扬州医学专科学校升格为扬州医学院；1984 年 11 月，江苏省委决定，陆以和任扬州医学院党委副书记（主持工作），高信华任副书记兼纪委书记；1988 年 8 月，江苏省委决定，高信华任扬州医学院党委书记，陆以和任副书记兼纪委书记。

党的十一届三中全会以后，江苏水专创办人之一、老校长金左同重返学校主持工作。1979 年 8 月，江苏省委组织部印发关于同意建立扬州水利学校党委会及金左同等同志任职的批复，同意建立扬州水利学校党委，由金左同同志任党委书记，于建华、周洁学任副书记。1982 年 9 月，经扬州地委同意，中共扬州水利学校委员会改选后，由金左同同志任党委书记，何开选、周洁学同志任党委副书记。1984 年 2 月，江苏省水利厅党组任命金左同同志为扬州水利学校党委书记，免去其扬州水利学校校长职务。1984 年 4 月，江苏省人民政府批复，建立江苏水利工程专科学校；从中专过渡到大专后，学校建立了党委和纪委；1986 年 10 月，江苏省水利厅党组研究决定，何开选同志任江苏水利工程专科学校党委副书记。1989 年 9 月，江苏水利工程专科学校召开第一次党代会后，何开选同志任党委书记，郭永年同志任党委副书记，盛金如同志任党委副书记兼纪委书记。1991 年 8 月，扬州市委研究决定，朱志明同志任中共江苏水利工程专科学校纪律检查委员会书记，免去盛金如同志兼任的纪委书记职务。

1979 年春，江苏省政府决定并报请国务院批准，恢复南京商业专科学校，并更名为"江苏商业专科学校"。校长由省商业厅厅长王长友同志兼任，夏云任副校长兼党支部书记。1981 年 11 月，江苏省政府批准江苏商业专科学校迁址扬州。1982 年 2 月，与原驻扬的江苏省商业学校合并建校。1982 年 8 月 28 日，江苏省委批复，陈同高同志任江苏商业专科学校校长、党委副书记;梁公美同志、郭兴华同志任江苏商业专科学校副校长。10月13日,扬州地委批复,建立中国共产党江苏商业专科学校临时委员会,由陈同高、梁公美、郭兴华三同志组成,陈同高同志任党委副书记;撤销中共江苏省商业学校总支部委员会。1983年6月11日,江苏省商业厅党组通知:经省委决定,顾坚同志任江苏商业专科学校党委副书记。1984年10月13日,经省委同意,陈同高同志任江苏商业专科学校党委书记;顾坚同志任江苏商业专科学校校长;刘传桂、杨敬亭同志任江苏商业专科学校副校长。10月29日,扬州市委通知,经研究决定,中共江苏商业专科学校委员会由陈同高、顾坚、刘传桂、杨敬亭4同志组成,陈同高同志任书记。江苏商专党委下设9个党总支(支部)。1986年9月26日,江苏省商业厅党组研究决定,孙鸿才同志任江苏商业专科学校党委副书记。

20世纪70年代末至合并办学初扬州高校党委书记任职情况见表九。

表九　20世纪70年末代至合并办学初扬州高校党委书记任职情况

单位	姓名	职务	任职时间	备注
扬州师范学院	成克坚	书记	1978.1—1983.8	
扬州师范学院	顾崇仁	书记	1983.8—1994.8	1983年8月任代理书记,1983年11月任书记
江苏农学院	谢邦佐	副书记	1979.11—1983.9	主持工作
江苏农学院	梁隆圣	代书记	1983.9—1983.11	
江苏农学院	梁隆圣	书记	1983.11—1996.6	
扬州工业专科学校	张渤如	书记	1980.3—1982.12	1980年3月任临时党总支书记,1981年8月,升格为党委

（续表）

单位	姓名	职务	任职时间	备注
扬州工业专科学校	冯 霖	书记	1983.1—1986.9	
扬州工业专科学校	薛 钜	副书记	1986.9—1987.7	主持工作
扬州工业专科学校	叶杏生	书记	1987.7—1988.8	
扬州工学院	叶杏生	书记	1988.8—1991.11	
扬州工学院	刘炳坤	书记	1991.11—1996.12	
扬州医学专科学校	吴 越	书记	1980.1—1983.12	
扬州医学专科学校	陆以和	书记	1983.12—1984.11	
扬州医学院	陆以和	副书记	1984.11—1988.8	主持工作
扬州医学院	高信华	书记	1988.8—1995.10	
江苏省扬州水利学校	金左同	书记	1979.8—1985.12	1984 年 4 月，成立江苏水利工程专科学校
江苏水利工程专科学校	何开选	副书记	1986.10—1989.8	主持工作
江苏水利工程专科学校	何开选	书记	1989.9—1997.6	
江苏商业专科学校	顾 坚	副书记	1983.6—1984.10	主持工作
江苏商业专科学校	陈同高	书记	1984.10—1993.2	
江苏商业专科学校	杨敬亭	副书记	1993.2—1993.5	主持工作
江苏商业专科学校	杨敬亭	书记	1993.5—1998.5	

二、党代会和党员大会的召开

党的代表大会是选举产生同级党委的最高权力机构，是发扬民主、总结工作、规划未来、推动学校事业发展的有效途径。扬州高校根据党章的要求先后召开了党代会和党员大会，其中，届数最多的是扬州师范学院。

1984 年 6 月，扬州师范学院召开第六次党代会，选举产生新一届党委会和纪委会。顾崇仁等 5 人当选为党委常委，顾崇仁为党委书记，盛浩良为副书记；顾材民等 9 人组成纪委会，顾材民任纪委书记。1988 年 1 月,扬州师范学院召开第七次党代会,选举产生党委会和纪委会。顾崇仁等 5 人组成党委常委会,顾崇仁为党委书记;张振清等 7 人组成纪委会,张振清任纪委书记。1991 年 11 月,扬州师范学院党委召开第八次党代会。与会代表根据党对干部的"四化"要求,选举产生新一届党委会和纪委会。顾崇仁等 7 人组成党委常委会,顾崇仁任党委书记;张振清等 7 人组成纪委会,张振清任纪委书记。

江苏农学院各届党代会的间隔时间比较长,1962 年 10 月召开第二次党代会,1984 年 6 月,召开第三次党代会,中间相隔 22 年。第三次党代会选举产生新一届党委会和首届纪律检查委员会。党委常委会由梁隆圣等 5 人组成,梁隆圣为党委书记;纪委会由傅忠仁等 9 人组成,傅忠仁为纪委书记。1988 年 12 月,江苏农学院召开第四次党代会和第二届纪律检查委员会议,选举产生新一届党委会和纪委会。党委常委由梁隆圣等 5 人组成,梁隆圣任党委书记;第二届纪委会由张耀宗等 7 人组成,张耀宗任纪委书记。

1983 年 1 月,扬州工业专科学校召开党员大会,选举产生学校新一届党委会和纪委会,冯霖任党委书记,张道周任党委副书记兼纪委书记。

1989 年 9 月,江苏水专召开第一次党员大会,选举产生江苏水专第一届党委会和纪委会,何开选任党委书记,郭永年、盛金如任党委副书记,盛金如同时兼任纪委书记。

扬州医学院和江苏商专党委也非常重视党的组织建设,如医学院党委先后建立机关、医学系、中医系、基础部 4 个党总支以及 9 个基层党支部,并坚持党总支、党支部两年改选一次的制度。江苏商专党委也根据专业、系科的变化,及时调整了相关党总支和党支部的设置。

党代会的召开和党组织建设的加强,保证了党在学校的核心地位和领导作用的发挥以及各项任务的完成,有力地推动了学校事业不断向前发展。

三、行政领导机构的建立健全

高等学校的行政管理,是在党的教育方针指导下,围绕学校的人才培养、科学研究和社会服务而展开的综合性管理。其体制机制包括行政机构的设置、增减,有关会议(院务委员会、行政办公会、院联席会)制度的建立,以及人事管理、后勤保障、财务工作、各种法规、章程、制度的制定和实施等,以保证学校行政系统各项工作的顺利开展。

十年"文革"浩劫,使扬州高等教育事业受到了很大干扰和严重破坏。粉碎"四人帮"后,在党中央的统一部署下,扬州各高校在抓好党的领导和组织机构建设的同时,各院校根据自己的办学规模和所承担的任务对行政领导和机构设置也相应进行了调整和充实,进一步完善了行政和教学机构。

20 世纪 70 年代末至合并办学初扬州高校院(校)长任职情况见表十。

表十　20 世纪 70 年代末至合并办学初扬州高校院(校)长任职情况

单位	姓名	职务	任职时间	备注
扬州师范学院	成克坚	院长	1979.4—1983.8	1978 年 1 月至 1979 年 3 月,任院革委会主任
扬州师范学院	吴骧陶	院长	1983.8—1993.5	1983 年 8 月代理院长;1983 年 11 月院长
江苏农学院	谢邦佐	副院长	1979.11—1982.7	1982 年 7 月前主持工作;副院长任至 1983 年 9 月
江苏农学院	凌启鸿	院长	1982.7—1983.3	1983 年 3 月调任江苏省副省长

（续表）

单位	姓名	职务	任职时间	备注
江苏农学院	朱堃熹	院长	1983.9—1988.8	1983年9月任代理院长,1983年11月任院长
江苏农学院	羊锦忠	院长	1988.8—1996.6	
扬州工业专科学校	张渤如	代校长	1981.8—1983.1	
扬州工业专科学校	徐玉宝	校长	1983.1—1988.8	
扬州工学院	刘炳坤	院长	1988.8—1996.12	
扬州医学专科学校	吴越	校长	1980.6—1983.12	
扬州医学专科学校	姚军	副校长	1983.12—1984.7	主持工作
扬州医学院	李清璧	院长	1984.7—1987.8	
扬州医学院	高信华	副院长	1987.9—1988.9	主持工作
扬州医学院	王勇	院长	1988.9—1996.6	
江苏省扬州水利学校	金左同	校长	1979.2—1984.2	1984年2月,改任扬州水利学校党委书记
江苏水利工程专科学校	郭永年	校长	1984.2—1997.6	1984年4月前,任扬州水利学校校长
江苏商业专科学校	王长友	校长	1979.4—1982.8	
江苏商业专科学校	陈同高	校长	1982.8—1984.10	
江苏商业专科学校	顾坚	校长	1984.10—1991.1	
江苏商业专科学校	刘传桂	副校长	1991.1—1993.2	主持工作
江苏商业专科学校	杨家栋	副校长	1993.2—1993.5	主持工作
江苏商业专科学校	杨家栋	校长	1993.5—1995.5	

通过整顿和恢复,扬州高校各项工作逐步走上轨道,办学规模日益扩大,行政管理系统不断完善。为使行政领导能集中精力抓好教学科研和人才培养工作,江苏农学院还强调要求党政领导不交叉兼职,分工到位,职责明确,有力地推动了学校教学科研工作的开展。

随着改革开放的不断深入,扬州高校办学规模越来越大,前进的步伐越迈越快。院（校）长们为了及时了解情况,尽快解决和处理学校事业发展中出现的新情况新问题,更好地协调和服务教学、科研和行政管理方面的工作,通过不断探索实践,开始建立有效的会议制度。

一是院(校)行政会议。这是行政院(校)长在党委的领导下,为贯彻党委工作意见而建立的一种会议形式。其任务是在院(校)长主持下召开的院(校)系及机关行政负责人参加的各种会议。通过召开会议的方法,贯彻党委的意图,协调部门之间的关系,统一认识,充分发挥各级行政组织的作用,以保证行政系统各项工作的开展。

二是院(校)联席会议。1983—1984年间,中共江苏省委对扬州省属高校的领导班子,按照干部"四化"的要求,先后进行了调整。新组成的领导集体,根据中央组织部和教育部《关于加强高等学校领导班子建设》的通知精神,做到党政干部分工明确,正副书记、正副院(校)长之间互不兼职。为使党政两条线的工作相互了解,紧密配合,凡带全局性的决策、科级以上干部的任免事项、机构增减、师资队伍建设、科研规划以及处理重大事件的方针、政策、原则等,均提交党委常委会或院(校)长联席会议讨论研究,统一思想,统一做法。凡会议形成的决定和意见,按照党政系统,分头贯彻落实,以推动学校各项事业的开展。

三是院(校)长办公会议。为精简会议、互通情报,在正、副院(校)长人数较少的情况下,为适应工作需要,扬州高校先后建立了院(校)长办公会议〔也称"院(校)行政领导碰头会议"〕制度。在通常情况下,每周举行一次,由院(校)长主持,或院(校)长委托副职主持。按照分工范围,交换工作的进展情况、工作中遇到的问题以及解决问题的办法和建议。然后,院(校)长根据大家的意见,对照学期工作的整个部署和一个阶段的工作要求,组织讨论和研究。在统一认识的基础上,提出下一步的工作要求。对不能解决的,或需要党委系统支持和配合的问题,再提交"联席会"或学校党委会讨论。

第三节　落实知识分子政策

一、平反冤假错案

从 1958 年"大跃进"开始，党内"左"倾指导思想反复出现，特别是"文化大革命"中，制造了很多冤假错案，伤害了不少知识分子。1978 年底，中共十一届三中全会胜利召开，结束了"以阶级斗争为纲"的极"左"错误路线，教育战线开始全面拨乱反正。根据这一形势，扬州各高校党组织及时组织学习中央有关文件，深刻理解拨乱反正、平反冤假错案的重大意义，并采取积极措施，认真落实知识分子政策的工作。

首先，统一领导，认真落实。1979 年初，扬州各高校都成立了落实知识分子政策办公室，由一名副书记分管这项工作。党委把复查、落实政策工作列入学校的重要议事日程，经常督促检查。在审批结论时，认真审阅各种材料，严格把好政策关。1982 年全国知识分子工作大检查后，各高校党委每年都进行一次知识分子工作的检查，发现问题及时解决。到 1985 年整党时，党委又把清除"左"的影响、落实好知识分子政策作为党组织和党员对照检查、边整边改的重要内容。

第二，有错必纠，实事求是。各高校党委认真组织落实知识分子政策的工作人员反复学习中央的有关文件，深刻领会文件的精神实质和中央的政策要求，使大家在落实知识分子政策工作中自觉坚持实事求是的原则。工作人员根据"有错必纠、有反必平"的精神，提出：不管是哪个人、哪一级组织定的案，只要是错误的，就彻底改正过来，决不含糊。工作人员认真细致地清理各类文书档案，将所有处理、处分的材料都认真审阅，凡发现材料不实之处或处理不当的，不论本人或家属申诉与否，都一一立案复查。

党的十二大以后，各高校又根据中央指示精神，对已经复查处理过的案件都实行"回头看看"，如发现有不符合政策的地方或落实政策不彻底的情况，立即纠正过来，重做结论。到1986年底，各高校按照上级的部署和要求，基本上完成了任务，落实政策工作遂告结束。

二、尊师重教

扬州各高校在落实知识分子政策的同时，积极改善广大教师的工作、学习和生活条件，优先解决老年和部分中年教师的住房问题、夫妻两地分居问题以及部分教师家属农村户口转为城镇户口问题等，定期组织教职工进行体检，努力做到政治上一视同仁，工作上放手使用，生活上关心照顾。各校还特别注重提高知识分子的政治地位和社会地位，十分重视发展知识分子入党，解决了一个时期以来知识分子入党难的问题，实现了他们多年来的政治愿望。在这一时期，扬州各高校先后有不少原来是普通教师的正、副教授被提拔为正、副院（校）长。1983年3月，担任江苏农学院院长的凌启鸿教授当选为江苏省副省长。经学校推荐和政府批准，先后受到国家、部省级表彰和奖励的教师有60余人次，其中有全国"人民教师"奖章获得者，有全国五一劳动奖章获得者，有全国三八红旗手奖章获得者，有全国"有突出贡献的中青年专家"和全国"优秀教育工作者"等，他们在为国家作出重要贡献的同时，也为学校争得了荣誉。此外，在这一时期，扬州各高校的教师进入国家和省市参政、议政的人数也越来越多，有2人当选为全国人大代表，10人当选为省人大代表，18人当选为市人大代表；1人当选为全国政协委员，13人当选为省政协委员，53人当选为市政协委员。他们积极参政议政，在国家政治生活中充分发挥了智囊团成员的作用。

第四节 整顿恢复教学秩序

1978年4月22日,邓小平在全国教育工作会议开幕式上发表重要讲话,系统阐述了党的教育方针政策,强调要提高教育质量和科学文化教学水平,教育事业必须与国民经济发展的要求相适应,全社会要提倡尊师重教,以为国家培养更多的德智体全面发展、有社会主义觉悟、有文化的劳动者,并要求高等学校在拨乱反正中,通过整顿和恢复教育秩序,使学校工作逐步走向正常。在这一精神指引下,扬州省属各高校都积极进行教育教学改革,努力提高教学质量。

一、修订教学计划

教学计划是学校组织和管理教育教学工作的纲领性文件,是实现人才培养目标和基本要求的实施方案,也是学校保证教学质量的基本教学文件,对提高教学质量意义重大。扬州师范学院和江苏农学院在1977年秋季恢复统一招生后,由于时间紧促,准备工作还没有全部启动,因而使用的教学大纲和计划,都是参照"文化大革命"前有关专业的教学大纲和计划制订的,时间分配、课程设置、教学环节的安排与"文革"前没有多大变化。如扬州师范学院教学计划中课程设置主要有以下几类:(1)政治理论课程,包括中共党史、哲学、政治经济学、国际共运史等;(2)教育理论课程,包括心理学、教育学、各科教学法等;(3)专业课程,包括各专业科目及与之相邻相关的科目;(4)其他公共课程,包括外语和体育。在时间安排上,本科教学计划4年共208周,其中寒暑假28周,教学科研活动146周,集体生产劳动、军训、教育实习34周。这一时期的教学计划继续贯彻以教学为主的原则,重视基础知识和基本理论教学,重视学科基本技能和教育基本技能训练。

1980年4月，教育部召开了全国教育工作会议。为了贯彻落实会议精神，努力把高校学生培养成适应新时期要求的"又红又专"的高质量的专门人才，扬州各高校在调查研究的基础上，对各专业的教学计划进行了全面的调整和修订。新修订的教学计划，根据培养目标的要求和循序渐进的原则安排课程，坚持德、智、体全面发展，并注重突出主干课程。专业课与公共必修课的时数之比，文科约为7∶3，理科约为3∶1。上课与自学时数之比，低年级约为1∶1，高年级约为1∶1.5。理科有关专业注重加强实验教学。一些实践性较强的课程，讲授与实验时数的比例一般都达到1∶1。针对理工科学生入学前语文水平稍差的情况，有些专业特别是工科和农业院校还增开了"大学语文"课程。在各专业调整和新修订的教学计划中，开设了不少选修课，拓宽学生的知识视野，帮助学生了解和掌握本学科的最新成就，以提高培养人才的质量。有的专业计划中还列入了科研训练的内容，时间一般为6周左右，都为集中进行，与撰写毕业论文相结合。在实践环节上，包括教育实习5周、生产实习6周、军训2周等。当然，这些计划仍有不少地方需要调整，如教学时数过多，学生自学偏少，课程设置不够突出本院校的特点，特别是实习时间少了些，不利于学生动手能力和适应能力的培养及锻炼。

1983年后，扬州各高校对教学计划又进行了一次比较大的修订。扬州师范学院在修改教学计划时，注意与中等教育结构改革相适应。有的系科还深入到苏北地区的一些中学和教育行政部门进行调查，召开不同类型人员的座谈会，了解中等教育结构改革的发展趋势，听取他们对高师教育计划的意见。然后，把收集来的意见和建议进行分析研究，对教学计划进行认真细致的修改。修改后的教学计划适当地调整了各门课程的教学时数，尽量控制课时总量，以解决学生学习负担过重的问题。数、理、化三个系科,总学时数都控制在 2600—2800,外语、体育专业控制在 3000 左右。在修改计划时,强调了师范院校的特点,坚持面向中学,使之适应中等教育改革的需要。新修订的教学计划还加强了教育学科的教学。把教育学由原来的 54 学时,增加到 72 学时。文科专业的心理学,由原来的 36 学时增加到 54 学时。不少专业教学法课程的学时,也作了适当的增加。教学实习由 5 周增加到 6 周。同时,配合中等教育结构的改革,使培养的人才不仅能从事普通中学的教学,而且能适应职业中学的教学,拓展了师范院校毕业生分配的去向。有的高校在高年级还有目的地增开了应用性的选修课和选修课系列。学生可以结合自己的志趣,选学有关课程,以便毕业分配时有更强的社会适应性。为了提高学生的政治素质和道德水平,修订后的教学计划都增开了德育课,同时还增加了教学实习,以培养学生的动手能力。

江苏农学院在恢复统一招生后的两年内,各专业的教学计划相继制订完毕。以后,在教学实践中又根据现代农业建设的需要,结合本院的特点,对教学大纲和教学计划进行了多次修改和调整,增加了学生的自学时间,把原来 3000 左右的总学时压缩到 2600 学时左右,减少了必修课,增加了选修课,把自学时间数提高到总学时数的 15%。加强了基础理论教学,增加了教学实习、生产实习和毕业实习的时间及次数,恢复了毕业论文制度,以培养学生勤劳朴素的精神,以及下田下场能动手、遇到理论问题能解答的适应能力。

扬州工学院根据高等工程教育规律、特点和基本原则修订教学计划,重视实践性环节和学生动手能力、创新能力的培养,压缩课内学时,将课内总学时数规定在本科 2800、专科 2100 左右。课程设置贯彻少而精及循序渐进、整体优化原则,对三年制专科加强针对性和实用性,对宽口径专业,按专业方向在各年级设置课程模块,以适应不同的社会需求。1983 年,扬州工专根据对用人单位的走访调查与分析论证,提出"挖掘潜力,开办委托代培班",在全国开辟了委托代培高级人才的新路,不仅为国家培养了人才,而且促进了自身的发展,其成果在新中国成立 35 周年成果展览会上展出,得到了国家有关部门的肯定与好评。

扬州医学院根据卫生部"对教学时数、课程设置,各校有权进行调整"的指示精神,从 1986 年起正式调整了中、西医课程比例,中医课程与西医课程的比例为 6∶4,实行集中见习制和教学评估制度,对加强学生能力培养、提高教学质量起到了积极的作用。

江苏水专在修订教学计划时,以优化应用型人才的知识能力结构为目标,摒弃各门课程自行为是的观点,强调课程体系的整体优化,注重强化应用性教学,要求实践教学的学时占总学时的 1/3 或 1/2,做到校企结合、产学结合。1990 年,江苏水专针对西藏班的学生,制定个性化的教育教学计划,首届 40 名水电站机电设备专业学员顺利完成学业。

江苏商专全面制(修)订各专业教学计划,制(修)订原则是:贯彻"三个面向"的要求,有利于"因材施教",加强实践环节。为了开阔学生视野,课程门数从 22 门增加到 30 门,另增设了 10 门选修课,学生可根据自己的兴趣任选 4 门,拓宽了学生的知识面。

二、狠抓教材建设

扬州各高校在抓教学管理,进行教学大纲、教学计划制定、修订和调整充实的同时,狠抓教材建设。从 1978 年到 1984 年的 7 年间,共新编各种教材 328 门,教学讲义和实习指导书近 300 种,参加编写的教师 500 余人次,保证了各校教学、实验和实习的正常进行。20 世纪 80 年代以来,江苏农学院参加编写全国统编教材共 50 余部,其中主编近 10 部,参加编写 40 余部;自编必修课教材 20 余部,选修课教材 30 余部。参加编写的教师 200 余人次,其中教授 15 人次,副教授 110 余人次,讲师 80 人次。各种教材,特别是自编教材中,都不同程度地增加了新的内容,反映了各学科的新成就。如在物理学方面,增加了近代物理学的内容;在植物生理方面增加了光呼吸、C3 植物和 C4 植物的光合效率及大分子化合物等内容;在遗传学方面,增加了遗传工程等内容;在有机化学方面,增加了立体异构、核酸等基本理论。这些教材,无论是内容还是形式,都比较切合我国实际情况,尤其是农业类教材,针对全国农垦系统及江苏地区农业生产的现状和特点,为高等农业教育质量的提高奠定了基础。扬州师范学院在 1983—1991 年的 9 年间,主编、参编和合作编写出版的教材 128 种(本),自编讲义和教学参考资料 95 种,保证了各学科教学的需要。扬州工学院也十分注意教材建设,教材内容由教师根据教学大纲进行精选,该校教师先后主编、协编出版了《高等数学》《机械原理》《金属切削刀具》《机床设计》《液压传动》《物理学》《互换性原理与技术测量》《电工学》和《机床夹具设计》等教材,此外,还自编了《材料力学》《建筑设计初步》《会计原理与工业会计》《管理心理学》等教材。扬州医学院部分教学经验比较丰富又有较好学术水平的教师,积极参加协作教材和专著的编写,到 1990 年底,共撰写教学用书和参编教材 30 余种。江苏水专的教师根据水利类专业教学的特点,主编、参编和主审了全国高等学校统编教材 46 种,被评为部级优秀教材和优秀出版物的有 5 种,自编教材 43 种,科技参考书 20 余种。江苏商专的教师,特别是老教师,教学经验丰富,理论和实践结合紧密,他们通过艰苦努力,截至 1992 年,先后主编具有商业教学特点的教材 43 部,参编教材 67 种,保证各门课程教学顺利进行。"烹饪"和"工商行政管理"系列教材更是填补了国内空白,为全国很多高校所采用。

三、调整专业设置

党的十一届三中全会后,扬州高校根据社会对人才的具体需求进行了专业调整。

1978 年扬州师范学院恢复历史科,并于 9 月份招收两年制专科生 72 名。1982 年,历史专科专业升为本科专业。1983 年又新增了政教专业。这两个专业先后开始招收四年制本科生。1984 年,扬州师范学院与商业部联合办学,增设经济管理和商业会计两个专业。第二年,为了适应中等教育结构改革的需要,培养职业中学师资和能兼教职业课的普通中学的师资,中文、数学、物理 3 个系分别增设了应用文书、微机应用、应用电子技术等 3 个专业。截至 1992 年底,扬州师范学院共设中文、数学、物理、化学、外语、历史、政治、体育、商业经济、商业财会、微机应用、应用电子技术、应用文书等专业 14 个,与"文革"前的专业数相比,增加了 2 倍。

1979 年 1 月,中共中央办公厅电报通知农林部党组和江苏省委:"中央同意在原校址恢复南京农学院,继续办好江苏农学院,要求做好师生员工的思想工作,尽快解决这个问题。"两校分设后,江苏农学院采取保留和调整的方法,设置了农学、土壤农化、农业机械化、畜牧、兽医、机电排灌、农田水利、植物保护、果树、蔬菜等 10 个专业,基本上保留了两校合并时的所有专业。为进一步适应经济和社会的发展,1978 年又增设了肉食品卫生专业。随着农村经济改革的深入和江苏省政府与农垦部联合办学协议的达成,办学规模不断扩大,到 1984 年又增设了农畜产品加工及贮藏、农业教育 2 个本科专业和农村建筑 1 个专科专业。针对农业科技的发展和国家现代化建设对高等农业教育的要求,江苏农学院对本科专业进行了充实和调整,在控制长线专业,加强短线专业的同时,又增设了应用性较强的 3 个专业,使学校的专业设置日趋完善。到

1992 年底,全院共有各种专业 23 个,其中本科专业 18 个,专科专业 5 个。十多年来,逐步形成了农、工、文、理门类较为齐全、结构较为合理的专业群体。

1981 年 8 月,经国务院批准,正式恢复扬州工业专科学校。当时设有机械制造、无线电技术、工业与民用建筑、供热通风等 4 个专科专业。在专科向本科迈进的过程中,学校的专业发展较快,特别是专业教学的步子迈得较大。1987 年 6 月,省教委召开"恢复扬州工学院论证会"时,与会专家一致认为:办学规模、专业设置、师资水平等条件已基本达到本科要求。同年底,国家教委正式批准成立扬州工学院。经过十多年的艰苦努力,扬州工学院的专业已经发展到十多个,即机械制造工艺与设备、热加工工艺设备、工业企业管理、建筑管理、工业企业对外贸易、工业与民用建筑工程、城镇建设、供热通风与空调工程、给水排水、无线电技术、电气技术、计算机应用、工业分析等。为了提高教学质量,学校对有关专业采取合并、改造以及增设的方法,形成了比较合理的专业结构,有效地促进了专业建设。

1979 年 1 月,经国务院批准,正式恢复扬州医学专科学校,当时设有医学、中医学两个专科专业,后又增设了卫生专业。1984 年 7 月,扬州医专升格为扬州医学院后,对专业进行了适当的调整,将医学专业改为临床医学专业,拓宽了专业的覆盖面。保留了中医学专业,撤销了卫生专业,增设了妇产科学专业(1989 年升格为本科专业),以适应社会对妇产医学人才的迫切需求。

1984 年 4 月,经江苏省政府批准,江苏水利工程专科学校正式成立。学校成立之初,设有水利工程、水利经济管理两个专业。根据学校"七五"规划发展专业的任务,1985 年增设水文与水资源、工业与民用建筑、电气技术 3 个专业。1986 年和 1989 年又分别增设了公路与桥梁和基建财务 2 个专业。1985—1988 年间，先后组织有关人员进行了两次大规模的社会调查和毕业生情况跟踪调查，进一步明确了专业设置与专业改革的具体思路。学校根据专科专业设置宽窄并举的要求，从专业岗位实际需要的知识和能力结构出发，对老专业，有的合并，有的拓宽。这一调整得到了社会用人单位的普遍欢迎。1990 年又增设了建筑装饰工程等专业。江苏水专 6 年时间增加了 7 个专业，基本实现了"将学校办成以水利工程和土木建筑为主，综合性较强的水利专科学校"的目标。

江苏商业专科学校在 1982 年迁扬办学后，进入了一个新的发展阶段。在继承和发扬传统教学的基础上，先后建立了 8 个专业，即高等烹饪工艺、中国烹饪职师、商业财务会计、商业计划统计、商业物价、商业企业管理、工商行政管理和食品工业企业管理，其中中国烹饪专业是国内同类院校中首家增设，开创了我国烹饪高等教育的先河。这些专业培养出来的学生，理论水平好，基础扎实，适应性强，深受用人单位的欢迎，使江苏商业专科学校在国内及东南亚地区享有一定的声誉。1991 年，增设了投资经济、国际贸易、制冷与空调、市场营销等专业。1992 年，又增设了餐旅管理、公关秘书、商务法律等专业。

1978 年至 1992 年的十数年中，扬州六所高校在专业调整和发展中，适应社会的发展需求，新建起了一批专业（见表十一），为社会培养了一大批紧缺人才。

表十一　1978—1992 年部分新增专业一览表

学校	年份	新增专业	备注
扬州师范学院	1983	思想政治教育	
扬州师范学院	1984	经济管理、商业会计	与商业部联办

（续表）

学校	年份	新增专业	备注
扬州师范学院	1985	应用文书、微机应用、应用电子技术	
江苏农学院	1978	肉食品卫生	
江苏农学院	1984	农畜产品加工及贮藏、农业教育、农村建筑	
江苏农学院	1985	农业建筑工程（专科）	
江苏农学院	1986	农业建筑与环境工程、淡水养殖	
扬州工业专科学校	1985	建筑管理（专科）、计算机应用（专科）	
扬州工学院	1988	工业与民用建筑工程、机械制造工艺与设备	本科首次招生
扬州工学院	1989	无线电技术	本科首次招生
扬州工学院	1990	供热通风与空调工程	本科首次招生
扬州工学院	1991	给水排水（本科）、工业分析（专科）	本科首次招生
扬州医学院	1984	妇产科学（专科）	
扬州医学院	1989	妇产科学（本科）	本科首次招生
江苏水利工程专科学校	1985	水文与水资源、工业与民用建筑、电气技术	均为专科
江苏水利工程专科学校	1986	公路与桥梁（专科）	
江苏水利工程专科学校	1989	基建财务（专科）	
江苏水利工程专科学校	1990	建筑装饰工程（专科）	
江苏商业专科学校	1983	高等烹饪工艺（专科）	
江苏商业专科学校	1986	食品工业企业管理（专科）	
江苏商业专科学校	1987	工商行政管理（专科）	
江苏商业专科学校	1991	投资经济、国际贸易、制冷与空调、市场营销	均为专科
江苏商业专科学校	1992	餐旅管理、公关秘书、商务法律	均为专科

四、规范教学管理

建立健全各种教学规章制度，进一步稳定学校教学秩序。1978 年后，扬州高校认真贯彻"全国教育工作会议精神"，通过全方位的整顿、恢复，重新建立了有关教学管理方面的一系列规章制度，彻底改变了"文化大革命"对学校造成的混乱状况，进一步稳定了教学秩序。有的专科学校，首先健全了教务系统的建制，设立了教务行政科、教学研究科、师资科等，以加强教学工作的管理。本科院校的系都恢复了教研室建制，并修订和重新制定了有关规章制度，如《教研室工作条例》《教研室主任职责》《关于学籍管理暂行规定》《关于考试、考查的暂行办法》《关于学生学习纪律的暂行规定》《关于教材管理工作的具体办法》《教务员工作职责》和《课代表的职责》等。随后，有的高校又补充制定了《学生成绩考核暂行办法》《学生奖励办法暂行规定》和《学生守则》等。扬州师范学院通过各种法规的试行和运转，教学工作很快走上了正轨，达到了"六稳定"，即稳定教学计划、稳定课程、稳定教材、稳定师资队伍、稳定考试考查制度、稳定课外时间的安排，使教学工作有章可循，教学质量稳步提高。江苏农学院针对本校的办学宗旨，努力培养学生的吃苦耐劳精神和进场下田解决实际问题的能力，还补充制定了《教学和生产实习暂行规程》《教学和实习暂行办法》《毕业实习纲要》和《生产实习奖励办法》等，以养成学生理论联系实际的学风。为了调动教书和学习两方面的积极性，提高人才培养质量，有的高校还制定了《关于改进教学方法、加强学生自学工作的决定》。所有这些，使扬州高校各项教学规章制度逐步完善，有效地促进了学校教学活动的有序运行。

第五节　深化教育体制改革

进入 20 世纪 80 年代,世界范围内的新技术革命蓬勃兴起。面对这一形势,我国教育事业的落后和教育体制的弊端更加突出。为此,1985 年 5 月 27 日,中共中央发出《关于教育体制改革的决定》。《决定》指出,教育体制改革的根本目的是提高民族素质,多出人才,出好人才。《决定》强调,要改革高等学校的招生计划和毕业分配制度,扩大高等学校办学自主权,调动各方面积极因素,使高等学校的潜力和活力得到充分的发挥。《决定》在新的历史时期为提高我国高等教育教学质量和科研水平指明了前进的方向。扬州各高校组织全体师生员工认真学习《决定》内容,深刻领会其精神实质,在提高认识的基础上,各校结合自己的办学特点,按照《决定》要求,制定了学校自身的发展规划,加快了改革步伐。

一、推进教学改革

扬州高校的教学改革,除公共课改革内容相同或相近外,专业课教学改革则紧密结合社会主义现代化建设实际和专业自身发展规律与特点进行,各有侧重。扬州师范学院在中央《决定》的精神指引下,从培养师资的要求出发,在调查研究的基础上,制定了《关于进一步加强和改进教学工作的意见》。从 1986 年开始,全院上下共同努力,认真贯彻和落实《意见》中的各项内容,组织全院师生认真开展教育思想大讨论,抓好重点课程建设,组织学生积极开展社会实践活动,重视师范生语言文字的规范训练,密切联系中学实际,加强选修课建设,把学生生产劳动教育列入教学计划,使教学改革不断走向深入。

江苏农学院随着教育改革步伐的前进,在教学方法上作了进一步探索，如在教学中加强了相关学科的横向联系和课程之间的相互渗透，以丰富讲授内容，拓宽知识面。同时注重培养学生的独立思考能力和动手能力，把传授知识与发展技能结合起来，以适应新形势下培养农业科技人才的需要。1987 年以来，江苏农学院根据教学改革实际需要，先后出版了数部电视教材，其中有的获得农业部颁发的"神农奖"、全国高等农业院校电视教材"金穗奖"、江苏省高教局技术成果一等奖。由于教学方面的改革、教学手段的现代化，教学质量有了明显提高，如农业部委托学院开办的场长经理训练班，在全国统一考试中连续 5 次获得第一名，受到了部领导的肯定和赞扬。

扬州工学院积极开展课堂教学和实验课改革的探索，教学内容强调少而精，同时充实反映国内外先进科学技术水平的新材料，适当压缩课堂讲授学时，增加自修和自学指导时间。每学期三天劳动列入教学计划，劳动课要加强领导。教学方法提倡启发式，着重讲思路、规律、方法和发展趋向，加强对学生独立工作和自学能力的培养。

扬州医学院依据《决定》精神，结合医学院校的特点，对教学内容、教学方法进行了改革和探索，强调教师要精选教材，课堂教学要运用启发式、讨论式的教学方法，促使学生独立自主、生动活泼地进行学习。在实验课教学中，强调"少讲多练"，改大班实验为小班实验，以加强学生独立操作能力和创新能力的培养。另外，学校从 82 级学生开始，于三年级上学期安排 10—18 周时间进行集中见习，让学生早接触临床和病人，系统参加病房和门诊工作的全过程，增强学生对诊断和治疗疾病的感性认识，培养和锻炼学生的实际工作能力，为毕业实习打下基础。

江苏水利工程专科学校在教育改革过程中，特别强调专科生的知识结构和适应能力培养必须摆脱本科模式的束缚，注重专业知识和实践能力的结合；基础理论教育，应以能用为目的，强化应用性教学；专业课教学内容要加强针对性和实用性。经过探索实践，1990年，学校正式出台了《关于课程若干改革问题的意见》，使课程改革的申报立项、建设目标、验收程序和奖励办法等有了统一的标准，推动了学校课程改革的规范化管理。依托建筑装饰工程专业，积极探索高等工程专科人才培养模式，后来该专业成为国家教委高等工程专科教学改革示范点。

江苏商业专科学校针对培养"职业性、应用型"人才的教学特点，对照《决定》要求，多次修改教学大纲和教学计划，精简课程门类，突出主干课程，改革实习方法，把课堂教学与参加业务活动相结合，适应了社会主义市场经济条件下培养专门人才的要求。

为深入推进教学改革，扬州各高校还根据培养社会主义合格建设人才的需要，把完善学校基础教学设施当作一项重要工作来抓，经过不懈的努力，到1992年，教学基础设施建设已初具规模。据有关资料统计，6所院校至1992年拥有实验室面积近万平方米，设备和仪器总值达到2664.89万元，其中1/3以上为万元以上贵重设备仪器，共建有多种类型的实验室276个，其中包括语音室、电教室、计算机房、仪器室、专业实验室等，各校的现代教学手段不断得到增强。1982年，江苏省高教局决定在扬州师范学院内建立扬州高校电教中心和计算机中心。为配合教学，还在可容纳千人的人防会堂及文科楼的各个教室，安装了闭路电视，以供播放教学录像片。到1984年，电教中心已能独立制作教学科研录像片，在直观教学和形象化教学中，扬州处于省内外领先地位，这对宣传和推动扬州高校电化教学的发展起了积极作用。

二、优化师资结构

教师是教育教学改革的主体，扬州省属高校在贯彻中央教育改革决定、推进教学改革的同时，紧抓师资队伍的整体建设，尤其是非师范性质高校青年教师的培养。通过在老教师指导下的听课、讨论、试讲、评议等多重环节，帮助青年教师尽快站稳讲台，适应教学岗位的需要。同时，为加强学术交流和吸收科技前沿新知识，一方面扬州省属高校聘请了大批国内外知名专家学者来校进行授课和学术讲座，另一方面又派出教师到国内外其他高校和科研机构进修、考察、讲学和参加国际性学术会议，大大拓展了教师的学术视野，使教师队伍的总体结构和水平有了明显的改善。

为实现学校教育事业的持续发展和教学科研水平的不断提高，在教育改革中，扬州省属高校还从教师职称评审和调整职称结构、优化年龄结构、改善知识结构等方面加强师资梯队建设。同时，通过"引培并举"的办法，从引进和选留青年教师入手，大力培养和大胆使用青年教师，鼓励青年教师开展科研活动，帮助青年教师脱颖而出，从而永葆师资队伍活力，使师资队伍结构更为科学、更为合理、更为完善。如扬州师范学院从1985年以来，共培训中青年教师270余人次，每年在职或脱产进修教师占教师总数的10%—20%，其中具有硕士研究生学历的有140多人次；在教师职称评审中，破格晋升副教授9人，其中多数成为学科带头人。从1986至1991年的6年时间里，扬州师范学院进行高级职称评审达8次，有172人获得高级职称的任职资格。江苏农学院从党的十一届三中全会后恢复教师职称晋升工作，到1992年底，先后有6次大幅度晋升教师的各类职称，共晋升正、副教授（含其他系列）高级职称145人，中级职称133人，比1979年前分别增长6.6倍和2.1倍，使教师的职称结构日趋合理。

经过多年的努力，扬州6所高校的教师队伍有了很大的发展，师资队伍的职称结构、年龄结构和学历结构日渐合理。

三、突出科学研究和学科建设

科学研究是当时高等院校的三大职能之一,是丰富教学内容、提高教学质量的基础,也是拓宽学生的知识面、培养学生独立思考和独立解决问题能力的重要途径。1978年全国科学大会后,扬州高校,特别是两所本科院校认真贯彻大会精神,在继承和发扬传统的基础上,拟订了加强科研工作的多项措施和计划,确定了重点研究课题。同时,加强和新建了一些研究机构,适当修建和扩建了部分研究实验基地,改进了科研实验装置,有力地促进了科研手段的现代化。有的高校还为老专家配备了科研助手或实验工人。扬州师范学院和江苏农学院恢复了学报的出版,加强了科技情报工作;同时,成立了院学术委员会,以加强对科学研究工作的领导。为使科研工作能较快地走上正常化和制度化轨道,各校建立健全了各项规章制度,如《科研管理制度》《科研成果鉴定和奖励制度》《保证教师和科研人员六分之五的业务活动时间制度》《研究室工作制度》和《重点仪器设备的管理制度》等。此后,又根据中央关于科技工作发展方针,逐步调整了科研方向。如江苏农学院以水网及半干旱地区的农业科学理论和技术问题的研究为重点,面向全国农垦系统,侧重江苏,从学校的任务和实际出发,紧密配合教学,集中力量开展了一些综合性的重大课题的研究。到1992年底,江苏农学院承担各类研究课题115项,其中国家级17项,部委级15项,省级30项,其他53项。1978年以来,研究成果获国家、部省级以上单位奖共33项,其中国家级奖7项,部省级奖26项。扬州工学院先后承担国家"863"课题、国家自然科学基金项目、国家"火炬"计划及省市科研项目60余项。

扬州师范学院于1985年制订了"七五"科研工作计划,进一步明确了高等学校特别是师范院校开展科研工作的指导思想和工作要点，即重视教育科学的研究，突出师范特色，提高教学水平；以扬州学派、扬州文献为重点，围绕古籍整理开展研究。学院强调要以重点学科为龙头，来带动科研，用科研的新成就推动学科建设。1988年，首次确定了17个院级重点学科，其中一级重点学科4个，二级重点学科6个，三级重点学科7个。1990年又增补了三级重点学科3个。学院在确立重点学科的基础上，围绕学科，组建科学研究团队，有针对性地开展科学研究。截至1992年，研究成果获各种科研奖共百余项，其中国家级5项，部省级18项，厅局级以下奖80项。1988年，基础数学学科通过省教委评审，被批准为第二批省重点学科。1990年，中国古代文学、中国现当代文学通过省教委专家组评审，列为省属高校第一批省级文科重点学科。

江苏农学院于1985年初报请江苏省高教局审批，同年4月，作物栽培学与耕作学等6个学科被批准为首批省属高校重点学科。1988年，省教委批准该院的蔬菜专业蔬菜学为第二批省属高校重点学科。

扬州其他几所高校的科学研究工作启动稍晚些，但每所学校都把科学研究作为重要任务来抓，有领导分工，有专人负责，并先后成立了科研处，专门管理科学研究工作，还制订了科研工作的实施计划和奖励条例，为科研工作的正常开展创造了条件。

截至1992年，扬州6所院校的科研设备和实验基地已具有相当的规模，师范学院有附属中学和多处实习基地；农学院有实验农牧场、实习兽医院和校外生产、科研、实验基地；工学院有实验工厂和实验中心；医学院有附属医院；水专建立了物理、化学、建筑材料、材料力学等13个实验室以及测量、制图、水文测验等三个仪器室，开辟了水工模型试验场、气象观测场，并设有微机室、电教室、语音室等；商专有商场和实验菜馆等，保证了科学研究的顺利开展。

四、重视图书资料建设

随着高等学校统一招生制度的恢复,扬州高校图书馆特别是扬州师范学院和江苏农学院的图书馆,经过"文化大革命"后的恢复、调整、充实,图书馆工作和教学科研工作一样逐步走上正轨。扬州师范学院领导非常重视图书馆的建设,1983年在原图书馆的东西两侧扩建馆舍2500平方米。图书馆的平均购书经费占整个学校事业费的5%,1985年以后年进书量高达6万余册。到1991年底,馆藏书总量100余万册,其中中文图书84万册,外文期刊17000余册,订购现刊2680种,报纸200种。图书馆还健全了组织机构。馆长室下设办公室、采购部、编目部、流通部、报刊部、参考部、现代技术部,分别负责各项业务和社会服务工作。另外,各系室还设有11个资料室,行政上属系室领导,业务上属图书馆领导,其图书资料由学院图书馆统一采购,分类编目,并根据需求进行分配。扬州师范学院图书馆还注意古籍线装书、大型工具书、学术性著作的收藏。到1992年,已有线装古籍书83000余册(其中基藏书105种1420册),新中国成立前的杂志400余种。藏书中有《古今图书集成》《丛书集成》《大藏经》《古本戏曲丛刊》《四库全书》《明清善本小说》以及《大英百科全书》等大型珍贵资料。

江苏农学院图书馆和学校同步发展。1980年秋,建成了1幢2412平方米的4层新楼图书馆,加上原馆面积共4000余平方米。馆舍宽敞,环境幽静,为全院读者提供了良好的学习条件。其中书库面积1400平方米,阅览室面积704平方米,自修面积600平方米,研究生阅览室面积280平方米,共有阅览座位800席。根据农业院校的特点,全馆共设三部二室,即期刊部、流通部、采编部和文献检索室、馆长办公室,同时恢复了图书馆委员会。为了更好地发挥图书资料在教学科研中的作用,1984年5月,经院长办公会议研究决定,对图书馆委员会进行了调整和充实。在新组成的 14 名成员中,正教授 4 人,副教授 8 人。从组织机构和馆舍建设上,保证了图书馆工作的正常开展。20 世纪 80 年代后,图书馆根据农业院校的办学特点,注意藏书的专业要求,稳定畜牧、兽医、农学、农水、食品工程等书刊的征订和收藏,其中畜牧、兽医方面的图书资料较为齐全。书刊来源,除正式出版发行的书刊外,注意向国内对口单位征集内部出版资料。从国外直接寄来的书目中,选购原版书,以保证书刊信息的质量。图书馆为方便读者,给师生们开辟较多的资料信息源,在流通部设有中外专业科技书库、文艺书库、典藏样本书库和特藏书库。阅览室不仅陈列有 37660 余种中外文近期期刊和字典、辞典、年鉴、百科全书等工具书,而且还陈列有各门课程的指定参考书。教师阅览室陈列中外文近期期刊 904 种。借书处设有完备的目录,不论中外文图书,都备有分类、著者、书名三种目录。为了获得更多的专著和专业科技书刊来源,还建立了馆际互换互借条约,为师生们提供更多的紧缺及内部图书资料信息。1989 年后,图书馆经费逾 210000 元,年进书量 32000 余册。现馆藏书总量达 521100 余册,中外文期刊和资料 786 种(本),图书每天流通量 1200 余册。

随着扬州其他高校的恢复和建立,各校也同时建立、调整和充实了图书馆,以适应高校的办学需要。新建校的图书馆领导针对新成员多、业务不熟悉的状况,帮助大家在处理好政治与业务关系的基础上,制定了个人进修和提高素质的规划。有的高校在馆内还举办了业务专题讲座和基础知识训练班,许多人还参加校内和校外开办的古汉语、英语学习班的学习,部分人员参加或旁听了专业知识课,以及馆内组织的业务研讨会。为了系统地学习业务知识,有的成员还参加了函授大学、电视大学的学习,较为全面地掌握了图书资料管理、流通方面的专业知识。1985年后,扬州各高校图书馆在为教学、科研和师生员工服务的实践中,不断总结经验,逐步完善了各项规章制度,如《图书报刊采购原则及办法》《编目规则》《借书规则》《期刊借阅规则》《图书馆业务工作细则》等,使之成为图书馆加强科学管理、做好服务工作的重要依据。

第九章　在扬办学 40 年的重要成就

时光荏苒,见证沧桑巨变;岁月如歌,谱写壮丽诗篇。经过 40 年风雨兼程,一个学科门类齐全,整体优势凸显的师、农、工、医、水、商高等学校群如同璀璨的明珠,镶嵌在扬州这座千年历史文化名城中。在党和政府的领导下,在广大师生员工共同努力下,扬州 6 所院校经过 40 年的艰苦创业,迅速发展壮大,取得了一系列重要成就,呈现出勃勃生机和良好发展前景。

第一节　办学规模

1952 年,新中国第一个五年计划实施之际,为适应大规模经济建设和社会发展,以及 156 项重点工程(主要是国防工程建设项目)对高级专门人才的迫切需要,苏北师范专科学校、苏北农学院、扬州工业学校应运而生,同时在扬州西郊破土兴建,开始了扬州高等教育的艰苦创业史。随后,在国家教育工作学习苏联经验,贯彻落实"调整、巩固、充实、提高"八字方针、《高教六十条》以及"拨乱反正""调整改革"等时代大背景下,扬州医学专科学校于 1958 年创建;南京水利学院于 1960 年由南京迁入扬州,改名为"江苏水利学院";南京商业专科学校于 1982 年由南京迁入扬州,与江苏省商业学校合并,组建江苏商业专科学校。尽管 6 所院校在扬办学时间不同,起点各异,或调整,或合并,或新建,但有一个共同之处,那就是艰苦创业之志不减,为国育才之心不泯,起步于艰难的办学条件下,发展于调整变化中。从师、农、工3所院校在扬州破土兴建时住草棚、睡地铺,到医、水、商3所院校辗转曲折的变迁加盟,6所院校在扬州初创时无不面临着创业的艰难,软、硬办学条件的不足。几经沉浮,寒暑更易。在党和政府的领导下,40年来,通过几代人的孜孜追求、不懈努力和艰苦奋斗,6所院校在办学规模、师资队伍、人才培养、科学研究、社会服务、国际交流等方面都有了长足的发展和巨大的变化。尤其是改革开放以来,6所院校迎来了稳定发展的大好时机。

在中共中央《关于教育体制改革决定》的方针政策指引下,6所院校抓住机遇,坚持改革创新,走上了持续健康发展的道路,呈现出一定的办学特色和良好的校风:一是学科门类齐全。国家规定普通高等学校设置的主要学科,6所院校应有尽有。这种门类齐全、各具规模的高等教育学科群聚于一所中等城市的现象在全国极其少见。二是专业设置较为合理。6所院校专业方向基本上紧紧围绕国家和地方经济建设的扩缩而增减,特别是归属地方管理后,针对江苏省经济和社会发展的需要而开设的水利、机械、电子、化工、建筑、教育、文史、农林等专业,在江苏省支柱产业和经济发展中占有较强优势,为苏北平原水网改造、教育事业乃至全国和全省的机电、通讯、农林物资、城镇基础建设、治淮治黄工程等做出了卓越的贡献。三是学历层次全、梯度适中。6所院校囊括了从中专到博士各个中、高等教育培养层次。经过40年的磨合、调整,各个学院根据自己的综合实力、培养能力及办学方向,紧紧围绕国家以及地方经济、社会发展需求办学,到20世纪90年代,初步确立了以"本科教育为主、专科教育为辅、缩小中专层次,积极培养硕士以上高学历人才"的办学层次和发展方向。四是良好的校风。6所院校在扬州办学40年,深受千年古城历史文化熏陶,其生源大多来自苏北农村,带有勤劳质朴的乡土气息和友善务实的人文精神。尤其是在扬办学之初,一批经过革命战争洗礼的知识分子和管理干部,矢志于人民教育事业,他们精诚团结、艰苦奋斗的优良传统及创业精神代代相传,到 20 世纪 80 年代,6 所院校都有了各自的校训,尽管校训的文字表述各不相同,但其中无不包含着"团结、奋进、严谨、务实"的共同特点。经过 40 年艰苦创业,截至 1992 年,6 所院校在基础建设方面,从一穷二白发展到共计占地两千余亩,校舍建筑面积 38 万多平方米,图书馆藏书 260 多万册,固定资产近 1.5 亿元;专业设置从在扬办学之初的 19 个发展到50 个系、科(部),81 个专业(本科 26 个、专科 52 个、中专 3 个);建立了一支素质好、责任感强的教职工队伍,教职工共计 5200 多人,其中教授、副教授 452 人,讲师等中级职称 928 人;在校生从建校初的2000 多人发展到 1992 年的 12000 人;拥有计算机中心、测试中心、电化教育中心等。同时,建立健全党政领导体系,各院校都建立了党的委员会和纪律检查委员会,党委会下设办公室、组织部、宣传部等;各院校行政组织系统经过调整充实,采用院(校)和系(科)两级领导体制,在校(院)长领导下,设立校(院)长办公室、人事处、教务处、总务处、科研处、保卫处(科)、财务处(科)、学生处、团委、图书馆、学报编辑部等职能机构。此外,各院校还成立了学位评审、学术、教学、职称评审、体育卫生等专门委员会。比较完善的党政领导体系及组织机构,为学校不断发展提供了有力的保证。

第二节　师资队伍

教师是学校事业发展的主体力量,也是提高教育教学质量和科研水平的关键。在 40 年的办学历程中,6 所院校都把师资队伍建设放在重要位置,积极采取措施,努力提高师资队伍的数量与质量,逐步形成了一支结构合理、规模适度、层次较高、责任心强的老、中、青相结合的梯队,较好地适应了教学科研工作的需要。

在师资队伍建设方面,各院校主要采取了以下措施,积累了一些经验:一是制定发展规划,加强师资管理。各院校先后制定了师资队伍培养发展规划,制定了培训、出国、进修人员的管理办法,使工作正常化、管理规范化、过程有序化。二是进修、培训、引进内外结合,多管齐下。采取院内以老带新和举办培训班等方式,以及出国、留学、访问、进修、选送外校升造进修等方式,与积极创造条件引进人才等方式并举,加快师资队伍建设步伐。三是落实知识分子政策,帮助解决困难,积极创造条件吸引和留住人才。在住房、科研经费与设备、工资福利待遇、子女入学等方面创造优惠条件。政治上积极发展知识分子党员,生活上解决后顾之忧,做到事业留人、感情留人、待遇留人。四是加强学术交流,开通互访渠道,开拓视野,鼓励和奖励多出教学科研成果。五是大胆使用、积极提拔中青年教师。采取脱产进修、在职进修与考核相结合的办法,促进青年教师健康成长,破格晋升成果出众的青年教师,积极选拔年轻的学科带头人。

经过各院校的不懈努力,师资结构不断得到优化。1952年,苏北师范专科学校与苏北农学院教师中有高级职称的31人(其中教授21人,副教授10人),中级职称37人,初级职称50人。1960年3月,国务院颁发《关于高等学校教师职务名称及其确定与提升办法的暂行规定》,教育部又颁发了具体实施办法,到1962年,三院校(扬州师范学院、苏北农学院、扬州工业专科学校)教师中共有高级职称24人(其中教授16人,副教授8人),中级职称135人,初级职称352人。1978年3月,根据国务院批转教育部《关于高等学校恢复和提升职务问题的请示报告》的精神,各校教师中原有的高、中级职称都得到了恢复，此时两院一校教师中高级职称63人（教授29人，副教授34人），中级职称170人，初级职称647人。与1962年相比，除中级职称比率下降外，其余均呈上升态势。

在改革开放新形势下，高校教师职称工作及人才培养工作，受到党和国家的高度重视，随着高校规模的扩大，职称评审工作逐步步入正轨。到20世纪90年代初，扬州各高校教师队伍的学历结构、职称结构、年龄结构均发生了可喜的变化。除少数系科的教师外，执教的教师基本上都是本科和研究生学历；在职称结构上，基本形成了以中高级职称为主体的教师队伍；在年龄结构上，中青年教师已经成为教学的主干力量。

表十二 合并办学前六校师资队伍情况

（单位：人）

类别\学校	教授	副教授	讲师	助教	其他	小计	备注
扬州师范学院	15	94	259	146	37	551	
江苏农学院	34	133	195	167	769	1298	截至1990年
扬州工学院	2	67	241	—	440	750	截至1988年
扬州医学院	4	46	126	115	69	360	
江苏水利工程专科学校	—	20	69	—	280	369	
江苏商业专科学校	2	32	88		78	200	

在这一时期，广大教职工在教育岗位上辛勤工作，做出了不平凡的业绩。穆绍林、顾铭洪、杨家栋等被授予"全国优秀教师"称号；扬州师范学院化学系被评为全国教育系统群英会先进集体，吴骥陶、谭佛雏、夏永生、张照、倪钟、华业萌、张雅达等7位同志出席全国文教战线先进单位和先进工作者代表大会；莫惠栋被授予全国教育系统劳动模范和全国先进工作者荣誉称号，并获颁全国"人民教师奖

章"；李功杰获得"全国优秀教育工作者"称号；"统计专业教学改革研究与实践"项目获国家教委普通高等学校优秀教学成果"国家级优秀奖"；邹甲申荣获全国自然辩证法教学观摩会授课质量优秀奖；先后有十多人次荣获江苏省普通高等学校优秀教学质量奖和优秀教学成果奖，数十人次分别受到国家和江苏省有关部门的表彰。1985年，在全国第一个教师节来临之际，一批教职工被江苏省政府授予优秀教育工作者称号，受表彰的人员有：扬州师范学院林子炳、张泽民、陈允鸿、郑福绵、丁子庆、许卫平、闻凤鸣、缪华、吴建华，江苏农学院高煜珠、陆自强、吴玉霞、胡家兴、陈长顺、李厚达、黄启贤、曹阳，扬州工业专科学校徐振宾、汪瑶同、周详，扬州医学院张为民、季全兰，江苏水利工程专科学校张世儒、刘宝泉，江苏商业专科学校荣敬宪、陈广林。

第三节　人才培养

扬州6所院校始终坚持把为社会主义现代化建设培养有知识、有文化、有纪律、有道德的专门人才和社会主义建设的合格者放在首位，无论是面对建校初期教材缺乏、苏联教材不尽适宜的困难，还是后来教育体制改革创新要求的压力，均发扬了自力更生、顽强拼搏的精神，按照高校人才培养的规格要求，因地制宜地制定和修订教学大纲与计划，自己动手编写教材和辅导材料，改革教学方法，强化实践教学，形成了重基础、重能力、重效果的人才培养模式。

注重青年学生的政治思想品德教育。一是坚定正确的政治方向。在各个历史发展时期，学校都重视党、团组织建设和对青年学生的政治思想品德教育，把德智体全面发展贯穿于教书育人的全过程，结合形势发展特点和时代精神，开展党团活动、英模报告会、形势政策课、学雷锋活动、学理论活动等,以及开展"祖国颂""党在我心中"演讲竞赛活动等。将政治思想教育落脚点体现在对青年学生进行"爱党、爱国、爱人民"的具体教育活动中,不断培养和造就青年学生坚定的信仰和宽广的胸怀。二是开展继承和发扬艰苦奋斗、勤奋踏实的优良传统和严谨求实的学风教育。抓住新生入学和毕业生离校的重要环节,开展艰苦奋斗、传统文化、理想信念教育和遵纪守法、爱岗敬业的道德法制教育;组织开展重要纪念日、重要时事政治教育,让青年学生独立思考,明辨是非,形成自我教育、自我警省、自我约束、自我成才的好习惯。

注重实践环节,培养动手能力。一是加强学风建设,提高教学质量,重视动手能力的培养。以制度建设为基点,形成完善的"教学、考试、社会实践、实习、课外兴趣小组"等一整套教学规章制度,鼓励青年学生参加各种科研和竞技活动,走出校门开展社会实践活动。1980年4月,扬州医专成立了实习指导委员会,下设实习指导办公室。学院根据教学需要,聘请附属医院苏北人民医院主治医师、主任医师、副主任医师担任兼职教师,平均每学年约聘用50人,1981年至1987年附院兼课计7352学时,平均每学年达1050学时。1988年,学院与附院联合组建临床各教学科室,附院承担了大量的学生实习任务。二是开展素质教育,拓展了青年学生的成长空间。学校重视根据青年学生的个性化特点进行教育培养,鼓励和扶持团委、学生会、学生团体、学术研究团队开展各类才艺培训、科技创新、人文素养训练、艺术赏析等活动,使学生的综合素质不断加强。通过专业改造拓宽学生专业的兼容性,如工科与管理的结合,教育、管理等专业补充心理学、微机等课程教学内容,使培养的人才在未来的岗位上得心应手,许多工科、农学、医科人才走上了领导、管理岗位,成长为既懂行、又善应变的领导者和创业者。

　　注重课程建设,及时更新教学内容。根据专业特点、规律及专业岗位的实际,确定和抓好重点课程建设,明确要求,规范管理;确定、修改以重点课程为主的教学大纲和教学计划,加强教学实践性环节,增加学生自学时间;组建与培养了一批适应重点课程需要的高水平师资队伍;建立优秀教学质量和重点学科、重点课程的评估、检查及验收制度;加强教材编写与选用。截至1992年,6所院校共有基础数学、中国古代文学、中国当代文学、物理化学、作物栽培学与耕作学、作物遗传育种、动物遗传育种与繁殖、水利水电工程等课程被评为省级重点课程。此外,师范学院、农学院、工学院、水专等院校还相继开展院、系级重点课程申报、评审工作,制定了重点课程建设若干意见,规范了重点课程申报立项、建设目标、验收程序和奖励办法。扬州师范学院还根据师资培养的特点,自1988年起开展了"课程标准化建设"活动,建立了《优秀教学奖评比办法》。1990年,江苏水专正式出台《关于课程建设若干问题的意见》,规范了课程建设的申报立项、建设目标、验收程序和奖励办法,还开展了"课程建设成果展评"活动。扬州师范学院于1989年和1991年先后两次对26门课程进行全面评审,确定出中国古代文学、中国现代文学、中国近现代史、中国革命史、数学分析、初等几何、物理化学、力学等8门课程为院级标准化课程,其他18门为系级标准化课程;江苏水专评出系级重点课程7门,校级重点课程20门,推荐省级课程6门,其中工程制图、材料力学、测量学获省二类优秀课程;农学院的作物栽培与耕作、植物生理、作物遗传育种、传染病及预防兽医、农田水利工程以及工学院的一些课程获省级优秀课程。通过重点课程建设活动,有效地促进了高校学科、教学与科研的结合,对提高学校学术水平和教学质量,推进教学改革、带动师资队伍建设及教学管理等起到了积极作用,大大提高了人才培养质量。

加强专业建设，推进教学改革。在重点课程建设的推动下，6所院校积极推进教改工作，开展了一系列教学计划修订、课程设置重组、专业改造与创新、教学评估与评比等活动。江苏水专根据专科专业"宽窄并举"的要求，为优化知识能力结构、改造老专业、培养通用型人才，将农田水利工程与水工建设专业合并为宽口径的水利工程专业，把财会专业改造成基本建设财务会计，并在全省率先创立建筑装饰技术、房地产经营与管理、建设监理（双专科）专业。扬州工学院开辟了在校专科生直考"计算机应用"专业，就读一年取得"双专科"文凭的人才培养新方式、新途径。1983年，江苏商专率先在全日制高等学校创办了中国烹饪专业，开创了我国烹饪高等教育的先河。随后又创办了江苏省第一个食品工业企业管理专业和工商行政管理专业。老专业的改造和新专业的设立对培养通用型、复合型人才起到了积极作用，受到社会普遍欢迎。

在研究生培养和教育方面，1992年之前，主要是扬州师范学院和江苏农学院招收和培养研究生。1981年11月，经国务院学位委员会审核、国务院批准，扬州师范学院中国古代文学专业获得博士学位和硕士学位授予权，任中敏教授为博士生指导教师，其间，还留下一段"申硕得博"的佳话。合并后的扬州大学因此成为全国首批具有博士、硕士学位授予权的单位。1985年12月，任中敏教授的首位博士生王小盾顺利通过论文答辩，被授予文学博士学位。而在此之前，扬州师范学院中国古代文学、中国现代文学、中国古代史、基础数学等专业从1979年就开始招收硕士研究生，中国近现代史专业从1981年开始招收研究生，有机化学、物理化学专业从1982年开始招收研究生。到1992年，扬州师范学院共培养博士生3名，硕士研究生90名。1981年11月，经国务院学位委员会批准，江苏农学院农田水利工程、作物栽培两个专业获得硕士学位授予权,是江苏省首批硕士学位授予单位。而早在1962年,苏北农学院就招收了首届研究生,招生的专业有作物栽培学和作物遗传及良种繁育学;1963年,又增加了兽医微生物学和养羊学两个专业;1964年,除兽医微生物学继续招生外,其余3个专业没有招生,另外又增加了养猪学和家畜外科学两个专业。此后,经历了"文革"期间的停招以及改革开放后的复招、发展,到20世纪80年代末,江苏农学院共有9个学科(专业)、30个研究方向招收硕士研究生。截至1992年,江苏农学院共培养硕士研究生265名。

表十三 1952—1992年各院校全日制毕业生数情况

(单位:人)

学院	总计	博士	硕士	本科	专科	中专	留学生
扬州师范学院	17568	3	90	9811	7664	—	—
江苏农学院	10205	—	265	6844	3096	—	—
扬州工学院	14616	—	—	1491	6690	6435	—
扬州医学院	6136	—	—	647	2583	2906	—
江苏水利工程专科学校	9396	—	—	408	2914	6029	45
江苏商业专科学校	11839	—	—	—	5274	6565	—

从1952年至1992年,6所院校共为国家培养各类各层次普招毕业生68000多名,各类函授、夜大等成教生及短训班学员数十万名。其中,扬州师范学院自1952年建校以来,到合并办学前,共培养博、硕士研究生93名,本科生9811名,专科生7664名。江苏农学院自1952年建校以来,到合并办学前,共培养硕士研究生265名,本科生6844名,专科生3096名。扬州工学院自1952年建校至"文革"前14年里,为国家培养7000多名专业技术人才;恢复办学后,又陆续培养了本、专科生7600多人。扬州医学院从学校创办至1992年,

历经中专、大专、本科等多种办学层次，先后设置专业有 7 种，共培养医疗人才 6136 人，其中本科毕业生 647 名，大专毕业生 2583 名，中专毕业生 2906 名；接收培训、进修生 1160 名（三个月以上）。江苏水专自建校以来，共培养各类普招毕业生 9396 人，其中本科生 408 名，专科生 2914 名，中专生 6029 名，外国留学生 45 名。从 1952 年至 1992 年，江苏商校、江苏商专共培养各层次全日制毕业生 11839 名，其中大专生 5274 名，中专生 6565 名，还有各类函授、夜大、短训班学员一万多名，被誉为"江苏商业、财贸战线的黄埔军校"。

广大毕业生在社会大熔炉里不断锻炼成长，为国家和地方经济建设以及社会进步做出了积极贡献，他们在不同的岗位上勤奋工作，努力创新，服务于社会，奉献于人民，受到了用人单位的普遍好评。许多用人单位不约而同地认为这些毕业生"上手快，肯吃苦，基础扎实""既懂业务、又懂管理""踏实、勤奋、诚信合作，到单位管用，让领导放心"等。从新中国成立之初"一五"计划的实施，到改革开放中经济腾飞，一批批毕业生足迹走遍大江南北、长城内外，他们遍布在我国的航天航空航海、核工业、电子电器、邮政通讯互联网、医疗卫生、教育、社科、土木工程、生物化学等行业、系统、领域；奋战于治淮治黄、苏北水利、农田水网改造、城乡公路建设等工程之中。从三尺讲台到田野鱼塘，从兵营哨所到医院、银行，从建筑工地到车间工厂，从科研院所到党政机关，都可见到他们的身影。他们在深圳特区等地矗立起数座"鲁班奖"大厦；他们创建了我国第一个彩色显像管厂；他们在酒泉把卫星送上太空，又在"远望号"上进行跟踪；他们立足三尺讲台，培养了一代又一代的优秀人才……在此期间培养的毕业生中，涌现出一大批本专业、行业领域的学科带头人、创新科研标兵、劳动模范、优秀人民教师、企业家、实业家等，其中一批人还走上了国家、省、市、县各级党、政、军领导岗位。他们之中有全国劳动模范、全国优秀共产党员、全国五一劳动奖章获得者,有新中国成立以来一百位先进人物吴登云,有共和国将军宗顺留、王松年、王雪琴,有中国科学院院士万宝年、李劲松和中国工程院院士刘秀梵、张洪程、万建民、张佳宝、沈其荣,有国际欧亚科学院院士唐旭东和印度农科院、俄罗斯农科院、罗马尼亚农科院外籍院士翟虎渠,有全国优秀共产党员、全国五一劳动奖章、全国三八红旗手、全国文明家庭、全国"人民满意的公务员"、全国道德模范、全国先进工作者、全国十大杰出青年、全国优秀教师、全国"十佳"兽医等荣誉称号获得者,有全国人大代表、全国政协委员,有许许多多为国家作出重要贡献的专家、学者和各级领导干部,还有成千上万虽名不见经传却长期在各自的工作岗位上默默无闻、埋头苦干的普通校友。特别值得一提的是,20世纪50年代毕业于扬州工专的一批老校友,为引进苏联的156项重点工程及国防工程建设的需要,远赴新疆、西藏、江西、湖南、四川等省、市、地区工作,大多在兵工厂。几十年来,他们在那里扎根,默默奉献,把自己的青春才华贡献给了人民共和国的建设事业。还有为数不少的年轻校友,投笔从戎,分别到东海舰队、南京军区、北京军区等海、陆、空三军军营建功立业。1991年7月31日,江苏水专1990届水工专业中专部毕业生吴志平在高邮湖抗洪期间不幸以身殉职,时年21岁,被追认为革命烈士。广大校友用自己的实际行动为母校争得了荣誉,也是母校的光荣和骄傲。

第四节　科学研究

科学研究是高校的基本功能之一,提升学科建设和科学研究水平是提高人才培养质量的重要环节。20世纪70年代末至80年代初,扬州6所高校认真贯彻实施中央"调整、改革、整顿、提高"的方针,并根据江苏省高教局印发的《关于加强重点学科建设规划的初步意见》要求，结合自身的特点，在广泛进行社会调查、资料统计、情况分析的基础上，积极推进学科建设和科学研究，不断提升学校整体水平。

在加强学科、教学和课程建设的同时，积极开展科学研究工作。1955 年 3 月，扬州师范学院制定颁发了《本校科学研究工作方案（初稿）》，拉开了科研工作序幕。6 所院校经历了初创、徘徊、发展三个阶段，科研机构逐步完善，科研队伍不断壮大，课题与成果由少到多，质量不断提高。40 年来，据不完全统计，6 所院校共公开发表论文近 8000 篇，出版教材、专著及科普读物 1200 多部，获省级以上科研奖的项目达 350 多项；拥有《扬州师范学院学报》《曲苑》《中学数学教与学》《高师教育研究》《江苏农学院学报》《中国养兔杂志》《高教研究》《扬州工学院学报》《高教研究通讯》《扬医资料》《扬州医学院学报》《江苏临床医学杂志》《江苏商专学报》《中国烹饪研究》《美食》和《中国烹饪信息》等出版物。

为了加强科学研究，各院校还十分注重科研机构和队伍的建设。扬州师范学院与农学院于 1955 年相继成立了"科学研究委员会"和"科学研究工作组"，标志着在扬办学过程中科研工作的正式启动和有序开展。20 世纪 50 年代至"文革"前，在扬两院一校（扬州工业学校）的科研工作尚在初始阶段，基本无专职研究人员，主要依靠具有科研能力的业务骨干，其发展也不平衡。据有关资料反映，1956 年农学院有 97% 的正副教授参加科研工作；扬州师范学院、扬州工业学校组织各学科和师生结合工农业生产任务开展应用型研究。尽管这一时期三院校特别是扬州工专科研工作机构及队伍，尚处于初创、萌芽状态，但为今后的发展打下了基础。

正当两院一校围绕《高教六十条》相继制定实施发展规划和师资科研队伍规划时期，"文化大革命"开始，科研工作中断，知识分子的身心受到损害,一批派出学习进修的教师被迫中断学习。如扬州工业学校1964年派往华南工学院与浙江大学进修的优秀教师崔永茂、顾荫双、薛钜等人,于1965年被迫返回学校。"文革"结束,拨乱反正,各在扬高校教师无不迅速投入复校、复课以及科研工作,特别是党的十一届三中全会以后,科研工作展现出良好的势头。从20世纪70年代后期到80年代初,扬州师范学院、农学院、医学院、工学院都相继成立了科研处(科),加强科研管理与开发,有领导分管,有专人负责,各校还相继制订了科研工作的管理制度和奖励条例,把科研工作作为中心任务来抓。充分发挥计算机、电子、电气、材料、农林、水利、教育等学科与江苏省重点发展支柱产业及地域特点贴近的相对有利条件开展科研工作,设立科研服务机构。至此科研机构设置逐步完善,科研设施和队伍建设蓬勃发展。

在科研队伍建设方面,各校主要采用了以下做法:一是落实知识分子政策,抓紧职称评审及科研规划工作;二是建立多学科融合的科研机构,确定重点学科与培育学科带头人及以其为首的学术圈;三是引进与培养相结合,提高科研人员的素质与水平;四是以老带新,突出重点,形成老中青结合的梯队;五是"请进来,走出去",积极开展学术交流;六是加紧配套科研设施建设,建立产、学、研三结合基地。仅以1985年为例,扬州师范学院派出进修人员70名,其中出国2人;扬州工学院出国进修3人。至1992年,6所院校逐步形成了一支学风正派、学术造诣较深、有较大发展潜能的科研队伍。他们承担了国家"863"课题、国家自然科学与国家哲学社会科学基金项目、国家"火炬"计划及省市科研项目等。在知名资深学术带头人中,有国内外知名学者任中敏教授(扬州师范学院)、刘秀梵教授(江苏农学院)、水稻专家顾铭洪教授(江苏农学院)、真空物理与电子材料专家刘炳坤教授(扬州工学院)等。

随着教学科研工作的深入开展,科研及其成果在办学过程中的重要地位与作用越来越受到重视,吸引众多教师投入其中,学校科研逐步实现了从低级向高级、从小到大的跨越。

20 世纪 50 年代,在扬三院校的科研工作主要结合教学、教育、生产、生活实践展开。扬州师范学院组织各教学科、组列出专项课题开展研究,致力于教材编写、中学教育研究、高师教学方法研究及一般自然科学和社会科学范围内的研究。农学院支持广大教师在完成教学任务的同时,积极开展科研活动。在正、副教授中,1956 年有 97% 的人员投入科研工作,学术气氛活跃,成果喜人,仅 1961 年就举办学术会议 10 余次;1960 年向全国文教群英会献礼的科研成果有专著、论文和教材共 38 本(篇),其中试制成功的仔猪白痢血清属国内首创;发现病原体"小鹅瘟病毒"属世界首次发现,并研制成功抗血清;扬州工业专科学校注重教、学、研结合,经常组织师生到工地、工厂、农村进行现场教学,结合生产过程进行科研,直接为生产服务,学生自己动手试制、仿制了多用机床、脱粒机、电犁、沤地拖拉机等;组织学生参加城市建设项目设计、测量、电灌站建设等。

这一时期的科研工作规模虽小,有的层次也不高,效益意识尚不强,但为日后科研的发展工作打下了基础,特别是农学院两项处于国内外领先地位的科研成果奠定了学校科研重要地位,鼓舞了士气。

"文化大革命"使高校科研受到重创,扬州师范学院、扬州工业专科学校的工作全面停止,自然科学研究几近中断,社会科学研究成为政治斗争的工具。尽管农学院不少承担科研课题的教师不忍心半途而废,克服重重困难,坚持进行科研,但新开展的科研项目仅占 40% 左右,"文革"十年,共计取得成果 43 项。

1977 年至 1992 年,是在扬办学过程中科研工作逐步恢复、建立及稳步发展的最好时期。扬州师范学院于 1977 年设立科研科,1979

年成立学术委员会,1982 年撤科研科成立科研设备处,使全院科研工作有了专门机构。江苏农学院于 1977 年制定了 8 年科研规划,拟定了加强科研工作的 8 项措施。扬州工学院、扬州医学院等紧随其后成立科研机构,使科研工作得到快速恢复与发展,科研成果超过了以往任何时期。主要表现为:

在研究领域方面,研究范围逐步扩大,涉及学科众多。研究领域涉及哲学、政治、经济、中文、历史、法律、新闻、外语、数学、物理、化学、体育、图书档案、农学、畜牧兽医、机械、电子、水利、建筑、城镇建设、生物、植保、园艺、蔬菜、食品、烹饪、管理、电力、自动化、计算机、环境工程、财会统计、妇产医学、中医、高等教育、思政教育等,涵盖理、工、文、经、政、史、农、医、牧、商、体、艺术等学科。其中工学院先后承担国家"863"课题、国家自然科学基金资助项目、国家"火炬"计划及省市科研项目 60 多项。江苏商专承担了《中国大百科全书·烹饪分册》的主编任务。

在科研工作与经济、社会发展相结合方面,取得显著成果。40年来,特别是 1978 年以来,6 所院校获省级以上奖的科研项目达300 多个(不含医学院)。其中农学院从 1952 年到 1989 年,研究门类由单一的农科类扩展到工科类、社科类,获省、厅级以上科研成果奖的项目达 144 个。扬州师范学院获省级以上奖的项目 106个,工学院 23 个,水专 12 个,商专 18 个。在成果应用上,扬州师范学院进行的"导电高分子聚苯胺电池""WYK-85 型温度、液位压力多用途控制仪""数学教学方法研究""语文教学论""声表面波器件"等成果以及地方文化研究等,不仅具有重要的理论价值,获得较高的荣誉,且具有直接的实践意义,有的还是国内首创。农学院主持的"长江中下游国营农场小麦机械化高产栽培技术的研究""新扬州鸡选育""江苏省主要土壤营养诊断""糯稻新品种选育""12 种新农药药效、毒力研究""扬麦 1 号产品试验""猪 6 号病防治"等,特别是推出了作物叶龄模式、库源类型划分、江苏小麦机械化栽培等重大成果,不仅获得了国家科技重奖,而且被列为全国或全省重点推广项目,大面积推广应用。扬州工学院的"江苏经济发展的综合能源战略的研究""扬州市小城镇给水排水问题的研究""激光应用的临床观察与分析""汽车防盗报警器""组合机床多轴箱 CAD-BOX"等,医学院的"扬州地区片吸虫病、肝吸虫病流行病学的调查",江苏水专的"古运河的治理研究""最佳燃烧微机控制系统""骆马湖水及洪水预报和调洪的并联机系统"等,经过实际应用,形成了明显的经济和社会效益。扬州水利学校编写的《编制淮河流域 PMP 等值线图的简捷方法》获水利电力部 1981年"水利电力优秀科技成果三等奖"。1990 年 3 月,江苏水专电气系杨春榕研制的快速固态继电器静态电子开关,经南京市标准计量局第一无线电计量鉴定站测试,其通电时间小于 10 微秒,比当时同类产品快千倍,达到国际先进水平。1992 年 5 月,江苏水专吴龙声的作品《春回大地》获中央宣传部文艺局主办的"纪念毛泽东《在延安文艺座谈会上的讲话》发表五十周年'五月的风'美术、书法、摄影作品展览"优秀作品奖。江苏商专"菌食加工技术"研究课题取得重要成果,研究人员收集和研制了 2000 多个食用菌菜谱,为改善食物结构进行了有益探索。这一成果参加了 1989 年"世界食用菌学术研讨会",在国内外获得广泛关注。邱庞同教授的著作《中国面点史》在国内外有较大影响,入选国家新闻出版总署"三个一百"原创图书。

在科技推广与普及方面,江苏农学院起步较早,成果也最引人注目。早在 1955 年,学院将"棉麦两熟区陆地棉栽培和品种试验"的成果在苏北地区推广,普遍增产一倍以上。20 世纪 70 年代推广的"半拱型冷床育苗""薄膜小棚"覆盖栽培番茄和蔬菜的新技术达到7000亩,每亩增值40元左右。其后10年间,与苏南、苏北等地及国营农场全面合作,走出校门,建立起多个"教学、科研、推广"三结合基地,实施科技扶贫,为地方经济建设做出了重要的贡献,受到国家农牧渔业部和江苏省政府的表彰。扬州师范学院研制的"导电高分子聚苯胺电池"是一项突破性成果,为国内首创、国际领先,《科技日报》《人民日报(海外版)》《文汇报》《电子报》等都报道了该项科研成果,其后研制的"标准电池""声表面波器件""PD-1型葡萄糖氧化酶电极及PC-1型葡萄糖测定仪"等,获国家第三届全国新技术新产品展销会金奖、银奖。扬州工学院"组合机床多轴箱CAD系统""回转体零件CAD/CAM系统"等被国内20多家大中型骨干企业推广使用,创造直接经济效益达数千万元;"汽车防盗器"获江苏省展销会银奖,与"智能液体浊光度"等项目一起被企业看中投入生产。该校"真空镀膜""新型高效节能给水"项目等新工艺科研成果得到了广泛推广使用,与靖江、盐城、邗江等地签订了热反射镀膜玻璃工艺转让协议,为口岸、丹徒、扬州等水厂及广东、武进等地提供技术服务,其中冷阴极放电管、特种灯泡、装饰灯泡等项目,与扬州灯泡厂合作,净收益38万元。仅1992年,工学院对外交流和"四技"服务合同金额就达100万元。1987年,工学院研制开发的档案微机处理系统,受省、市档案系统专家好评,并被省、市多家学校、企业、机关、档案系统采用。

40年来,6所院校在科技成果推广方面取得了显著的经济、社会效益,在促进科技进步、服务社会等方面产生了较大的社会影响。截至1992年,6所院校共建立实验室316个,实验基地多个。实验室、实验基地的建立,直接为教学、科研提供了便利,并产生了一定的经济和社会效益。

第五节　社会服务

为社会服务是高校的基本功能之一,也是高校的优势所在。扬州6所院校充分发挥学科、专业特长,根据经济和社会发展的需要,积极参与社会服务,内容覆盖人才培养、决策咨询、技术服务等方面,既服务社会,促进社会发展,又提升了学校办学水平,扩大了社会影响力。

一是与地方签订代培协议,培养专业人才。在完成国家指令性计划的前提下,6所院校深入挖掘教学潜力,主动服务社会,根据学科特点、教师储备和社会实际需求,接受地方政府和企事业单位的代培委托,为社会培育专业型人才。1960年,根据扬州专区卫生科指示,扬州医学专科学校创办函授大学,招生540名学员,并分别在扬州、宝应、兴化等10个县市建立了函授辅导站,学制四年。江苏省教育厅委托农学院和省干部文化学校,联合举办"苏北农业中学教师训练培训班",学员来自淮安、盐城、南通、扬州四个专区,共300人。师范学院接受扬州专署文教局委托,举办"扬州专区1960年暑假中学教师备课班",共205名学生。这一阶段的代培服务主要为政府部门的直接要求。改革开放后,代培形式以学校和事业单位间签订协议为主,规模逐渐扩大。1984年,工学院先后与扬州市委组织部、江苏省农垦规划设计室、射阳县计划经济委员会、江苏省建委、镇江市建委、邗江县经委、金坛县人民政府等单位签订委托代培协议书,并获得相关单位的拨款补贴,解决学校的校舍困难。从1985年到1990年8月,扬州工学院与石油工业部基本建设局达成代培学生的协议,为石油部基建局代培学生和基建干部总数为1000人(包括1983年3月协议规定的150人)。1988年2月,工学院与兴化市政府正式签订"关于人才培养、科技合作等方面的协议",为兴化市代培学生,开展科教咨询、联合开发新产品、新工艺,在兴化市建立教学实习基地。1982 年 8 月,省政府批准成立江苏省水利职工大学,1983 年起招生,面向全省水利系统在职职工,至 1985 年,共培养 240 名毕业生。1982 年,水利电力部委托扬州水利学校举办水利专业职工中专班。1984 年开始招收在职职工,学制 3 年,脱产学习,由水利部分配名额,面向全国水利系统招收初中文化在职职工,毕业后回原单位工作;第一届招收学生 50 人,1987 年学生毕业。1989 年,根据水利建设工作需要,报经江苏省教委批准,江苏省水利厅依托江苏水专,举办大专层次的三个专业证书班,共招收水利职工 94 人。江苏水专还与扬州、淮安、盐城、徐州等地水利部门签署协议,接受委托培训水利干部和职工。长期以来,江苏水专根据水利部下达的计划,依托水利部水文培训班中心,为全国培训水文干部和职工数千名。1990 年,扬州水利学校受水利部委托,为西藏培养水电站机电设备专业 40 人,学制三年。1988 年,江苏商专与核工业部九院签订联合办学协议,在四川省从参加统考的九院职工子女中招收大专新生 30 名。1989 年和 1990 年,江苏商专与华东石油地质局、江苏省石油公司、江苏省物价局、盐城市商业局、淮阴市商业局、常州市商业局、扬州市财政局、扬州市供销社、扬州烟草公司等单位签订协议,接受委托举办大专专业证书班。1989 年,与中国国际科学中心签订协议书,培训 20 人。1990 年,与外交部行政司签订协议,为外交部(主要是驻外使、领馆)培训烹饪人才,经过培训的同志,曾受到出访的国家领导人夸赞。分别与湖南省外事办公室、马鞍山钢铁公司、苏州旅游学校、扬州西园饭店、扬州宾馆签订联合办学、科技兴业协议,共同培养烹饪高级人才。江苏商专还与仪征化纤联合工业公司、靖江商城、扬州黑天鹅商场、扬州商场等单位建立校企合作关系,为企业培训职工,同时,企业也为学生提供实习场地和实践指导。

　　二是承担社会工程设计、施工等任务。6所院校始终秉持勤俭办学的传统，克服种种困难，力求创新，积极推动社会工程建设。1971年，扬州师范学院在条件简陋的化学实验室基础上，建成了标准电池厂，填补了江苏省标准电池生产的空白，并在当年接受省机电局下达的3200只各种型号标准电池的生产任务，后来成批投入生产。1972年，江苏农学院机电系受扬州专署委托为马甸翻水站进行的泵站模型试验通过鉴定，成为江苏省第一个泵站试验台；受江苏省革委会水利局委托，承担《小型机电排灌配套手册》的编写任务。1977年6月，扬州水利学校接受省革委会水利局下达的任务，进行秦淮新河节制闸抽水站枢纽工程模型试验；9月，进行沙庄引河开挖断面模型试验。1983年，水利学校受江苏省水利勘测设计院委托，进行皂河水利枢纽工程模拟实验。1984年，江苏水专成立工程设计室。1987年，江苏省建委向水专颁发了"工程设计证书""工程勘测证书"，准予承担中小型水利工程、工业与民用建筑工程的勘测设计任务。同年，水专承担了江苏省水利厅水利科学研究所下达的连云港市水资源评估与供需分析科研任务，省防汛指挥部下达的研制骆马湖等地联机洪水预报软件并实现联机实时预报任务，于1988年7月完成并交付成果。1990年，受扬州船厂机械研究所委托，水利系承接该所的"污水处理搅拌器流速场试验"课题。1992年5月，水利系承接如皋计经委委托的长江南通段如皋港水文测验任务。1958年1月，工学院组织30余人的师生测量队，支援靖江县农田水利建设，完成48千米的电灌渠道测量和12千米电路放线测量工作；工业与民用建筑、给水排水两个专业近500名师生，在泰兴县黄桥附近进行电力灌溉区大面积水准点测量，受到地区和县领导好评。

　　三是推广应用科研成果，服务地方经济建设。高校是促进科技成果转化的排头兵，6所院校坚持求真务实的工作作风，将实验室的最新成果应用到社会实践中。苏北农学院早在建校初期,就积极开展农业技术推广工作。1954年,作物栽培教研组将"棉麦两熟区陆地棉栽培和品种试验"的成果在苏北地区推广后,普遍增产高出一倍,为棉麦两熟提供了新的增产措施,深受广大农民的欢迎。从1955年到1964年的10年间,苏北农学院根据国家的需要,以农业生产中急需解决的问题作为研究课题,鼓励教师走出校门,深入生产实际,解决难题,使科研成果有较高的经济和社会效益;注重将重点学科建设与解决生产中的实际问题紧密结合起来,为重点学科的形成和发展创造条件,实行科研、生产、推广三结合,发展横向联系,建立开放型的科研体系。在科研工作中,比较注意处理好基础研究、应用研究和开发研究的关系,以应用研究为主,开展综合性的"一条龙"研究,组织跨系、跨学科的研究,到了20世纪70年代,这一传统做法又得到了继承,如园艺系蔬菜教研组在扬州市郊设点示范、推广半拱型冷床育苗、薄膜小棚、地膜覆盖栽培番茄和其他蔬菜的新技术,在点上取得成果的基础上,逐步推广到7000亩,每亩增值40元左右,为改善当地蔬菜的均衡生产和市场供应做出了贡献。1978年后,农学院不断加强学科间的相互渗透,加强应用研究、技术开发和科技成果的推广工作。实行多学科协作、校内外协作,扩大横向联系,先后建立校外各种基地60余处,遍布江苏各地区和苏、沪、皖农垦系统及新疆生产建设兵团。1986年,农学院在响水县建立了"生产、教学、科研联合体",组织教师和干部轮流驻点,进行科技扶贫,促进了响水县农村经济的发展,取得较为显著的成效。1988年与1985年相比,全县农业总产值增长44.7%,其中粮食总产值增长18.5%,棉花总产值增长61.2%,多种经营产值增长44.4%,农民的储蓄从1985年的人均54元,增加到155元。响水建县以来,首次被省委、省政府授予"粮棉生产先进县"的光荣称号,联合体也连续两年被盐城市评为先进集体。师范学院数学系秦景明等致力研究"正交试验设计"，并将成果应用于扬州制药厂、泰县光华针织厂等企业的生产实践，大大提高了生产效率和工艺。医学院与食品厂协作研制保健食品"八珍糕"，通过鉴定后投入生产，同时还展开"治风湿性关节炎验方"研究、病理检验技术服务、医疗事故的鉴定服务等。

四是积极参与社会治理及防疫救灾。医学院多次派出学生到扬州市郊区和下属区县参加防病治病工作。1991年，扬州遭遇百年一遇的特大洪水灾害，造成严重的经济损失。危难当头，6所院校成立抗洪救灾领导小组和突击队，奋勇当先，坚守抗洪前线，并建立每天24小时值班制度。组织开展"责任与奉献日"活动，将赈灾服务所得款项全部捐给灾民。

第六节　国际交流

国际交流与合作是高等教育国际化的基本平台，也是提升高校办学水平的重要途径。长期以来，6所院校秉持开放办学理念，从建校早期以向外国学习先进教育教学经验为主，到改革开放后建立深化国际合作、共谋发展的国际交往新模式，各院校逐渐走出了一条特色鲜明的国际化办学道路，为人才培养、科研创新、产学研合作等提供了有效支持。

1949年12月，中华人民共和国第一次教育工作会议决议强调："以老解放区的教育经验为基础，吸收旧中国教育的有用经验，借鉴苏联教育的先进经验，建设新民主主义教育。"扬州6所院校在扬州办学初期，主动学习苏联教育理论和经验，按照苏联教育模式办学，聘请苏联专家担任顾问。这一时期各院校的国际交流规模较小，且主要集中在以苏联为首的社会主义阵营。一方面，6所院校积极引进先进技术及其经验,为了满足国家"一五"建设计划重点工程的需要,扬州工业学校派遣1955届部分毕业生出国实习,其中前往苏联学习13人,前往民主德国学习4人。1956年11月,苏北农学院副院长夏永生参加中国高等教育访问团,赴苏联参观访问。随后,高教部顾问、苏联专家叶尔绍夫来农学院检查并了解教学科研工作。1958年11月,根据中苏科技协定,苏联水文气象教育专家利沃夫、托莫菲利德二人到访南京水利学院,进行针对性指导。另一方面,6所院校建立帮扶机制,为其他社会主义国家培养人才。1956年,5名越南留学生进入水利部南京水利学校进修,并在1960年顺利学成归国。江苏水专自建校以来至1984年,共培养外国留学生45名。

20世纪60年代后,随着国内国际形势的变化,6所院校的国际交往模式与策略发生转变,主要表现为:一是大力援助第三世界国家,帮助其进行基础设施建设,培养科技人才。1964年10月,经中共中央组织部批准,苏北农学院黄道谟、黄志荣两位老师以专家身份赴越南工作,支援当地建设。1970年,扬州水利学校实习工厂生产的定型出口产品——A65型螺杆式启闭机,出口尼日利亚、尼日尔、坦桑尼亚、苏丹、索马里、赞比亚、多哥、贝宁等第三世界国家,受到广泛欢迎和好评。江苏农学院对口支援坦桑尼亚,为坦桑尼亚农校编写教材,培养留学生和教师,并派遣教师赴坦桑尼亚执行援外任务。二是引入西方科技成果,开展科学合作。1973年,江苏农学院张照受农林部派遣赴法国、丹麦、比利时考察畜牧业。1974年,江苏农学院开展"江都提水枢纽工程"的总体模型试验,美国、墨西哥、意大利、巴基斯坦等国代表参观后给予较好评价。

在"文革"后期,特别是进入20世纪80年代后,在国家改革开放的大背景下,扬州6所院校坚持"引进来、走出去"的方式,国际交流日益增多,逐步进入走向国际化、紧跟科学前沿的黄金时期。

这一时期，来校访问人数不断提升，覆盖学科门类逐步增加。国际学者来访交流的学科涉及面从农学、水利扩展到了哲学、中文、历史、经济、地质、建筑、计算机、食品、烹饪等学科。在 1974—1981 年的 8 年间，江苏农学院先后接待了美国、日本、墨西哥、意大利、新西兰、瑞典、澳大利亚、丹麦、智利、加拿大、联邦德国、挪威、罗马尼亚、希腊等国的各种代表团体，共 898 人来院参观、访问、座谈和学术交流。仅 1977 年，6 所院校就接待了日本农交四国农民友好访华团、瑞典乌普萨拉农学院访华团、美国州和地方教育界负责人代表团等多个学术和民间团体。1980 年，师范学院先后邀请美国西伊州大学文学系主任、图书馆电脑研究博士许丽霞教授，美国宾夕法尼亚大学副教授杨祚德，瑞士苏黎世科技大学地质学院院长、国际沉积学会主席许靖华教授前来讲学。1985 年，美国加州长滩州立大学副校长德莱克博士来师院访问。1987 年 6 月，美国建筑学专家夏菲克·L. 里法特博士到扬州工专参观、讲学。1987 年 11 月，智利专家访问江苏水专，进行座谈交流。1988 年 12 月，根据中国和智利两国政府间的经济技术协定，江苏水专校长郭永年率领中国水利代表团前往智利进行为期两周的讲学、考察、访问，并和智利政府官员、工程技术人员等进行了广泛的交流。1989 年 9 月，以白俄罗斯水利土壤改良科研院院长 B. 卡尔洛夫斯基为团长的水利考察团一行 4 人到江苏水专参观访问。江苏商专的国际交流合作从 1984 年开始，大规模的国际交流则始于 1985 年。1984 年 10 月 11 日，美国州立学院与大学协会代表团一行 9 人，在加州萨克拉门托大学校长吉斯博士团长的率领下，参观考察了江苏商专。1985 年 12 月，日本名古屋市国际调理师专门学校理事长工藤市兵卫教授、校长工藤春枝女士访问了江苏商专烹饪系。江苏商专与名古屋市国际调理师专门学校建立友好关系，该校每年组织数十名师生来江苏商专进行中国烹饪学习、研修、考察,前后延续多年。1986 年 2 月,澳大利亚悉尼大学生物学教授曹继业来江苏商专参观考察生物菌试验科研情况和烹饪技艺。3 月下旬,美籍华人企业家翁元春女士一行 3 人来江苏商专参观访问,并应邀做了"商业心理学"学术报告。4 月,加拿大安大略省高教代表团在本森团长率领下访问了江苏商专。

这一时期,各校对外交流合作的方式由短期访问、考察转变为较长时间的学习、研修和讲学,且规模不断扩大。仅 1985 年,扬州师范学院派出国进修 2 人,扬州工专派出国进修 3 人,分别前往日本、西德、苏联等国访问。江苏农学院每年都有教师出国考察、进修和攻读学位,1980—1990 年间,有 90 余人次前往美国、日本、英国、加拿大、苏联、南斯拉夫、德国等 10 多个国家学习、进修、考察、讲学和参加国际性学术会议,其中攻读博士学位 5 人,攻读硕士学位 12 人,学成回国的学者在教学、科研中发挥了骨干作用,教师队伍的总体结构有了明显改善。江苏商专也派出教师赴美国、英国的高校进修、留学。在"走出去"的同时,各校也采用"引进来"的方式聘请外国专家来校讲学。1985 年 5 月,经江苏省政府批准,江苏农学院聘请了美国堪萨斯州立大学遗传学教授梁学礼、加拿大曼尼托巴大学植物遗传学教授戴威廉为名誉教授;1986 年 6 月,又聘请了美国农业部家禽研究所高级研究员方竹生博士为名誉教授。江苏商专也聘请了外籍教师来校讲学,接收外籍学生来校研修。1988 年 5 月,加拿大安大略省塞尼卡大学主讲教师道格拉斯先生来江苏商专讲学,讲授财会、市场学、国际营销学等。1987 年 4 月,日本女子营养大学调理学教研室小川久惠助教授来江苏商专,研修中国烹饪理论和工艺课程。1989 年 3 月,加拿大安大略省阿尔宫庆学院杨尼克·维森特来江苏商专讲学。1989 年 4—5 月,加拿大教授道格拉斯先生和杨尼克·维森特先生分别应邀来江苏商专讲学。江苏商专的对外交流从短期的访问、考察，转变为较长时期的学习、研修和讲学，学科领域从烹饪为主扩大至人文、市场、流通、财会、价格、管理等。

这一时期，来扬留学生数量大幅增加，形成一些具有一定国际知名度的优势学科。1988 年 4 月，江苏农学院受国际粮农组织及我国农业部畜牧局外经处的委托，与江苏省家禽研究所一起，为孟加拉国举办了 8 周的乡村家禽改良培训班。1987 年，江苏水专承担两名智利学员来华接受"排灌与实验室设备技术培训"，与智利开展经济技术合作。江苏商专的烹饪专业成为留学生培养、访学的一面旗帜。1986 年，江苏省高教局、江苏省商业厅联合发文，同意江苏商专开展对外交流，与国外合作方互派教师讲学、进修，互换图书、资料及科研信息，对双方感兴趣的科研项目合作研究，接受对方自费留学生。1987 年 11 月，江苏省教委同意江苏商专常年接待日本学生来校短期学习。12 月，接江苏省政府办公厅复函，同意江苏商专实验菜馆暨招待所接待外国培训生。此后，更多的国外专家、学者应邀或慕名前来江苏商专访问、考察，先后接待了澳大利亚维多利亚教育代表团、美中友协佐治亚州亚特兰大城"中国烹调学校"代表团、美中友协美国加利福尼亚"美食家交流团"、日本关西地区基础教育访华团等。

1988 年，江苏省教委批准江苏商专为全省 10 所重点对外交流院校之一。1992 年 1 月 8 日，省教委发文，对全省 9 所举办外国人培训班高校的检查情况进行评审，评审结果表明，江苏商业专科学校烹饪系的师资和条件全国第一，几年来招收外国短训班学员，反映很好。经评审，建议将江苏商业专科学校等 7 所学校作为第一批继续具有为外国人举办短训班资格的院校报请国家教委审查公布。1993 年 3 月 9 日，国家教委公布第一批有条件接受外国留学生高等学校名单，江苏商业专科学校名列其中。在 1986—1992 年的 7 年间，共有日本、美国、加拿大、澳大利亚、新西兰、朝鲜、民主德国、波兰等10多个国家、600多人次陆续来江苏商专参观学习，进行学术文化交流。

这一时期，参加国际学术会议的教师日益增多。1986年，江苏农学院先后有4名教师参加了国际会议。8月，农学院农学系教授高煜珠参加在美国罗得岛州布朗大学召开的第七届国际光合作用学术会议，该会是世界上有关光合作用研究的高层次学术交流活动；机电系青年教师储训赴加拿大参加联合国召开的水利学术会议，在会上宣读了论文《二段扒门》。9月，畜牧兽医系教授严忠慎参加在英国爱丁堡举行的"第二次中英育种科学讨论会"，会议前后参观了约克郡剑桥、斯塔福德等地的育种中心和动物生理研究所以及商业性猪场。10月，农学系副教授黄志仁参加在日本冈山县举行的"第5届国际大麦遗传学论文报告会"（30个国家，共248名代表）。1989年2月，农学院教务处副处长王志清去香港地区参加"优质肉鸡改良、生产及发展研讨会"，提交论文《新扬州鸡肉质分析》；8月，农学系教授高煜珠赴瑞典斯德哥尔摩参加第八届国际光合作用会议，提交论文《硫酸苷酶在调节 C_3 高等植物光合作用 CO_2 固定中的作用》为大会采用；10月，水利及农业工程系主任金兆森赴日本筑波大学农林研究中心主办的"亚太地区农业教育研讨会"，并宣读论文《中国农业水资源利用与教育》；青年教师刘超赴日本东京参加由国际灌溉排水委员会主办的亚非地区灌溉排水会议，宣读论文《泵站经济运行》。1986年11月，江苏商专顾坚校长率团出访日本，对日本名古屋市国际调理师专门学校进行访问交流。1988年11月，江苏商专烹饪系副教授聂凤乔等应日本饮食服务协会邀请前往东京，参加"泛太平洋地区饮食服务国际研讨会"。1991年2月，朱江研究员赴澳大利亚阿特雷德市出席"十七世纪扬州八怪书画复制品展"，并作学术演讲。朱江研究员、蒋华副研究员还应澳大利亚南澳多元文化艺术基金会的邀请,赴澳大利亚讲学。6月,江苏商专刘传桂副校长赴加拿大安大略省考察访问。

40年来,6所院校先后与美国、加拿大、日本、英国、澳大利亚、韩国、苏联、智利、德国、挪威等多个国家和港、澳、台地区进行学术交流与互访,其中扬州师范学院、江苏农学院、扬州工学院等院校还长期外聘英语等专业教师。1992年,农学院成立出国留学工作领导小组,使出国留学工作规范化。各院校在国际交流合作方面取得显著成效,引进了大量前沿科学技术成果,培养了一批优秀人才,有效提升了学校形象和国际知名度。学成归来的动物传染病学专家刘秀梵教授、水稻专家顾铭洪教授、真空物理与电子材料专家刘炳坤教授等学者日后均成为学校科研领域的中流砥柱,形成了一支学风正派、学术造诣较深、具有较大潜能的科研队伍,为推动学校科研事业发展做出了卓越贡献。

下篇

扬州大学校史

第十章　合并办学的探索与实践

从世界近现代史来看,科技革命和产业革命的迅猛发展,必然导致教育、科技、经济的大变革,而通过教育体制改革,促进学科交叉融合,实现人文科学与自然科学的相互渗透,成为现代高等教育发展的显著特征。党的十二大召开后,我国拉开了全面开创社会主义现代化建设新局面的序幕。继经济体制改革和科技体制改革的决定出台后,1985 年 5 月,《中共中央关于教育体制改革的决定》颁布。教育必须为社会主义建设服务、社会主义建设必须依靠教育成为全社会的共识,教育的改革与发展受到各级政府高度重视。继 1952 年全国高等教育院系大调整后,20 世纪 90 年代初,为适应社会主义现代化建设的需要,我国高等教育的又一次重大体制改革和结构调整拉开了序幕。扬州大学在这场改革浪潮中应运而生,走上了一条从联合到合并的改革发展道路,成为我国合并办学的一个典型和高校管理体制改革的一面旗帜。

第一节　联合办学的探索

扬州,国务院首批公布的 24 座历史文化名城之一,有着深厚的文化积淀和丰富的人文资源。新中国成立后,在仅有 50 万人口的扬州,陆续建起了 6 所省属高校,即扬州师范学院、江苏农学院、扬州工学院、扬州医学院、江苏商业专科学校和江苏水利工程专科学校。6所高校所拥有的学科门类，覆盖当时国家10大学科门类中的9个（除军事学），既具有明显的学科互补，也存在严重的专业重复。除1所学校相距较远外，其余5所学校的校园彼此毗邻，具有得天独厚的联合办学条件。于是有识之士提出，扬州高校如能联合起来，无疑是一所规模宏大、学科齐全的综合性大学，有利于形成综合优势，扩大国内外影响。基于这样的现实和认识，自1985年，扬州高校开始了联合办学的探索。

一、联合办学的提出及酝酿

（一）扬州高校首倡组建"江苏大学"

扬州6所省属高校是伴随新中国的成长，从无到有，从小到大，逐步发展起来的。人们注意到，扬州高校数量较多，在江苏仅次于省城南京，但办学层次大多不高，只有4所为本科学院（其中有2所从专科升格为本科）、2所为专科学校，没有一所综合性大学，总体上办学规模偏小、教育效益低下、竞争实力较弱；6所高校分别隶属于江苏省教委、水利厅和商业厅三个主管部门，经费渠道各异，在客观上造成分散办学、条块分割以及专业设置重复、教育设施设备低水平的局面，难以适应高等教育发展和地方经济建设的需要。为此，扬州高校认识到，只有改革才是唯一的出路。

扬州6所高校一直有相互交流合作的传统，早在20世纪80年代初，就曾建立各校共用的计算机中心、测试中心和电化教育中心，受到上级肯定。1985年9月19日，江苏省高教局局长叶春生在扬州召开驻扬高校院（校）长会议，决定建立"扬州高校院（校）长联席会议"，定期交流和研讨教育工作。他要求先从图书、教材、教学、科研、总务等方面入手进行"交流协作"，先易后难，从小到大，逐步发展。这次会议，是学校发展史上最早提出联合动议和协作设想的一次会议。

1988 年初,由扬州师范学院和江苏农学院牵头,6 所高校首倡联合办学和教育协作。大家在对高等教育的发展趋势做出分析判断和统一思想之后,对联合办学的具体方案进行了探讨。1988 年 6 月,经共同协商,确定了隶属关系、级别待遇、人事关系、学校任务等"四个不变"的联合原则,将联合组建的新校名初定为"江苏大学",除校本部外下设 6 个学院,均冠以"江苏大学"之名。为调动各校积极性和创造性,确定"江苏大学"是一个既有一定实体内容、所属各学院又保持各自独立的"联合体";各学院为相对独立的教育实体,对外具有法人地位,对内统一管理,具有招生、分配、人事、教学、科研、总务的组织管理权和经费使用权。

1988 年 11 月 8 日,6 所高校联合向江苏省政府递交了《关于扬州六所高校实行联合办学,建立江苏大学筹备委员会的报告》。与此相呼应,6 所高校随之组织所属高教研究机构联合成立"扬州高校高等教育研究协作组",确立以"扬州高校联合后的发展问题"为主题进行重点研究。接着,6 所高校又围绕联合办学议题,分别发动干部和教师展开广泛讨论,统一思想认识。

从首倡到行动的整个过程,是 1992 年扬州 6 所高校联合办学的前奏曲,对后来的合并办学和体制改革,具有思想发动与凝聚共识的重要意义。

(二)江苏省政府批复同意联合办学

扬州 6 所高校联合办学的共识和动议,得到国家教委、江苏省委省政府及教育主管部门的关心支持。1988 年 9 月,国家教委副主任朱开轩在视察扬州高校时,要求将扬州高校联合组建成一所综合性大学,探索一条中国高等教育体制改革的新路子。同年 10 月,江苏省教委派出专题调查组对 6 所高校联合办学问题进行调查研究,同时听取了扬州市委市政府的意见。

1989 年 4 月 5 日，江苏省副省长杨咏沂、省教委副主任叶春生等在扬州召开"扬州高校党委书记、院（校）长会议"，传达省政府对扬州 6 所高校实行联合办学并成立江苏大学筹备委员会的批复。"江苏大学筹备委员会"由 9 人组成：江苏省教委副主任叶春生任主任，扬州市委副书记钱永波、扬州市副市长袁平波、扬州师范学院院长吴骥陶、江苏农学院院长羊锦忠任副主任，扬州工学院院长刘炳坤、扬州医学院院长王勇、江苏商业专科学校校长顾坚、江苏水利工程专科学校校长郭永年任委员。同时，成立教学师资、图书资料、科技开发、仪器设备、后勤等 5 个协作组。

杨咏沂强调，要联合起来发挥群体优势，提高规模效益和教育质量。叶春生代表省教委对扬州 6 所高校联合办学的方案做了说明，同时对筹委会工作提出六点要求：一是要进一步论证修改联合办学的方案，使之更具体化；二是各协作组的活动要切实开展起来；三是要配合省教委对 6 所高校的专业设置进行调查，提出规划意见；四是要逐步建立若干实体，将原有的实验中心真正建设成为面向 6 所高校服务的中心；五是要成立专门小组研究联合科技开发问题；六是要加强同社会的联系，研究如何为社会经济服务，而且首先要为扬州的"四个现代化"建设服务。

根据省政府批复精神、杨咏沂讲话要求以及省教委工作方案，1989 年 7 月 11 日，扬州 6 所高校继成立教学师资、图书资料、科技开发、仪器设备、后勤等 5 个协作组后，又成立了科研学术交流协作组。此后两年，在江苏大学筹委会的领导和组织下，上述 6 个协作组在探索筹建江苏大学和促进六校联合办学方面做了大量基础工作，成为 1992 年走向联合办学的重要组织基础。

（三）各级领导高度评价高校联合

筹建江苏大学的行动，在江苏省高等教育界引起高度关注。原江苏省高等教育局局长顾尔钥长期关心扬州高等教育事业，1989年10月16日，他欣闻正在筹建江苏大学，表示衷心拥护这一改革举措，认为扬州6所省属高校推行松散联合是他的多年心愿。他满怀豪情赋诗庆贺，赞赏此举是"名邑添佳景，江苏第一枝"，对扬州6所高校联合办学给予了很高评价。

国家教委副主任朱开轩获悉扬州6所高校组建江苏大学的消息，明确表示赞同。1991年3月初，在接见江苏省教委领导时，他特别嘱咐要重视江苏大学的联合，充分认识其重要性，筹备应有新的进展，向国家教委报批，希望联合好，不能徒有虚名。

1991年3月7日，省教委副主任叶春生来扬州召开"驻扬高校党委书记、院校长会议"。在传达国家教委副主任朱开轩的讲话要点后，他特别敦促扬州6所高校应进一步统一思想，积极而慎重地推进联合，稳妥和逐步地向实体性过渡，办出江苏大学的特色。

二、扬州大学的批准与组建

（一）省政府致函申请联合办学

作为高等教育改革的创新实践，江苏省政府根据江苏大学筹备进展情况，决定同意扬州6所高校实行联合办学，考虑到地域因素以及国家税务局"扬州培训中心"参与联合办学的意愿，新组建的学校校名由原定的"江苏大学"变更为"扬州大学"。1992年4月21日，省政府向国家教委递交《关于申请建立扬州大学的函》〔苏政函（1992）21号〕，正式申请将扬州师范学院、江苏农学院、扬州工学院、扬州医学院、江苏商业专科学校、江苏水利工程专科学校等6所省属高校和国家税务局扬州培训中心联合组建为"扬州大学"。

江苏省政府的致函详细阐述了扬州6所高校联合办学的过程、意义以及今后的工作设想，指出建立扬州大学的目的就是为了克服"小而全"和"小而不全"的弊端，探索举办省属多学科综合性大学的路子和办学模式,提高地方普通高校的教育质量和办学效益。致函中,对扬州大学联合办学后的管理和运行做了具体陈述:扬州大学实行"小校部、大学院"的办学模式,下设 7 个学院;校本部的主要职能是对各学院进行行政领导和宏观管理,统筹事业规划,协调各方面关系,检查评估教育质量;在近期内,参与联合办学的 7 所学院,其原隶属关系、级别待遇、经费渠道、办学任务不变,各学院仍具有各自的行政职能,是相对独立的实体;今后,根据实际需要,逐步创造条件把扬州大学建成统一的实体。

（二）国家教委批复建立扬州大学

国家教委十分重视扬州高校的联合办学问题,彭佩云、朱开轩、何东昌、杨海波、韦钰、周远清等多名领导先后前来扬州视察、调研和指导。收到江苏省政府的致函不久,国家教委于 1992 年 5 月 19 日正式批复同意建立扬州大学。后来 5 月 19 日被确定为扬州大学的校庆日。

国家教委在《关于同意建立扬州大学的通知》〔教计（1992）84号〕中批准了江苏省政府的方案:扬州大学下设师范学院、农学院、工学院、医学院、商业学院、水利学院、税务学院等 7 个学院;校本部的主要职能是对各学院进行行政领导和宏观管理,统筹事业规划,协调各方面关系,检查评估教育质量;在近期内,参与联合办学的 7 所学院,其原隶属关系、级别待遇、经费渠道、办学任务不变。该通知对扬州大学的办学和改革提出具体要求,指出扬州大学的建立"是一项具有开创性的工作,是我国高等教育发展中的一件大事,对于探索创办具有我国特色的社会主义多科性综合大学有着重要意义",同时希望要"通过扬州大学的实践,为我国高等教育的改革和发展提供有益的经验"。

1992 年 6 月 22 日,江苏省政府通知,要求"从 1992 年起,扬州大学所属的七个学院均以扬州大学名义招收新生"。

由于办学体制等方面的原因,税务学院于 1997 年 10 月 31 日从学校分离,改为"国家税务总局税务干部(公务员)培训中心"。

(三)组建首届领导班子

1992 年 12 月 9 日,江苏省政府下发《关于建立扬州大学的通知》〔苏政发(1992)83 号〕,进一步明确扬州大学的管理职能和办学模式。与此同时,江苏省委省政府相应启动了扬州大学领导班子组建工作。

1992 年 12 月 14 日,江苏省委副书记孙家正和省委高校工委书记陈万年来扬宣布省委和省委高校工委决定:朱克昌任扬州市委常委、校党委书记、常务副校长,袁相碗兼任校长,刘德华任校党委副书记、副校长;建立扬州大学党委会,由朱克昌、刘德华、刘炳坤、何开选、陈中英、陈同高、顾崇仁、高信华、梁隆圣等 9 人组成;由袁相碗、朱克昌、刘德华和 7 所学院的院长王勇、刘炳坤、刘传桂、羊锦忠、吴骥陶、郭永年、薛钜组成校务委员会。孙家正希望学校首届领导班子积极探索,努力创新,把扬州大学办成"一所新兴的名牌大学"。扬州市委书记姜永荣代表市委市政府到会祝贺,表示将竭尽全力为扬州大学服务,支持办好扬州大学。

学校领导班子组建后,立即着手研究了近期工作、办学模式、校园规划和基建工作等,决定将校部地址设在文化路(后更名为"大学南路")荷花池西侧。从此,扬州大学的联合办学进入正轨,逐渐掀开了改革发展的新篇章。

(四)党和国家领导人对学校改革的肯定

作为高等教育改革的成果,扬州大学受到了中央领导同志的关心与支持。他们先后以不同的方式,对扬州大学的联合办学予以肯定和鼓励。

1993年5月23日，江泽民在中南海获悉家乡高校率先深化高等教育体制改革、合并组建了扬州大学。他于5月24日在中南海勤政殿为学校题写了校名。

中央分管教育工作的国务院副总理李岚清将扬州大学视为高等教育体制改革的"四大名旦"之一，先后多次在各种场合宣传、介绍扬州大学合并情况。他曾三度就学校改革工作作出指示或批示，希望扬州大学建成一所有自己特色的"好典型"和"新名校"。

1993年11月30日，李岚清在给首都高校负责人和中央党校学员作学习《邓小平文选》第三卷专题报告时，明确肯定和支持扬州大学所走的联合办学道路，希望全国高校向扬州大学学习，进一步深化高校管理体制改革。他指出，要克服高等教育分散办学、追求小而全、低水平重复的弊端，倡导高校走联合办学之路，发挥综合优势，借以提高办学水平和国家的投资效益。

1994年3月21日，李岚清在办公室召见赴京参加全国人大八届二次会议的扬州市委书记李炳才，仔细询问扬州大学联合办学进展情况。在肯定了扬州大学一年多来的工作成效时，对学校的改革发展作出重要指示，学校要研究和深化内部管理体制改革以及招生、收费和分配制度改革，搞好校、院、系三级管理，学校要成为办学实体，学校一级的统筹功能要加强，不能光要一个"大学"的牌子。希望扬州大学全面研究下一步改革的措施办法，成为全国联合办学的好典型。

1994年4月9日，李岚清在接到学校给他的呈报信函后，作出重要批示。他指出，现在高等学校不少是小而全，这是影响提高教学质量和办学效益的重要原因之一，这种模式使人力分散了，有限的财力也分散了，许多教学设施低水平重复。要解决这个问题，出路在于改革，在于联合。扬州大学已走出了联合的第一步，希望扬州大学要巩固和发展这一成果。首先要做到真正的联合，而不是形式上的联合，然后再在招生、收费、分配、学制、学科设置、教学内容等各个方面进行全面改革。当然，首先要做深入细致的思想政治工作，取得师生共识，要处理好改革、稳定和发展的关系，要有周密的计划和配套措施，等等。

（五）举行授牌与综合楼奠基活动

学校成立之初，各项工作是在缺人员、缺经费、缺办公场所的情况下启动的。所属有关学院从大局出发，及时腾出场地并向校部选送干部，扬州市也积极输送了数名干部参与扬州大学组建。1992 年底到 1994 年初，校部三易办公场地。1993 年 6 月 1 日，学校形成校部综合楼建设方案，决定举行"授牌暨校部综合楼奠基活动"。6 月 2 日，学校确定校牌和各学院院牌设计方案。7 月 3 日，向全校师生统一颁发了"扬州大学"校徽。

这一期间，江苏省委省政府和国家教委对学校创建与校部运行予以多方面关心支持。1993 年 9 月 15 日，副省长王荣炳、省政府办公厅副主任潘春林、省委高校工委书记陈万年视察学校，表示将重点解决校部人员编制、机构设置、职权范围、校部办公楼等问题。

1993 年 11 月 6 日，"扬州大学授牌大会"在农学院礼堂隆重举行。中共中央政治局委员、国务院副总理李岚清发来贺信。江苏省委副书记孙家正、省委常委兼省委党校校长胡福明、省人大常委会副主任吴锡军、副省长王荣炳、省政协常务副主席段绪申，国家教委和江苏省有关部、委、办、局负责人，扬州市委市政府主要领导以及兄弟高校负责人和知名专家学者等 100 多名来宾出席授牌大会。国家教委高教司副司长陈小娅宣读国家教委贺电。王荣炳副省长等在会上讲话。孙家正、王荣炳分别代表省委、省政府向学校授牌。授牌仪式结束后，举行了校部综合楼奠基仪式，吴锡军、段绪申为综合楼奠基石揭幕。

正式授牌挂牌以及校部综合楼的奠基建设，是学校办学历史上的一个里程碑，标志着学校进入了实体建设的新阶段。

三、联合办学的统筹与协调

（一）确立"扬州大学"法人地位

创建之初，学校面临着两大任务，一是保证统筹协调，二是发挥综合优势，目的在于通过联合办学推进资源共享，提高办学水平。强化校部协调职能，推进学校统一管理，必须首先落实学校的法人地位。1993 年，江苏省政府确认了学校的法人地位，各学院在校党委和行政领导下，近期也是具有法人地位的办学实体，其隶属关系不变。从 1993 年 9 月始，逐步统一校名、校牌和印鉴，统一学生证和新生入学通知书，统一毕业证书和学位证书，学校的统筹协调职能初步得到落实和强化。1994 年 6 月 28 日，江苏省委高校工委和省教委在《关于加快扬州大学建设的若干意见》中，进一步重申了学校的法人地位及学院与学校的隶属关系。

（二）健全学校领导班子及职能

1993 年 12 月 28 日，江苏省委决定张耀宗任校党委副书记，秦景明任副校长、党委委员。1994 年 8 月 19 日，省委高校工委决定建立"中共扬州大学委员会常务委员会"，第一届常委会由袁相碗、朱克昌、张耀宗、秦景明、严华海 5 人组成。1993 年 12 月 30 日，江苏省编制办批复校部暂列事业编制 30 个，批准在校部设立党委办公室、校长办公室、教学科研办公室、总务后勤办公室、科技产业办公室5 个工作机构。在省政府核定的编制内，学校从各学院抽调一批干部和工作人员充实到校部机关，加强了校部的管理职能。

（三）组建一批全校性组织机构

为发挥联合办学的综合优势，学校相继组建一些服务性实体。1993 年 3 月 22 日，成立"扬州大学法律事务所"；4 月 9 日，成立"扬州大学科技实业总公司";5月8日,又在原江苏农学院、扬州工学院、江苏水利专科学校三家工程设计院所的基础上,合并成立"扬州大学工程设计研究院"。1994年1月10日,成立"扬州大学医药研究中心";3月9日,成立"扬州大学信息研究所"。这些服务性实体的组建或合并,使学校社会服务职能增强,实体服务能力大为提升。

同时,一些面向全校的专业性和协调性组织也相继成立。1993年至1994年间,学校陆续成立党建思想政治工作委员会、咨询委员会、关心下一代工作委员会、学科委员会、专业设置评议组、教学委员会、后勤工作委员会、图书情报工作委员会、教师互聘工作领导小组、成人教育学院及其院务委员会、国际交流中心、科技开发与校办产业委员会等一系列组织机构。这些举措的不断推出,进一步强化了联合办学意识,加强了对全校学科建设、专业设置、评估、师资队伍建设、教育教学管理、科研与科技开发等方面的协调管理,促进了全校教育资源利用率的明显提高。

（四）统一学位点增列和新专业增设

继1992年6月省政府通知要求"以扬州大学名义招收新生"后,学校对各学院原有的专业设置与布局做了较大的调整,在组建新兴交叉学科、边缘学科、研究中心,形成新的特色优势方面,持续进行了有益的探索。

1993年12月,国务院学位办公室批准学校增列物理化学、体育保健学、禽病学、动物生产学、生物化学等5个硕士点,这是国务院学位办首次使用"扬州大学"名义下达学位点计划。当年年底,江苏省教委首次将"扬州大学"作为统一的办学实体,同意学校新增6个本科专业、3个本科专业方向、3个专科专业方向。

通过新生招生名称、学位点增列和新专业增设等方面的统一管理,学校巩固了体制改革成果,打开了联合办学局面,促进了学科建设和专业建设,为其后扬州大学从"松散联合"走向"实质合并"打下了重要基础。

(五)省委省政府转发《关于加快扬州大学建设的若干意见》

经过近两年的改革和调整,学校在学科建设、专业设置、课程建设等方面逐步呈现出良好发展势头。江苏省委省政府及教育主管部门对学校的建设和发展十分重视。1994 年 4 月 9 日,中共中央政治局委员、国务院副总理李岚清同志在我校呈报的信函上作出批示,希望扬州大学先要"做到真正的联合",再在招生、收费、分配、学制、学科设置、教学内容等各个方面进行全面改革。4 月25 日,副省长王荣炳在接到李岚清副总理的批示后,批示要求省教委将李岚清副总理近期对扬州大学的几次批示向省内高校传达,并要求省教委认真帮助扬州大学推进联合办学、教学改革工作,希望学校能在全省地方高校的改革方面创造出新鲜经验。此后,省委书记陈焕友也作出批示,要求"抓好扬州大学这个联合办学的典型,真正抓出成效"。

1994 年 6 月 28 日,根据李岚清、陈焕友和王荣炳等领导的指示,为推进扬州大学联合办学,探索高等教育的改革经验,省委高校工委和省教委就如何加快扬州大学建设提出 10 条意见。12 月 3 日,江苏省委办公厅和江苏省政府办公厅全文转发了《关于加快扬州大学建设的若干意见》〔苏办(1994)105 号,以下简称《若干意见》〕。内容如下:

1. 扬州大学是具有法人资格的统一的办学实体,统一接受上级部署工作,并处理各学院需要报请上级批复的重大事项或需提请上级解决的重要问题。各学院在校党委和行政的领导下,近期内也是具有法人地位的相对独立的办学实体,其隶属关系不变。校部和各学院按"有统有分、统分结合"的原则划分职能开展工作。既要通过校部统筹,充分发挥运用现有资源的作用,又要充分发挥各学院的办学积极性。

2. 校部建立以党委常委会和校务会议为主的工作决策中心。各学院党委在校党委领导下开展工作,各学院院长受校长委托,在学院党委领导下,负责做好本学院工作。

3. 校部负责领导和检查各学院对党和国家有关高等教育的方针、政策、法律、法规的贯彻执行;制定全校事业发展规划和阶段实施计划,并组织各学院贯彻实施;对各学院教育质量和办学效益进行评估。

4. 校党委参与省有关部门对各学院院级领导干部的考察。近期内,各学院院级领导干部的调整,由省委讨论决定。各学院在职院级领导干部实施任期目标责任制。

5. 校部负责全校机构编制和年度增人计划的管理,直接管理各学院间的人员调动。对学院所需增设机构、增加人员编制、安排年度增人计划的,由学校审核汇总后,按现行管理程序,报省有关部门办理手续后再组织实施。统一上报学院领导和其他人员的出国事项。

6. 校部统筹教职工队伍建设。组织各学院间师资互聘,统筹从其他重点高校聘请兼职教师。组织全校专业技术职务任职资格评审,审批和聘任具有相应审批权的专业技术职务任职资格。

7. 校部负责全校学科、专业的统一规划、设置和调整。统筹重点学科、重点实验室的建设及评估,统筹博士点、硕士点设置及申报。

8. 校部统筹协调各学院招生规模,统一编制招生计划。向国务院学位委员会申请统一颁发学历证书和学位证书。对全校成人教育进行宏观管理,统筹校外成人教育布点。

9. 校部负责制定全校科研规划,宏观管理省部级以上以及跨学院综合学科的重大科研项目,建立和管理全校性的学术研究中心和面向全校的公用教育设施。一般科研项目和专业性较强的项目,由各学院负责具体管理。

10.校部负责编制全校计划内各项经费预算,统一上报、下达并负责经费决算。各学院原有经费渠道应当维持并努力扩大,多渠道增加经费投入。监督和评估各学院经费使用效益。组织学院间资源共享,调整低水平、不合理的重复建设。

《若干意见》中,省委高校工委和省教委还进一步强调了加快扬州大学建设的重要性和必要性。指出:办好扬州大学是高等教育发展中具有开拓性的一项工作。在学校建设和发展中,必须努力探索具有自身特色、符合自身发展需要的办学模式。希望扬州大学尽快制定实施方案,明确校部和各学院的职责,报省委高校工委和省教委审核后执行。当前,应在深化改革、探索开放式的办学模式、发挥联合办学优势、提高整体办学效益等方面,作出具体规划和部署,取得明显成效。校本部要充分调动学校内外各方面的积极性,群策群力,做好工作。各学院要增强"扬大意识"和整体观念,充分发挥综合优势,遵循教育规律,以提高教育质量和办学效益。希望扬州大学广大师生员工在校党委和行政的统一领导下,加强党的建设,加强思想政治工作,强化改革意识,抓好学科、专业建设和师资队伍建设,不断提高教学、科研和管理水平,把扬州大学早日建成一所具有自身特色的新型的多科性综合大学。

(六)"扬州大学城"从构想到实施

扬州大学是苏北地区唯一的综合性大学。办好扬州大学,对振兴苏北、推进江苏全面小康建设具有举足轻重的作用。学校建立之后,江苏省委省政府和省高校主管部门的领导多次来扬现场办公,听取工作汇报。分管教育的副省长王荣炳先后三次视察扬州大学,同校、院党政负责人座谈,对学校的事业发展和校园建设提出了具体指导意见。为支持学校的建设和发展,省政府及省教委决定同意扬州大学兴建一座校部综合楼。王荣炳副省长同校领导一起研究"扬州大学城"的建设规划,亲自审核校部综合楼的设计方案,几次提出重要修改意见。确定扬州大学校部综合楼建在荷花池畔、文化路西侧,使此楼处于扬州大学校园的中间部位,形成南望工学院、水利学院,北顾师范学院、税务学院,东眺医学院、商学院的格局,从而将学校 6 个校区连成一片,基本形成规模宏大的"扬州大学城"。方案确定后,省政府及省教委支持落实校部综合楼的全部基建经费,保证了工程如期竣工。

1995 年 5 月 6 日,学校隆重举行校部综合楼落成典礼。江苏省委副书记顾浩,江苏省教委主任袁相碗,扬州市委书记李炳才、市长施国兴等领导出席,顾浩和李炳才为校部综合楼落成剪彩。

校部综合楼的建成,标志着学校联合办学跨出重要一步。同时,在地域上初步形成了以中心校区(今荷花池校区)为核心,南连原江苏水利工程专科学校(今江阳路南校区)、原扬州工学院(今江阳路北校区),北通原江苏农学院(今文汇路校区)、原扬州师范学院(今瘦西湖校区),东接原扬州医学院(原淮海路校区)、原江苏商业专科学校(原盐阜路校区)的"扬州大学城"框架。

扬州市委市政府长期关心学校的建设与发展。除对校园基本建设给予优惠政策外,在制定发展规划时,扬州市明确将扬州大学列为"现代工业城、旅游城、大学科技城"三大发展战略的重点建设工程之一。

1995 年 11 月 15 日,为推进中心校区建设,江苏省副省长陈必亭率省委高校工委、省教委、省财政厅、省计经委、省建委城市规划院等有关部门负责人一行 15 人,来扬论证中心校区建设规划。陈必亭在听取学校工作汇报后强调指出:扬州大学联合办学得到了中央和国务院领导同志的肯定，扬大的建设发展只能上不能下、只能快不能慢、只能搞好不能搞差；学校要进一步搞好事业规划和建设规划，要进一步走向市场，要对现有学院、系大胆改革，充分发挥现有学科的作用；中心校区建设非常重要，要制定多种规划进行比较；扬大的建设要作为江苏"九五"期间教育的标志工程来抓。他要求省政府有关部门和扬州市政府组织一个专门班子搞好扬大的建设规划，同时提出了具体的工作要求。

1995 年底，江苏省教委下达关于《制订扬州大学事业发展和校区建设规划的任务书》，决定以学校提出的规划建设为基础，先进行充分调查研究和论证，再提出咨询报告，最后由省教委讨论确定后报省政府审批立项。1996 年 4 月上旬，调研论证工作结束，正式提交了《扬州大学事业发展与校区建设规划论证报告》，其中具体列明了学校事业发展和校区建设规划的几个重点，并提出"九五"期间，拟争取省财政拨专项建设经费 2 亿元，省教委每年投入 2000 万元，五年 1 亿元，学校筹集 1 亿元。伴随校区建设规划的启动实施，学校的联合办学也在改革探索中不断前行，"扬州大学城"逐步变为扬州城的美丽风景。

第二节　从联合办学转向合并办学

扬州大学联合办学的创举和探索，在江苏高等教育界乃至全国范围内都产生了重要影响。尽管学校工作运行步入了正常轨道，由于条块分割的限制，学校实行"四不变"的管理体制，改革进程仅有局部推进而没有整体突破，联合优势和教育效益尚不能充分显现。1995 年 3 月，中共中央政治局委员、国务院副总理李岚清视察扬州大学，为学校的合并办学和体制改革指明了方向，成为学校由联合到合并的重要转折点。在中央和省市各级领导的关心支持下，学校顺应教育改革发展大势，以求大求强的精神加快了合并办学和体制改革步伐。江苏省委省政府以及教育主管部门采取有力措施，理顺了学校的办学体制和管理体制，确立了"三级建制两级管理"新体制，明确学校为省属重点大学和"九五"期间重点建设高校。扬州大学实质性合并办学道路的积极探索，既为全国高校管理体制改革提供了有益经验，也为构建高水平的地方综合性大学基本框架打下了坚实基础。

一、合并是联合办学的最高形式

（一）坚定走合并办学的改革道路

对扬州大学这所全国最早合并办学的高校，各级领导予以高度关注，期望学校改革发展不断取得新突破。1995 年 3 月 30 日，是学校由联合办学到合并办学的一个重要转折点。中共中央政治局委员、国务院副总理李岚清到江苏考察工作，在江苏省省长郑斯林、扬州市委书记李炳才等陪同下来校视察。他在肯定学校改革发展成绩的同时，特别为学校改革指明了方向，这就是坚定走合并办学的改革之路。

在工学院，李岚清听取了校党委书记、常务副校长朱克昌的工作汇报，接着视察了水利学院、农学院和师范学院，最后在税务学院作了重要讲话。他在深刻阐述高等院校联合办学的重大意义时指出，我们是一个发展中的国家，要办全世界规模最大的教育，经费不足的问题如何解决，一方面要增加教育投入，另一方面要充分利用现有教育资源。我们现有的教育资源并没有得到充分的利用和发挥，配置也不够合理，造成不少浪费，集中表现在高等教育小而全，缺乏规模效益，低水平重复很突出。要通过联合，有条件的也可合并，以达到提高教育质量和办学效益的目的。联合的最高形式是合并，但有些要通过联合来过渡，逐步由松散到紧密。合并就是要起"一加一大于二"这个效果。合并绝不是简单地大家都挂一个牌子，原来叫学院，现在叫大学，那就没有什么意义了。

在谈到扬州大学的改革发展时，李岚清指出，高校的合并，我们抓了四个典型，其中一个就是扬州大学。扬大学科门类相当齐全，师、农、水利、商、税、医、工齐全，完全有条件办成综合性大学。现在要解决的问题是打破原来的格局。要真正合并，按照综合性大学的要求来着手。他希望学校加快步伐，办成名副其实的综合性大学，要求学校各级干部和师生员工一切从大局出发，打破小天地，全心全意、同心协力，共建高水平大学；要研究学校的服务方向，面向地方经济建设；要结合合并工作，办成一个综合性大学改革的典型。他希望省、市各有关部门积极支持扬州大学，帮助尽快解决有关问题，加快学校的内部改革。要办好扬州大学，为振兴江苏，特别是振兴苏北、振兴扬州做出更大的贡献。

在听取李岚清副总理的指示后，省长郑斯林强调，一定要坚定不移地执行李岚清副总理的指示，抓紧时间，认真研究推进扬大改革进程的措施，尽快把扬大办成功能齐全、实力雄厚的一流大学。扬州市委书记李炳才表示，要将扬大作为扬州自己的大学来办，全力支持学校的建设和发展。

视察结束后，李岚清为学校题词："发挥联合优势，坚持教育改革，提高教学质量，齐心协力办好扬州大学。"李岚清的视察，成为学校改革发展史上的一个重要里程碑，为学校从联合转入合并注入新的动力，也坚定了全校干部师生走合并办学道路的信心。

（二）从松散到紧密的组织措施

首先是提高认识，统一思想，实现思想上的"由松到紧"。为推动全体师生的思想转变，学校党政积极采取相应措施，重点在大力推进合并办学上作出部署。1995年4月，学校党委先后召开党委会、全校中层干部会、师生员工代表座谈会等一系列会议,传达和学习李岚清视察学校时的重要讲话,并就全校贯彻落实工作提出了明确要求。在创刊不久的《扬州大学报》上,连续刊登三篇"评论员"文章:《联合的最高形式是合并》《加快合并进程应坚定不移》《齐心协力办好扬大》,以此促进全校干部和师生员工转变观念、提高认识、树立信心。1995 年 4 月 24 日,校党委印发《关于贯彻李岚清副总理重要指示精神的意见》,就如何从"松散"走向"紧密"拿出了学校自己的主张,推出了基本符合高教改革发展形势和要求的实质性合并办学纲领,提出了关于推进合并办学、建设真正意义的综合性大学的工作思路。这份"贯彻意见",后来成为学校编制"九五"计划以及未来十年规划的重要依据。

其次是寻求主管部门支持,进一步推进管理体制的"瘦身强体"。学校最初实行的是松散型联合办学,参与联合办学的学院仍保持着各自的一套管理机构。因此,建立一个精简、高效、有利学科发展的管理体制,是当时学校改革发展所面临的首要任务。1995 年 4 月 25 日,省委高校工委、省教委向省委省政府报呈《关于加快扬州大学建设的补充意见》(以下简称《补充意见》)。5 月 4 日,省委办公厅和省政府办公厅转发了该补充意见。主要精神如下:

1. 撤销原 6 所学院的建制。同时将原隶属于省商业厅的江苏商业专科学校,原隶属于省水利厅的江苏水利工程专科学校,调整为隶属于扬州大学。

2. 取消原 6 所学院的法人资格和法人代表。明确学校是唯一具有法人资格的统一的办学实体。校长是学校唯一的法人代表。

3. 确定了校、院的职级。学校党政正职的级别为正厅级,党政副职和等同这一级别的干部为副厅级。学院党政正职的级别为副厅级,党政副职的级别为正处级。现在职的校、院系处级领导干部的职级予以保留。

4. 明确了干部的管理权限。学校省管领导干部由省委组织部和省委高校工委受省委委托负责管理。学校党委协助省委组织部、省委高校工委考察各学院省管领导干部。新配备的各学院党政副职由学校党委负责管理,任命前征求省委组织部、省委高校工委意见。税务学院的领导干部由省委协助国家税务总局党组管理。系处级干部管理办法由学校党委根据有关精神研究决定。

5. 明确了有关人事编制和经费渠道。原建制撤销和原隶属关系调整后,商业学院、水利学院的人事编制由省编委办从省商业厅、水利厅划至省教委。省水利厅给水利学院的基建费和事业费分别由省计经委和省财政厅按现有基数划拨省教委。省水利职工大学、扬州水利学校由扬州大学和省水利厅联合办学,经费渠道不变。水利部水文培训中心由学校商请水利部联合办学,经费渠道不变。

《补充意见》的颁布,是江苏省委省政府为贯彻中央指示和李岚清副总理重要讲话精神作出的重大决策。《补充意见》从根本上理顺了学校的办学体制和内部管理体制,同时在法理上确立了扬州大学是唯一具有法人资格的办学实体,从而使学校的合并办学从"松散"迅速推进到"紧密",为实质性合并铺平了道路。

再次就是调整充实学校领导班子。为适应学校改革发展需要,江苏省委于1995年5月4日对校级领导班子进行调整充实,决定:朱克昌任扬州市委常委,免去其常务副校长职务;顾铭洪任校长,方洪锦任常务副校长(正校级),杨家栋任副校长;免去袁相碗校长职务。同日,省委高校工委决定:增补顾铭洪、方洪锦、杨家栋为党委委员、常委;袁相碗不再担任党委常委、委员;顾铭洪不再担任农学院党委常委、委员;方洪锦不再担任师范学院党委常委、委员;杨家栋不再担任商业学院党委副书记、委员。

1995年5月6日,学校召开干部教师大会。江苏省委副书记顾浩、省委高校工委书记陈万年、省教委主任袁相碗、扬州市委书记李炳才等出席大会。会上,陈万年宣读了省委和省委高校工委关于学校领导班子成员任免决定以及省委办公厅和省政府办公厅联合转发的《补充意见》。顾浩在讲话中要求,全校各级干部应勇于开拓、扎实工作,正确处理合并过程中的各种关系和矛盾,积极而稳妥地加快向新体制的过渡。省教委主任、学校首任校长袁相碗,扬州市委书记李炳才,校党委书记朱克昌、校长顾铭洪分别讲话。

5月8日,学校召开首次校党政领导班子成员联席会议,对校领导进行工作分工,并重点研究了学校改革发展事宜。学校领导班子的充实和健全以及学校工作的正常开展,标志着学校形成了一个集体领导核心,合并改革和事业发展有了组织保证,为顺利推进合并办学创造了良好内部条件。

（三）强化学校统筹管理职能

学校内部管理体制改革是实质性合并能否取得成功的关键。扬州大学参与合并的高校较多,情况复杂,其合并难度可想而知。针对实际情况,学校管理体制改革着眼"转变职能、理顺关系、优化结构、提高效能",采取了"分步推进、逐步到位"的策略,即先采取措施强化统筹管理功能,再集中精力攻克管理体制改革难关。此时正值"九五"计划期间,为取得合并办学的实质性进展,寻求管理体制改革新的突破,学校党委决定在认真落实省委省政府明确的管理权限基础上,进一步深化改革,增强校部的统筹功能。

校党委的决定首先得到江苏省高校体制改革调查组的肯定。1995年9月25日,由省政协常委、教科文卫副主任、省教委主任袁相碗和省政协常委、中国药科大学校长徐群率领的高校体制改革调查组一行来校调研。经过走访、调研、座谈，他们对学校的事业发展和体制改革提出了积极意见和建议，认为扬州大学的合并方向对头，不可逆转，要进一步加强合并办学的宣传，增强师生员工的凝聚力，同心同德把合并向前推进。

为提高合并改革的有效性和可行性，学校多次组织人员赴外地学习考察，总结借鉴兄弟学校经验。1996 年 5 月 4 日至 18 日，校党委书记朱克昌率领有关部门负责人到四川联合大学、重庆大学、南昌大学、上海大学等校学习考察。结合考察内容和自身实际，学校党政班子研究制定了一系列合并办学新举措。在多次讨论、充分酝酿后，学校制订了深化改革、加快发展的实施方案。

1996 年 9 月 6 日，学校颁布《关于进一步深化学校改革加快学校发展的若干意见》，对下一步必须重点开展的工作提出了 6 条具体措施：第一，分层次、有针对性地强化改革发展的舆论宣传工作和思想政治工作，进一步统一思想认识。第二，有计划地启动学科建设和调整，首先抓好基础部、建筑工程学院和经济管理学院的组建工作，分步骤地按学科群组建新学院。第三，抓紧落实专项经费，加快中心校区建设步伐，总体改善办学条件。第四，深化学校内部管理体制改革，科学合理地确定校、院、系三级建制，完善与合并办学相适应的运行机制。在校部增设团委、工会、校报编辑部、基建办公室等工作机构，相应精简学院的中层机构。同时，将学院后勤服务、基本建设、大型设备管理、安全保卫等部门工作人员的工作关系逐步迁到校部，实行集中统一管理。第五，在继续发挥院级积极性的基础上，进一步研究落实校部统筹管理的各项措施，强化学校的统筹职能，加强对人事、教学、科研、产业、基建、财务等方面的管理。第六，有计划、有步骤地办几件实事，努力提高办学水平和办学效益，充分调动教职工的办学积极性。

此外,学校还在人、财、物、党务群团工作等方面以进一步强化统筹管理,逐步朝着"集中统一"的目标迈进。首先是统一干部任免、考察和教育培训工作。1996年上半年,颁发《关于选拔任用干部的暂行办法》,对学校的干部管理范围进行了明确界定。1997年下半年,先后颁发《关于非领导职务干部选拔任用暂行办法》《扬州大学干部教育培训"九五"规划》,对干部选拔、任命、审批等环节进行了统一管理。其次是统一保障服务工作。1996年9月,学校决定撤销各学院后勤服务、基本建设、大型设备管理、安全保卫等机构,统一由学校职能部门负责领导和管理,即统一规划布点、统一申报项目、统一安排经费、统一组织招标、统一审计验收的"六统一"管理。第三是统一财务管理工作。1996年6月和12月,先后颁布《扬州大学财务统管方案》《关于加快学校财务管理体制改革的意见和处理学科专业调整中若干财务问题的暂行办法》。撤销6个学院的计财处(财务处)建制,建立若干财务办公室,隶属校计财处。财务办公室由学校计财处授权在各校区开展财务活动。第四是统一学校群团工作。1996年9月17日共青团扬州大学委员会成立,1997年11月29日召开扬州大学首次团代会,1997年5月31日召开首次学生代表大会。1997年4月2日扬州市总工会批复建立扬州大学工会筹备委员会,1997年12月26—27日,召开扬州大学一届一次工会会员暨教职工代表大会。

至此,学校在干部、人事、纪检、监察、审计、统战、群团、财务、基建、招生、外事、后勤等方面的统一管理局面基本形成。与此同时,学校在教学、科研、科技开发、学生工作等方面,积极探索管理体制改革方案,进一步增强了校部的统筹职能,从而减少了管理环节,降低了管理成本。建校之初"松散联合"状况已不复存在,实质性合并取得明显进展。

二、推进学校内部管理体制改革

（一）健全学校管理机构

实质性合并需要打破旧格局、改革旧体制。学校摊子大、头绪多，历史形成的固有弊端，传统的思想观念和习惯势力，必然造成合并改革运作上的困难，因而也使学校内部管理体制改革成为一场攻坚战。

学校内部管理体制改革首先从管理机构和工作人员方面着手。1995年4月省委省政府颁布的《补充意见》，从根本上理顺了学校的办学体制和内部管理体制，是学校机构改革取得实际成效的清晰"方位图"；从1995年起，学校陆续采取措施，健全学校管理机构，充实工作人员。

1995年5月21日，校党委发出《关于各学院中层机构设置和中层干部任免调动等几个问题的通知》，要求各学院不再新增、分设系处级机构，现有系处级机构予以冻结；在学校新的办法出台前，各学院中层干部原则上停止提拔调动，不得增加现有中层干部职数。1995年5月25日，校党委制定《校部机构设置和人员配备工作方案》，并组成4个工作小组，负责在全校民主推荐和考察校部干部。6月1日，该方案正式实施。7月7日，学校决定增设党委组织部、党委宣传部、党委统战群工部、监察室、人事处、教务处、科研设备处、计财处、总务处、科技产业处等13个部、处、室机构，保留党委办公室、校长办公室，以上15个部门均为正处级建制；撤销教学科研办公室、总务后勤办公室、科技产业办公室。8月26日，学校决定增设保卫处、审计处、外事办公室等3个中层机构。12月20日，决定增设学生处（正处级单位）、纪委办公室（副处级单位）2个中层机构。1996年5月2日，决定增设招生办公室（正处级单位）。10月24日，决定成立基建处（正处级建制）。12月11日，决定建立党委保卫部,与保卫处合署办公。

在健全学校管理机构、充实工作人员的同时,学校根据新的管理职权,对部分学院领导班子进行了调整充实。1995年9月19日,校党委首次任免商业学院的副职领导,开始了对学院党政副职领导的管理工作。1996年6月18日和8月12日,学校对农学院、医学院、师范学院的有关领导作出任免决定。

在此期间,校级领导机构得到进一步健全。1995年10月21日,江苏省纪委同意建立扬州大学纪委。同日,江苏省委决定顾宸任纪委书记,省委高校工委决定增补顾宸为校党委委员、常委。1995年底,学校纪委增设监察室和纪委办公室等内设机构。1996年6月7日,江苏省委决定梁隆圣任校党委副书记(正厅级)。省委高校工委决定增补梁隆圣为校党委常委。1997年6月5日,江苏省委决定周新国任副校长,免去秦景明副校长职务;省委高校工委决定周新国任校党委委员、常委;秦景明不再担任校党委常委、委员。

(二)实行校院系三级管理

为了加速完成实质性合并,实现学校主体的统一、组织结构的统一、办学经费的统一以及发展规划的统一,1995年9月,经过充分酝酿,学校出台了《扬州大学校院系三级管理暂行办法》(简称《暂行办法》)。该《暂行办法》根据江苏省委省政府的文件精神,确定了实质性合并的改革策略,对新管理模式下校、院、系三级的工作职责、管理权限和管理体制作出具体界定。

在校级管理权限方面:学校对各项工作有宏观决策权、审批权和检查监督评估权;校党委审批校、院直属支部以上党组织的建立与调整;协助省委组织部、省委高校工委考察各学院省管领导干部并提出任用的意见和建议;在征求省委组织部、省委高校工委意见后,任免新配备的学院党政副职干部;直接任免学院中层正职干部;

对校管干部进行考评、监督和管理；审批校、院处级机构的建立与调整；统一审核、申报各学院的人员编制，统一下达进人计划，审批、办理进人手续；负责管理各学院间的人员调动；审批学院中层干部、副高职称以上人员及博士学位人员的调出；组织全校副高以上职称的评审工作；制定奖惩条例并组织实施；审定学科、专业和实验室设置，必要时有权进行适当调整；统管本校在籍学生学籍，组织招生、毕业生就业和学位评定工作，负责毕业资格审核和毕业证书、学位证书管理工作，负责对勒令退学以上违纪学生的处理工作；制定教学评估标准，对学院的教学工作进行考核评估；对全校成人教育进行宏观管理，统筹安排校外成人教育布点；负责全校特别是跨学院重点学科、重点实验室、重大科研项目及其成果专利的管理工作；负责全校科研经费的切块分配和使用监督；检查全校科研设施的管理情况，提出改进工作的意见和措施；负责学术委员会工作，制定考评标准，对院、系（部、所）科研工作进行考核评估；编制学校年度预算决算方案，审核各学院年度预算决算方案；统筹分配政府及其有关职能部门安排到本校的各类经费；负责校管资金的管理、安排、调剂；制定本校财务管理规章制度，督促各单位贯彻执行，对全校各级财务行使监督、审计权；负责全校国有资产的统一管理与使用，统筹全校图书资料、仪器设备等资源共享，实行合理的资源配置；负责上级下达的各类出国人员的公派指标分配，出国、出境人员的审核和报批；负责邀请来校访问和讲学的代表团组及专家学者；指导各学院外籍教师和留学生的管理工作。

在院级管理权限方面：各学院党的分支部的建立和调整由本院党委决定；在学校下达的职数内，任免中层副职及以下干部，中层副职干部任免材料报校部备案；对院管干部进行经常性管理；在学校核定的编制、人员结构比例以及当年下达的进人计划内，推荐考核拟用人员和选留应届毕业生,其中事业人员经学校同意后办理手续;审核本学院科级及以下工作人员、讲师及以下教师的调出;根据有关政策具体确定和分配本学院人员的津贴和奖酬金;按照学校有关规定,支付返聘费、代课费和临时工工资,支配下达的职工福利费;根据学校下达的限额和有关职称评聘的规定,评聘教师系列初、中级职称以及省有关部门已明确的其他系列初、中级技术职称,有条件的学院经同意,可评聘高级技术职称;负责对本单位教职工进行考核,确定相关人员的聘任、续聘、返聘、缓聘、解聘;对成绩突出的各类人员给予精神和物质奖励,按干部、人事管理权限处理违纪工作人员;按照学校统一的招生计划,安排本学院的招生计划,具体组织招生工作;按照上级有关规定,以学院名义聘请外籍教师和国内兼职教师来校任教;对优秀学生进行表彰奖励,对违纪学生给予留校察看及以下的各种处分;在学校统一部署下,具体管理本学院的教学、科研工作;按国家有关规定,在征求学校同意后,学院可与社会联合办学,培训人才;下属具有法人地位的实体,可直接与地方或企业签订经济、科技协作合同;学院以扬州大学名义对外签订合同时,须经校长同意,并对校长负责,做好善后工作;经学校同意,可以学院名义单独组团出国出境访问,开展对外学术交流;使用切块给本学院的计划内各类经费、本学院的自有资金,以及学院通过自身努力多渠道争取到的社会捐资办学经费,努力改善教学、科研和师生员工生活条件,经费的使用接受学校的监督和审计。

在系(部、所)级管理权限方面:负责提出下属教研室、研究室负责人聘任人选的建议,经学院批准后,由系(部)主任、所长聘任;推荐引进各类人员,协助选留优秀毕业生;协助做好教职员工职称评审和聘任工作;负责本系(部、所)的教学管理工作,检查、考核教学质量并实行奖惩;负责对本系(部、所)科研工作进行检查、考核与奖惩；负责对本系(部、所)其他人员的考核与奖惩；按照《大学生守则》的要求和校、院有关规定，实施对本系(部、所)学生的日常管理；根据学校有关规定安排使用下达给本系(部、所)的经费；按规定负责创收收入的上缴、留成、分配和使用；具体负责本单位科研分配和科研设备的管理。

在校、院、系三级管理体制方面：(1)学校实行党委领导下的校长负责制。党委建立常委会，负责研究处理校党委的日常工作。校长是学校唯一的法人代表，全面负责学校的行政工作。建立校长办公会议制度，处理学校行政日常工作；按照协调、精干、高效的原则，逐步健全校部职能办事机构，对全校的各项工作实行宏观领导与管理。学校建立董事会等社会办学支撑体系、教代会等民主管理体系、咨询委员会等参谋体系，以推进开放办学，实施民主决策和科学决策。(2)各学院党委在校党委领导下开展工作，院党委按照民主集中制原则实行集体领导。院长受校长的委托，负责做好本学院的行政管理工作。(3)系(部)主任、所长在院党委和院长领导下对本系(部、所)的教学、科研、社会服务等各项工作实施管理。

《暂行办法》的颁发实施，使学校管理运行机制进一步健全，各项工作逐步走上规范轨道，从而推动了学校在干部、人事、财务、招生、教学、科研、产业、基建、后勤服务等方面的统一管理。

(三)调整精简学院机构和干部

为了进一步强化部门责任，提高行政效率，优化发展环境，学校以《暂行办法》为依据，研究并确定了学院机构合并调整方案。决定将一切应当和可以集中到校部办理的工作，尽量集中到校部，撤销各学院的同类机构，合并一些工作性质和任务相近或相关的职能部门，将富余人员调整充实到教学、科研、科技开发第一线。根据这一指导思想，学校强力推进改革，取得了实质性进展。

　　1995 年 12 月 21 日,学校党委征得江苏省委高校工委、省教委同意,决定对师范学院、农学院、工学院、医学院、水利学院、商业学院的部分中层机构设置进行调整。具体如下:(1)合并 6 所学院的党委办公室与院长办公室,建立院办公室;(2)建立师范学院学生处,建立农学院学生处和科技产业处,建立工学院监察室;(3)将师范学院经济管理办公室、医学院校办产业管理办公室更名为科技产业处;(4)师范学院、农学院、工学院、医学院党委统战部与院办公室合署办公;工学院、医学院、商业学院党委组织部与人事处合署办公;师范学院党委学生工作部与学生处、党委人武部与保卫处及党委保卫部,农学院党委人武部与保卫处,工学院监察室与纪委办公室等部门均实行合署办公;(5)撤销各学院审计处(室)、外事办公室、综合治理办公室、政策研究室、条件装备办公室、成人教育处、高教研究室、思政室、综合档案室等 18 个中层机构。同日,学校集中对各学院调整后的有关中层机构负责人作出任免决定。1996 年 1 月 30 日、31 日,3 月 3 日、12 日、15 日,4 月 9 日,学校分批对各学院中层机构的有关干部进行任免。

　　为强化学校统筹职能,从 1995 年下半年起,校党委统一组织考察和任免各学院中层干部,校行政统一管理全校教职工调进、调出、职称评审、师资队伍建设等工作。1996 年 6 月 24 日,学校发出《关于调整学院中层副职党政领导干部管理权限的通知》,决定将学院中层副职党政干部由原各学院党委任免改为由校党委任免;各学院党委负责中层以下干部的管理,同时协助校党委继续做好中层干部的考察、选拔和管理工作。按照此文件精神,学校于 1996 年 8 月至12 月,陆续完成 5 个学院中层干部任免工作。至此,学校对学院机构调整和中层干部的管理权限真正得到落实,校内管理体制改革的难点得以突破。

（四）按学科群组建新学院

行政机构的调整，仅仅是合并办学初期的重点和难点。在进入实质性合并办学后，就需要打破原有办学格局，消除学科、专业重复设置的弊端。从 1995 年明确由联合转为合并后，学校就提出按学科群整合全校的重复系科和专业的设想，并开始酝酿新学院组建方案。

针对参与合并的 6 所学院经济类、建工类专业重复设置状况，学校提出组建新学院的设想，得到国家教委、省教委的肯定。学校在 1996 年工作要点中明确提出按学科群正式组建"建筑工程学院"和"经济管理学院"；对其他拟建学院，逐一组织可行性论证。1996 年 8 月，学校出台《关于进一步深化学校改革加快学校发展的若干意见》，明确提出"有计划地启动学科建设和专业调整"的改革发展任务。从此，组建两个新学院就成为 1996 年和 1997 年学校的重要工作目标之一。

1997 年 2 月，学校正式启动组建新学院的重大步骤，将上述各种重复系科、专业全部从原学院迁出，按"经济管理"和"建筑工程"两大学科群加以归并，规范专业名称，合并同一专业，分别成立"经济管理学院"和"建筑工程学院"。新建的经济管理学院，下设贸易经济系（含贸易经济、国际贸易、市场营销等本、专科专业），经济学系（含税务、投资经济、数量经济专业），农业经济与管理系（含农业经济管理、农业对外贸易等专业），会计学系（含会计学、财务会计、会计与统计、现代会计等专业），工业经济与管理系（含工业外贸、管理工程专业）。新建的建筑工程学院，下设建筑系（含建筑学、建筑装饰技术、城镇建设专业），市政工程系（含给水排水工程、供热通风与燃气工程 2 个专业），土木工程系（含土木工程、公路与桥梁工程、房屋建筑工程 3 个专业）。经合并调整，两个新建学院彻底消除了专业重复现象。

2月20日、3月10日,经济管理学院和建筑工程学院的干部任命正式下达,并分别于6月18日、6月21日举行成立大会。

从1996年开始酝酿到1997年建成两个新学院,是扬州大学合并办学后的一次事关全局的院系调整,涉及除医学院之外的所有学院,涉及10多个系科的31个本专科专业。其中,校、院、系三级做了大量艰苦细致的工作,新学院班子上任以后,用最短的时间走过了最初的合并创业历程。两个新学院的成立,开始打破原有学院的格局,使合并办学取得了实质性的突破,既是后期探索院系和学科全面优化调整的第一步,也为学校1998年下半年进行的比较彻底的按学科群组建学院工作积累了有益经验。

三、强化统一管理中的思想教育

合并办学后,学校统一管理不断取得进展,各方面呈现出崭新的面貌,但师生员工对学校的归属感和向心力尚不强,实质性合并办学的思想阻力依然存在。学校领导班子清醒地认识到,要推进实质性合并,仅仅完成组织机构和办学体系的重建、教学资源和教师资源的重组、规章制度和学科专业结构的重构还不够,尚需要达到思想心灵相通、校园文化融合。只有通过强化统一管理中的思想教育,形成"形合神聚"的校园文化时,才能让全体师生理解、接受、认同学校的核心理念、整体意识和价值目标,助推学校的体制改革和事业发展。

（一）宣传合并办学优势

学校进入管理体制改革快车道,实现全校统一管理便成了当务之急。从联合过渡到合并,大多数干部师生是拥护的,但也有少部分人存在一些想法和顾虑,"丢了牌子、失了位子、少了票子"是当时干部和教师最突出的担忧。与其他合并类大学一样,一方面学校面临着优化学科、理顺体制等一系列问题,管理精力出现分散;另一方面,合并后校园分布在多个校区,彼此间存在一些距离,内部管理难度有所增大。于是，新旧体制的碰撞、工作衔接的矛盾、思想融合的困难，自然会不断反映出来。合并后，学校成为由多校区组成的"巨型大学"，各校区客观上存在空间距离，管理幅度和管理层次也相应增加，而原各学院具有不同的管理模式和个性特征，存在着惯性和观念的因素影响，学校新的管理模式需要有一段时间去磨合和调适。

面对这些矛盾和困境，学校要求全体干部和广大师生从讲政治的高度对待合并和改革，同时针对不同层次、不同类型人员的特点，开展全方位的思想工作，以提高干部和师生的思想认识，消除对合并办学的思想疑虑。1995 年 6 月 2 日、10 月 5 日，学校分别召开全校中层以上干部和教师大会，集中传达学习中央、省以及教育主管部门负责人的讲话精神，宣传全国教育改革发展形势，联系学校实际提出推进合并办学的工作部署。与此同时，学校先后几次印发学习宣传材料，系统宣传合并办学的优势和意义，组织干部和师生员工讨论。先后召开几十次各类人员座谈会，校领导与师生敞开心扉，面对面沟通思想，实打实探讨问题，力求在学校改革发展上达成共识。此外，还通过校报、广播、电视等传播媒介，报道学校的工作情况，介绍学校的美好前景，用事业发展来凝聚人心。

从 1995 年 11 月 5 日开始，校党委常委和有关学院负责人结合学习党的十四届五中全会精神，分别在《扬州大学报》刊登专题文章，畅谈推进合并办学、加快改革发展的体会。主要有朱克昌的《学习唯物辩证法　加强思想理论建设》，顾铭洪的《齐心协力　为办好扬州大学而努力奋斗》，方洪锦的《抓住机遇　推进学习改革和发展》，梁隆圣的《面向 21 世纪　为科教兴农做贡献》，顾宸的《履行纪检职能　推进党风建设》。此外，校党委还通过举办各类培训班、成立党校、建立党员干部教育基地等措施，加强对各级干部和党员的理论、思想培训，使大家提高认识、认清形势、明确任务，为推进合并办学和体制改革创造良好条件。

（二）凝聚扬大归属感

在合并之前，原各学院在办学和育人方面都有着或大或小的差异，当这些文化差异共存于一个合并组建的大学时，相互之间产生摩擦、碰撞与冲突就成为自然不过的事。当时的合并改革面临着"三难"：一是随着管理体制、用人制度、人事分配制度改革的不断深入以及资源的重新配置，不可避免地会涉及职工利益格局的调整，部分教职工甚至出现困惑和迷茫；二是合并前原各学院所处的具体环境和文化背景各不相同，对学校缺乏归属感，尤其当合并过程中遇到实际困难时，容易表现出强烈的怀旧情绪或抵触情绪；三是合并之后，原各学院的文化特征在很长一段时间仍在影响着"扬大人"的思维方式和行为习惯，也影响着他们的诉求和愿望。实力较弱的学院，既有获得高水平大学品牌的喜悦，同时也担心受到歧视和淘汰；办学水平较高的学院，则担心自己的品牌贬值。为强化"整体"和"归属"教育，确立"同一个大学"主体意识，进一步树立学校整体形象，从1995年初至1997年底，学校围绕五个方面的"统一"，同步实施了一系列卓有成效的"宣传教育"工程。

首先，统一管理的宣传。1997年起，学校制定并实施了校、院、系三级管理办法，学校的统筹职能逐渐增强，管理体制基本得以理顺，在干部、人事、财务、规划、制度等五个方面进行了实质性的统一管理。对此，学校通过多渠道、多方式的宣传和座谈，进一步提升了全体师生办好扬州大学的信心。

其次，统一舆论的宣传。1995年4月1日，经省有关部门批准，《扬州大学报》正式创刊。在第一期刊登的"发刊词"中说：《扬州大学报》的诞生是校园生活中的一件大事，校报是校党委的喉舌和学校工作的推进器，也是联络师生员工的纽带，沟通上下左右的桥梁。

同年 6 月,江苏省委副书记顾浩欣然为校报题写报头。

第三,统一形象的宣传。学校通过全体动员、组织部署,对包括校门、校牌、校标等在内的学校统一形象标识进行了确定和宣传,对内提升干部师生的认同感、归属感,对外更好地树立学校整体形象。1996 年上半年,在全校范围内组织开展校标方案征集和校训讨论活动,6 月底正式确定校训为"求是、求实、求新、求精",并确定了校标设计方案,同时决定将国家教委批复建立扬州大学的日期(5 月 19 日)正式作为校庆纪念日。1997 年 3 月,学校统一了六个校区的大门和校牌,鼎力塑造"一校"形象。此外,学校还组织开展"扬大精神"和"发展目标"大讨论,激发了广大干部和师生员工的整体意识与责任意识。

第四,统一活动的宣传。一方面,以扬大整体形象参加校外活动,凝聚人心。1995 年 6 月 16 日至 20 日,第一次以"扬州大学"名义参加在南京江苏展览馆举行的"95 中国高新技术、新产品博览会"。随后,又以"扬州大学"名义参加了全省、全国以及地区性的多项知识竞赛、体育比赛、学术研讨、科技交流等活动。另一方面,举办全校性校园文化活动,充分展示风采。1996 年 4 月 12 日至 14 日,学校举办了首届"田径运动会",来自全校 7 个学院的 192 名运动员、123 名裁判员参加了大会。国家教委体卫艺司负责人专程出席了运动会开幕式,并题词鼓励。1996 年 11 月 14 日至 12 月 9 日,学校举办了首届"科技文化艺术节"。接着,又连续组织了首届"扬大之声"合唱节、校内"挑战杯"大学生课外科技作品竞赛以及大学生辩论大赛、大学生技能比武等全校性的校园文化活动,充分展示全校师生员工的精神风貌,增强了整体意识和归属意识。

第五,统一文化的宣传。尽管合并改革任务相当繁重,但学校在强化思想教育中始终不忘思想深度契合和校园文化建设,为实现实质性合并目标创造良好的氛围和环境。

四、高举改革旗帜，促进事业发展

（一）编制"九五"计划和十年规划

世纪之交的两个五年，是我国改革开放和社会主义现代化建设承前启后、继往开来的重要时期，也是学校加快建设、促进发展的关键时期。科学制定学校发展规划，不仅符合国家、省、市形势发展的要求，也是学校自身发展的需要，对于统一全校干部师生的思想，提高认识，凝聚力量，振奋精神，开创学校建设和发展的新局面，具有重要意义。从 1995 年下半年开始，学校在省委省政府以及教育主管部门的领导下，根据《中国教育改革和发展纲要》和江苏省社会经济发展总体部署，群策群力地进行了"九五"计划和十年规划的编制工作。

为编制好合并办学以来的首份"五年计划"和十年规划，学校领导班子多次分析形势、研究校情，认真确定规划编制的指导思想、学校改革发展的奋斗目标与工作思路，在"是按学院来办扬大，还是按扬大来办学院"问题上统一了思想，达成了共识。在规划编制过程中，学校立足现有办学基础，利用各种有利条件，发挥合并办学后形成的综合优势，突破原有框架，进行结构调整，拓宽专业方向，优化学科结构，加强各学科交叉、边缘学科更快地形成，以更好地适应地方经济建设和社会发展的需要，形成新的办学格局和发展优势。1995年 10 月，在经过充分酝酿和多方讨论后，形成了《扬州大学改革和发展的"九五"计划和十年规划》，并如期上报省委省政府及相关教育主管部门。1996 年 11 月 19 日，江苏省教委批复同意了学校《规划》。

在"九五"计划和十年规划中，明确学校今后五年改革发展的总体目标是："立足扬州，面向江苏，重点为苏中、苏北服务，努力把学校办成一所在国内外有一定影响力的新型综合性大学。"该规划从办学规模、重点学科建设、博士硕士点建设、师资队伍建设、科研与科技推广等方面提出了具体目标和 10 项工作任务。为与总体规划相配套,学校同步制定了社会主义精神文明建设、德育工作、校风建设、管理体制改革、人才培养、师资建设、学科建设、科学研究、科技开发与校办产业、国际交流与合作、基本建设、公共服务体系建设等 12 个子规划。

编制"九五"计划和十年规划,既是描画学校跨世纪发展蓝图的过程,也是统一思想和凝聚人心的过程。通过编制过程中的动员和讨论,全校各级干部和师生员工增强了学校的整体意识,为扬大人从原来"松散联合"的心态逐步过渡到"紧密合并"的自觉创造了有利条件。

（二）启动首个校园建设规划

在学校改革发展的"九五"计划和十年规划中,最为引人注目的规划是校园建设规划。其中,中心校区建设的规划,更是重点和亮点。作为学校的中心,同时也是"同一个大学"的重要物质载体,其建设和发展显得尤为重要。学校在开展"九五"计划和十年规划中,明确指出要"抓好中心校区建设,使之成为全校的管理中心、学术中心、服务中心",统筹安排全校基本建设,力争在 20 世纪末初步形成一座"大学城"。为此,结合学校的建设和发展规划,学校决定拟征地 200 亩,在完成农学院农牧场向外迁移的同时,再征用一部分农学院与工学院之间结合部的 200 亩土地,以建成学校核心部分连片的"中心校区"。

1995 年,在江苏省委省政府指导下,学校在理顺办学体制和管理体制的基础上,加大了校园建设的推进力度。此外,各级领导也通过实地考察、充分调研论证、划拨专项建设经费等方式助力中心校区建设工作,以此作为支持办好扬州大学的实际行动。

为进一步对扬州大学事业发展和校区建设规划提出科学合理的意见和建议,省教委确定袁相碗为课题组长,提供专项经费30万元,对规划和建设工作进行调研和论证。1996年4月上旬,经深入调研和论证,《扬州大学事业发展与校区建设规划论证报告》最终定稿,上报省教委。此报告分别就"办学目标""学院设置和学科建设""校园规划和管理体制""教育投资的力度和方向"四个方面对学校的改革与发展提出了构想和建议,受到了省教委和学校领导的高度重视,部分内容被写入省教委有关文件,对学校下一步改革发展起到了重要的指导作用。

（三）省委省政府重点建设扬大

在学校合并办学过程中,省委省政府多次明确:要把扬州大学作为加快苏北经济社会发展的重要战略举措,作为推进高教体制改革、实现江苏教育现代化的重大决策,决定将扬州大学与苏州大学、南京师范大学一道作为省委省政府重点建设的高校,在"九五"期间给予重点专项投资,加快学校的建设发展。

1996年11月18日,省政府分管教育的领导以及有关部门负责人来扬州现场办公,对学校发展规划和建设中心校区的措施表示支持,明确1996年由省财政厅和省教委各拨1000万元作为中心校区的启动经费。同年12月,省政府决定,对学校给予重点专项投资,用于中心校区建设。省计经委批准下达了首批先行启动的30000平方米的教学主楼、20000平方米的学生宿舍和5000平方米的食堂等项目。1997年1月,扬州市正式批准学校中心校区建设用地以及整个校园建设改造重点工程。

为加快中心校区的建设步伐,推动合并办学进程,1997年3月10—13日,由省委教育工委书记陈万年、省教委主任王湛、省教委副主任葛锁网带领的"加快扬州大学合并办学调研组"一行 14 人专程来学校考察调研,就办学体制、管理体制、发展规划等问题广泛听取各方面的意见和建议,并与学校领导共同探讨加快学校改革发展步伐的策略和措施,为省委省政府领导近期第二次现场办公做准备。

3 月 30 日,江苏省委副书记顾浩率领省委省政府有关部门领导和扬州市委市政府领导来校进行现场办公,帮助解决学校合并办学中的实际问题,对学校改革、建设和发展提出明确要求。他指出,扬州大学合并办学取得了明显进展,省委省政府对学校工作是满意的。他要求学校进一步统一思想、进一步完善事业发展规划、进一步理顺管理体制、进一步加大投入力度、进一步加快人才培养和科研工作步伐、进一步加强精神文明建设。会上,省教委主任王湛和扬州市市长施国兴分别讲话,表示要按照省委省政府要求,为推进扬州大学的改革发展抓好各项任务的落实工作。

1997 年 9 月 5 日,学校举行中心校区教学主楼奠基仪式。江苏省委省政府分管领导,省委教育工委书记、省教委主任陈万年,省教委副主任冒瑞林、葛锁网,扬州市人大常委会副主任顾黄初,扬州市副市长钱玉荣、孙永如,扬州市政协副主席张阶平,校党委书记朱克昌,校长顾铭洪共同为大楼奠基。

教学主楼是中心校区建设的一个重点工程,也是江苏省政府确定的 1997 年全省社会事业重点建设项目之一。工程主体部分为 17 层,高 62 米,裙楼 6 层,总建筑面积为 3 万多平方米,计划投资 5000 万元。教学主楼的动工兴建,标志着学校中心校区工程项目建设正式启动。1999 年 9 月,教学主楼交付使用。新落成的教学主楼建设质量优良,获国家优质工程奖;能容纳 5000 名学生,当时在全省教育界创下单体楼面积最大、投资最多两项纪录,成为学校的标志性建筑和合并办学的重要成果之一,也为扬州城区增添了一道亮丽的风景线。

（四）省市签署"共建扬大"协议

从酝酿到实践，合并办学走过一条不平凡的道路，短短几年时间便交出一份较好的答卷。为了将"这所大学的改革搞好"，真正达到"1+1>2"的效果，国务院副总理李岚清高度关注并明确指示要推进部、省、市共建扬州大学。

1997 年初，李岚清收到校党委书记朱克昌、校长顾铭洪关于扬州大学改革发展的书面汇报后非常高兴。4 月 16 日，他在给江苏省政府有关负责同志的批示中指出，把扬州大学的改革搞好，不仅对江苏（包括扬州）的经济和社会的可持续发展具有重要意义，而且对推动全国高校体制改革和发展也有重要借鉴意义。他对学校下一步改革发展提出了要求，希望学校继续努力，争取更大成果。同时，他特别指出，扬大可否由部省共建扩大到部、省、市共建，以调动各方面的积极性，把这所大学办得更好。

中央领导和省委省政府领导的关怀支持，又一次给学校的改革发展带来了机遇和活力。根据李岚清的指示精神，在省委省政府的要求下，省教委、扬州大学与扬州市政府就学校的省市共建问题进行了多轮实质性协商，在较短的时间内达成共识，形成省市共建协议。1997 年 9 月 5 日，江苏省教委与扬州市政府共建扬州大学协议签字仪式在学校综合楼报告厅隆重举行。

协议规定：省教委与扬州市将本着"平等互利、互相支持、共同建设、共同发展"的原则共同建设扬州大学，扬大仍为省属高校，实行省市共管、以省为主的体制。省教委把扬大列为省重点建设高校，投入专项建设资金，积极支持扬大为扬州市培养各类高质量人才，积极促进扬大为扬州市经济建设服务。扬州市政府充分发挥扬大在地方经济建设和社会发展中的重要作用，把扬大的改革、发展和建设列入扬州市经济建设和社会发展总体规划，对扬大的建设发展给予政策扶持和优惠。扬州市政府支持扬大在新老城区中间地带文教科技区建成一座大学城，并按城市规划共建大学生公寓、大学生生活服务区等，对扬大引进人才及其家属的农转非、落户、就业、子女入学以及城市建设费等方面给予政策优惠。

江苏省政府分管教育的负责人出席签字仪式并讲话。省委教育工委书记、省教委主任陈万年和扬州市市长施国兴代表双方在协议上签字。扬州市委书记吴冬华在讲话中表示，支持扬大建设是扬州市义不容辞的责任，将在项目上给予方便、政策上给予优惠，为建设一座崭新的"大学城"做出贡献。

（五）系统总结合并办学经验

从"松散联合"到"紧密合并"的体制改革历程艰难，从"统一管理"到"新建学院"的改革突破来之不易。扬州大学经过前一阶段的不懈努力，强化了统筹管理功能，调整了学科专业布局，树立了学校整体形象，推进了中心校区建设。到1997年底，学校形成了一套班子和一套机构，并在制度、财务、规划上实现了统一管理，实质性合并任务基本完成，合并办学的优越性逐步展现。学校的改革之路，既是一次顺应高等教育现代化发展趋势的必然行为，又是一部充满探索与总结的奋斗史，成了全国合并类高校的"经验"之谈，受到国家教委的特别关注和全国教育界的持续瞩目。1997年4月29日《人民日报》报道说："扬州七校合并，大学新城崛起。"1997年8月20日《光明日报》评论说："扬州大学在全国奏响了高校管理体制改革的序曲。"

在1995年至1998年间，国家教委先后两次召开高教管理体制改革座谈会。每一次会议，扬州大学均被安排作重点发言，学校合并办学的实践、进程和成效，无一例外地成为同行们的热门话题。1996年8月1日，校长顾铭洪赴北戴河出席全国高教体制改革座谈会，并作了《多学院实体合并的有益尝试》的书面发言,对学校合并的历程、进展和成效进行了总结分享。

1998 年 1 月 17—19 日,国家教委在扬州召开"全国高等教育管理体制改革经验交流会"。校长顾铭洪在会上作了题为"走合并办学之路,建设真正意义的综合性大学"的交流发言,从四个方面介绍分享了合并办学和体制改革方面的经验及体会:(1)各级领导的关心支持与学校自身的积极实践相结合,是顺利进行合并办学的重要前提;(2)加强党的领导,将细致的思想工作与必要的行政手段相结合,是推进合并办学的有力保证;(3)集中人财物管理权限与调动院系办学积极性相结合,是合并办学取得突破的有效途径;(4)大胆探索与稳步推进相结合,是搞好多学院合并办学的关键。这是学校在全国高教体制改革会议上所作的一次比较系统全面的经验介绍,受到上级领导和兄弟高校的高度重视。在此次会议上,教育部主要领导朱开轩、陈至立等充分肯定了扬州大学作为合并办学典型在数年里取得的成绩,同时希望学校继续前进,努力办成"国内有地位、国际有影响的新名校"。

合并办学的初步成功,同样引起了专程前来指导会议的中共中央政治局常委、国务院副总理李岚清的关注。1 月 17 日,在国家教委主任朱开轩、国家教委党组书记陈至立、江苏省委书记陈焕友等领导陪同下,李岚清冒雪视察了扬州大学。在校部综合楼报告厅,李岚清发表了重要讲话,对扬州大学合并办学和体制改革取得的成绩给予了充分肯定和高度评价,希望学校集中力量求发展,争取办成一所"高水平的综合性大学"。

李岚清第二次视察扬州大学以及全国高教管理体制改革经验交流会在扬州召开,是扬州大学改革发展史上又一件标志性大事,既令人振奋和鼓舞,又让扬大人看到改革的不足和工作的差距。作为新的起点,学校以转移工作重心、加强内涵建设、提高办学效益为目标,积极酝酿,果断启动院系与机构的全面改革调整。从1998年5月起,随着江苏省委调整充实学校领导班子以及《扬州大学二级学院组建调整与深化校内管理体制改革方案》出台,扬州大学新一轮管理体制改革攻坚战再次打响。

第三节　构建综合性大学框架

1998年1月,全国高等教育管理体制改革经验交流会在扬州召开,是对学校合并办学和体制改革工作的充分肯定,也是学校发展史上一个重要里程碑。实质性合并办学的初步成功,只是学校改革发展之路的第一步,改革的最终目的在于提高办学水平与质量。在实际工作中,大家深切地感到,学校合并和改革进程,与中央和省委省政府的期望还有相当大的距离。内部管理新体制虽然确立,但仍存在"一校两治"现象,校部在为教学科研服务、为基层服务方面的体制还不顺,功能还不强;近几年学校主要精力放在体制改革,对教学、科研和学科建设工作的精力投入不足,学科、专业布局结构和院、系设置还不够科学合理,合并办学的效益不够理想。只有抓住发展机遇,加大改革力度,进一步完善内部管理体制,克服专业设置上的低水平重复,解决制约学校内涵建设瓶颈,实现学科交融、文理渗透,才能朝着建设"新名校"、建成"真正意义上的综合性大学"的目标阔步迈进。基于这样的认识和判断,学校启动推进了新一轮改革。

一、二级学院的重组和调整

（一）重组二级学院的酝酿

与第一阶段的改革情形一样,推进学校新一轮改革必须寻找突破口。1998年3月下旬,学校领导班子集中两天时间对"内部管理体制"和"组建新学院"两个问题专门进行讨论,决定由主要领导牵头成立两个小组,开展深入细致的调查研究。在校内先后召开各种类型的座谈会、研讨会,广泛听取各个层面的意见建议,同时分别走访广西大学、武汉大学、南京大学、苏州大学、上海大学等兄弟高校,在考察学习中借鉴经验和启发思考。

1998年5月19日,江苏省委宣布调整学校领导班子:葛锁网兼任校党委书记;葛建枢任校党委副书记(正厅级);郭荣任副校长;封超年任副校长;张耀宗任正校级调研员,免去其党委副书记职务;免去朱克昌校党委书记职务。江苏省委教育工委决定:葛锁网、郭荣、封超年任校党委委员、常委,葛建枢任校党委常委,朱克昌、张耀宗不再担任校党委常委职务。

1998年6月起,新的领导班子认真贯彻党的十五大精神,从学校实际出发,根据形势要求,修订了学校《"九五"计划和十年规划》中的总体目标,提出要"立足扬州,服务江苏,努力把学校办成一所在国内有地位、在国际上有影响的以应用学科为主、多学科融合发展的地方综合性大学"。

根据调整后的总体目标,新的领导班子研究明确了学校近期改革发展的目标、任务,提出了创建高水平地方综合性大学的新思路,拟定了全面改革调整的指导思想和原则,起草了《扬州大学二级学院组建调整方案》和《扬州大学深化内部管理体制改革方案》草案。

6月下旬至7月上旬,本着搞好改革、发展事业的共同目的,学校领导班子对两个改革方案(草案)多次进行集体研究。8月上旬,学校将两个改革方案正式呈报给省委教育工委、省教委。8月17日,省委教育工委和省教委联合发文,批准了学校的改革方案。

8月20—27日,学校举办为期8天的中层以上干部学习班,宣布实施"二级学院组建方案"和"管理机构设置方案"。可以说,两个改革方案的酝酿、起草和确定，是在深入调查研究、充分听取群众意见、进行科学论证基础上的集体创造，是上下结合、集体智慧的结晶。

（二）二级学院组建调整方案

制订《扬州大学二级学院组建调整方案》（以下简称《方案》）时，恰逢教育部颁布新的本科专业目录，这既为二级学院的组建调整提供了指导，又更加坚定了推进改革的方向和信心。学校上下的基本共识是：为实现学校改革发展的总体目标，迫切需要对现有学科专业结构和学院设置进行全面调整，以教育部新制定的本科专业目录为依据，以提高教育质量和办学效益为宗旨，按照学科群组建新学院，以尽快建立地方综合性大学的基本框架，为21世纪的持续发展和实现把学校办成一所新名校的宏伟目标奠定坚实基础。

为此，在《方案》中明确了按学科群组建调整二级学院的四条原则。第一，有利于学科、专业的建设与发展，有利于优势集成和高素质人才脱颖而出。遵循教育规律和学科发展规律，为学校各学科未来的发展提供足够的空间，尤其要为优势学科的发展创造条件，以便快速形成学科特色，更好地适应江苏省经济社会发展的需要，特别是苏北地区现代化建设事业的需要。第二，有利于教育资源的共享和优化配置，以提高教育质量和办学效益。第三，按照综合性大学的办学要求，通过建立科学的管理体制，有利于调动广大教师和职工的办学积极性，共同为学校的事业发展尽心尽力。第四，坚持实事求是，一切从实际出发，有所为有所不为，原则上按若干个一级学科构成的学科群组建二级学院，但不搞一刀切。

为了增强二级学院组建调整的可操作性，该《方案》还明确了贯彻上述原则的主要做法：（1）为提高公共课教学质量，加强师资队伍建设，采取将公共课教学任务与专业课教学任务相结合的思路，例如由外国语学院承担全校公共外语的教学任务。（2）为适应综合性大学举办高质量师范教育的要求,将师范教育与非师范教育糅合在一起,依托相关学院共同承担各科、各类、各种规格师范生的培养任务,充分发挥合并办学的综合优势,面向 21 世纪培养高素质的师范生。继续保留师范学院,以确保师范教育专业化水平。(3)关于管理类学科、专业的调整,将主要由经济类学科支撑的管理类专业与经济类专业一起组建商学院,将主要由其他技术类学科支撑的管理类专业放在支撑学科所在的学院内。

依据《方案》确定的原则和做法,学校实现了体制改革的重大突破,按学科群组建了人文学院、政法学院(社科部)、外国语学院、理学院、体育学院(体工部)、工学院、水利与建筑工程学院、农学院、畜牧兽医学院、生物科学与技术学院(生命科学研究所)、医学院、商学院和旅游烹饪学院等 13 个二级学院。同时,保留师范学院,作为全校师范教育的协调管理机构;建立研究生部,负责全校研究生的教育、管理工作和学位点建设;建立成人教育学院,作为全校成人教育的协调管理机构。

(三)新型管理关系的确立

配合学院结构布局的调整,学校同步对内部管理体制进行了重大改革。在改革实施过程中坚持了四条原则:第一,统一、协调、规范的原则。通过深化内部管理体制改革,按照"一个法人、一套管理机构、一套管理制度"的合并办学模式,构建完整统一的党政管理体系,保证学校职能的完整性。明晰各级管理组织之间的隶属和制约关系,形成一个完整统一、纵横相连、统分有据、协调有序的管理机制。第二,精简、精干、高效的原则。根据精简效能的原则,优化配置管理资源,减少中间环节,简化办事程序,提高行政效率,提高办学效益。第三,责权明晰、以法治事的原则。通过改革调整,理顺校、院、系三级关系,明晰办事程序和工作流程,理清各部门的职责,明确各部门的运作模式。根据各级管理机构的职责范围,赋予相应的行政权力,权责分明,各司其职,避免职能交叉、机构重叠、事权冲突的现象发生。第四,实事求是的原则。正确处理改革、发展和稳定的关系,既要坚定不移地推进改革,一步到位理顺内部管理体制,又要坚持实事求是的原则,因地制宜,因时制宜,使内部管理充满生机和活力,确保正常的教学、科研和生活秩序,有利于调动广大教职工的积极性。

根据上述原则,实行三级建制、两级管理的体制,学校为厅级建制,学院为处级建制,系为教学科研单位,不定行政级别。此次改革,重新确立了校、院、系的职能,形成了学校新型的内部关系,建立健全了学校党政各职能机构。依据改革方案,学校设置党政职能部门24个,其中党群部门10个,包括党委办公室、纪委、组织部、宣传部、统战部、学生工作部、人武部、保卫部、工会和团委;行政部门17个,包括校长办公室、教务处、科研处、研究生部、监察处(与纪委合署办公)、设备处、人事处、外事办公室(港澳台办公室)、学生工作处(与学生工作部合署办公)、科技产业处、财务处、总务处、基建处、审计处、成教院、保卫处(与保卫部合署办公)和离退休处;设置直属单位6个。学院管理机构大大削减,仅设置综合办公室、团委(总支)和分工会各1个,校部的统一管理功能得到进一步加强。

1998年8月23日起,校党政根据干部“四化”要求和交流换岗的原则,逐步宣布任命各学院党政领导班子和校机关各有关部门、业务单位的负责人。8月28日至30日,学校按照“二级学院组建调整”和“深化内部管理体制改革”两个方案的实施意见,开始了有条不紊的搬迁和实施工作。校机关各部门、各学院按照新的管理体制和运行机制,积极为新学期开学做好各方面准备。总务部门为办公用房的调整和落实,学生管理部门为学生宿舍的调整和校区间的搬迁做了大量协调工作;教务部门比较顺利地落实了教师、教室、教材;组织、人事部门有计划、有步骤地进行干部和职工的调整与分流。两个改革方案顺利实施,学校秩序基本稳定,全校 1998 级近 5000 名新生顺利入学,各方面的工作井然有序。

（四）二级学院重组的影响力

《扬州大学二级学院组建调整方案》和《扬州大学深化内部管理体制改革方案》同步实施,打破了原有下属 6 个学院的格局,真正实现了人、财、物等各个方面的统一领导、统一规划和统一管理,做到了全校一个法人、一套机构和一套制度,克服了专业设置低水平的重复,实现了学科的融合和渗透,合并办学和体制改革取得了实质性突破。

首先,构建了综合性大学的基本框架,为今后建成真正意义的综合性大学奠定了良好基础。重新组建的 13 个二级学院,大多数是按一级学科构成的学科群组建的,改变了小而全、自成体系的封闭办学格局。文、理学院是学校的基础,工、农、医、商、政法等应用学科的学院是学校的主体,生物科学与技术学院、旅游烹饪学院等成为学校的特色和优势。新的大学框架有利于学科交融、文理渗透,对实现 21 世纪的可持续发展和建成新名校的目标具有奠基意义。

其次,加强了基础课教学,有利于提高人才培养质量。按学科群组建二级学院,既改变了过去条块分割、分散办学的办学体制,又克服了专业重复设置的现象;理顺了学科间的关系,使学科、专业布局结构和院、系设置更趋科学合理,同时也克服了基础与专业的脱离,有利于教育资源的共享并充分发挥多学科综合优势,为提高教学质量、培养高素质人才创造了条件。

再次,精简了管理机构,提高了管理效益。建校之初,全校共有正、副厅级干部 36 人,中层管理机构 99 个,截至 1998 年 6 月底,中层干部数为 437 人。两个改革方案实施以后,学院中层管理机构被全部撤销,原先校院七套管理机构精简为一套,设置 24 个党政职能部门和 6 个直属单位,实际安排在处级岗位的中层干部至 1998 年底为 267 人,比合并前减少 38%。改革后,总务后勤、离退休工作、产业创收以及保卫、审计、财务、基建、外事等支撑保障体系,全部划归校部统一协调管理,提高了管理效益。同时,学院和系科的主要功能定位在教学、科研、学科建设、师资队伍建设、学生日常教育管理、教师思想政治工作和社会服务等 7 个方面,使学院、系科从繁琐复杂的事务性工作中解放出来,集中精力抓教学、科研和学科发展。改革了校办产业管理模式,增强了产业创收的整体优势。在产业创收管理上,除与学科专业不可分的部分企业,将全校具有一定规模和效益的企业集中起来,组建"扬州大学产业集团",充分发挥整体集合优势,增强了学校的创收能力,1999 年校办产业利税突破 1000 万元,上缴学校 420 万元。

此外,通过学院重组改变了学生管理体制,形成了新的学生工作管理模式。在学生管理体制上,将过去院、系、班级纵向管理,以系科管理为主的模式,改变为符合综合性大学要求的以学院、年级管理为主,系科管理为辅的学生工作新格局。这样,不仅有利于针对某一年级学生的共同特征和共性问题进行教育与管理,而且有利于不同系科、不同专业学生之间的联系交流,促进了学生综合素质的提升。

学校以重新组建二级学院为核心的深化内部管理体制改革的实践及成效,得到上级领导和教育主管部门的高度评价。2000 年 9 月 29 日,中共中央政治局常委、国务院副总理李岚清在南京考察工作时,再次对学校合并办学成绩予以充分肯定。他指出,几年前合并组建的扬州大学,经过一段摸索、提高,现在已经成为高校改革的一面旗帜。

二、推进学校工作重心转移

1998 年 9 月,在完成二级学院重组和内部管理体制改革以后,学校党政及时作出"将学校的工作重心转移到教学、科研和内涵建设上来"的战略决策,采取一系列行之有效的措施,致力于巩固和发展合并办学成果,促进教育事业的快速发展。

(一)确立学科建设龙头地位

学科建设是高校最重要的基本建设,不仅是培养高层次、高质量人才的保证,也是高水平教学、科研和社会服务的基础。学校党政多次强调"立校之本是教学工作,学校之本在于抓好学科建设和科研工作"。为此,学校紧紧抓住学科建设这个龙头不放,扎实开展工作,引领内涵建设。

1. 明确学科建设思路

1998 年 12 月 29—30 日,学校召开学科建设和科研工作会议。会议在对合并办学以来学科建设和科研工作总结的基础上,明确了1999—2010 年学科建设工作的基本方针、目标任务,即按照合理布局、优化结构、突出重点、整体推进的指导思想,以学科建设为龙头,以学位点建设为杠杆,以学科梯队建设为基础,紧紧围绕学校办学目标,分层次、有目的地优先发展一批优势学科,重点发展一批应用学科,积极扶持一批高新技术学科、交叉学科和社会急需学科。会议出台《扬州大学重点学科建设管理办法》《扬州大学校级重点学科遴选办法》《扬州大学省级重点学科管理实施细则》等一整套规章制度。

2. 制定学科建设规划

1999 年 4 月,学校颁布并实施《扬州大学学科建设 1999—2005年发展规划和 2010 年远景目标》,明确提出学科建设的基本方针和指导思想、1999—2005 年学科建设的目标与任务、2010 年远景目标以及实现目标与任务的若干措施。2001 年,学校制定《扬州大学学科建设"十五"计划和 2015 年发展规划》。规划提出,在新的形势下,学校学科建设工作将更加注重与经济建设和社会发展的结合,更加注重知识创新和技术创新，更加注重发挥综合优势和交叉融合，更加注重提高建设标准和加快建设速度。规划同时提出了"十五"期间学校学科建设的目标任务。

3. 加强重点学科建设

1998年12月，学校调整校级重点学科建设体系，遴选10个一级学科、13个二级学科作为新一轮校级重点建设学科，将重点建设的范围扩大到各学院。1999年9月，学校制定《扬州大学1999—2001年重点建设学科建设方案》，按照学科群建设思路，第一批确定了10个一级学科、13个二级学科作为学校重点建设学科，建设期三年。2000年，学校根据学科发展实际和社会经济发展需要，提出学科群建设思路，推进学科交融，促进学科整体水平全面提升。

2002年，学校以省级以上重点学科、博士点学科为牵头学科，组建生命科学、材料科学、信息科学、东方文化等4个学科群，按项目管理的模式，启动学科群的重点建设工作。

几年中，学校不断加大对重点学科建设的投资力度，建设成效不断显现。1999年，预防兽医学学科被确定为第二轮农业部重点学科，2002年又被确定为国家级重点学科。2002年，基础数学、物理化学、水利水电工程、作物栽培学与耕作学、作物遗传育种、动物遗传育种与繁殖等6个学科被确定为江苏省"十五"期间高等学校重点学科。2000年，省级重点学科全部通过省教育厅组织的中期检查，其中作物遗传育种学科被评估为优秀学科。

4. 推进学位点建设

1999年11月，学校制定《扬州大学学科建设与发展规划（1999—2004）》，对此后几年学科、学位点建设工作进行了具体部署。学校坚持以学位点建设为杠杆，进一步加大学位点申报和建设力度，努力提高办学层次和办学水平。规划提出了三个目标要求：

一是发挥学校学科门类齐全的综合优势,根据学科发展的趋势和社会需求,通过交叉组合,积极申报增设新的博、硕士学位点;二是狠抓学位点师资建设,认真遴选博、硕士研究生导师,壮大研究生教育的师资力量,提高研究生培养质量;三是积极发展在职研究生教育,努力拓展研究生培养类型。

5. 研究生教育打开新局面

2000 年,作物学获得一级学科博士、硕士学位授予权,动物遗传育种与繁殖获得二级学科博士学位授权点,产业经济学、中共党史、体育教育训练学、英语语言文学、分析化学、遗传学、信号与信息处理、结构工程、应用化学、农业水土工程、植物营养学、植物病理学、中西医结合临床、教育经济与管理等 14 个学科(专业)获得硕士学位授予权。1999 年,学校获准开展同等学力人员申请硕士学位工作,获得举办研究生课程进修班资格;2000 年、2002 年,先后获得兽医硕士、农业推广专业学位的授权资格,开辟了在职研究生教育新领域。至 2002 年,学校拥有 1 个一级学科博士学位授权点、5 个二级学科博士学位授权点、40 个硕士学位授权点、2 种硕士专业学位。学校学位点不仅在数量上有了较大增长,而且结构布局更趋合理,专业学位点实现零的突破,标志着学校授予学位的类别由单一的学术型向学术型、专业型并存转变,学位与研究生教育迈上新的台阶。

(二)确立教学工作中心地位

人才培养是高等学校的根本任务,人才培养的质量是高等学校的生命线。完成实质性合并办学后,学校党政不断强化教学工作的中心地位,采取各种行之有效的措施,促进教育教学水平的提高。

1. 召开第一次教学工作会议

1999 年 3 月 27 日,学校召开第一次教学工作会议。会议传达了全国和全省教学工作会议精神,总结了学校合并办学以来的教学改革经验,分析了教学工作中存在的问题以及所面临的形势,明确了 2000—2005 年教学改革和发展的目标、任务以及实现目标、任务的思路和措施。会议特别强调,要进一步落实和强化教学工作在学校工作中的中心地位,各部门、各院系要坚持把人才培养作为首要任务,正确处理好教学、科研、社会服务之间的关系,真正把教学工作作为学校经常性的中心工作,把教学改革作为学校各项改革的核心工作来抓;正确处理好学校发展规模与人才培养质量的关系,强化质量意识,保证教育教学质量。会议出台《扬州大学关于强化教学工作中心地位的有关规定》《扬州大学教学工作基本规程(修订稿)》《扬州大学关于教学改革与发展的若干意见》等文件。

2. 加强教学基本建设

首先是修订教学计划。学校按照"厚基础、宽口径、强适应"及全面实行学分制的要求,两次全面修订了本科专业的教学计划,重新确定各专业的课程体系和课程结构。按文、理、工、农、医五大门类统一了公共基础课,按专业二级类统一了专业基础课。根据学分制特点,按专业门类构建选修课平台,按专业二级类构建学科基础课平台,专业课由原来的必修纳入选修,淡化专业界限,建立校、院、系三级平台课程,为进一步推行按专业大类招生培养、学生选择专业方向、实行主辅修制创造了有利条件。

其次是调整专业设置。1998 年,学校在按学科群调整重组学院时,按照教育部公布的新专业目录,将 66 个本科专业合并调整为 47 个。同时,学校重点建设优势专业,创建交叉专业,发展宽口径、应用型专业,专业结构不断优化,新增教育技术学、社会体育、信息与计算科学、环境工程、生物科学等本科专业。1998 年以后,学校重点建设 100 门课程,积极推进教学内容和教学方法的改革。

第三是加强专业和课程建设。1998 年后,学校建成省级一类优秀课程 15 门、二类优秀课程 42 门。2000 年,学校启动了 17 个专业的教学改革试点工作。积极实施国家"新世纪教改工程"和《江苏省高等教育面向 21 世纪教学内容和课程体系改革计划》,进一步深化教育教学改革。2000 年,在江苏省开展的优秀教学成果评选中,学校有 4 项成果获省级优秀教学成果一等奖、14 项成果获省级优秀教学成果二等奖。

3. 强化教学管理

首先是强化责任意识。学校规定每周召开一次教学院长例会,认真研究教学改革中的重大问题,及时解决教学工作中的实际困难。学校将各级领导干部深入课堂听课情况列入年终考评范围,要求各部门、各学院进一步确立为教学第一线服务的思想。坚持"全日制本专科教学优先"的原则,确保教育教学资源首先用于全日制本专科教学,积极为学生服务,为教师服务,全力支持教学工作。通过建立部门责任制,把支持教学、服务教学的情况纳入考核单位、个人实绩的指标体系,形成了全校各部门、各单位齐抓共管教学工作的局面。

其次是加强教学管理和质量监控。为实现教学管理科学化、规范化,促进优良教风和学风的形成,不断提高教育教学质量,学校建立了适应多校区综合性大学的教学管理组织网络,制定了《扬州大学教学工作规程》,明确了校、院、系职责,初步形成了科学高效的教学管理体系。学校修订了《教学工作基本规程》《学生学籍管理条例》,制定了《奖教金实施办法》,进一步完善了教学管理规章制度。学校增设了研究生部,加大研究生教育管理力度,深化研究生教育教学改革,修订各专业教学计划,统一研究生公共基础课教学,组织研究生导师听课,进行教学评估,开展优秀博硕士论文评选。充分发挥校、院督导组的作用,校院系三级督导网络逐步完善,进一步健全了教学质量监控体系。制定教学工作优秀学院评估指标体系,开展了学院教学工作的评估活动。

4. 加强教学实验室建设

学校高度重视实验室工作,将其作为办好"新名校"的基础工作来抓。1998 年,在深化内部管理体制改革时,学校增设了设备处,负责全校实验室的管理与建设工作。2001 年 4 月,将设备处更名为实验室与设备管理处,同时成立实验室工作委员会,负责对全校实验室管理和建设方面的重大问题进行研究、咨询、论证和建议。2001 年 11 月,学校召开实验室工作会议,对合并办学以来实验室改革、建设、管理等方面的成绩和经验进行了总结,进一步明确了"十五"期间实验室建设的指导思想和奋斗目标,提出了实现目标的对策和措施。会议出台了《扬州大学关于进一步加强实验室工作的若干意见》《扬州大学实验技术成果奖励办法》等 5 个文件。会议之后,学校实行了三大措施,以推进教学实验室建设:

一是合并调整实验室,加强基础课实验室建设。1999 年,学校从理顺实验室隶属关系入手,整合和重组了原各学院同一专业实验室,全校实验室从 200 多个调整为 81 个。2000 年,学校提出继续深化实验室体制改革、合理布局、调整设置的工作思路,进一步实施了实验室的合并重组工作,教学实验室从 81 个调整为 39 个。实验室的合并重组,节约了投资,提高了实验用房、仪器设备、实验人员等方面的使用效益。2000 年 6 月,首批化学、物理、基础医学教学实验中心顺利通过省教育厅专家组评估;2000 年 11 月,第二批植物基础实验室、电工电学教学实验中心、工程基础综合教学实验中心等 6 个实验室顺利通过省教育厅评估。

二是加大经费投入力度,改善实验室设备条件。1998 年以来,共投资 6440 多万元,重点装备了条件薄弱的专业基础实验室,建设了 10 个新增专业教学实验室,建成了 54 个多媒体教室、16 个语音室,新建了一些文科实验室。2001年,为配合品牌专业、特色专业的建设,学校投入1500万元对11个专业实验室进行重点建设,以达到国内生产第一线先进水平为目标,迅速提升专业实验室的装备条件。2001年全校教学科研仪器设备总值1.5亿元,与1995年相比,净增9470万元。截至2002年,学校拥有实验用房79442平方米,面积大幅度增加,条件进一步改善。

三是推进实验室开放。2001年,物理、化学、电工电子、计算机等涉及全校的面广量大的基础课实验室、公共课实验中心相继面向学生开放,同时增加综合性、设计性实验,提高了学生学习的兴趣和动手能力,深受学生欢迎。

5. 加强大学生素质教育

1999年5月,学校召开学生工作会议,对合并办学以后的学生工作体制运行机制和队伍建设做了整体规划,通过《扬州大学学生工作干部队伍建设条例》《扬州大学班主任工作条例》,建立起学生工作新模式和新机制。

为加强大学生素质教育,拓宽学生知识面,学校开设了大量选修课,每学期开设全校公共选修课200多门供学生选修,同时大力开展大学生文化教育讲座活动,以拓展学生的知识面,活跃校园文化氛围,促进优良校风的形成。2000年9月,省教育厅批准扬州大学为江苏省普通高等学校文化素质教育首批五个基地之一。

为培养大学生的创新精神和创新能力,学校积极组织大学生开展课外科技文化活动,举办知识、技能大赛,开展校内"挑战杯"竞赛,鼓励大学生投身发明创造活动。在省级以上各种竞赛中,学校取得了优异成绩,在1999年数学建模竞赛中,7个项目中有21人次获得了全国一等奖、二等奖和省一、二、三等奖,成为全省获得全国数模竞赛一等奖的9所院校之一。1999年,体育学院代表江苏省参加"全国体育教育专业大学生基本功大赛",获得了团体一等奖。2000年,商学院学生代表队获得全国大学生创业计划大赛银奖。学校组织学生参加"挑战杯"竞赛,并在全国、全省比赛中连续获得银奖和金奖。

6. 推行完全学分制

2001年5月23日,学校召开了第二次教学工作会议。会议进一步强调教学工作的中心地位,提出了"全面贯彻落实省教学工作会议精神,积极实施'新世纪高教教改工程',进一步深化教学改革,全面提高教学质量,努力培养创新人才"的任务,明确了"以人为本,质量第一,办出特色"的办学指导思想。会议出台了《扬州大学关于贯彻落实江苏省教学工作会议精神的若干意见》《关于深化教学改革全面实施学分制教学管理的意见》《扬州大学人才培养"十五"计划和2015年发展规划》《扬州大学学院本科教学工作状态评价方案》《扬州大学品牌专业评价指标体系》等5个文件。

根据第二次教学工作会议精神,学校从2001级新生起,改变过去的学年学分制教学管理制度,推行完全学分制。其主要内容为:实施选课制,必修课中引入选修课;多途径选择选修课;实施教师挂牌上课;实行弹性学制;允许学生自己安排学习进程,允许修满规定学分的学生提前毕业;允许学习两个以上专业;有困难或有特殊情况的学生可延长学习年限,学生在校学习时间(含中断时间),本科最长8年,专科最长6年;取消补考,实行重修;按学分收费;实行导师制。按照完全学分制的要求,学校修订了《扬州大学学籍管理条例》和《扬州大学学分制实施细则》。此外,学校完成了计算机选课系统的研制和试运行。

(三)确立科研工作先导地位

高校科学研究是国家创新体系的重要组成部分,在经济建设、社会进步中具有举足轻重的地位和不可替代的作用。学校党委和行政坚持以科研工作为先导,以促进学校的学科建设、师资队伍建设和教学工作,推动学校整体办学水平的提高。

1. 明确发展思路

1998 年 12 月 29—30 日,学校召开学科建设与科研工作会议。会议明确科研工作坚持面向经济建设主战场的指导方针、"有所为,有所不为"的原则和"抓两头,促中间"的工作方法。确定学校科研工作的发展思路是:第一,切实加强优势学科的基础性研究和高新技术研究,重点开展应用研究与开发研究,充分发挥各学科交叉融合的综合优势,走内涵发展为主的路子;第二,进一步增强广大教师和科技人员的科研意识,调动积极性,优化内部环境,经过数年拼搏,在科研方面位居省属高校前列,某些学科研究领域的科研水平达到国内领先水平,接近国际先进水平,为把学校办成国内有地位、国际有影响的新名校提供学术保障;第三,在开发方面要主动适应江苏经济社会发展需要,为经济建设和社会发展提供科研成果和科技服务,为江苏省特别是苏中、苏北经济建设和社会发展做出更大的贡献。

会议讨论了 1999—2010 年科研工作规划,确定了工作目标和任务。为实现预期目标,会议提出了若干对策措施:一是健全科研管理规章制度,建立科技进步的激励机制和竞争机制,改革现行的项目申报、评审制度和成果奖励制度,同时重视科学研究的软环境建设,努力创造一种自由宽松的研究环境和氛围;二是纵向力争,横向拓展,多渠道争取科研项目,增加对科技工作的投入;三是充分利用学科门类齐全、联系渠道多的有利因素,积极争取各级各类科研项目;四是逐年扩大校科研基金规模,支持教师特别是中青年教师开展科研,以便打下良好的工作基础;五是逐步设立学术著作出版基金、科研成果奖励基金等,逐步加大对科技工作的投入;六是加快校园网络建设,为学校科研工作提供信息交流的快捷通道,决定在图书馆建立中国期刊网"扬州大学镜像站"。

2. 加强科研管理

1998年以来，根据学科建设与科研工作会议精神，学校在加强科技工作方面采取了一系列改革与发展措施，取得了明显的成效。

首先，建立管理制度，提高管理水平。1998年下半年，学校出台《科研项目管理办法》《科研经费管理办法》《科学技术研究成果管理办法》《科研成果奖励办法》《科技推广管理办法》等规章制度。这为规范学校科研工作，改善科研工作面貌，多出、快出科研成果，起到了很大的促进作用。

其次，设立科研基金，建立科研激励机制。学校除继续利用职称评聘杠杆外，还改革调整了科研利益分配办法，实施了科研岗位津贴、科研业绩奖励办法，广大教师的科研热情高涨。同时，学校出台《关于促进科技成果转化发展高新技术产业的实施意见》，提出了科技成果转化后利益分配办法，进一步促进科技成果转化为现实生产力。

再次，加强横向联系，组织联合攻关。在积极争取纵向科研课题的同时，学校进一步加强与社会各界的广泛联系，宣传科技实力，展示科技成果，积极与地方合作开展科学研究与科技开发项目，切切实实地为地方经济建设服务。1999年10月，与中科院共同完成的"转基因体细胞克隆羊"成果成为教育部"1999年中国基础科研十大新闻"的头条新闻。

3. 加强科研基地建设

针对学校研究机构规模大小不一、水平参差不齐的现状，学校对全校科研机构开展清理整顿，根据学科建设、人才培养的实际需要，进行撤、并、转，规范名称，规范管理。清理后，研究机构合并、调整为63个，同时根据实际需要，新建了6个研究机构。至2000年底，全校共有研究中心（所、室）69个，各研究机构学科梯队合理，研究方向明确,在科学研究和人才培养中发挥了积极作用。

学校在人力、财力、物力上加大了对重点实验室的投入力度,促进其在科学研究、科技开发、人才培养方面发挥更大作用。学校拥有2个农业部重点开放实验室,3个省级重点实验室,它们在全校科研工作中起到了良好的示范作用。

学校以科研项目为纽带,在江苏、山东、安徽、上海等地建立了100多个科研基地。同时,学校积极与地方企业建立产学研联合体。1998年11月,与地方合作成立了"江苏省转基因动物制药工程研究中心"。2000年,与香港药业集团签订了合作协议,成立了"扬大港药基因工程有限责任公司"。此外,新建了具有现代化水平的实验农牧场,加强了实验工厂、实验食品厂、实验菜馆、动物医院等教学、科研、实验基地建设。继续参与响水、高邮两个国家级农业综合试验示范基地等校外基地的建设,扩大了响水基地合作服务的范围,展示了综合性大学的优势,取得了良好的经济效益和社会效益。2000年,在全省农业综合开发工作会议上,学校获得全省高校唯一的农业科技开发一等奖;在全省教育促小康会议上,学校被评为先进集体。

(四)确立师资队伍关键地位

合并办学以来,学校始终抓住师资队伍建设这个关键。1999年12月22日、2001年11月29日,学校先后召开第二次和第三次师资工作会议,提出师资队伍建设的目标、任务及举措,出台了编制管理、教职工聘任、特聘教授岗位设置及招聘、引进高层次人才、教师攻读学位等规定,研究制定了《扬州大学师资队伍建设"十五"计划和2015年发展规划》,开创了师资队伍建设工作的新局面。

1. 优化人力资源配置

加强对教职工的编制管理,严格把住增补教职工的"入口关",努力优化人力资源配置。在增补人员时继续执行既定方针,大量补充教学科研第一线教师，保持教师总量相对稳定，逐步压缩非教学人员，党政管理人员（学生政工人员除外）、教学辅助人员和后勤职工原则上"退而不补"。在补充教学人员时强调高起点，规定除部分紧缺学科的教师外，其他专业补充的教师必须具有研究生学历。

2. 加强师资培训

注重把教师学历的提高作为重点，鼓励青年教师攻读博士、硕士学位。坚持以骨干教师为重点，以提高学历为主要目标，采取分层次、多途径、多形式的培训方式，教师队伍的学历层次有了明显提高。响应和参与国家人事部的"百千万人才工程"、教育部的"青年教师奖励计划"和"青年骨干教师资助计划"、江苏省委的"333 工程"、省教育厅的"青蓝工程"等各级各类人才培养工程，加强青年教师的培养和高层次人才的引进，学科梯队建设呈现良好的发展态势。

3. 优化队伍结构

运用教师职称评聘杠杆，鼓励优秀人才脱颖而出，优化了教师队伍职称结构。将职称评聘工作与学科建设紧密结合起来，破除论资排辈，鼓励青年教师脱颖而出。制定了破格晋升正、副教授的基本条件。逐步强化对教师思想品德和教学科研的要求，按综合性大学的办学要求，在职称评审工作中坚持高标准。至 2000 年，教师队伍的职称结构发生了可喜变化，具有高级技术职称的教师人数占教师队伍总数的 40.2%，教师队伍的平均年龄逐步下降，充满了活力与朝气。

三、实施新一轮管理体制改革

如何适应社会主义市场经济体制，顺应高等教育的发展趋势，优化教育资源配置，形成有利于人才脱颖而出的机制，提高办学水平和办学效益，是学校推进合并办学中亟待解决的问题。自 1999 年起，学校贯彻落实教育部"面向 21 世纪教育振兴计划"，及时启动以人事分配制度、后勤社会化改革为重点的校内管理体制改革。

（一）人事和分配制度改革

在 1996 年 1 月颁布实施《扬州大学校部工作人员津贴暂行办法》、1997 年 8 月颁布实施《扬州大学教职工津贴实施暂行方案》的基础上，1999 年 12 月 22 日，学校召开人事与师资工作会议，拉开了新一轮人事管理体制改革的帷幕。会议出台《扬州大学机构编制管理暂行规定》《扬州大学教职工聘任制实施办法》《扬州大学流动人员管理暂行规定》《扬州大学特聘教授岗位设置及招聘办法》《扬州大学引进高层次人才暂行办法》《扬州大学机关改革实施意见》《扬州大学机关人员聘任实施意见》《扬州大学学科建设和科学研究业绩奖励办法》《扬州大学奖教金实施办法》《扬州大学优秀管理、服务奖评定办法》等 10 个文件，内容涉及机构设置调整、人员定编、干部任用、分配制度等，构成了学校人事管理制度改革的一个完整体系和相互配套的方案。

从 1999 年 12 月下旬开始至 2000 年 9 月，学校按照上述文件精神，进行了机构改革、定编定岗、全员聘任等有关工作。其间，3143 人聘任上岗，其中：专任教师 1642 人，专职科研人员 33 人，专职政工干部 119 人，党政管理干部 688 人，教辅 583 人，部分附属单位 78 人；另有跨部门聘任 45 人（非领导干部）。

此次聘任中，党政管理人员是重点、难点和热点。学校坚持"按需设岗、减员增效"的原则，严格按照改革方案确定的岗位、职数和程序进行聘任，坚持公开、公正、公平，取得了预期的成效。全校党政管理人员定编数为 714 人，共设中层管理岗位 172 个，实际聘任中层干部 166 人，比聘任前的 197 人减少 31 人；共设科级岗位 240 个，聘任上岗 240 人，比聘任前的 365 人减少 125 人（不含总务处、产业处的科级干部）。

2000年2月，面对人才竞争的严峻形势和学校人才流失现象严重的状况，为调动和激发广大教职工的工作热情，学校决定实施人事分配制度改革。经2000年11月一届四次教代会审议通过，学校于2000年12月13日正式出台《扬州大学岗位津贴实施办法（试行）》。该实施办法具体包括《岗位津贴标准》《关键岗（学科岗）聘任与津贴实施细则》《关键岗（科研岗）聘任与津贴实施细则》《关键岗（教学岗）聘任与津贴实施细则》《教学科研重点、基础岗位津贴实施意见》《管理岗位津贴实施意见》《其他专业技术及技术工人岗位津贴实施意见》等7个附件。

经过一年时间的实践，2001年12月，学校对《扬州大学岗位津贴实施办法（试行）》做了修订完善，决定从2002年1月起，国贴（职务工资对应的30%部分）从岗位津贴中划出，另行发放。这部分经费，由学院承担30%。

1999年至2000年，学校通过机构改革、定编定岗、全员聘任和实施校内岗位津贴，精简了管理机构，进一步理顺了各职能机构的关系，完成了合并办学以来对学校各类人员的首次梳理，明确了各自的编制类别。同时，明确专职从事学院自办产业的人员，由学院参照校办产业人员的管理办法，根据院办产业经营生产任务的需要进行聘任，学校不核定其编制，也不再承担其工资和津贴。对挂编人员的清理，在一定程度上减少了学校不必要的经费支出。改革的实施，初步建立了干部职务能上能下、能高能低、优胜劣汰的竞争激励机制，形成了人员校内合理流动的机制，体现了按劳分配、优绩优酬、多劳多得的原则，调动了广大教职工的积极性和创造性。

（二）后勤产业社会化改革

从1999年初开始，根据我国高校后勤改革的形势和方向，学校着手开展了后勤社会化改革试点，主要包括三个方面：

一是实行内部体制调整,推行以条为主、条块结合的管理新模式。1999 年初,学校从体制入手,针对原总务处各校区后勤各行其是的现状,对后勤原有体制进行了较大改组,在管理服务机构上成立了"两办、八中心",即总务处办公室、总务处财务办公室以及膳食、医疗、校产、运输、维修、幼教、校园管理、经营中心;完成了后勤干部聘任、职工聘用上岗工作,打破了过去条块分割的局面。为了完成新旧体制的平稳过渡,学校在 6 个校区设立总务处办公室,负责综合协调该校区对内、对外及面上的工作。

二是完善各中心的工作规范,局部推行后勤服务企业化改革。学校总务处各中心先后制定出台涉及全校性的管理服务办法,并积极尝试后勤管理改革。

三是改革后勤经费投入机制,改拨款制为收费制。学校明确由总务处财务办公室统一管理全处的财务工作,同时加强总务处对各个中心的统管职能,严格财经制度,严格成本核算,积极引入市场经济管理模式,改变过去单一的行政拨款制度,将全校的交通运输费、水电费、邮电通讯费等公用经费指标,全部下达到各学院和机关各部门、各单位,要求总务处有关中心通过服务回收各种经费。这一改革试点,得到了上级主管部门的肯定,2000 年,学校被省教委表彰为全省高校后勤工作先进集体。

在改革试点基础上,学校加快了后勤社会化改革的步伐。2000年 7 月 5 日,学校召开后勤改革工作会议,全面启动后勤社会化改革。会议出台的《扬州大学后勤社会化改革方案》,具体规定了改革的原则、目标、运行模式和相关政策。

改革的指导思想和原则:(1)通过改革力求达到"四个有利于、四个满意",即有利于减轻学校的负担,让学校集中精力投入教学和科研,使学校满意;有利于全校师生能够得到优质、高效、实惠的服务，使师生满意；有利于贯彻多劳多得原则，调动后勤职工积极性，使后勤职工满意；有利于优化育人环境，使社会满意。（2）坚持为教学、科研和师生生活服务的原则，始终保持高校后勤姓"教"的特点，正确处理好后勤利益和学校利益的关系、经济效益和社会效益的关系。（3）坚持实事求是、因校制宜的原则，从学校实际出发，务求实效，并有所创新。（4）正确处理好改革、发展和稳定的关系，解放思想，转变观念，大胆改革，稳步推进。

改革的目标：在体制上实行事企分开，与学校规范分离，在机制上依托校内市场，实行以合同为规范的签约服务，形成市场驱动、自主经营、有偿服务、有序竞争的后勤服务新机制。改革分两步实施：第一步，2000年年底前，经营服务实体在管理体制上实现分离；第二步，2001年后，经营服务实体在完善内部运行机制、有所发展的基础上成立注册公司，参与社会竞争，以外养内。从2000年起，经营服务实体人员的校贴、目标奖、年终奖全部自负，并在改革后三年内实现人员工资全部自负。

后勤管理机制和运行模式：实行管理（甲方）与经营（乙方）分开，建立"小机关，多实体，合约管理"的后勤模式。总务处（小机关）为甲方，代表学校行使后勤行政管理职能，下设办公室、财务科、校产科、督察科。经营实体为乙方，按行业特点组建饮食、运输、物业管理、维修、学生公寓管理、幼教、医疗等若干服务中心。甲、乙双方签订合同，甲方负责监督乙方履行合同。

后勤的人事政策：总务处"小机关"人员享受校机关人员的同等待遇；对经营服务实体的职工实行"老人老办法"，保留后勤原在编职工的事业性社会保障待遇（包括养老金、公积金、医疗保险、职称评定、住房补贴等），转制后保留原档案工资，职工退休后仍归学校正常管理。因工作需要新调进人员一律按合同管理，列企业编制。

按"公开招聘、双向选择、竞争上岗"的原则,对全处所有干部、职工进行招聘上岗,优先录用在编职工。

后勤社会化改革的实施,实现了学校后勤服务实体的规范分离,逐步建立了"小机关、多实体、合约管理"的后勤运作全新机制。随着后勤经营服务性实体在管理体制上与行政序列的规范分离,学校成功实现了后勤服务人员的平稳剥离,减轻了财政负担,提高了办学效益。到 2000 年底,学校总务处原 600 多名职工除处机关及医疗中心、幼教中心部分人员以外,共有 450 人从学校行政事业编制中划出,加上产业处原 184 名职工中剥离出来的 172 人,全校共有 622 人从学校行政事业编制中划出,学校不再承担人员经费,由新建实体按企业化方式运作,自主经营,自负盈亏。

后勤社会化改革的实施,引入了竞争机制,推出了服务亮点。其中改变包揽包管后勤的局面,适度引进社会力量办后勤,是学校后勤社会化改革的一个重要举措,经过探索取得较好成效。2000 年暑期后,学校饮食服务中心将中心校区、瘦西湖校区部分食堂餐厅的经营承包权面向社会招标,让校外承包者进入校内市场。2000 年 10 月,常州中天物业公司经过招投标,取得了承包中心校区教学主楼物业管理的资格。引入社会力量办后勤,带来了新的运行机制和管理理念,打破了学校后勤自我封闭的模式,形成了内外互补性竞争局面,提升了后勤服务整体水平。2002 年底,学校通过了省教育厅高校后勤社会化改革规范分离达标验收。

（三）创办公有民办广陵学院

为贯彻国家"科教兴国"战略,落实国家有关"鼓励多渠道、多形式社会集资办学和民间办学,改变国家包办教育的做法"的政策精神,1998 年下半年,学校提出创办公有民办的二级学院的改革思路。11 月,学校向江苏省教委递交了《关于创建扬州大学广陵学院

（民办）的请示》。12月，省教委作出《关于同意举办公有民办扬州大学广陵学院的批复》，明确："广陵学院属扬州大学二级学院，属公有性质，引入民办机制，由扬州大学统一管理，所需办学资金由学校自筹，实行独立核算；确需统筹利用现有办学资源时，需明晰产权关系，并采取切实有效的措施，确保国有资产保值增值。"广陵学院成为全省首批获批的9个公有民办二级学院之一。

1999年5月，学校成立"扬州大学广陵学院办学领导小组"，明确该领导小组在广陵学院未成立董事会以前代行董事会职责。为加强对广陵学院的管理，学校制定《扬州大学广陵学院院长任期目标方案》《扬州大学广陵学院院长任职任期考核办法》《扬州大学广陵学院管理权限暂行规定》，对广陵学院的教育事业发展目标、学生管理、管理体制与运行机制、资产有偿使用管理、人才培养目标、办学规模、办学方式及机构设置、人员编制、人员聘任、财务管理、教学管理、党务行政管理权限等做出具体规定。

通过面向全校公开招聘，竞争上岗，学校聘任了广陵学院院长。根据院长提名、学校考察，组建了广陵学院领导班子。1999年暑期，广陵学院在学校统一领导下完成招生工作。共设置10个专业，其中4个本科专业，6个专科专业；首批招生512人，实际报到483人，其中本科生207人、专科生276人。

为理顺学校与广陵学院的关系，促进其形成特色、办出质量、提高效益，学校先后在管理体制和引资办学上采取了多项改革措施。

首先，调整广陵学院管理体制。2000年暑期，学校研究决定：广陵学院管理体制按照扬州大学二级学院管理办法执行；广陵学院的机构设置、干部管理、人事工作统一执行学校有关文件精神；学院书记、院长为正处级，副书记、副院长、综合办公室主任、团委书记为副处级，副处级以上干部由学校党委任命或校长聘任，科级干部的聘任在学校人事处定编职数内进行,事先须与校党委组织部沟通,再由广陵学院党组织讨论决定,并报学校党委组织部和人事处备案;广陵学院的教学任务由校教务处统一安排,教务处会同广陵学院进行教学质量考核;经费由学校统一管理,单独建账;后勤服务统一纳入学校后勤社会化运行轨道;院聘管理人员的工资待遇按校内人员统一标准执行,另外再发放一定"民办津贴"。在此基础上,学校同步调整充实了广陵学院领导班子,由一名副校长兼任广陵学院院长。为加强党组织对公有民办二级学院的领导,学校党委决定设立广陵学院党支部,作为校党委的直属党支部,负责广陵学院党的建设和思想政治工作。

其次,引进社会力量投资办学。自筹建广陵学院起,学校和广陵学院一直积极对外宣传联系,吸引社会力量参与广陵学院投资办学,以构建多元的办学、投资体制。2000 年,学校与"南京高熊实业有限公司"签署协议,在扬瓜公路东侧的邗江县汊河镇附近,合作建设广陵学院新校园。2002 年暑期,广陵学院新校园竣工交付,投入使用。

四、完善学校管理体制机制

（一）明确和强化学院管理职能

为进一步发挥校、院、系的办学积极性和主动性,推动内涵建设和事业发展,2000 年底,学校对前一阶段三级建制、两级管理体制的运行情况进行了认真总结和分析,一致认为:学校当务之急是要在保证学校统筹功能的前提下,在人、财、物方面给学院进一步放权,强化学院管理职能,增强学院办学活力,切实减轻系科负担。2001 年 2 月初,学校成立三个调研组,就"完善管理运行机制""完善学生管理体制"和"校区管理模式"等问题进行专题调研。2001 年 6 月,学校出台《关于进一步完善"三级建制、两级管理"体制的意见》。其主要内容如下:

总体构架。坚持实行"校院系三级建制、校院两级管理"的内部管理体制；明确学校的职能是统一规划和领导全校的改革与发展，统一管理学校的人、财、物，统一组织全校的教学、科研和社会服务工作，为教学、科研提供各项支撑保障和服务；学院的职能确定为教学、科研、学科建设、师资队伍建设、教师思想政治工作、学生的日常教育与管理、社会服务等7个方面；系科具体承担什么职能，由各学院根据本院实际，从有利于系科集中精力抓好教学、科研、学科建设、专业建设和人才培养等工作出发，自行研究确定。为了进一步理顺学院内部管理体制，学校规定从2002年1月起，新提拔的学院综合办公室主任、组织（纪检）员、年级主任、工会主席、团委书记改为科级，现有人员如果不离开以上岗位，其职级、待遇保持不变。

管理模式。根据"分级管理"的原则，实行"下管一级"的管理模式。学校任命或聘任学院院级领导班子，建立院级领导班子任期目标责任制和年度目标责任制，对学院实行目标管理。在学院内部管理模式上，允许各学院根据自身情况，选择自己的管理模式，不搞"一刀切"，但要坚持有利于强化学院管理职能、有利于减轻系科负担、有利于充分发挥系科积极性和主动性的原则。

管理权限。按照目标管理的要求和学院责、权、利相统一的原则，进一步强化学院管理职能，从人财物管理、资源使用、系科专业调整等方面进一步扩大学院的自主权。（1）在干部管理上，学院党委（总支）有权在学校核定的编制、机构、岗位职数范围内，按照学校有关规定自行任免、管理科级及以下干部；学院对系主任的聘任须报校长备案，院管干部必须报学校组织、人事部门备案，在涉及全校干部交流时，必须服从学校需要和安排。（2）在人事管理上，学院有权在学校核定的编制、岗位职数范围内自行聘任、管理教师。（3）在人才引进上，学院可以按照学校确定的进人指标，根据学科建设和师资队伍建设的总体规划,结合学院发展需要,确定引进人选,报学校审核;学院引进高层次人才、选留政工干部、补充本科及其以下人员必须报学校人事领导小组审定;对硕士以上的正常教师补充,必须报学校人事处审核备案。(4)在经费管理上,实行预算制。根据学科、专业发展的需要,学院可以对系科、教研室的设置进行调整,并按照上级有关文件精神,合理设置系科党组织;学院对系科的调整必须报学校批准,对教研室、系科党组织的调整设置情况,必须报学校有关职能部门备案。

学生管理体制。坚持以"院管为主"的方针,按照"分级管理"的管理原则,各学院可以自主选择适合本院实际的学生管理模式。坚持专职学生干部管理与系科管理结合,重视学生管理干部队伍建设,按有关规定配备一定规模的专职学生工作人员。积极推进导师制,实行专职学生管理体系和导师制相结合。

校区管理。为了减少管理层次和环节,提高管理效率,现有校区不成立校区管理委员会或类似机构。提高学校后勤部门的综合协调能力和服务质量,在总务处设置专门岗位,具体处理涉及后勤方面多中心协调的有关问题。借鉴中心校区教学主楼物业管理的经验,逐步推广物业管理模式。

《关于进一步完善"三级建制、两级管理"体制的意见》的实施,进一步理顺了校、院、系之间的关系,明确了各自的职责和管理权限,强化了学院的管理职能,使学科门类众多、办学规模较大的综合性大学的内部管理体制和运行机制日趋完善。

在此期间,江苏省委根据学校实际情况,先后充实调整了学校领导班子。2000年3月1日,省委决定花长友任校党委副书记,刘超任副校长,严华海任纪委书记;梁隆圣任正校级调研员,免去校党委副书记职务;顾宸任副校级调研员,免去纪委书记职务。2002年

1月28日，省委决定范明任校党委委员、常委、书记，免去其江苏大学副校长，党委常委、委员职务；郭荣任校长，胡家兴任副校长、党委常委。江苏省委同时决定，免去葛锁网的校党委书记、常委、委员职务；免去顾铭洪的校长，党委常委、委员职务。1月31日上午，学校在逸夫图书馆召开干部教师大会。省委副书记任彦申，省委组织部副部长刘国中，省委教育工委书记、省教育厅厅长王斌泰，省委教育工委副书记葛高林一行来校宣布省委关于调整学校领导班子的决定。任彦申代表省委省政府对学校改革发展工作提出明确要求。扬州市委书记孙志军出席会议并讲话。

（二）实行扁平化管理运行模式

从1998年开始实行的"校院系三级建制、校院两级管理"体制，对促进实体合并、实质融合发挥了积极作用。但是随着学校各项改革的深化和学校事业的发展，原来一些认识不足的矛盾逐步凸现出来。有的学院由于所辖系科实力太强，院一级的管理落实不下去，系级没有管理权限，却要承担大量的行政管理工作，"两级管理"流于形式；有的学院包含着几个学科门类，管理跨度偏大，很难协调各学科的发展；等等。从总体情况看，大部分学院的实际运行体制仍是"三级建制、三级管理"。针对学校内部管理存在的突出问题，新的学校领导班子在调查研究的基础上，按照有利于稳定、有利于人才成长和调动各方积极性、有利于学科建设、有利于科学管理、有利于学校各项事业发展等原则，逐步开展了取消系级建制、调整学院建制的有关改革工作，真正建立起了校院"两级建制、两级管理"的运行机制。

2002年8月11日，学校决定调整部分学院建制。撤销人文学院、理学院、工学院建制，设立文学院、社会发展学院、数学科学学院、物理科学与技术学院、化学化工学院、机械工程学院、信息工程学院；

设立教育科学与技术学院,与师范学院两块牌子一套班子;设立食品科学与工程学院,与旅游烹饪学院两块牌子一套班子。调整部分系科的隶属关系,原属农学院的农林经济与管理系划归商学院;原属农学院的食品科学系划归旅游烹饪学院。同时决定,设立人文社科处,正处级建制;设立发展规划研究室,正处级建制;设立测试中心,副处级建制,挂靠实验室与设备管理处。

实行扁平化管理模式之后,学校从校、院、系三级管理过渡到校、院两级管理。由于管理层次减少,管理过程中的损耗也相应减少,从而进一步提高了管理效率,促进了事业发展。

（三）干部人事制度改革试点

根据江苏省委组织部的部署和安排,2002年4月,学校启动干部人事制度改革试点工作。作为全省试点单位中唯一的事业单位,学校成立由党委书记任组长的领导小组,设立专门的办公室,制定了具体可行的试点工作方案。干部人事制度改革试点工作的指导思想和原则是:坚持党管干部的原则,改进党管干部的方法;坚持干部队伍"四化"方针和德才兼备原则;坚持群众公认和公开、平等、竞争、择优原则;坚持民主集中制原则;坚持用好的作风选人,选作风好的人原则。

干部人事制度改革以推进干部能上能下、能进能出为重点,以扩大干部工作民主为方向,通过扩大民主、加大竞争,完善相关制度和制度创新等手段,进一步完善学校干部选贤任能的科学机制,健全干部考察、评价、监督、激励的科学机制,促进学校干部工作的科学化、民主化和制度化,努力建立一支符合"三个代表"要求且朝气蓬勃、奋发有为的高素质中层领导干部队伍,为学校事业的发展提供坚强的组织保证。主要内容:一是扩大民主,加大竞争,进一步完善选贤任能的科学机制;二是完善制度,勇于创新,进一步健全干部考察、评价、监督、激励的科学机制；三是突出重点，明确标准，以解决干部"能下"为突破口，疏通学校干部队伍出口。

2002年7月18日，学校召开动员大会，对干部人事制度改革试点工作进行全面部署和具体安排。暑假之后，学校出台《扬州大学处级干部选拔任用工作实施办法》《扬州大学处级领导干部竞争上岗暂行办法》《扬州大学关于实行工作目标责任制的意见》《扬州大学处级领导干部经济责任审计暂行规定》等配套文件，从选拔、任用、管理、监督等环节规范了干部工作。其间，学校建立了以民主为基本趋向、以公开为基本前提的干部选拔任用和管理监督机制；结合本校实际开发了干部民主测评软件系统，细化考核指标，改进测评办法，创新干部评价机制；结合高校特点，着力推进干部的能上能下与"能管能教"，创新干部进出流动机制。与此同时，强化落实党风廉政建设责任制，出台一系列规范文件，逐步构建起纪检监察制度体系。

干部人事制度的试点改革，使全校中层干部的学历层次比例明显提高，平均年龄也有所下降，为建设高水平的地方综合性大学提供了有力的组织保证。学校干部人事制度改革的成绩和经验，先后被《光明日报》《中国教育报》《新华日报》等媒体报道。

五、跨入新世纪，擘画新发展

历史选择了扬大，扬大抓住了机遇。自1992年以来，学校走过了松散型的联合办学、紧密型的实质合并及重组二级学院、全面深化改革等几个阶段，经历了由虚到实，由"组合"到"融合"的转变，在新世纪到来之际，基本形成一所地方重点综合性大学框架，为学校的事业发展和质量提升创造了有利条件。跨入21世纪的头两年，学校又以编制"十五"计划和举办百年校庆为契机，凝聚共识，群策群力，积极谋划未来的改革发展，进一步推进合并办学和体制改革，致力于夺取教育事业发展新的成果。

（一）编制"十五"计划

2000 年后,为适应经济全球化和高等教育国际化的发展趋势,实现学校跨越式发展,尽快建成新名校,学校立足现实制定学校改革发展战略和策略,研究编制了《扬州大学"十五"计划和 2015 年发展规划》。在规划编制过程中,学校成立了规划工作领导小组,组织全校干部教师学习《全国教育事业"十五"计划和 2015 年发展规划》《江苏省教育现代化实施纲要》,邀请教育部计划建设司负责人等领导和专家作专题报告,以进一步理清规划编制工作的基本思路。5 月 11 日,校党委和行政联合下发了《关于编制学校事业发展"十五"计划和 2015 年发展规划的通知》,强调了制订学校规划的重要意义,明确了规划编制工作的指导思想、基本原则、工作方法、步骤要求。11 月底,《扬州大学事业发展"十五"计划和 2015 年发展规划》经学校一届四次教代会暨一届三次工代会审议通过。2001 年上半年,学校将该规划上报省委教育工委和省教育厅。

"十五"期间,学校办学的指导思想是:坚持面向现代化、面向世界、面向未来教育战略思想,认真贯彻党的教育方针,坚持社会主义办学方向。坚持规模、结构、质量、效益协调发展和内涵发展为主、外延发展为辅的办学方针,以学科建设为龙头,以全面推进素质教育为核心,以加强教师队伍和管理人员队伍建设为保障,切实提高本科教育质量,大力发展研究生教育,走产学研相结合道路,面向社会和国际开放办学,充分发挥大学知识传播、知识创新、知识应用的功能,为地方经济建设和社会发展提供全方位服务。

"十五"期间,学校发展的总体目标是:建成以应用学科为主,文、理、工、农、医交融发展,为经济建设与社会发展做出重要贡献的地方综合性大学。具体而言,要建成一批国内外先进或有影响力的学科和专业,并使学校的综合实力处于同类学校的前列;再经过 10

年或更长一些时间的努力,建成一所教学科研型学校,成为江苏省高素质创新人才培养的摇篮、知识创新和科技成果转化的重要基地、地方经济建设和社会发展的思想库和智囊团、国际文化交流的桥梁,建成一批在国内领先、在国际上有很强竞争力的学科,造就一批享誉海内外的大师,把学校真正办成国内有地位、国际有影响的新名校。

为了实现办学目标,学校规划提出"十五"期间重点实施的"四大战略":名师与品牌战略,交融与创新战略,开放与跨越战略,扬州大学城战略。同时制定了相应的对策与保障措施,重点是解放思想、更新观念;深化改革,以改革促发展;切实加强党的建设。根据"十五"计划和2015年发展规划的总要求,学校分别编制了人才培养、师资队伍建设、学科建设、科学研究与科技产业、对外合作交流、公共服务体系建设、校园基本建设、精神文明建设等8个子规划。

（二）成立董事会、校友会

为了进一步深化教育体制改革,加强学校与社会的联系,提高教育质量和办学效益,促进学校的建设与发展,主动适应社会发展和经济建设需要,经江苏省政府同意,2002年,学校成立扬州大学董事会。5月19日,学校召开"扬州大学董事会成立大会暨首届董事会第一次会议"。大会审议通过了董事会章程,选举产生了名誉董事长、董事长和副董事长。全国人大常委会副委员长许嘉璐、全国政协副主席钱伟长、江苏省省长季允石、中国林业科学院院长江泽慧和全国工商联常务副主席张绪武当选为董事会名誉董事长,江苏省副省长王荣炳当选为董事长。中国人民解放军沈阳军区原副司令员宗顺留中将、江苏省人大常委会原副主任凌启鸿、中国农业科学院院长翟虎渠、中山大学党委书记李延保、东南大学党委书记胡凌云、学校党委书记范明、校长郭荣等当选为副董事长。首届董事会第一次会议选举产生了董事会秘书长和副秘书长。

长期以来,学校的改革发展一直得到社会各界特别是广大校友的关心和支持。合并办学前各学院共建了 30 个具有一定规模的校友会组织,除江苏省 13 个地级市外,还遍布北京、上海、云南、海南、新疆、西藏、深圳、大连、粤港澳以及北美、日本等地。合并办学以后,原各学院校友会组织均被注销。为进一步密切与广大校友的联络,为学校跨越式发展创造条件,经省教育厅批准、省民政厅核准,学校于 2002 年成立"扬州大学校友会";4 月 13 日,召开了"扬州大学校友会成立大会",通过了《扬州大学校友会章程》,选举产生了首届理事会和常务理事会。

（三）举办百年校庆活动

2002 年 5 月 19 日,为回顾历史、总结经验、内聚人心、外塑形象、集思广益、促进发展,学校隆重举办"合并办学 10 周年、在扬办学 50 周年、建校 100 周年"庆祝大会和系列庆祝活动。全国人大常委会副委员长彭佩云、许嘉璐,全国政协副主席钱伟长,教育部部长陈至立,江苏省委书记回良玉、省长季允石、省人大常委会主任陈焕友、省政协主席曹克明,全国人大法律委员会副主任、全国工商联常务副主席张绪武,全国政协人口资源环境委员会副主任、中国林业科学研究院院长江泽慧,教育部党组成员、部长助理郑树山,江苏省委副书记任彦申,省人大常委会副主任柏苏宁等出席庆典仪式。陈至立热情洋溢地宣读了教育部贺信,盛赞扬州六校合并"开创了全国高教管理体制改革的先河"。回良玉代表江苏省委发表讲话,指出扬州大学是省委省政府重点建设的 3 所省属地方综合性大学之一,省委省政府将一如既往地给予关心和支持。季允石代表江苏省政府向学校赠送青铜鼎。

庆祝大会上,校长郭荣作了"继往开来　再创辉煌"的主题报告,回顾了合并办学 10 年来学校改革发展取得的成就,提出了将进一步增强质量意识、效益意识、竞争意识、国际化意识，大力加强内涵建设，朝着把学校真正办成国内有地位、国际有影响的新名校的办学目标积极迈进。为实现这一宏伟目标，报告提出了"分三步走，基本建成新名校"的战略步骤：第一步，经过"十五"期间的努力，基本建成省内一流的地方综合性大学；第二步，至2015年左右，建成国内一流的地方综合性大学；第三步，到2050年左右，建成国内有地位、国际有影响的新名校。

2002年8月，中共中央政治局常委、国务院副总理李岚清再次亲临学校视察，又一次给予全校干部和师生以鼓舞。他表示，这是第三次来到扬大，看到的是一个名副其实的、完完整整的综合性大学，6个高校合并为全国高校体制改革发挥了巨大的推动作用。他希望学校"巩固成果，深化改革，提高质量，继续发展"，建设成为一所高水平的大学，为江苏乃至全国的人才培养做出更大的贡献。

在百年校庆和李岚清第三次视察的鼓舞下，学校的改革发展进入了强化内涵建设、提升教育质量的新阶段。面向新世纪，面对"十五"期间的发展任务，学校紧紧围绕"建成高水平大学"的办学目标，坚持分类指导，发挥综合优势，强化学科融合，推动开放创新，彰显特色发展，有力促进了由"规模大校"向"内涵强校"、由"改革名校"向"质量名校"的转变。

第十一章　全面转向高水平大学建设

至 2002 年,学校经过松散联合、实质性合并、内部管理体制调整,逐步走上了内涵建设、水平提高的发展道路。2002 年以后的十年,合并办学以来的首次党代会和第二次党代会先后召开,圆满完成"十五"计划、"十一五"规划各项指标,学校持续推进管理体制的再优化,不断优化事业发展环境,打牢并实现新跨越之"四梁八柱"。这十年,是学校快速发展的十年,星火赓续、承前启后的十年,也是学校强内涵、重质量的关键十年,为高水平大学建设奠定了坚实基础,各项工作实现了新跨越。

第一节　综合性大学运行体制机制的优化

在"十五"发展的关键期,学校紧紧围绕"建成高水平大学"的办学目标,坚持分类指导,发展工科、提升医科、振兴文理、强化农科,坚持强化综合,推进学科交叉融合,努力推动各学科协调发展、特色发展,促进学校由"规模大校"向"内涵强校"、由"改革名校"向"质量名校"的转变,学校事业呈现良好发展态势。

一、深入推进管理体制机制的再优化

(一)扁平化管理体系持续完善

1.院系调整重组

2003 年 8 月 22 日,学校决定成立环境科学与工程学院。2003

年 8 月 31 日,学校决定将原属水利与建筑工程学院的环境工程系,
原属农学院农学系的环境科学、土壤学、农业化学、微生物学等 4 个
教研室整建制划入环境科学与工程学院;将水利与建筑工程学院的
环境工程、给水排水工程、建筑环境与设备工程和农学院的环境科
学、农业资源与环境等 5 个专业划入环境科学与工程学院。2003 年
9 月 3 日,学校决定将旅游烹饪学院的服装设计与工程专业和水利
与建筑工程学院的艺术设计(室内设计)专业划归艺术学院。2003
年 12 月 29 日,学校决定调整部分学院建制,撤销政法学院、商学院、
水利与建筑工程学院、畜牧兽医学院建制,设立法学院、经济学院、
管理学院、建筑科学与工程学院、水利科学与工程学院、动物科学与
技术学院、兽医学院。原隶属于政法学院的哲学和思想政治教育专
业、"两课"教研部与原社会发展学院所设的专业合并组建新的社会
发展学院,与社会科学部两块牌子一套班子;原隶属于政法学院的
法学类专业划归法学院;原隶属于商学院的经济学类和农业经济管
理类专业划归经济学院;原隶属于政法学院的公共管理类专业,原
隶属于商学院的工商管理类专业划归管理学院;原隶属于水利与建
筑工程学院的土建类和工程管理类专业划归建筑科学与工程学院;
原隶属于水利与建筑工程学院的水利类专业划归水利科学与工程学
院;原隶属于畜牧兽医学院的动物生产类专业划归动物科学与技术
学院;原隶属于畜牧兽医学院的动物医学类专业划归兽医学院。

实行扁平化管理模式之后,学校真正从校院系三级管理过渡到
校院两级管理。由于管理层次减少,管理过程中的损耗也相应减少,
管理效率得以提高。

2. 管理机构调整

2003 年 1 月 3 日,学校成立国际交流学院,挂靠外事处,并将原
属产业处的虹桥专家楼划归国际交流学院;设立校史馆,隶属校档

案馆,校史馆馆长由档案馆馆长兼任。2003 年 7 月 4 日,校党委常委(扩大)会研究决定设立后勤管理处和国有资产管理处,均为正处级建制;组建后勤服务集团;撤销总务处、国有资产管理办公室。后勤管理处代表学校行使对后勤工作的管理监督职能,后勤服务集团行使后勤工作的经营服务职能;国有资产管理处负责全校国有资产的管理,确保其保值增值。原国有资产管理办公室、原总务处校产科和产业处有关科室的相关职能归并至国有资产管理处。2003 年 12 月 29 日,校党校与党委宣传部合署。2004 年 10 月 15 日,成立信息中心,撤销网络中心建制,将其并入信息中心。信息中心为学校直属单位,副处级建制,负责全校网络建设和信息管理工作。

（二）进一步推进人事管理制度改革

根据江苏省委组织部的部署和安排,从 2002 年 4 月份起,学校开展干部人事制度改革试点工作。作为全省试点单位中唯一的事业单位,学校成立领导小组和专门的办公室,制定了试点工作方案,设计开发了干部测评系统,对全校中层领导干部进行量化测评。

2002 年暑假之后,学校出台了《处级干部选拔任用工作实施办法》《处级领导干部竞争上岗暂行办法》等 20 余个文件,形成了完整的制度体系,从干部选拔、任用、管理、监督等环节规范了干部工作。按照新的管理文件,结合部分院系和机构的调整重组,调整任用了部分中层干部,创新干部"能管能教"机制,在促进干部能上能下、能进能出方面取得了明显进展,学校干部人事制度改革试点工作取得阶段性成果。自 2002 年以来,在新提拔的 61 名中层干部中,具有博硕士学位的 44 人,占 72.1%；50 岁以下 58 人,占 95.1%；提拔时平均年龄 42.8 岁,全校干部队伍结构不断优化。2002 年 12 月 13 日,《中国教育报》在第二版以《扬州大学测评考核电脑来做》为题,报道了学校在中层干部考核工作中,运用计算机数据分析和光电读卡技术,对干部进行量化测评。2003 年 7 月,校党委在全省组织工作会议上介绍干部人事制度改革试点工作的经验;2003 年 12 月 1 日,学校在华东地方综合性大学协作会第 16 次会议论坛上着重介绍了学校干部人事制度改革的经验;2004 年,顺利完成中层领导干部聘任工作;2004 年 3 月,"扬州大学干部人事制度改革试点"项目荣获江苏省委教育工委 2003 年度高校党建工作创新成果一等奖。

（三）深入实施后勤社会化改革

自 2000 年 7 月学校建立起"小机关、多实体"的后勤社会化模式,全面启动后勤社会化改革以来,后勤社会化改革取得了可喜成果。2002 年底,学校通过了省教育厅高校后勤社会化改革规范分离达标验收。2002 年 10 月 18 日,《中国教育报》在"高等教育"版以《扬州大学：后勤社会化师生满意》为题报道了学校实施后勤社会化改革以来发生的巨大变化。2002 年 11 月 28 日,《光明日报》在第二版以《扬州大学：后勤社会化改革获"双赢"》为题,重点报道了学校后勤社会化改革取得的成就。

2003 年 3 月 10 日,学校成立深化后勤社会化改革领导小组。8 月 29 日,为进一步深化改革,学校启动新一轮后勤社会化改革,实施《扬州大学进一步深化后勤社会化改革方案》。学校成立后勤管理处,组建后勤服务集团,形成甲、乙方关系,理顺后勤管理模式,强化社会化运作机制;进一步提升甲方监督管理职能,强化乙方服务功能,加快建设集约化、规范化、专业化的后勤服务集团。后勤管理处下设办公室、计划督察科、水电管理科、维修管理科、医疗卫生管理科（含公费医疗办公室）。后勤服务集团下设办公室、财务部、饮食服务中心、物业管理服务中心、学生公寓管理服务中心、幼教服务中心、运输服务中心、商贸服务中心（润扬劳动服务公司）、接待服务中心、绿化卫生服务中心、绿化工程公司。

二、荣获本科教学工作水平评估"优秀"等级

2002 年 1 月 23 日，为全面了解和掌握各学院本科教学工作现状，进一步加强本科教学基本建设与深化教学改革，学校下发通知，决定按照"以评促改、以评促建、评建结合、重在建设"的原则，在全校开展教学工作评估。在各学院对照评估指标体系进行自查自评、总结整改的基础上，学校组织评估专家组到各学院进行检查评估，提出综合评估意见。

2003 年，教育部决定在今后 5 年对全国 600 多所本科院校进行全面的本科教学工作水平评估。经校党委常委（扩大）会议研究，学校决定申请 2004 年下半年接受教育部本科教学工作水平评估。

2003 年 4 月 16 日，学校成立迎评工作领导小组，印发《关于迎接教育部本科教学工作水平评估的通知》〔扬大（2003）16 号〕，对迎评工作做出全面部署。《通知》提出，迎评工作的指导思想和总体目标是：以教育部《关于加强高等学校本科教学工作水平提高教学质量的若干意见》和《普通高等学校本科教学工作水平评估方案》为依据，认真落实全省普通高校本科教学工作水平评估动员大会精神，紧密结合学校实际，以评促改，以评促建，以评促管，评建结合，重在建设，注重特色，打造品牌，全面提高教学工作水平和人才培养质量，努力创建本科教学工作优秀学校，为建设高水平地方综合性大学奠定坚实的基础。迎评工作的总体要求是：一要理清办学思路，明确办学目标；二要加强师资队伍建设，努力形成结构合理、趋势良好的教师队伍；三要大力加强教学基础设施建设，努力改善办学条件；四要加强专业建设，提升专业建设整体水平；五要继续深化教学改革，不断推进教育创新；六要规范教学管理，加强质量监控，提高管理水平；七要加强教风与学风建设，加快形成优良校风；八要注意总结和提炼特色。《通知》还明确了学习

动员和调查摸底、自查自评和建设、整改和复查、专家预评等四个阶段的工作任务及具体要求。

6月11日，学校召开第三次教学工作会议暨迎接教育部本科教学工作水平评估动员会。会议全面总结了学校近两年来教学工作的成绩和经验，实事求是地分析了存在的问题和不足，对迎接教育部本科教学工作水平评估工作做了具体部署并提出了明确要求。2004年8月15日，学校成立教育教学评估中心，负责全校教育教学评估工作。

2004年9月20日，本科教学评估准备工作进入最后阶段，学校成立迎评创优指挥部，以加强迎评工作的统一领导，保证各项工作高效、有序地开展，确保取得本科教学评估优秀成绩。

9月23日，以南京师范大学副校长笪佐领为组长的省咨询评估专家组对学校进行本科教学水平预评估。专家组通过听课、审阅迎评材料、走访有关学院和部门、考察部分实验室、召开座谈会等形式，对学校本科教学工作进行为期3天的预评估，提出了整改意见。教育厅副厅长丁晓昌主持咨询评估汇报会和咨询评估意见反馈会。

11月13—19日，以全国高校评估专家委员会副主任、武汉大学原副校长、江汉大学校长李进才教授为组长，全国高校评估专家委员会委员、吉林大学校长助理、珠海学院院长王源良教授为副组长的教育部评估专家组一行15人对学校本科教学工作水平进行考察评估。评估期间，评估专家听取了郭荣校长关于本科教学工作的情况汇报，观看了学校迎评展览，考察了学校教学设施，进行了随堂听课，审阅了评估材料，走访了学院（部、处），召开了各种类型座谈会，考察了校外实习基地。经过评估，专家组充分肯定学校本科教学工作的主要成绩，一致肯定学校的办学特色，对学校的本科教学工作提出了中肯的意见和建设性建议。副省长王湛出席评估开幕式。

2005 年 4 月,教育部公布 2004 年 54 所高等学校本科教学工作的评估结果,学校获得教育部本科教学工作评估优秀成绩。

三、初步奠定高水平大学的建设基础

这一时期,学校事业发展得到各级领导的关心。2002 年 10 月 4 日,教育部副部长章新胜视察学校。2003 年 9 月 22 日,教育部部长周济对当天出版的《光明日报》头版头条报道《扬州大学在改革中做大做强》作出批示,予以肯定。2003 年 11 月 14 日,教育部副部长袁贵仁来学校视察。2003 年 12 月 12 日,教育部副部长张保庆来学校视察。2004 年 2 月 4 日,中共中央政治局原常委、国务院原副总理李岚清同志,在中南海亲切接见了校党委书记范明和校长郭荣。2004 年,教育部副部长吴启迪、袁贵仁,中纪委驻教育部纪检组组长、教育部党组成员田淑兰,省委副书记张连珍、任彦申等多位领导视察学校。各级领导充分肯定学校合并办学的改革成效,对“高水平大学”建设作出指示。

（一）党建与思想政治工作体系不断健全

学校按照“围绕中心抓党建,抓好党建促发展”的总体要求,全面加强党的思想、组织、作风、制度和党风廉政建设,充分发挥各级党组织的创造力、凝聚力、战斗力和广大党员的先锋模范作用,提高了学校党的建设的科学化水平,为推进各项工作、推动科学发展提供了强大的政治保证、组织保证和精神动力。2004 年,校党委以优异成绩通过了省委教育工委专家组的考核,被江苏省委表彰为“先进基层党组织”。

1. 思想建设与集中教育活动

2002 年 12 月 6 日,校党委召开全委(扩大)会议,传达学习省委十届三次全会精神,讨论通过《关于认真学习贯彻党的十六大精神的意见》。校院两级中心组学习了江泽民同志“5·31”讲话、

十六大报告、中央纪委第七次会议上的讲话以及第十一次全国全省党建工作会议精神等。校党委理论学习中心组围绕"学习贯彻党的十六大精神，大力推进教育创新，努力建设高水平大学"开展了专题学习活动。校党委召开全委（扩大）会议，研究了全校学习贯彻十六大精神的总体思路；举办了中层正职十六大精神学习班；组织了十六大精神宣讲团到基层宣讲，全校上下兴起学习贯彻十六大精神的热潮。2003 年 7 月 3 日，学校成立"三个代表"重要思想研究中心；7 月 4 日，校党委发出《关于在全校兴起学习贯彻"三个代表"重要思想新高潮的通知》，部署兴起学习贯彻"三个代表"重要思想新高潮工作。

2. 组织建设与大力实施"强基工程"

充分发挥党组织的领导核心、政治核心和战斗堡垒作用。2002年，学校对党支部建设目标管理工作进行评估验收，评选 37 个一类党支部；修订《扬州大学党支部建设目标管理评估细则》，启动新一轮党支部目标管理工作；统一全校学生党员发展的基本条件，建立发展党员审批报告制度。2003 年，举办首届教工党支部书记培训班，有关主题教育活动受到省委教育工委的表彰。2004 年，省委教育工委将学校确定为全省高校基层党组织建设考核工作试点单位。学校以此为契机，启动召开学院党员大会并在学生班级建立党支部的试点。6 月 25 日，全省高校基层党组织建设考核工作汇报会在扬州大学召开，省委教育工委书记、教育厅厅长王斌泰到会讲话，校党委书记范明代表学校介绍党建迎考工作情况和加强领导班子建设的经验，全省各高校党委书记、组织部部长出席会议。截至 2005 年 4 月，全校有 32 个院级党组织、232 个党支部、5420 名党员。

3. 作风建设与反腐倡廉建设

认真贯彻落实校党委《关于贯彻执行〈中共中央关于加强和改

进党的作风建设的决定〉的意见》,2002 年 10 月 25 日,学校召开全校机关作风建设动员大会,提出"热情、务实、高效、廉洁"的机关作风建设要求,制订机关作风建设的测评指标,实行党务工作例会制度。2004 年 3 月 17 日,召开全校纪检监察工作会议,开展警示教育和专题辅导,加强廉政文化建设。开展了党风廉政建设责任制专题考核,积极构建教育、监督、制度并重的惩治和预防腐败体系。2003年,校纪委、监察处荣获"全省教育纪检监察先进集体"称号,并被评为全国教育系统纪检监察工作先进集体。

4. 统战工团工作

学校充分发挥统一战线在学校工作中的重要作用,完善了统战工作制度,支持民主党派加强自身建设,成立了无党派高知联谊会,做好新形势下的民族、宗教工作。2003 年,校党委统战部被省委统战部、省委教育工委授予"高校统战工作先进集体"称号;2004 年,被表彰为"江苏省高校统战工作先进集体"。

加强工会工作,维护教职工合法权益,丰富文化活动形式,扎实推进建家工作。2004 年 5 月,学校印发《扬州大学教职工代表大会提案工作实施办法》和《扬州大学教职工代表大会暂行条例》。2003 年,校工会被省总工会授予"模范职工之家"称号,被省教育科技工会授予"先进集体"称号;2005 年,校工会被授予"全国模范职工之家"称号。

坚持以党建带团建,加强团员青年的思想政治教育和团组织建设,广泛开展科技文化艺术活动,提升团员青年的素质。2004 年,校团委被表彰为"江苏省五四红旗团委标兵"。

5. 思想政治工作与和谐校园建设

坚持"育人为本、德育为先"的理念,进一步加强和改进思想政治工作。学校制定加强和改进学生与教职工思想政治工作的意见,建立了思想政治工作体系,形成了党委统一领导,党委宣传部、学生工作部牵头负责,学校职能部门和基层党委(总支)齐抓共管的思想政治工作格局。高度重视实践育人,组织广大青年学生开展实践活动与志愿者活动,学校连续 11 年被表彰为"全国大学生暑期社会实践活动先进单位",并于 2005 年被确定为全国加强和改进大学生思想政治工作十大典型之一。完善心理健康教育工作网络,加强心理危机干预,学校荣获"全国大学生心理健康教育工作先进单位"荣誉称号。学校建立电视台并在扬州电视台播出《扬大校园》,开通红色网站"引航"。学校被授予"江苏省文明学校"称号。2005 年 1 月,《人民日报》、新华社、中央电视台("新闻联播")、中央人民广播电台、《光明日报》、《经济日报》、《中国教育报》等中央媒体集中报道农学院副研究员薛元龙 18 年来坚持服务"三农"的先进事迹。4 月、11 月,《人民日报》、新华社、《光明日报》、《中国教育报》等中央媒体集中报道学校大学生社会实践和"三下乡"活动典型经验。4 月 25 日,《新华日报》在一版头条位置以《解读扬大"时代先锋"群体辈出现象》为题报道了学校育人经验。

(二)学科建设实现历史突破

"十五"以来,学校贯彻"扬优创新、交融优化、重点突破、整体推进"的方针,按照"以重点学科建设为龙头,以学位点建设为杠杆,以学科梯队建设为基础,巩固提高基础学科,重点发展应用学科,扶持发展交叉学科、边缘学科和高新技术学科"的指导思想,重组学科布局,集成学科优势,推进学科交融,学科创新平台不断形成。

1.学位点布局不断优化

2003 年,学校新增兽医学 1 个一级学科博士授权点,新增文艺学、基础数学、物理化学、植物学、农业水土工程、农业昆虫与害虫防治、临床兽医和基础兽医 8 个二级学科博士授权点以及 26 个硕士授权点。至此,学校拥有 2 个一级学科博士点、13 个二级学科博士点,70 个硕士点(含 4 个专业学位硕士点)。2005 年 2 月,经国务院学位办批准,学校被新增为公共管理硕士(MPA)培养单位。

2. 学科体系建设不断完善

2002 年,在预防兽医学学科被评为"十五"期间国家级重点学科和基础数学、物理化学、水利水电工程、作物栽培学与耕作学、作物遗传育种、预防兽医学、动物遗传育种学 7 个学科获准成为"十五"期间江苏省重点学科的基础上,学校启动"十五"校级重点学科建设,遴选了 41 个校级重点学科,着力构建国家、省(部)、校三级重点学科体系。2004 年,学校开展校级重点学科中期检查和调整增补,校级重点学科增至 79 个。学校按照"集中力量、保证重点、发挥优势"的原则,将校级重点建设学科分为两个层次:第一层次建设对象是具有较好条件的硕士点学科,其主要建设目标是达到省级重点学科水平或争取获得博士学位授予权;第二层次建设对象是一般硕士点学科和非硕士点学科,其主要建设目标是构建在国内具有特色的学科和优化学校学科结构的新兴学科。2002 年 10 月 12 日,作物学在全国首次一级学科整体水平评估中名列该学科全国第七。2004 年 2 月,教育部学位与研究生教育发展中心公布 2003 年全国一级学科整体水平评估结果,兽医学名列全国第四,其中人才培养指标名列全国第一。

3. 学科交叉融合大力推进

2002 年下半年,学校正式启动学科群建设工程,首批重点建设生命科学、信息科学、材料科学和东方文化 4 个学科群,以国家级重点学科、省级重点学科和重点实验室为依托,以交叉课题为纽带开展工作,组成人员隶属关系不变,在科学研究、人才培养、学位点建设等方面密切合作。其中,生命科学学科群由植物生命科学、动物生命科学、微生物学、医学等学科组成；信息科学学科群由计算机科学技术、信息与通信工程、计算机应用(含水利工程自动化、电力系统自动化、计算机集成制造技术三个二级学科)等组成；材料科学学科群由理科的材料模拟、材料制备，工科的材料成型、材料应用等学科组成；东方文化学科群由中医、武术、烹饪、中国语言文化、扬州地方文化等组成。学科群建设方案的实施，打破了学院间的隔阂和学科间的壁垒，推动了学科的交叉融合。

(三)人才培养质量全面提升

学校始终将人才培养质量作为学校事业发展的生命线，逐步明确了以本科教育为主体、大力发展研究生教育、积极发展留学生教育、适度发展职业技术教育和继续教育的办学定位。

1. 办学结构明显改善

按照"稳定全日制本专科生规模，压缩成人教育规模，大力发展研究生教育"的思路，学校宏观调控各类学生招生政策，高水平综合性大学的办学结构明显改善。留学生规模发展较快，接收政府奖学金的留学生特别是研究生层次的留学生实现了零的突破。2002年至2005年间，本、专科招生数由每年6187人增长至6502人，在校数由25157人调整为24763人；学术型研究生招生数由435人增长至1045人，研究生在校生数由1032人增长至2633人；成教在籍学生数由26181人减少至12988人。

2. 专业和课程建设不断加强

针对"热门专业无优势，优势专业不热门"的状况，学校确立了"以优势专业支撑学校、以热门专业发展学校"的工作思路，根据社会需求和就业形势，持续推进专业结构的调整和改造工作，集中力量强化专业内涵，凝练专业特色，创建专业品牌，提升专业知名度，形成了优势专业更优、新兴专业渐优的良性发展态势。2002年，新增12

个本科专业；2003 年,新增 10 个本科专业。2003 年,法学专业以较好成绩通过教育部专家组评估。"十五"期间,20 门课程被评为省级优秀课程,9 部教材被列入"十五"国家重点建设规划,10 部教材被评为江苏省精品教材。2005 年,1 门课程被评为国家精品课程。汉语言文学、数学与应用数学、化学、水利水电工程、农学、动物医学等 6 个专业被确定为省品牌专业建设点,法学、物理学、体育教育、机械设计制造及其自动化、计算机科学与技术、动物科学、经济学、烹饪与营养教育等 8 个专业被列为特色专业建设点,构建了文理渗透、理工结合的专业结构体系。

3. 教学管理改革持续推进

学校积极推行完全学分制教学改革,实施选课制、弹性学制和导师制；修订 87 个本科专业的教学计划和课程大纲,出台按学分收费的规定,开始实施"辅修专业"制度,逐步完善学分制；全面启用综合教务管理系统,实行网上选课,扩大教师挂牌上课的范围；启动大学英语教学改革试点工作,出台大学英语课程改革方案,新建 8 个大学英语自主学习中心；组织教材质量评价,提高教材选用质量；推广现代教育技术,构建网络教学平台；完善教学管理制度体系,促进教学管理规范化和制度化；继续开展学生评教,重点抓好教学督导工作,建立学生教学信息员制度,完善了教学质量监控体系。学生毕业设计(论文)的整体水平逐步提高,"十五"以来,省优秀毕业设计(论文)获奖数位居全省高校前列。新增江苏省优秀教学成果奖 35 项。

4. 研究生教育质量不断提升

随着研究生培养规模的扩大,学校先后制订、修订《研究生招生工作暂行办法》《研究生学籍管理实施细则》《研究生中期考核办法》《优秀硕士学位论文评选办法》《扬州大学硕士研究生导师选聘办法》《扬州大学博士研究生导师选聘办法》《博士、硕士学位授予工作细则》等多个基础性文件，从招生、培养到学位授予等各主要环节，在培养方案制定、研究生导师遴选、课程建设、实践环节、中期考核、硕博连读、个性化培养、论文评审等各方面，全面加强研究生教育管理。实施校、院研究生培养创新工程，积极构建多学科交叉的研究生创新平台、企业研究生工作站，不断推进国际合作培养，研究生培养质量同步提高。"十五"期间，2篇论文被评为全国百篇优秀博士学位论文，2篇论文获全国优秀博士学位论文提名，19篇论文被评为省优秀博士或硕士学位论文。新增省研究生培养基地2个、省优秀研究生课程6门、省创新工程项目13项。

5. 学生教育管理机制不断完善

积极探索新时期学生教育管理新思路、新方法，构建全方位育人机制，全面实施素质教育，不断提高学生的综合素质和能力。加强学生工作网站、信息平台和数据库的建设，建立学生心理危机干预联动机制和学生公寓区处理突发事件的快速反应机制；建立并完善全校特困生动态档案，构建以"奖、贷、助、补、减"为手段的有效济困助学体系，加大对贫困生、特困生的资助力度；切实做好就业指导，建设"用人单位信息库"和"校友信息库"，毕业生就业率逐年上升，2004届毕业生就业率达94.1%。"十五"期间，学生在全国"挑战杯"大学生课外学术科技作品竞赛和创业计划大赛等国家、省各类竞赛中获奖772人次，获得国家级各类奖项191项、区域性奖项359项。陈玘同学夺得2003年国际乒联巡回赛总决赛男子双打冠军、雅典奥运会乒乓球男子双打冠军，为祖国、为学校争得了荣誉，学校授予其"功勋学生"称号。

（四）师资队伍质态不断优化

"十五"初期，确立了"内扶与外引并重，不断加强师资队伍建设"的理念,大力实施人才强校战略,坚持事业、感情、待遇"三留人",大力营造"尊重知识,尊重人才"的和谐环境,加强校内人才培养和高端人才引进工作。"十五"期间,学校出台了《关于进一步加强教师队伍建设的意见》《教师职业道德规范》《引进高层次人才暂行办法》《聘任兼职教授的暂行规定》《扬州大学引进高层次人才暂行办法(修订稿)》《扬州大学关于进一步加强教师队伍建设的意见》《扬州大学教师队伍建设中长期发展规划》等文件;设立了"大师级人才引进与建设"项目和14个校内特聘教授岗位,并配套出台《扬州大学特聘教授岗位设置及招聘办法》。

"十五"期间,有147名教师晋升正高职称、329名教师晋升副高职称;引进具有硕士以上学位教师350多人,其中博士106人。2005年,2050名专任教师中,具有正高职称276人、副高职称727人,高级职称比例达到49%,比"九五"期末提高了9个百分点;具有博士学位338人、硕士学位792人,具有硕士及以上学位教师的比例达到55.1%,比"九五"期末提高了22个百分点;教授中有博士学位的比例达到45%。教师队伍新老交替平稳过渡,年龄、学缘结构逐渐优化。正高职称教师平均年龄为46.2岁,副高职称教师平均年龄为38.6岁;教师中具有外校学缘背景的比例超过三分之二。"十五"期间,先后有317人次被列入国家、省和学校人才培养计划或受到校级以上表彰。2005年12月13日,刘秀梵教授当选为中国工程院院士,改变了学校没有院士的历史。

积极推进干部人事制度改革,全面实施全员岗位聘任,不断完善工作激励措施,建立了干部能上能下、优胜劣汰、拔尖人才脱颖而出的竞争机制,极大地激发了广大教职员工的积极性、主动性。出台《关于稳定本校高层次人才的暂行办法》,从营造环境、提高待遇、解决家庭困难等方面入手,为稳定优秀人才、吸引优秀人才营造了和谐氛围。推进博士后科研流动站工作，促进高层次研究人才培养。2003年11月17日，经国家人事部、全国博士后科研流动管理协调委员会批准，设立中国语言文学、作物学、兽医学3个科研流动站，开展博士后工作。2004年5月，学校印发《扬州大学博士后管理工作暂行规定》，进一步完善博士后管理工作。

（五）科学研究与社会服务全面振兴

"十五"期间，学校不断加大科研经费投入，切实加强科研基地建设，建立了科研考核和激励机制，营造了校园学术氛围，增强了教师的科研意识，提高了科研的层次和质量，2005年4月，广东管理科学研究院"中国大学评价"课题组公布了年度中国大学自然科学和社会科学综合实力100强排名，学校自然科学和社会科学综合实力双双进入全国高校"百强"。

1.科研能力长足进步

"十五"期间，全校承担各类科研项目1600多项，其中国家级项目151项；到账科技经费4.3亿多元；出版著作530多部，发表论文11300多篇，获得各类奖励120多项，SCI等收录论文820多篇，CSSCI收录论文670多篇，申请专利106件，授权专利14件。成果质量与获奖级别与"九五"相比均有了较大提升。1项成果获2003年度国家科技进步奖二等奖。学校参与完成的水稻第四号染色体精确测序工作被评为"2002年中国十大科技进展头条新闻"，对世界生命科学研究做出了重大贡献。

2.科研平台不断拓展

加强重点实验室建设，积极搭建科技创新平台。"十五"期间，作物遗传生理实验室被确定为国家级重点实验室培育点，植物功能基因组学重点建设实验室被批准为教育部重点实验室，环境材料与环境工程实验室被确定为省重点实验室。此外，还设有分析测试中心、实验工厂、实验农牧场、动物医院、附属医院等一批教学、科研、实验基地,形成了实验室研究、中间试验、推广应用相结合的科研与推广体系。坚持品牌特色,倡导学术创新,努力打造学报名刊名栏。2002 年,《江苏农业研究》更名为《扬州大学学报(农业与生命科学版)》(季刊)。

3. 社会服务持续增强

学校在加强科技创新能力建设的同时,瞄准社会需求,发挥自身学科资源优势,通过产学研结合,积极推进联合攻关与技术推广,在区域社会经济发展中作出了积极贡献。学校通过与地方政府联合成立工业、农业专家咨询组,积极开展决策咨询工作,在城市发展规划、产业结构调整、资产优化组合、重大项目引进、企业解困等方面的规划、决策中发挥了重要作用。此外,学校每年组织一批专家深入乡镇、企业,通过"专家－农户结对扶技"和"千户结对创业"活动,开展技术培训、技术推广。2005 年,在全国文化科技卫生"三下乡"活动十周年之际,学校被中宣部、中央文明办、教育部、科技部、团中央等 14 个部委联合表彰为全国文化科技卫生"三下乡"活动先进集体。

4. 人文社会科学全面振兴

2003 年 11 月 26—28 日,学校召开第一次人文社科大会,提出了全面振兴人文社会科学的目标与任务,部署了全面振兴人文社会科学的主要措施。大会指出,"十五"期间力争使学校文科事业的主要指标进入全省高校前六位,再经过 10 年或更长一些时间的努力稳居全省高校前四位。江苏省委教育工委副书记、教育厅副厅长姜映梅,扬州市副市长孙永如等应邀出席大会开幕式。郭荣校长作题为《深入贯彻十六大精神,全面振兴人文社会科学,为把学校早日建成高水平地方综合性大学而努力奋斗》的工作报告,范明书记在会议结束时作总结讲话。会议讨论了《扬州大学关于振兴人文社会科学的若干意见》等文件,对获得 2002 年国家社科基金项目的主持人和荣获教育部人文社科优秀成果奖、省第七次哲学社会科学优秀成果奖的获奖者进行表彰。2004 年 4 月 7 日,学校成立振兴人文社会科学建设领导小组,范明、郭荣任组长,方洪锦、杨家栋、周新国任副组长。

（六）国际交流与合作日益密切

"十五"期间,学校在原有学院工作的基础上,统一了外事工作,进一步拓展了中外合作关系,扩大了来华留学生规模,加快了学校国际发展的步伐。"十五"期间,学校积极与国外高校建立交流渠道,进一步强化实质性校际交流,校级交流日益增多。2000 年开始派出学生到友好学校学习交流,当年派出学生武术代表团赴美国维尔塔斯特州立大学以及佐治亚州高校系统的其他大学进行武术表演。至2005 年,学校已与美、澳、新、日、韩、英、法、德等近 20 个国家和地区的 60 多所高校、科研机构建立了交流合作联系,每年接待来访的各类国外高校团组超过 100 批次。

1. 海外学生教育和外专工作快速发展

2002 年,经教育部批准,学校成为招收中国政府奖学金留学生的唯一的一所非"211 工程"学校。从此,留学生教育快速发展,先后举办了美国佐治亚州大学系统暑期教授进修班、学生中文进修旅行短期班、两批美国医疗卫生进修班,还举办了德国汽车专业、美国女厨师、日本名古屋调理师烹饪研修班等。除了普通汉语进修生外,还招收了韩国烹饪专业大专生、日本中国古代文学博士研修生。2005 年,在校境外学生达到 157 人。

学校一直把聘请外国专家、学者参与教学科研、引进智力开拓科研合作列为国际交流的重点工作。"十五"以来,通过多种形式和渠道,积极引进外国专家学者来校讲学授课、交流指导、合作研究以及长期任职,有效地拓展了教师科研的国际视野,促进了各学科国际化发展。2003年,学校被国家外专局授予"全国外专工作先进集体"称号。

2. 中外合作办学与文化传播深入推进

1998年,学校开始合作办学的探索。商学院与澳大利亚查理·斯窦大学就国际商务专业进行实质性的合作办学,合作开办的专科起点商学学士课程班于1999年6月开始招生,并于10月正式开学。2002年该项目拓展至高中起点和专科起点两个层次,可为顺利结业且符合扬州大学学位授予条例的学员授予中澳双方的学位。学校在探索中澳合作项目的同时,通过开展互认学分、学分转换、学生交流、联合培养等多种形式,积极推进中外合作办学,积极探索研究生、本科生国际化培养。

(七)事业发展条件全面优化

"十五"期间,学校加速校园基本建设,装备了教学实验设施和一些重点学科、新型学科实验室,以及图书馆的教育现代化设施,建立起完整的支撑保障体系。

1. 校园基本建设持续推进

"十五"期间,学校基本建设投资5.9亿元,建设工程项目70多项,建筑面积41万平方米。学校土地面积279.75万平方米,校舍建筑面积92.24万平方米。2002年9月,广陵学院新校区、化学化工楼、江阳路南校区学生公寓、文汇路校区学生公寓等工程均交付使用,大大改善了办学条件,拓展了学校发展空间。

2. 教学科研设施不断完善

在不断改善办学条件的同时,学校加快教育现代化建设步伐。"十五"期间,学校利用实施"扬州大学'十五''211工程'及重点高校建设项目"的契机,购置15台具有先进性、广谱性、前瞻性等特点的大型仪器以及 185 台件与其配套的仪器设备,基本建成大型仪器设备共享中心、学科实验中心、课题组实验室三级科研实验技术平台,为科研及社会服务提供了有力支撑。至 2005 年底,全校单价超过 800 元的教学科研仪器设备 43445 台(套),总价值 3.95 亿元。加强大型仪器设备共享中心——学校测试中心建设。2004 年 11 月 2 日,测试中心取得了国家计量认证合格证书,六大类 52 项检测项目参数通过国家计量认证评审。2005 年 8 月,中心被推荐为江苏省物质微区与性能测试服务中心。

3. 文献资源日益丰富

"十五"期间,学校利用"扬州大学'十五''211 工程'及重点高校建设项目",围绕学校学科建设需要,投资 1500 万元,开展数字图书馆建设,建成了数字图书馆支撑平台、应用平台和文献资源库,文献信息资源的提供能力显著增强,服务体系的现代化程度得到较大提高。2005 年,图书馆馆舍面积 60537 平方米,阅览座位 8000 多个,馆藏文献 307 万册。拥有丰富的电子文献资源,拥有国内外大型数据库 36 种,电子文献量近 78 万册;珍贵线装古籍 8 万余册,善本书 1900 多册。

4. 数字化校园建设稳步推进

为适应教育现代化发展的需要,学校不断推进校园计算机网络建设,积极推动办公自动化进程。2002 年,建成教务管理信息系统。2003 年,建成连接全校多媒体教室的教学专网。2004 年,建成学生宿舍专网和高标准信息中心网络机房。2005 年,建成校医疗卫生专网。校园网推进了数字化校园建设,在人才培养、科学研究、社会服务等工作中发挥了重要的支撑保障作用。

第二节　建设高水平地方综合性大学

在综合性大学运行体制机制得到全面优化后,学校将工作重心全部转入内涵建设,启航建设高水平地方综合性大学。校第一次、第二次党代会的胜利召开以及"十一五""十二五"规划的制定实施,为高水平地方综合性大学建设举旗定向、谋篇布局。经过新世纪第一个十年的艰辛努力,学校高水平大学的"四梁八柱"全面构筑,为实现新的发展奠定了扎实基础。

一、建设高水平地方综合性大学的战略方案

（一）第一次党代会的胜利召开和发展总基调

1992 年以后,合并办学取得阶段性成果,在取得教育部本科教学工作水平评估和江苏省基层党建工作考核"双优"的背景下,召开合并办学后首次党代会的条件已经成熟。2005 年 5 月 28 日至 29 日,中国共产党扬州大学第一次代表大会隆重召开。这是学校合并办学 13 年来的第一次党代会,具有重要的历史意义。

2005 年 1 月,校党委开始筹备第一次代表大会,先后召开不同层次的座谈会 13 场,全委会（扩大）进行思想发动和组织准备;2 月,成立党代会筹备工作领导小组;3 月,经省委组织部和省委教育工委批准,下发了《关于召开中国共产党扬州大学第一次党员代表大会的通知》,开始起草党委工作报告和纪委工作报告;4—5 月,按照《中国共产党党章》规定进行了党代表民主选举,酝酿推荐党委、纪委委员候选人预备人选,修改并完善党委和纪委工作报告,各项工作全部准备就绪。

5 月 28 日,中国共产党扬州大学第一次代表大会开幕。校长郭荣主持大会,校党委书记范明作了题为《加强党的建设,弘扬改革精神,构建和谐学校,为建设高水平教学研究型地方综合性大学而努力奋斗》的工作报告,纪委书记严华海作了校纪委工作报告,大会代表、特邀嘉宾、列席代表等400多人出席会议。省委副书记任彦申对大会的召开表示祝贺。教育部社政司等发来贺信。江苏省委组织部、省委教育工委、扬州市委等机构的相关负责同志出席开幕式并讲话,祝贺大会胜利召开。学校群团组织、民主党派向大会发来贺信。大会的主题和任务是:高举邓小平理论和"三个代表"重要思想伟大旗帜,深入贯彻党的十六大精神,全面总结改革发展经验,全面规划学校未来发展蓝图,全面加强党的建设,弘扬改革精神,坚持科学发展,构建和谐学校,实现新的跨越,为把扬州大学早日建成国内有地位、国际有影响的高水平教学研究型地方综合性大学而努力奋斗。这是近一段时期学校发展的总基调。大会从六个方面,对学校合并办学以来特别是近三年来的主要成绩及基本经验进行了总结,大会深入研判了学校发展面临的机遇和挑战,并提出了今后一个时期的奋斗目标和主要任务。大会明确,到2020年的目标是基本建成"国内有地位、国际有影响的高水平教学研究型地方综合性大学",这是学校事业发展的新历史定位。会议通过了有关决议,选举产生了第一届党的委员会和纪律检查委员会。

5月29日,校党委一届一次全体会议选举产生第一届党委常委会,通过了纪委一次会议选举结果的报告。第一届党委常委会由范明、郭荣、花长友、芮鸿岩、周新国、封超年、刘超、胡家兴、严华海、焦新安组成,范明为书记,花长友、芮鸿岩为副书记,严华海为纪委书记。

在第一次党代会召开的前后两年,省委陆续调整了学校领导班子成员。2004年11月20日,省委决定焦新安任副校长、党委常委。2004年12月28日,省委决定免去葛建枢的校党委副书记、常委、委员职务;免去方洪锦的校常务副校长、党委常委、委员职务;免去杨家栋的副校长、党委常委、委员职务。2005 年 6 月 9 日,省委决定芮鸿岩任校党委副书记。2005 年 12 月 2 日,省委决定范健任副校长、党委委员、常委。2006 年 2 月 7 日,省委决定免去封超年的副校长、党委常委、委员职务。2006 年 12 月 17 日,省委决定陈耀任副校长、党委委员、常委。

（二）"十一五"规划的颁布和实施

2004 年 10 月 28 日,学校发布了《2004 年—2020 年扬州大学中长期事业发展战略规划》;2005 年 5 月召开的第一次党代会,对未来发展又进行了讨论和论证,这些都为校"十一五"规划出台奠定了良好基础。2006 年 5 月 16 日,学校正式颁发实施《扬州大学"十一五"发展规划》,这是学校第一次党代会后制定的又一个纲领性文件。

规划文本回顾了校"十五"计划的执行情况,总结了六大方面主要成绩和五大基本经验。文本对学校事业发展的环境进行了分析,明确发展的目标是"加速建成国内有地位、国际有影响的高水平教学研究型地方综合性大学",要求坚持贯穿科学发展这一主线,坚持突出教育质量和办学效益两个重点,坚持正确处理巩固成果与深化改革、规模拓展与内涵建设、教学科研与社会服务三对关系,坚持实施"领军团队""集成创新""优化提升""合作共赢"的四大战略。

学校"十一五"期间的发展目标可概括为:"一个重大进展""两个重点转变""三个明显改善""四个显著提高"。一个重大进展,即创建国内有地位、国际有影响的高水平教学研究型地方综合性大学取得重大进展,积极争取进入国家"211 工程"大学行列。两个重点转变,一是规模、结构、质量、效益进一步协调发展,实现由"大校"向"强校"转变;二是强化内涵、创新制度、提升层次,实现由"改革名校"向"质量名校"转变。三个明显改善,一是整体办学条件明显改善;二是师资队伍建设状况明显改善;三是社会服务功能明显改善。

四个显著提高，一是管理水平显著提高；二是人才培养质量显著提高；三是科技创新能力显著提高；四是可持续发展能力显著提高。

"十一五"期间，学校稳步实施"四大战略"，即以大师和学术带头人为核心的"领军团队"战略，以重点学科和重大项目为纽带的"集成创新"战略，以专业建设为基础的"优化提升"战略，以开放办学为导向的"合作共赢"战略，认真落实各项具体措施，全面完成各项规划指标。

（三）参照"211工程"及重点高校建设项目的圆满完成

自"九五"以来，江苏省政府一直将扬州大学列为3所重点建设高校之一，按"211工程"高校的标准进行重点建设。"九五"期间，学校利用省政府投入的3亿元资金，重点加强了学科专业布局的调整和校区的基本建设。

"十五"期间，江苏省委、省政府继续重点建设扬州大学，并参照"211工程"高校的建设标准，批准实施"扬州大学'211工程'及重点高校建设项目"。

2003年11月22日，"扬州大学'211工程'及重点高校建设项目"可行性研究报告通过以山东大学原校长曾繁仁教授、中国科学院长春应用化学研究所原所长汪尔康院士为组长的专家组论证。

"扬州大学'211工程'及重点高校建设项目"围绕建成"国内有地位、国际有影响的高水平地方综合性大学"的总目标，挖掘学科资源优势，组建了动物重要疫病的预防控制及其食品安全监测、作物基因工程与农产品优质安全生产技术、界面化学及其在材料科学中的应用、跨流域调水和节水工程新技术及应用、扬泰文化与"两个率先"等5个重点学科群，同时，结合重点学科群建设需要，确定了师资队伍建设和公共服务建设（校园计算机网络建设、数字图书馆建设、大型仪器设备共享中心建设）项目。项目实际总投资23433万元，其中,省财政专项投资 8000 万元,学校配套投资 15433 万元。

经过三年多的努力,建设项目的目标任务圆满完成。2006 年 10 月 28 日,学校邀请省内外 21 位专家分 7 个组对建设项目进行检查验收。2006 年 11 月 15 日,《"十五""211 工程"及重点高校建设项目》顺利通过江苏省发展和改革委员会、省教育厅、省财政厅组织的总结验收。验收专家组对学校在重点学科建设方面取得的成就给予了高度评价。专家组认为,扬大是全国高校管理体制改革的倡导者和先行者,也是合并办学实施得最好的大学,实践证明合并是正确的,发展是最大的凝聚力,扬大在实质性合并中实现了跨越式发展,取得了丰硕的成果,令人振奋;省委、省政府对扬大的重点支持,产出很大,成效显著,希望继续给学校以支持,帮助学校朝更高的目标迈进。

二、构筑高水平地方综合性大学的"四梁八柱"

（一）打牢实现新跨越的党建与思想政治工作体系

按照第一次党代会的战略方案以及"十一五"规划纲领性指南,学校始终坚持在合并办学取得显著成绩的基础上,推动事业实现新发展、新突破,取得新成绩、新成效,实现新的跨越式发展。始终坚持推进党的建设这项伟大工程,牢牢把握思想政治工作这一"生命线"。学校党的建设质量不断提升。2006 年 6 月 30 日,学校党委被中共中央表彰为"全国先进基层党组织",成为全国 16 所获此殊荣的高校党委之一,也是全省 115 所高校中唯一获此殊荣的高校。扬大的思想政治工作不断得到改进和加强。2005 年 9 月 29 日,学校被江苏省委表彰为"江苏高校思想政治教育工作先进集体",校党委书记范明在全省加强和改进大学生思想政治教育工作会议上作了题为《以人为本推进心理健康教育,润物无声共建学生温暖工程》的经验发言。2005 年 12 月 23—26 日,学校召开了合并办学以来的首次全校思想政治教育工作会议,会议以"全面加强和改进思想政治教育工作，为构建和谐学校、建设高水平大学提供强大精神动力"为主题，旨在努力形成全员育人、全过程育人、全方位育人的工作局面。学校出台《关于进一步加强和改进大学生思想政治教育的意见》等4个文件。2006年2月20日，学校出台《关于进一步加强和改进师德建设的实施意见》。2006年3月16日，校党委根据新形势重新制定了《关于进一步加强和改进大学生思想政治教育的意见》。学校思想政治教育"第二课堂"建设也得到了持续加强。2006年3月，中宣部、中央文明办、教育部、团中央、全国学联等部门联合表彰了2005年大中专学生志愿者暑期"三下乡"先进集体和先进个人，学校第12次荣获全国"社会实践活动先进单位"称号，田浩被授予全国"社会实践活动先进个人"称号。学校群团工作取得了一系列标志性成果。2005年4月25日，学校工会被中华全国总工会授予"全国模范职工之家"荣誉称号。2007年12月12日，校团委被团中央表彰为"全国五四红旗团委"。

（二）构建实现新跨越的学科体系

2006年，学校提出"分类指导，强化综合，科学发展，协调发展"的基本思路，指导"十一五"乃至今后更长一段时间学校事业的发展。

"十一五"期间，学校按照分类指导的原则，充分考虑各学科的现有发展水平、比较优势以及发展潜力、发展空间，分类提出各学科的发展目标、发展思路和发展措施，使各学科在不同的发展平台上快速发展、特色发展，从而促进了办学水平的整体提升。按照强化综合的原则，充分利用综合性大学宽广的学科环境，充分发挥各学科的优势与特色，进一步推进学科交融、渗透、支撑、互补，促进各学科统筹发展、协调发展。按照分类指导、强化综合的原则，学校提出发展工科、提升医科、振兴文理、强化农科，促进文、理、工、农、医各学科的协调发展的整体发展思路。发展工科，就是深化工科与社会需求的接轨,提升工科应用型人才培养质量和为地方经济服务的能力与水平。提升医科,就是以生命科学与技术学科的优势,带动、促进医科的发展。振兴文理,就是扩大文理科的传统优势,强化文理学科在综合性大学中的支撑作用。强化农科,就是巩固、提升农科的强势地位,扩大和提高农科为地方经济服务的覆盖面和贡献率。

学校将分散在不同学院的相关学科按学科群组建为新学院,构建大学科组织体系,使相近、相关学科在统一组织体系中交叉融合,促进学科实力进一步发展壮大。设立食品科学与工程学院,与旅游烹饪学院两块牌子一套班子,使营养、烹饪与食品工程等学科相互交融,形成了"理论—技能—工程技术"一条龙的大食品学科体系,成为学校特色学科之一;将化学与化学工程学科组建成化学化工学院,将分散在不同学院的环境科学和环境工程等相关学科归并组建成环境科学与工程学院,实现了理论学科、工程与技术学科的交融,为培养宽口径、厚基础的创新人才,以及催生新的学科增长点,创设了学科环境,形成了相关领域理工交融的大学科体系。通过学科结构重组来设立学院,为学科建设、科学研究、人才培养搭建了新平台,拓展了新空间。

通过多年的学科交融,学校科技创新能力大幅度提高。"十五"期间,全校共承担国家级课题 600 多项,其中,获得国家自然科学基金面上项目数连续数年位居全国高校 40 名左右、江苏省属高校前列;SCI(科学引文索引)论文收录数连续数年位居全国高校 60 名左右,2 项成果荣获国家科技进步奖二等奖。在服务地方经济和社会发展方面,坚持以服务求支持,以贡献求发展,积极开展技术攻关和成果转化工作,社会服务工作取得了显著成效,如 2002 年,H9 亚型禽流感灭活疫苗的研制成功,使学校成为国内第一个获得国家新兽药证书并获批准正式生产禽流感疫苗的单位,该疫苗在全国 26 个省、市主要养禽地区推广应用,减少因禽流感引起的经济损失 150 亿元以上;创立了水稻精确栽培技术并在 20 多个省推广,亩增产 9.1%—26.8%,取得巨大的经济效益。

学校以国家级、省部级重点学科和博士点学科为依托,积极推进学科群建设,科技创新能力和社会服务能力得到了极大的提升。学校利用医学与动物医学在分子生物学研究上的互通性,联合动物医学、医学等相关学科,组建比较医学中心,加强人畜共患病研究,学校在人类疾病动物模型与比较医学研究方面形成了自己的特色与优势,实现人医与兽医的交融,并以兽医带人医,提升了医学学科的研究水平,促进了基础医学学科的快速发展。2006 年 10 月,江苏省科技厅批准学校设立江苏省人兽共患病学重点实验室;2006 年 12 月,教育部批准学校设立教育部新型疫苗工程技术研究中心;2005 年,中西医结合学科获得博士学位授予权,2006 年,该学科又被遴选为省级重点学科。学校将化学、材料科学与工程、环境科学与工程等学科组合,构建环境材料与环境工程研究体系,提出了环境材料这一新的研究方向,取得了较好的成果,2005 年,"环境材料与环境工程实验室"被批准为江苏省重点实验室。

学科服务社会发展在这一时期也取得了不少标志性成果。2006 年 4 月 16 日,由王金玉教授为首席专家,海门京海集团有限公司、动物科学与技术学院和江苏省畜牧兽医总站共同培育的"京海黄鸡"新品种在南通通过江苏省畜禽品种审定委员会组织的江苏省省级新品种审定。2006 年 4 月 17 日,学校测试中心被水利部确定为湖北、湖南、江西和安徽四省大型排涝系统更新改造安全检测单位。2006 年 4 月 28 日,动物科学与技术学院赵万里教授主持培育的"扬州鹅"的国家级品种审定会在扬州举行。专家组认为,"扬州鹅"已达到"家禽品种审定标准"要求,一致同意通过审定,并报国家畜禽品种审定委员会批准。

（三）完善实现新跨越的人才培养体系

2005 年 5 月 13 日，学校召开本科教学工作水平评估总结表彰大会。校党委书记范明发表讲话，校长郭荣作迎评创优工作总结，校党委副书记花长友宣读迎评创优先进集体、先进个人表彰决定。全体教职员工和学生代表，学校老领导以及部分离退休老同志共 5000 多人出席总结表彰大会。以教育部本科教学工作水平评估为契机，学校持续推动质量工程落地生根，提升人才培养质量。2006 年 5 月 19—20 日，学校召开第四次教学工作会议，全面总结"十五"期间特别是近三年本科教学工作的主要成绩和基本经验，进一步明确"十一五"期间教学工作的指导思想、奋斗目标及实现目标的措施，努力实现"十一五"教学工作的新跨越。开幕式上，校长郭荣作题为《坚持科学发展，推进教学创新，努力开创"十一五"教学工作的新局面》的报告。

专业建设方面。2006 年 2 月，教育部公布新组建的 2006—2010 年本科教学指导委员会成员名单。学校有 5 位专家入选，其中，郭荣任化学类专业教学指导分委员会委员，刁国旺任化学基础课程教学指导分委员会委员，梁建生任生物科学专业教学指导分委员会委员，封克任环境科学类专业教学指导分委员会委员，胡学龙任电子信息科学与工程类专业教学指导分委员会委员。2006 年 4 月，哲学、金融学、教育学、广播电视新闻学、工业设计、测控技术与仪器、制药工程、服装设计与工程、水产养殖学、财务管理、档案学等 11 个专业均以较好成绩通过了省学位办的评审。至此，学校 92 个本科专业中已有 77 个本科专业拥有学士学位授予权。2006 年 7 月 14 日，应用化学、农业水利工程 2 个专业被确定为省品牌专业建设点，思想政治教育、历史学、植物保护、工商管理 4 个专业被确定为省特色专业建设点。

课程与教材建设方面。2006 年 3 月,刘宗平主编的《兽医临床症状鉴别诊断学》、刘秀梵主编的《兽医流行病学》、陈国宏主编的《蜜蜂遗传育种学》等入选农业部第一批全国高等农业院校"十一五"规划教材。2006 年 4 月,学校 7 门课程被评为省精品课程,其中"兽医传染病学""文学概论""作物栽培学"等 3 门课程被评为省一类精品课程,"分析化学""农田水利学""中国现代史"和"数字信号处理"等 4 门课程被评为省二类精品课程。至此,学校共有 84 门省级优秀课程(精品课程)。2006 年 11 月 30 日,教育部正式公布了 2006 年度国家精品课程名单,刘秀梵院士主持的"动物传染病学"和姚文放教授主持的"文学概论"名列其中。

学位点与师资人才队伍方面。2005 年 12 月 13 日,刘秀梵教授当选为中国工程院院士;19 日,刘秀梵院士被农业部授予首届中华农业英才奖。2007 年 9 月 4 日,预防兽医学创新团队被人事部、教育部表彰为"2007 年全国教育系统先进集体"。2006 年 1 月 25 日,学位点建设工作取得重大进展。国务院学位办下发了全国第十次学位授权审核结果,学校新增 1 个一级学科博士点(畜牧学)、8 个二级学科博士点、14 个一级学科硕士点、56 个二级学科硕士点,经国务院学位办备案批准自设了 5 个二级学科博士点。至此,学校具有博士学位授权的学科门类达到 7 个,全校开展研究生教育的学院达到 26 个。2006 年 8 月,经国务院学位办批准,学校兽医学院自设动物免疫学、动物性食品安全、人兽共患病学 3 个二级学科博士点,并于 2007 年开始招生。

(四)提升实现新跨越的条件保障

为了进一步捋顺发展关系,为事业发展创造更加优质的物理空间,学校持续推动学院调整。2006 年 9 月 1 日,学校党委召开一届三次全委(扩大)会议,党委书记范明主持会议。校长郭荣代表校党委常委会根据常委会第 16 次(扩大)会议精神,向全委会报告了学院调整方案。会议决定,将原隶属于文学院的广播电视新闻学专业、原隶属于教育科学与技术学院的教育技术学专业、摄影专业划出,合并组建为新闻与传媒学院;将原隶属于信息工程学院的电气工程及其自动化专业、测控技术与仪器专业,原隶属于水利科学与工程学院的热能与动力工程专业,原隶属于环境科学与工程学院的建筑环境与设备工程专业划出,合并组建为能源与动力工程学院;将原隶属于农学院的植物保护、生态学、园林、园艺专业划出,合并组建为园艺与植物保护学院;将原隶属于农学院的植物生理、农业物理教研室调至生物科学与技术学院。2006 年 9 月 4 日,成立新闻与传媒学院、能源与动力工程学院、园艺与植物保护学院。教育科学与技术学院更名为教育科学学院。

优化办学条件,改善发展环境,一直是学校合并办学以来的重点工作。2008 年 5 月,学校启动扬子津新校区建设。工程开工伊始,学校与扬州市检察院共同实施"工程优良、干部优秀"的创"双优"工程。昭文图书馆、文体馆工程相继获评"国家优质工程奖"。2009 年 9 月,占地 1100 多亩的扬子津新校区投入使用,能源与动力工程学院、环境科学与工程学院、机械工程学院、旅游烹饪学院·食品科学与工程学院 4 个学院的 6600 多名本科生、研究生迁入新校区。学校大力推进信息化建设,2006 年 3 月 2 日,学生宿舍网一期工程正式投入运行;9 月 18 日,学校 IPV6(互联网协议第 6 版)试验网开通,与 cernet2(第二代中国教育和科研计算机网)成功连通,标志着学校具备新一代互联网接入能力。

学校事业发展得到了各级领导的关心关怀。2006 年 5 月 2 日,中共中央政治局原常委、国务院原副总理李岚清第四次来校视察。

江苏省省长梁保华，文化部副部长赵维绥，江苏省委副书记张连珍，江苏省教育厅以及扬州市委市政府相关负责同志随同视察，校党委书记范明、校长郭荣陪同视察。2007年4月16日，李岚清第五次视察学校，对学校工作给予充分肯定，并为师生做了"音乐·艺术·人生"专场讲座。江苏省委副书记张连珍、副省长张卫国等陪同参加有关活动。

三、高水平地方综合性大学建设的深度推进

（一）领导班子的调整换届

2008年6月，江苏省委决定陈章龙任校党委书记。6月28日，学校召开干部教师大会，江苏省副省长何权，省委组织部副部长郭广银，省教育厅厅长、党组书记、省委教育工委书记沈健一行宣布了省委关于学校党委主要领导任免的决定。何权副省长在讲话中充分肯定了学校近年来快速发展取得的成就，并对学校今后的改革发展工作提出了明确要求。他强调，要大力推进新一轮思想解放，坚持以科学发展观统领学校的各项工作，深入实施人才强校战略，大力培养高素质创新型人才，加快提高科研水平和自主创新能力，不断增强社会服务功能，实现学校又好又快发展，为建设创新型省份作出更大贡献。

同年11月，江苏省委决定郭荣继续任校长；周新国、焦新安、范健、陈耀继续任副校长；芮鸿岩任副校长；胡效亚、叶柏森任副校长；刘超任副校级调研员，免去其副校长职务；免去胡家兴副校长职务，退休。江苏省委同时决定郭荣任校党委副书记；胡效亚、叶柏森任校党委委员、常委；免去刘超校党委常委职务；免去胡家兴校党委常委、委员职务。

2009年1月，江苏省委决定刘延庆任扬州大学党委委员、常委、副书记（正校级），免去其徐州工程学院院长职务；花长友任徐州工

程学院党委书记,免去其扬州大学党委副书记、常委、委员职务。

2012年7月23日,学校召开干部大会,传达江苏省委有关调整校领导班子的文件。江苏省委决定夏锦文任校党委委员、常委、书记;焦新安任校党委副书记、校长;刘延庆任纪委书记;刘祖汉任副校长、校党委委员、常委,芮鸿岩、范健、陈耀、胡效亚、叶柏森继续任副校长;陈永平任副校长、校党委委员、常委;陈国宏任副校长,试用期一年;陈章龙不再担任校党委书记、常委、委员职务;郭荣任扬州大学正校级调研员,免去其校长、校党委副书记、常委职务;周新国不再担任副校长、常委、委员职务;严华海任副校级调研员,不再担任校党委常委、纪委书记职务;钱晓勤任副校级调研员。

(二)大力推进"两个转变"

根据江苏省委省政府的要求,学校领导班子将"加强质量内涵建设"作为学校整体工作的重心,强调要推进办学转型、实现"两个转变"。从2003年起,学校就开始提出实现"两个转变"(即由"改革名校"向"质量名校"、由"大校"向"强校"的转变);2008年,学校进一步完善了"两个转变"的表述和内涵(即由"规模大校"向"内涵强校"、由"改革名校"向"质量名校"的转变),学校的建设和发展进入战略性转型时期:从合并初期的外延式发展为主转变为内涵式发展为主,从布局调整向功能提升转变,从自我循环向主动与社会互动共赢转变。

2008年暑假,校党委理论学习中心组(扩大)会议围绕"以科学发展观为指导,解放思想,开拓创新,奋力实现两个转变"这一主题,举办了集中学习研讨活动,进一步厘清了高校内涵建设的基本要素和重点任务、实现"两个转变"的指导思想和基本原则。学科建设、专业建设、队伍建设、科技创新等是内涵建设的表征性因素,学校的发展要以专业建设为基础、学科建设为龙头、队伍建设为关键、科技创新为支撑；管理是内涵建设的运筹性因素,学校的管理要从经验型走向科学性,建立适应学校发展的管理体制和框架,提高科学管理水平；文化建设是最深层次的内涵建设,在加强学科专业建设的同时,要更加突出校园文化建设。加强内涵建设的指导思想是：解放思想、深化改革,分层建设、分类指导,重点突破、整体推进。

2008年是改革开放30周年,学校举行了系列活动,继续推进思想解放和改革创新。通过新一轮的思想大解放,推进由"规模大校"到"内涵强校"的转变、由"改革名校"到"质量名校"的转变。

（三）实施"十大行动计划"

2009年3月至8月,按照中共中央的统一部署,学校开展了深入学习实践科学发展观活动。学习实践活动以"提高思想认识、解决突出问题、创新体制机制、促进科学发展"为目标,着力解决制约学校事业发展的主要问题,提出了加强内涵建设、推动办学转型的基本思路与主要举措,制定实施了"推动科学发展,推进'两个转变'"的"十大行动计划",以树立新的发展理念,确立新的发展追求,构筑新的发展优势。

领军人物培育计划。坚持内培与外引并举的方针,以重点学科、重点实验室和重点创新项目为依托,全面实施高层次领军人才培育计划；充分发挥现有院士和重点学科带头人的作用,积极培育和推动学校重量级人才申报进入院士队伍；以全聘或半聘的方式,争取引进重点学科建设项目所需的院士级大师；积极培养中青年学科和学术带头人,以申报"江苏省重点创新项目、重点学科、重点实验室高层次人才引进计划"等国家和省高层次人才引进计划为契机,分层次有重点地制定学科学术带头人年度引进计划,公开招聘,合同管理。

青年教师培养计划。着力加强青年教师师德师风建设,充分发挥中老年教师传、帮、带的作用,为新进校的青年教师配备导师并建立相应的考核制度;发挥青年教师创新培育专项基金的作用,促进科研顺利开展;选派优秀青年教师到国外著名大学和重点科研机构进修、访问和合作交流,实施青年教师"人才国际化工程";发挥专业技术职务聘任的杠杆作用,引入特别聘任机制,择优聘任成绩突出的青年教师;鼓励教师短期出国交流并做出重要成果;根据青年教师的特点和队伍现状,制定教学名师培育方案,实施教学名师培育计划,落实青年教师培养的具体实施与考核细则。

学科团队成长计划。针对"汇集领军人才,形成人才集群优势;凝练学科特色,打造创新型学术团队;瞄准国际前沿,加快人才国际化进程;优化队伍质态,提高队伍核心竞争力"的建设目标,着力抓好杰出人才引进和培养、高水平创新型学术团队的建设和引进,积极推进学科团队"博士化"和"人才国际化";围绕学科团队培育,在人才选拔任用、学科岗位聘用、人才评价考核、校内分配机制等方面积极推进制度创新,为学科团队培育提供支撑和保障。

学科发展推进计划。实施"发展工科、提升医科、振兴文理、强化农科"的发展战略,研究学部制的组织运行模式,着力打破学科壁垒,推进交融优化、集成创新。贯彻突出重点、引领发展的原则,坚持分层建设、分类指导,重点突破、整体推进;省级重点学科建设项目彰显特色、强化特色,校级学科群建设项目凝练特色、培育特色,着力打造学科优势,做到建设目标明确,标志性成果显著,社会服务能力明显增强。

创新服务促进计划。加强科学道德建设,修订、完善促进科技创新的各项制度;加大科技创新平台建设力度,启动建设一批文科科研基地,搭建产学研合作平台,加强军工平台建设;加大科研投入,培育国家重大项目源;加大国际合作项目组织力度;以科研领军人物的培养为切入点，打造和传承一批科研团队，积极争取承担国家重大科技项目；加强科研成果的组织和集成，提高科研成果的层次和水平；加大校企联盟组织力度，努力提升学校为地方经济、社会服务的能力，促进科技成果的转化；充分发挥苏中发展研究院基本平台的综合作用，打造扬州讲坛的文科品牌。

就业素质提升计划。以培养学生社会适应性为目标，以提升学生就业素质为具体体现，引导本科生和研究生提高适应社会、参与社会竞争的素质和能力；继续实施研究生培养创新工程，通过鼓励研究生参加学术交流、加强学术创新、参与地方服务等，进一步提高研究生人才培养与社会需求的切合度，提高研究生的综合素质，提升研究生的科技研发能力和社会适应能力；进一步完善综合性大学教师教育的办学模式，强化师范生的教学技能培养；针对农科在招生、毕业生就业等方面的困难，进一步强化培养特色，提升创业就业能力。

校园文化建设计划。提出进一步加强校园文化建设的实施意见，出台"和谐学院与和谐部门（单位）"的建设标准，推进和谐校园创建工作；加强廉政文化建设，营造风清气正的校园氛围；加强网络文化建设与管理，发挥新兴媒体在校园文化建设中的作用；组建大学生新闻社，推进宣传思想工作队伍建设；制定学校突发公共事件新闻宣传报道应急办法，切实维护校园安全稳定；加强学生社团建设和管理；做好扬子津校区文化建设工作，完成学校要求的设计和论证工作。

合作共赢拓展计划。充分利用国际和国内两种资源、两个市场，积极发展和深化与国内外高校、科研院所、国际组织、政府机构、企业集团和社会团体的联系与合作；坚持"走出去"与"请进来"并重，吸引国内外智力参与教学、科研和管理，推动和扶持中青年教师到国内外著名大学和研究机构从事学术活动；积极吸纳国内外优质教育资源,创新合作办学、合作培养的形式,推动学生国际流动,逐步推进人才培养国际化;着力扩大和提升留学生规模和培养层次,提高留学生教育质量;积极拓宽办学经费来源渠道,主动争取国家与地方政府的重点支持和投入,进一步发挥董事会、校友会(基金会)作用,鼓励吸引社会捐赠,依法多渠道筹措办学资金。

内部管理优化计划。围绕增强发展活力和提高运行效率的目标,推进学校内部管理改革创新;以扬子津校区建成并投入使用为契机,进一步深化内部管理改革,推进部门管理内控体系建设,开展新一轮的作风和效能建设,稳步推进管理重心下移,提高管理工作水平和服务质量,进一步调动学院办学的积极性和主动性;重视加强机关作风建设,精简会议和各类检查评比活动,提高管理工作效率。

进一步深化后勤管理体制改革。以扬子津校区建成并投入使用为契机,逐步改善办学条件;加强学校资产管理,建立公用房资源科学分配机制;完善实验室管理及安全和环保工作制度;明确公共卫生管理工作要求,改进后勤服务方式,积极推进节约型校园建设。

(四)参照"211工程"三期建设

"十一五"期间,学校启动实施了"参照'211工程'三期建设项目"。2008年7月,省政府批准学校实施"参照'211工程'三期建设项目"。根据江苏省委、省政府有关通知精神,学校编制了《参照"211工程"三期建设方案》,重点建设内容包括动物重大疫病的防控与公共卫生、作物分子育种与现代化生产、动物生产与畜产品安全、功能性绿色材料、重大水利工程建设与安全、人文传承与区域社会发展等6个重点学科建设项目,研究生创新和学术交流中心、多学科综合性研究生创新平台、研究生培养创新工程等3个创新人才培养项目以及师资队伍建设项目。2009年上半年,学校将三期建设重点学科建设项目扩展为省、校级项目,在对省、校两级重点学科建设项目实施方案论证、完善、充实、优化的基础上，按照"成熟一批、启动一批"的原则，分批启动实施了 6 个省级重点学科建设项目、14 个校级重点学科建设项目。三期建设项目经费总预算达 2 亿元（省财政拨款 1 亿元，学校配套资金 1 亿元）。

2010 年，在实施江苏省"参照'211 工程'三期建设项目"的基础上，学校积极争取中央财政支持地方高校发展专项资金资助。财政部原则上同意学校申报的 18 个"中央财政支持地方高校发展专项资金项目"立项建设。其中特色重点学科类项目 2 个，分别为作物栽培学与耕作学、预防兽医学；省级重点学科建设类项目 7 个，分别为动物繁育与安全生产创新平台、绿色功能材料创新平台、通信编码与信息安全创新平台、数字运河与南水北调创新平台、作物现代生物技术育种创新平台、兽医临床重要疾病防控与转基因动物创新平台、重大疾病中西医结合防治与药物研究创新平台；教学实验平台建设类项目 3 个，分别为机械工程实训教学平台、土木工程教学实验平台、应用文科教学实验平台；科研平台建设类项目 6 个，分别为重要生物的功能基因组学研究与开发平台、光电材料与技术研究平台、海洋生物与滩涂资源开发及海洋环境保护研究平台、食品生物技术研究平台、风能太阳能综合开发与利用科研平台、重大有害生物猖獗机制及绿色植保技术研究平台。项目建设周期为三年，建设资金预算为 1.5 亿元。

2012 年 4 月 16 日，江苏省发改委、省财政厅、省教育厅组织专家组，对学校"参照'211 工程'三期建设项目"进行全面验收。专家组认为，学校三期建设全面实现了预期目标，建设取得了显著成效，一致同意通过验收，并建议江苏省委省政府继续参照"211 工程"，对扬州大学给予重点建设。2011 年 4 月 8 日，教育部副部长李卫红来校视察，参观"扬州文化及其现代传承"成果展览时，对三期建设的人文传承与区域发展项目给予高度评价；希望学校将高校管理体制改革作为一项哲学社会科学研究课题，认真总结、深入研究高校管理体制改革的实践与经验，为我国高等教育的发展提供启示和借鉴。

通过"参照'211工程'三期建设项目"和"中央财政支持地方高校发展专项资金项目"的实施，学校构建了以社会需求为导向、产学研相结合的地方综合性大学学科创新体系，学校科技创新能力显著增强；建成了省、校、学科群三级研究生创新中心，构筑起复合型创新人才培养体系；建设了一支较高水平的学术队伍，整体水平基本达到了国家"211工程"建设要求。

四、"优化组合、转型化合"指引新阶段

1. "优化组合、转型化合"指示精神的提出

2009年4月23日，中共中央政治局常委、中央书记处书记、国家副主席习近平在南京主持召开深入学习实践科学发展观调研座谈会。校党委书记陈章龙以"加快办学转型、建设质量名校"为题，汇报了科学发展观学习实践活动的开展情况。在听取汇报过程中，习近平询问扬州大学由哪几所学校合并而成。听完汇报后，习近平说，扬州大学是六校合一，如何优化组合、转型化合，是一篇大文章。扬大确定"推动科学发展、推进两个转变"的活动主题很好，希望以学习实践活动为契机，做好这篇大文章。习近平"优化组合、转型化合"的指示，为学校事业发展提供了纲领性指南和发展遵循原则，遵照这一指示，学校从原先的联合合并、有机整合，过渡到深度融合阶段。"优化组合、转型化合"成为学校发展深度融合的重要指引。

2. 建立深度融合的校园文化体系

早在合并之初的1996年，学校就确立了"求是、求实、求新、求精"的校训，设计了校标方案，开展丰富多彩的文体活动，催生统一

的大学文化。2008 年下半年,学校将推进大学文化建设作为质量内涵建设的重要内容和深度融合的主要标志,组织设计文化建设的整体规划,凝炼校园精神,培育优良校风。2009 年 6 月,学校颁发了《关于进一步加强校园文化建设的实施意见》,明确了促进文化融合的思路和措施,落实了实施文化建设战略的具体任务。学校形象识别系统是学校品牌形象的具体标志,设计学校形象识别系统是推进校园文化建设的重要组成部分。从 2009 年 3 月起,学校开始了视觉识别系统(VIS)基本要素设计的征集工作;6 月,学校决定将"自然绿""中国红"两种颜色作为学校形象识别系统的基本色;12 月,完成了"扬州大学视觉识别系统"的设计工作,并于 2010 年 1 月 1 日起正式启用。精神文化是大学文化的灵魂和核心,集中体现了一所大学的办学理念、精神追求。文化融合的首要任务就在于培育和彰显大学精神,提升师生的文化认同感,构筑共同的精神家园。2009年,学校从发掘历史底蕴、凝炼大学精神入手,在万名师生中开展"传承与创新:大学精神"大讨论活动。2010 年 4 月,学校确定以"坚苦自立"作为校训,以原先的校训"求是、求实、求新、求精"作为校风。"坚苦自立"取自 1902 年张謇先生为通州师范学校所立校训,意指坚忍不拔、勤勉刻苦、自尊自信、自强不息,体现了学校的办学传统和精神特质。此后,学校又组织开展了学风教风讨论活动,面向校内外广泛征集校歌歌词和教风学风表述。2011 年 4 月,学校正式确定以"厚德抱朴、弘道树人"作为学校的教风,以"学之以恒、行之以德"作为学校的学风;9 月,《扬州大学校歌》正式发布。校歌取材于20 世纪 20 年代的老校歌,歌词稍作修改,曲谱由学校艺术学院院长张美林教授改编创作。"扬州大学,通州溯源,六校聚合,屹立苏中。坚苦自立,实学研攻,往绩可述,来绩无穷。"歌词首段追溯了学校的办学历史。在一百多年的发展历程里,学校始终秉持坚苦自立的校训精神,务实钻研,攻坚克难,铸就了学校品高格远、历久弥新的精神品格和历史文脉。"愿我人,继前人之志,尽我人之力,益大益充。传校誉于后世,建大业于寰中,建大业于寰中。"歌词第二段对学校发展的美好愿景作了展望,冀望一代一代扬大人,继承前人之志,群策群力,勠力同心,使事业不断光大、内涵更为充实、收获日益丰盈,声名远播,大业鼎立。学校在确定了校训、校风、教风、学风和校歌之后,于 2011 年 12 月设计发布了学校形象识别系统。整体的形象识别系统由"理念识别系统"(MIS)、"行为识别系统"(BIS)和"视觉识别系统"(VIS)三个子系统组成,从文化层面对体现学校特色的要素部分进行了系统设计和展示,成为学校文化建设的标识"名片"。为了迎接合并办学 20 周年庆,学校从 2011 年下半年起,开展了以"校训、校风、教风、学风"为主要内容的主题宣传教育活动,在全体师生员工中组织"讲校史、释校训、唱校歌"活动,推广使用学校形象识别系统。通过推进文化建设、弘扬大学精神,增强了师生的归属感和认同感;彰显了学校的历史底蕴和文化个性,合并办学进入了深度融合的阶段。

3.深度融合取得丰硕成果

人才培养方面。学校启动了新一轮"本科教学工程",2011 年 7 月,根据教育部文件精神,学校积极申报和启动实施国家"本科教学工程"的有关项目。"本科教学工程"的主要内容包括五个方面,即质量标准建设、专业综合改革、国家精品开放课程建设与共享、实践创新能力培养、教师教学能力提升,除质量标准建设项目外,其他项目均涉及地方高校。针对"本科教学工程"的要求和特点,学校整合资源、突出优势,认真做好项目的申报和建设工作,在卓越工程师教育培养计划、农科教联合人才培养基地和国家级"十二五"规划教材建设等方面取得了成效。在教育部颁布卓越工程师教育培养计划之后不久,学校即启动了卓越人才教育计划和学校标准的制订工作,将卓越人才教育计划和学校标准的有关内容落实在具体的教学环节之中,将卓越人才培养的先进理念融入全校所在专业的人才培养过程中。学校成功入选第二批卓越工程师教育培养计划高校,不仅为开展卓越工程师教育提供了改革范例,也为全面开展卓越人才教育计划学校标准的制订与实施提供了有益的参考。农科教合作人才培养基地建设是"本科教学工程"中实践创新能力培养的内容,也是农科人才培养改革的基础性工作。2011年,学校以雄厚的农科专业学科为基础、以高水平的农业行业专家为核心、以与有关合作单位的良好协作关系为依托,申报了5个农科教合作人才培养基地,2012年,申报的两个基地项目获得批准,为下一步申报"卓越农林人才教育培养计划"奠定了基础。教材与专业建设也取得了新突破。2008年学校化学专业、数学与应用数学专业成为第三批立项建设的国家级特色专业;分析化学、作物栽培学和大学英语成为立项建设的国家级精品课程。2009年11月17日,学校水泵与水泵站、兽医微生物学、昆虫学成为立项建设的国家级精品课程。2009年10月16日,教育部、财政部联合发文,公布第四批高等学校特色专业建设点名单,学校水利水电工程专业名列其中。2010年1月22日,学校新增网络工程、乳品工程、草业科学3个本科专业,学校本科专业数增至101个。2010年6月17日,学校生物工程、法语、交通工程和营养学等4个专业获得学士学位授予权。学校101个本科专业中,已有92个专业获得了学士学位评审权。2010年7月28日,学校汉语言文学专业成为国家级特色专业建设点,水泵及水泵站教学团队被评为国家级教学团队,有机化学课程被列为国家双语教学示范课程建设项目,大学化学实验、土壤肥料学、动物遗传学、生物统计与试验设计等4门课程被评为国家级精品课程。2012年7月30日,学校经济学类、法学类、体育学类、中国语言文学类、外国语言文学类、历史学类、数学类、物理学类、化学类、生物科学类、机械类、水利类、植物生产类、动物生产类等 14 个专业类的 40 个专业和动物医学专业被评为江苏省重点专业。团队与研究成果不断增多。2009 年 9 月 10 日，刘超教授等完成的教学研究成果《地方高校"三全一化、四位一体"教学质量监控与评价长效机制的研究与实践》荣获第六届高等教育国家级教学成果奖二等奖。2009 年 10 月 16 日，学校物理化学教学团队被评为国家级教学团队。2011 年 9 月 8 日，经校长办公会议研究，决定设立扬州大学本科教学"金讲台奖"，表彰连续三年获得"年度最受学生欢迎的任课教师"荣誉的教师，王小波、吴星、肖淑芬、郭小军、曹飞、蒋国强等六位教师获 2011 年本科教学"金讲台奖"荣誉称号。

学科建设方面。学科设置和学位点建设更加健全。2007 年，动物发育生物学、动物生产与环境控制、动物源性食品营养与加工工程、动物与人类的运动比较科学等 4 个二级学科被教育部学位管理与研究生教育司批准为一级学科范围内自主设置学科、专业。2009 年 9 月 16 日，学校新增法律硕士、体育硕士、临床医学硕士等 3 种专业学位研究生培养单位。同时，新增农业工程、食品工程 2 个工程硕士领域。2009 年 11 月 11 日，省教育厅公布了全省一级学科国家重点学科培育建设点名单，学校作物学、兽医学 2 个一级学科名列其中。2011 年 1 月 26 日，兽医学、作物学 2 个一级学科又入选江苏高校优势学科建设工程一期项目立项学科名单。2011 年 3 月 3 日，学校中国语言文学、数学、化学、水利工程、植物保护、中西医结合等 6 个一级学科，以及调整后的中国史、草学等 2 个一级学科获博士学位授予权；应用经济学、法学、教育学、外国语言文学、物理学、机械工程、控制科学与工程、计算机科学与技术、土木工程、水利工程、农业工程、食品科学与工程、农业资源利用、基础医学、临床医学、公共卫生与预防医学、药学、工商管理等 18 个一级学科，以及调整后的中国史、生态学、统计学、软件工程、草学、护理学、艺术学理论、音乐与舞蹈学、戏剧与影视学、美术学等 10 个一级学科获硕士学位授予权。2011 年 10 月 8 日，省政府办公厅发文增列 30 个学科为江苏高校优势学科建设工程一期项目，学校化学、畜牧学两个学科入选。2011 年 11 月 19 日，省教育厅发文公布"十二五"期间省重点学科遴选结果，学校中国语言文学、数学、水利工程、中西医结合等 4 个一级学科名列其中。2012 年 2 月 29 日，省教育厅公布"十二五"期间省重点学科增列结果，学校中国史、草学 2 个一级学科入选。学科平台建设更加扎实。2008 年，学校农学院的长江中下游作物生理生态与栽培重点开放实验室、食品安全监控重点开放实验室，兽医学院的畜禽传染病学重点开放实验室等 3 个实验室被农业部列为第五批重点开放实验室。2009 年 9 月 24 日，学校新增农业工程、植物保护 2 个博士后流动站。2009 年 12 月 14 日，学校禽类预防医学重点实验室被列为省部共建教育部重点实验室。2012 年 8 月 29 日，学校获准新设中国史、数学、生物学、水利工程、中西医结合等 5 个博士后科研流动站，增设草学博士后科研流动站，确认设立畜牧学博士后科研流动站。学科高层次成果不断涌现。2009 年 9 月 17 日，学校文学院陈军博士的学位论文《文类研究》被教育部、国务院学位委员会评为全国优秀博士学位论文。这是江苏省在中国语言文学一级学科中获得的第一篇全国优秀博士论文。2012 年 8 月，农学院刘巧泉教授获得江苏省首届杰出青年科学基金。2012 年 2 月 14 日，国家科学技术奖励大会在北京人民大会堂举行，胡锦涛等党和国家领导人出席大会并为获奖代表颁奖。张洪程教授领衔完成的"水稻丰产定量栽培技术及其应用"项目荣获 2011 年度国家科技进步奖二等奖。该项目获国家专利 9 项、软件著作权 8 项,制定地方标准 17 项,曾获 2010 年度江苏省科学技术进步奖一等奖。此外,学校参与完成的 2 个项目同获国家科技进步奖二等奖。2011 年 10 月 10 日,中华农业科技奖奖励委员会办公室发文公布 2010—2011 年度中华农业科技奖评审结果,学校动物科学与技术学院陈国宏教授主持的"鸡遗传资源研究与创新利用"荣获一等奖。2012 年 10 月 16 日,全国哲学社会科学规划办公室公布 2012 年度国家社科基金重大项目(第三批)立项名单,文学院钱宗武教授为首席专家申报的"《尚书》学文献集成与研究"项目入选该名单,这是学校首次获批国家社科基金重大项目。

师资与人才队伍方面。2008 年 12 月 28 日,农学院张洪程教授在中央农业工作会议上被农业部表彰为"全国粮食生产先进工作者标兵",中共中央政治局委员、国务院副总理回良玉亲自为张洪程教授颁发奖牌和证书。全国仅有 17 人被国务院表彰为"全国粮食生产先进工作者标兵",张洪程教授是我省唯一获此殊荣者。2009 年 9 月 1 日,秦爱建被教育部表彰为"全国优秀教师"。2009 年 10 月 12 日,刘秀梵院士被中国畜牧兽医学会表彰为"新中国 60 年畜牧兽医科技贡献奖(杰出人物)"。2009 年 10 月 24 日,中国畜牧兽医学会评选出第二届"振兴中国畜牧贡献奖(杰出人物)",焦新安教授名列其中,成为全国 10 名获奖者之一。2010 年 6 月 17 日,教育部公布"2009 全国高校辅导员年度人物",文学院党委副书记缪昌武荣获入围奖。

党建和思想政治工作等方面。2008 年 5 月 4 日,学校被中华人民共和国审计署表彰为"全国内部审计先进单位"。2008 年 6 月 3 日,学校被省教育厅授予首批"江苏省大学生创业教育示范校"。2009 年 12 月 24 日,校党委书记陈章龙作为江苏省属高校唯一代表,在北京参加由中央组织部、中央宣传部、教育部党组召开的第十八次全国高等学校党的建设工作会议。学校提交《凝聚办学共识，破解发展难题，以科学发展观引领高水平大学建设》作为大会书面交流材料。陈章龙又出席了26日上午教育部召开的全国高校党建工作座谈会和26日下午的教育系统党风廉政建设会议。2010年5月28—30日，中国心理卫生协会在北京隆重召开第十一届全国大学生心理健康教育与咨询学术交流会，学校被表彰为全国大学生心理健康教育工作先进集体，周春开被表彰为全国大学生心理健康教育工作先进个人。2011年4月29日，为进一步加强学校思想政治理论课建设，经校党委常委会研究决定，撤销社会科学部，成立马克思主义学院。2012年3月26日，为切实加强博士生思想政治教育与日常管理工作，扬州大学博士生会成立。2012年6月，学校马克思主义大众化研究与传播中心被列为全省首批"马克思主义大众化学习实践基地"。

深度融合阶段，学校的发展得到了各级领导的充分肯定。其间，胡锦涛、习近平、李岚清、李源潮、陈至立等中央领导同志和教育部、江苏省委省政府领导同志分别以各种形式关心学校发展，对学校发展作重要指示。

2008年3月5日，中共中央总书记、国家主席、中央军委主席胡锦涛亲切接见出席十一届全国人大一次会议的校长郭荣，听取学校工作的简要汇报。郭荣向总书记送上3件特别的礼物：总书记初中班主任李夜光老师的照片和亲笔信、曾受到总书记亲切关怀的兽医学院学生开妍的照片和亲笔信、总书记当年在文汇路校区参加高考的考场教室照片。

2008年9月8日，江苏省省长罗志军来校视察。他明确表示，江苏省委省政府将把扬州大学列为江苏省重点高校，继续参照"211工程"给予重点建设，帮助学校实现更好、更快的发展。

2009 年 3 月 3 日,中共中央政治局委员、书记处书记、中央组织部部长李源潮亲切接见出席十一届全国人大会议的校长郭荣,听取学校工作的简要汇报。李源潮表示,他为扬大的发展而高兴,希望扬大广纳高层次人才,把学校建设好。

2011 年 2 月 15 日,中共中央政治局原常委、国务院原副总理李岚清在京亲切接见学校党政主要领导,听取了校党委书记陈章龙和校长郭荣的工作汇报,充分肯定了学校改革和发展的成就,殷切勉励学校加快发展,早日建成高水平大学。李岚清还向学校签名赠送了《突围》等四部著作。

2011 年 4 月 9 日,教育部部长袁贵仁在扬州接见学校党委书记陈章龙、校长郭荣。他说,教育部一直关注扬州大学的改革与发展,表示要将扬州大学作为试点,支持地方高校的建设和发展。

2011 年 4 月 10 日,江苏省省长李学勇来校视察。他充分肯定了学校的办学方向、奋斗目标和改革发展取得的成就。他表示,将会与前任省长一样,继续关心、支持扬大事业的发展。

2011 年 9 月 28 日,李岚清在扬州亲切接见校党委书记陈章龙、校长郭荣,听取了学校"建校 110 周年、在扬办学 60 周年、合并办学 20 周年"校庆的筹备情况汇报,并向学校签名赠送了《我为大师画素描》《大众篆刻》等两部著作。

2011 年 9 月 28 日和 2012 年 2 月 9 日,陈至立在北京亲切接见校党委书记陈章龙、校长郭荣和副校长周新国、叶柏森,听取学校工作汇报。她表示,对扬大充满着感情,始终关注着扬大的发展,希望学校以校庆为契机,认真回顾总结体制改革经验,使校庆活动富有内涵、收到实效。

2012 年 2 月 8 日,李岚清在北京亲切接见校党委书记陈章龙、校长郭荣、副校长周新国,听取学校工作和校庆筹备工作汇报,对学校发展作重要指示。

2012 年 5 月 15 日，李岚清专程来校视察，出席其"我为大师画素描"艺术展。江苏省委书记罗志军，省委常委、省委秘书长樊金龙，省委常委、宣传部长王燕文，省教育厅副厅长胡金波，扬州市委书记谢正义，市委副书记、代市长朱民阳等陪同视察。李岚清听取了校党委书记陈章龙、校长郭荣的学校情况介绍，对学校合并办学 20 年取得的各项成果表示充分肯定和赞许，对学校改革发展作重要指示。李岚清说，扬大是全国最早进行高教管理体制改革的高校，是他来的次数比较多的高校。这次来，主要是祝贺扬大校庆。他又表示，扬大给全国带了个好头，扬大的实践为国家高教管理体制改革提供了经验。这有着重大意义，将会在中国的高等教育史上留下浓墨重彩的一笔。他希望学校认真总结合并办学经验，继续弘扬改革精神，不断创新发展措施，进一步提升实力，早日建成高水平大学。

五、高水平地方综合性大学建设迈入新阶段

1. 百十校庆再写新华章

2012 年 5 月 19 日，学校在荷花池校区体育馆隆重召开了建校 110 周年、在扬办学 60 周年、合并办学 20 周年庆祝大会。全国人大常委会副委员长、全国妇联主席陈至立，江苏省政协主席张连珍，江苏省委副书记石泰峰，全国工商联原常务副主席张绪武（学校创始人张謇先生的嫡孙），江苏省副省长曹卫星，江苏省委教育工委书记、省教育厅厅长沈健，扬州市委书记谢正义等领导同志出席庆祝大会，江苏省副省长、校友曹卫星，扬州市委书记谢正义在大会上讲话，校友代表毕飞宇、教师代表刘秀梵、学生代表徐明珠分别发言，校长郭荣致辞，校党委书记陈章龙主持大会。庆祝大会前，中共中央政治局原常委、国务院原副总理李岚清，全国人大常委会副委员长、全国妇联主席陈至立，全国人大常委会副委员长、民盟中央主席蒋树声，全国政协原副主席张怀西等发来题词,中共中央政治局委员、国务院副总理回良玉,中共中央政治局委员、国务委员刘延东,江苏省委书记、省人大常委会主任罗志军,省委副书记、省长李学勇等发来贺信。

围绕"展示成就、总结经验、凝心聚力、推进发展"的主题,百十校庆主要以"一个庆典、两个展览、三个论坛、四本书稿"为核心任务。2012年5月19日上午,"建校110周年、在扬办学60周年、合并办学20周年"庆祝大会在荷花池校区体育馆隆重举行。庆典大会现场,学校还举办了合并办学成果展,共分"前言""领导关怀""体制整合""要素融合""文化化合""绘制蓝图"和"后记"7个部分,以74块展板的篇幅,浓墨重彩、细致全面地回顾总结了学校合并办学20年来,学校改革发展事业取得的巨大成就。2012年5月15日上午,"我为大师画素描"李岚清素描艺术展在学校揭幕,活动共展出李岚清同志最新创作的"我为大师画素描"系列作品125幅。2012年5月16日下午,"祖国万岁——倪益瑾风景艺术摄影作品展"在荷花池校区逸夫图书馆开展,活动共展出校友、国家烟草专卖局原局长、党组原书记倪益瑾的摄影佳作88幅。2012年5月18日下午,学校第三届校友代表大会暨校友互动论坛在荷花池校区教学主楼举行,选举产生了新一届校友会理事会,成立了新一届校友会的组织机构。2012年5月19日下午,在中国高教学会的支持下,学校承办的"中国高校体制改革论坛"在扬州市迎宾馆举行。中国高等教育学会会长、教育部原副部长周远清,国家教育咨询委员会委员、教育部直属高校巡视专员、中山大学原党委书记李延保以及中国科学院院士、复旦大学校长杨玉良等40多所高校的校领导出席论坛。

为庆祝学校"建校110周年、在扬办学60周年、合并办学20周年",校庆前夕,由《扬州大学校史稿》《扬州大学教授耕耘录》《扬州大学校友风采录》《名人与扬州大学》组成的"扬州大学百十周年校庆丛书"由广陵书社出版发行。

2."十二五"规划的编制

为推进学校"十二五"事业的科学发展,实现长远办学目标,根据《国家中长期教育改革和发展规划纲要(2010—2020年)》《江苏省中长期教育改革和发展规划纲要(2010—2020)》等精神,学校组织并启动了《扬州大学"十二五"改革和发展规划》制定工作。在2010年初的校党委一届八次全体(扩大)会议和全校干部教师大会上,学校将编制"十二五"规划作为年度的重点工作。3月24日,学校召开了"十二五"规划编制工作动员会,颁发《关于编制学校"十二五"事业发展规划的通知》,对规划编制工作进行了全面部署。学校成立由陈章龙、郭荣担任组长的规划编制工作领导小组,并抽调人员组建规划编制办公室,具体负责"十二五"规划的协调撰写工作。各学院也相应成立领导机构和工作机构,负责编纂各自院的"十二五"规划。2011年11月,《扬州大学"十二五"改革和发展规划》经省教育厅审核通过,12月28日正式颁布。

"十二五"发展的总体目标是:建设国内有地位、国际有影响、特色鲜明的高水平地方综合性大学。"十二五"规划的具体内容包括:第一,围绕"一个目标"。建设国内有地位、国际有影响、特色鲜明的高水平地方综合性大学,学校综合实力稳居全国地方综合性大学前列、江苏省省属高校第一方阵。第二,推进"两个转变"。通过不断深化改革,提升办学质量,大力推进由"规模大校"向"内涵强校"转变,由"改革名校"向"质量名校"转变。第三,彰显"三个特色"。作为学科门类齐全的综合性大学,彰显综合性特色;作为"高校改革的一面旗帜",彰显创新性特色;作为省属重点高校,在服务面向上,彰显地方性特色。第四,提升"四个水平"。不断提升人才培养水平、科学研究水平、社会服务水平、文化建设水平。

根据总体目标,"十二五"规划从办学规模、人才培养、队伍建设、科学研究、学科建设、合作交流、文化建设、条件建设8个方面确定了"十二五"发展的具体目标,既有质的要求,又有量的指标,体现了前瞻性和现实性、导向性与可操作性的统一。围绕"十二五"时期的发展目标,基于发展环境和办学现状的分析,按照统筹兼顾、协调发展、强化优势、彰显特色的思路,学校提出并实施了"十二五"时期的"五大"发展战略,即坚持综合性与特色化发展并举,实施"特色发展"战略;坚持可持续与创新性发展并行,实施"创新发展"战略;坚持硬实力与软实力发展并重,实施"文化引领"战略;坚持整体性与非均衡发展并进,实施"非均衡发展"战略;坚持区域性与国际化发展并联,实施"开放发展"战略。

3. 学校第二次党代会的胜利召开和新历史方位

2012年10月12—13日,中国共产党扬州大学第二次代表大会隆重召开。校党委副书记、校长焦新安主持开幕式,江苏省委组织部副部长、省国资委党委书记赵永贤,省教育厅副厅长、党组成员丁晓昌,扬州市委书记、市人大常委会主任谢正义等出席大会开幕式并讲话。大会代表、列席代表、特邀嘉宾400多人参加大会。

校党委书记夏锦文代表中共扬州大学第一届委员会向大会作题为《坚持解放思想、注重以人为本、提高办学质量,奋力实现高水平大学建设的新跨越》的工作报告。报告明确第二次党代会的主题是:高举中国特色社会主义伟大旗帜,以邓小平理论、"三个代表"重要思想为指导,深入贯彻落实科学发展观,坚持解放思想,注重以人为本,提高办学质量,奋力实现高水平大学建设的新跨越。报告从八大方面总结了第一次党代会以来学校事业发展所取得的成就,科学研判了学校未来发展所处的历史方位和所面临的时代机遇。报告指出,今后一个时期学校总的奋斗目标是:全面实现我校"十二五"规划确立的"国内有地位、国际有影响、特色鲜明的高水平地方综合性大学"奋斗目标，全面开启"建设国内一流、国际知名、特色鲜明的高水平地方综合性大学"新征程。分步目标是：到"十二五"末，全面建成国内有地位、国际有影响、特色鲜明的高水平地方综合性大学；从"十三五"开始，全面开启建设国内一流、国际知名、特色鲜明的高水平地方综合性大学新征程。报告强调，学校今后五年的主要任务是：强力推进人才队伍建设，全力提高人才培养质量，大力加强高水平学科建设，着力增强科研创新能力，鼎力服务经济社会发展，合力推进国际化办学进程，努力提高管理与服务水平。

校党委副书记、纪委书记刘延庆作题为《深入推进党风廉政建设和反腐败工作，为建设高水平大学提供坚强有力的政治保证》的纪委工作报告。扬州大学工会主席沈渭滨，民主党派代表、中国民主同盟扬州市委副主委、扬州大学主委王永平分别在会上致辞，祝贺大会胜利召开。

大会选举产生了中共扬州大学第二届委员会和中共扬州大学第二届纪律检查委员会，审议并通过了《关于中国共产党扬州大学第一届委员会工作报告的决议》和《关于中国共产党扬州大学第一届纪律检查委员会工作报告的决议》。会议选举产生了中共扬州大学第二届委员会常务委员会委员和书记、副书记，通过了中共扬州大学第二届纪律检查委员会第一次会议选举结果的报告。刘延庆主持闭幕式大会并发表讲话。扬州大学第二届党委常委会由夏锦文、焦新安、刘延庆、芮鸿岩、范健、刘祖汉、陈耀、胡效亚、叶柏森、陈永平、陈国宏组成，夏锦文为书记，焦新安、刘延庆、芮鸿岩为副书记，刘延庆为纪委书记。

第十二章 开启建设高水平研究型大学

党的十八大以来,中国特色社会主义进入新时代,我国经济社会发展取得新的辉煌成就,为决胜全面建成小康社会夺取新的伟大胜利,为中国特色社会主义伟大事业开创新的发展境界打下了坚实基础;党的十九大以来,我国全面建成了小康社会,开启了全面建设社会主义现代化国家新征程。扬州大学也进入了高质量发展期,建成了高水平地方综合性大学,开启了建设高水平研究型大学新征程。

第一节 建成高水平地方综合性大学

"十二五"期间,学校紧紧围绕"国内有地位、国际有影响、特色鲜明的高水平地方综合性大学"的奋斗目标,加快推进高水平地方综合性大学建设的步伐。学校坚持解放思想,坚持以人为本,坚持内涵发展,加快高端人才集聚,加快学科专业建设,加快推进协同创新,提高人才培养质量,提高社会服务能力,提高教职工待遇,充分调动全校师生的积极性、主动性和创造性,高水平地方综合性大学建设圆满收官。

一、统筹推进学校"十二五"规划落实

（一）全面落实学校第二次党代会提出的目标任务

2012 年 10 月,学校召开第二次党代会,明确了学校发展的指导思想、奋斗目标和分步实施目标，并对之后五年学校的主要任务进行规划。通过几年的实践，学校发展取得了实实在在的成效。

1. 强力推进人才队伍建设

学校通过引进高端人才、加强学校与地方的人才资源共享、推进教师职务聘任制改革、创新人才引进机制等措施提升人才队伍质量，全力打造学校"人才高峰"。学校秉承"人才队伍是第一资源"理念，牢牢把握第二次党代会"把造就一支品德高尚、业务精湛、结构合理、充满活力的高素质教师队伍，作为校、院工作的重中之重，作为改革发展和资源投入的重点"的要求，坚持高起点引才、宽视野选才、多渠道育才、全方位用才，紧紧抓住国家实施重大人才工程的机遇。学校制定并实施新的人才支持计划，进一步创新人才引进机制，设立专项基金，加强重点投入，在国内外拔尖人才和高水平团队引进方面不断取得新突破。2013年，学校全面启动高端人才支持计划，制订《扬州大学高端人才支持计划实施办法》，全年引进高层次人才99人，其中29人具有海外背景，江苏特聘教授2人、校特聘教授5人、讲座教授4人、"双创"人才2人。2014年，学校引进各类人才73人，其中20人具有海外背景，江苏特聘教授3人、校特聘教授7人、讲座教授13人。2015年12月7日，张洪程教授当选中国工程院院士，这是我校继刘秀梵院士之后自我培养的又一位中国工程院院士。全年引进各类人才164人，其中2人入选国家百千万人才工程、国家有突出贡献中青年专家，1人入选国家创新人才推进计划，1人及1个团队入选全国农业科研杰出人才、创新团队，1个团队入选省"双创团队"，4人入选省"双创博士"，9个项目获省"六大人才高峰"高层次人才项目资助；2016年，全年引进高层次人才235人，引进外籍院士1人。2012年以来，学校引进人才数量年年攀升、人才质量不断提升，圆满完成了第二次党代会对于人才队伍建设的具体任务。

2. 全力提高人才培养质量

学校以立德树人为根本任务,以提高本科教学质量、提高研究生培养质量为重点,通过本科教学工程建设、定期召开本科教学工作会议、深入推进研究性教学改革、召开研究生教育工作会议、重视创新创业比赛和项目、发展继续教育事业等举措,提高本科生、研究生培养质量,基本形成以德为先、能力为重、德智体美劳全面发展的人才培养模式,不断提高人才培养水平。学校深入贯彻落实中共中央国务院《关于进一步加强和改进大学生思想政治教育的意见》,按照第二次党代会"牢固树立以生为本的理念,进一步凝聚教书育人、管理育人、服务育人的合力"的要求,将人才培养放在重中之重的位置上,加大教学投入,深化教学改革,创新人才培养模式,强化实践教学环节,健全教学质量保障机制,全面实施素质教育,面向全体学生,促进学生全面发展,着力提高学生服务国家、服务人民的社会责任感、勇于探索的创新精神和善于解决问题的实践能力。学校深化研究生培养机制改革,推进学术型、应用型、复合型等不同类型研究生培养模式的改革,吸纳行业、企业参与创新型人才培养模式改革试点工作。完善不同类型、不同层次研究生的培养方案和质量标准,不断提高研究生培养水平。学校加强继续教育,建立健全继续教育管理规章制度,坚持分类指导,优化专业结构,加强专业建设,有效实施教育教学改革,修订出台了《扬州大学成人教育校外函授站(教学点)管理条例》。学校全面贯彻"以生为本"的理念,通过一系列切实可行的举措,人才培养质量显著提高。2013 年 10 月,在全国第 13 届"挑战杯"决赛中,学校以团体总分 280 分、全国高校第 9 位次的优异成绩喜捧"优胜杯",荣获一等奖 2 项、二等奖 3 项、三等奖 1 项;2015 年 11 月,在全国第 14 届"挑战杯"决赛中,学校以团体总分 390 分、全国高校第 7 位次的优异成绩喜捧"优胜杯",荣获特等奖 1 项、一等奖 3 项、二等奖 2 项；2014 年，学校荣获首届"创青春"全国大学生创业大赛金奖 1 项，"创青春"江苏省大学生创业大赛金奖 1 项、银奖 3 项、铜奖 3 项；2015 年，学校体育学院体育教育 1401 班仲磊同学在中央文明办公布的"中国好人榜"入选名单中，入选"见义勇为好人"，这是继跳海救人的程颢同学、跳河救人的刘延章同学和勇斗歹徒的许虎山同学之后，学校涌现的又一位见义勇为的好青年。2015 年，学校荣获省级以上学科竞赛奖 570 项、省优秀毕业设计（论文）11 项。"十二五"期间，学校新增省级成教特色专业建设点 1 个、精品课程 2 门；新增继续教育专业 30 个，其中 2013 年 9 个，2014 年 17 个，2015 年 4 个。

3. 大力加强高水平学科建设

学校在 2014 年召开了发展工科推进会，制定工科发展规划和实施意见，举行多场学科交叉活动，抓好江苏高校优势学科建设工程立项项目，从而大力加强一级学科建设、优势学科建设，促进学科交叉融合和学科建设统筹协调。学校按照一级学科建设思路强化学科建设，凝炼学科方向，打造学科高峰，重点发展一批优势明显、特色鲜明、潜力巨大的传统优势学科和新兴学科，取得一批标志性成果。学校大力加强学科交叉融合，充分发挥多学科优势，有效整合创新资源，组建交叉学科研究队伍，开展跨学科科研攻关，增强科研创新能力，推进知识创新、技术创新和理论创新，以重大标志性成果引领学科发展。2016 年，根据汤森路透公司基本科学指标数据库（ESI）5 月份公布的数据，学校临床医学学科进入 ESI 全球排名前 1%。学校有 5 个学科进入 ESI 全球排名前 1%，入围学科数位居全省高校第 4 位。

4. 着力增强科研创新能力

学校通过制订扬州大学协同创新计划、建设国家级创新平台、完善科研创新体系、召开科技创新大会、加强科研平台和团队建设、组织重大科研项目的协同攻关等措施,提高了科学研究水平。学校按照《教育部财政部关于实施高等学校创新能力提升计划的意见》要求,落实第二次党代会提出的"构建以提高学校自主创新能力和核心竞争力、适应地方经济社会发展需求为导向的科学研究体系"的要求,以建立国家、省级协同创新中心为目标,以主持国家、部(省)重大项目为抓手,不断完善科研创新体系。学校切实加强国家、省级重点学科,省级以上重点实验室、工程中心、人文社会科学研究基地建设。学校以优势学科和国家重点学科为龙头,重点发展符合国家和地方经济社会发展需求的科研领域,形成一批特色鲜明的研究方向,取得一批具有学校特色的标志性科研成果。学校贯彻落实教育部"高等学校哲学社会科学繁荣计划",深入实施"扬州大学振兴文科行动计划",坚持分类指导,努力培植人文社会科学研究的优势研究领域和特色服务领域。2016 年,学校召开科技创新大会,全面部署深化科技创新体制机制改革,推动科技创新工作跨越式发展。2013 年、2014 年、2015 年、2016 年新增自然科学类国家级科研项目数分别为 140、129、140、180 项,新增国家社会科学基金项目数分别为 10、11、15、29 项,仅 2016 年科技总经费就突破了 6 亿元。在此期间,刘秀梵院士荣获首届盛彤笙兽医科学奖,2 项成果获高等学校科学研究优秀成果奖一等奖,1 项成果获江苏省科学技术奖一等奖,1 项成果入选《国家哲学社会科学成果文库》。学校成立科学技术协会和哲学社会科学联合会。

5. 鼎力促进社会合作与服务

学校投身经济建设、社会建设和文化建设,坚持立足地方、融入地方、服务地方。通过建设大学科技园,召开社会合作与服务工作研讨会,推进与扬州市的深度合作,相继成立社会合作与服务处、扬州大学司法鉴定所、扬州大学镇江高新技术研究院等举措,在社会服务上屡创佳绩。学校参与经济建设，充分发挥学校综合优势，着力推进科技成果转化，主动参与推动战略性新兴产业的发展，构建与科研机构、行业企业相互开放、紧密合作的新格局，努力把学校的人才、技术优势转化为现实生产力。学校参与社会建设，适应国家和区域改善民生、加强和创新社会管理等重大需求，充分发挥学科和人才优势，大力开展相关研究，为社会提供多种形式的教育服务与政策研究咨询服务，发挥智囊团和思想库作用。学校参与文化建设，充分发挥大学的文化引领和辐射作用，弘扬优秀传统文化，传播和发展现代先进文化，研究和挖掘地方优秀文化，推进文化传承创新，参与文化产业发展。多年来，学校主动地面向经济社会文化建设主战场，以合作推动互惠双赢，以服务驱动创新发展，以贡献寻求政府、企业和社会的支持。

6. 合力推进国际化办学进程

学校秉承一流大学的先进教育理念和办学经验，利用好国际优质教育资源，通过实施"中非高校 20+20 合作计划"、启动国家留学基金委优秀本科生国际交流项目、承办第三届江苏—澳门·葡语国家大学合作联席会等举措，不断扩大学校的国际影响。学校推进海外合作与交流，不断拓展和深化与海外高水平大学、科研机构和企业的战略合作关系，吸引更多海外学者来校开展学术交流。学校推进留学生教育大发展，拓展留学生来源地，加快建设开放的国际化课程体系，扩大留学生教育的专业覆盖面。学校推进学院外事工作，充分调动学院的积极性、主动性，加强合作能力，推进国际合作交流与人才培养、师资队伍建设的深度融合。经过几年的努力，学校逐步完善"学校为主导、学院为主体、专家为主角、项目为平台"的对外合作与交流工作体系，海外学生增长迅速，学历生比例大幅提升。海外学生数从 2012 年度的 727 人增至 2016 年度的 1748 人，来华留学生数增至 1536 人，生源国增加 14 个，总人数同比增长 31.3%。

7.努力提高管理与服务水平

学校落实第二次党代会"坚持严格管理、民主管理、科学管理"的要求,强化"服务也是管理""管理出效益"的理念,不断强化学校的顶层设计、效能建设、对外拓展,提高学校服务能力和保障水平。多年来,学校进一步扩大学院办学自主权,强化学院主体地位;全面加强董事会、教育发展基金会、校友会工作;建成后勤数字化服务平台,推进后勤社会化改革,加快数字化校园建设;加强校园建设规划,合理确定校区功能定位,推动校区置换;加强资产管理,优化资源配置,完善资源使用办法,提高资源使用效益,切实改善师生工作、学习和生活条件,强化资源整合和利用,为学校事业发展提供坚实的物质保障。2013年12月,学校首先为扬子津校区的4575个学生宿舍全部安装了空调。2014年,学校投资5200多万元,完成了老校区电房增容及相关配电工程基础建设工作,瘦西湖校区、文汇路校区学生宿舍和扬子津校区留学生公寓5100多台空调全部安装到位。

(二)全面深化学校综合改革

深化综合改革,是校党政在新的时代条件下所作出的战略选择。综合改革的内涵是从单项到整体、从表层到深层、从增量到存量的改革,涉及学校内部治理结构和人才培养、科学研究、学科建设、社会服务、人事分配、服务管理、党的建设等各项事业,必须切实加强顶层设计,准确把握改革原则,着力找准主攻方向,有重点、有步骤、有秩序地推进各项改革举措。

2014年8月26日,夏锦文书记在暑期党委理论学习中心组(扩大)会暨深化综合改革研讨会上作了题为《以更大的勇气和智慧深化综合改革,为建设高水平大学提供强大动力》的讲话,焦新安校长作了关于深化学校综合改革的工作报告,与会同志紧紧围绕如何全面深化综合改革这一主题进行了充分而深入的研讨。此次会议拉开了扬州大学深化综合改革的新序幕、吹响了学校全面深化改革的新号角。10月17日，学校召开深化综合改革领导小组第一次会议。学校深化综合改革领导小组办公室汇报了前期工作的进展情况以及下一阶段工作安排。此次会议，有助于学校师生积极投身学校的全面深化综合改革事业，为谋划全面综合改革奠定了基础。11月，学校先后召开校务委员会会议、高层次人才代表座谈会，就即将出台的《扬州大学关于全面深化综合改革的实施意见》（以下简称《实施意见》）听取意见建议。12月15日，校党委全委会审议通过《实施意见》。《实施意见》实施以后，学校综合改革取得了显著成绩。

1. 推进内部管理体制改革，完善现代大学制度

以大学章程建设推动高校综合改革，依据大学章程自主管理，是高等学校实现治理体系和治理能力现代化的基本要求。2012年10月，学校在第二次党代会工作报告中明确提出，要"依法修订《扬州大学章程》，建立和完善具有学校特色的现代大学制度，积极探索教授治学的有效途径，强化学术组织在学科建设、学术发展中的重要地位和独特作用。"2013年、2014年，学校党政工作要点中把章程修订工作列为年度重要工作，在全校干部教师大会上多次进行部署。2014年9月23日，校长焦新安代表学校参加省高校章程核准委员会第一次会议并就我校学校章程作出说明。2015年3月30日，《扬州大学章程》经江苏省教育厅核准公布；4月10日，学校正式发布《扬州大学章程》。经省教育厅首批核准发布的《扬州大学章程》分为总则、学校功能、组织机构、教职工、学生与学员、校友与校友会，以及经费、资产与后勤管理，学校标识与校庆日，附则等9章108条。在学校内部管理体制改革方面，2013年6月，成立社会合作与服务处，正处级建制；海外教育学院实体化运作，从行政管理序列撤出，列为直属机构；采购管理办公室与审计处合署；教育教学评估中心

挂靠教务处,副处级建制,不再列为直属机构;心理健康教育中心,副处级建制,挂靠学生工作部(处);水利科学与工程学院、能源与动力工程学院合并,组建水利与能源动力工程学院。2014年7月,学校根据学科专业发展的需要,经研究,决定将扬州大学艺术学院分设为音乐学院和美术与设计学院。2016年6月,成立学前教育学院、学前教育学院党委,正处级建制,与教育科学学院(师范学院)、教育科学学院(师范学院)党委合署,教学科研管理独立运行;成立护理学院、护理学院党委,正处级建制;成立扬州大学(高邮)现代农业科教示范园区建设与管理办公室,正处级建制,主任兼校长办公室副主任;教育教学评估中心独立设置,不再挂靠教务处,副处级建制;教师(教学)发展中心升格为副处级建制,挂靠教务处,教师(教学)发展中心主任兼任教务处副处长;高教研究所和改革与发展研究室合署;扬州大学大学科技园管理委员会办公室和社会合作与服务处合署;农业科技发展研究院与国际联合实验室合署,正处级建制,列为学校直属实体科研机构,成立党支部,党组织关系隶属于教科研党总支;苏中发展研究院(新农村发展研究院),列为学校直属实体科研机构,正处级建制,党支部不再作为学校直属党支部,党组织关系隶属于教科研党总支;资产经营有限公司、实验农牧场干部管理按照上级相关规定执行。

2. 深化教育教学改革,全面提高人才培养质量

创新高校人才培养机制,促进高校办出特色、争创一流。这是深化教育领域综合改革的重要任务之一。2014年12月19日,学校隆重召开研究生教育工作会议,确立了之后一个时期学校研究生教育工作的总体目标,即深化研究生教育综合改革,大力推进研究生教育内涵式发展,积极深化研究生培养机制改革,推进学术型、应用型、复合型等不同类型研究生培养模式改革,吸纳行业企业参与创新人

才培养模式改革试点。2015 年，研究生"三型一化"分类培养改革扎实推进，导师队伍建设明显加强，博士生选拔"申请—考核"制改革启动实施，专业学位种类增至 15 个。学位论文抽检与双盲送审更加严格，研究生学位论文抽检优秀率高出全省平均水平 7.2 个百分点。学校被确定为教育部研究生课程建设试点单位。2014 年 5 月，学校与常熟市政府签署定向培养基层农业农村人才协议，从 2014 年起采取"定点招生、定向培养、协议就业"的方式，连续三年为常熟市培养常熟籍"农村区域发展"专业本科生，满足常熟农业和农村发展需要。2015 年度，学校继续加强本科教学工程建设，新增江苏高校品牌专业 6 个、省卓越人才培养项目 4 项、省部级教改课题 13 项，立项数量、建设质量位居全省前列。2016 年，学校召开本科教学工作大会，围绕"创新人才培养体系，造就一流本科人才"这一主题，牢固确立了人才培养的中心地位。学校顺利通过本科教学审核评估。12 门课程入选首批"国家级精品资源共享课"，8 部教材获批省"十三五"立项建设重点教材。获批教育部在线教育研究基金项目 2 项、省高校教学管理研究课题 2 项。6 项成果获省高教学会研究成果奖，获奖数居全省高校之首。研究生教育改革取得新突破，在教育部组织的全国博士学位论文抽检中，博士学位论文抽检合格率达 100%。

3. 深化人事管理制度改革，打造一流人才队伍

人事管理制度改革是深化改革的关键。学校坚持"引""借""培"多项措施并举，加强人才队伍建设。重视人事、分配等制度中激励机制、制衡机制和发展机制的统一协调，在"精细化分类管理"的基础上，盘活现有的人力资源，做到人尽其才、才尽其用，建立了明确的业绩考核办法，做到"能上能下、能进能出""非升即转、非升即走"。从 2012 年至 2016 年，学校在人才引进方面有重大突破，每年引进

的各类人才人数分别为 78、99、73、164、235 人,共计 649 人。截至 2015 年,学校外校学缘背景教师占比达 75.2%,博士学位教师占比达 53.7%,45 岁以下青年教师博士占比达 65.3%,海外学缘背景教师增至 133 人,在站博士后增加到 154 人,获资助经费增长 25.6%。

4. 创新学科建设体制机制,建设"一流学科"

学校按照"发展工科、提升医科、振兴文理、强化农科"的思路,深化学科建设分类指导。在发展工科上,重视坚持传统学科方向优势和实施创新驱动战略转变的关系,使学科结构更趋合理。在提升医科上,重视推动生命与医学学科发展,发展前沿和新兴学科。在振兴文理上,文科坚持"入主流、有特点、上水平"的思路,为推进文化传承创新做贡献;理科加强重大原创性科学研究,发挥理科对其他学科的引领和带动作用。在强化农科上,切实加强农科等学科专业建设,促进其他学科与农科交融。同时通过启动学科特区改革、探索学部制试点改革以及学科建设管理和评价机制改革,推进学科建设和队伍建设有机结合,促进学科交叉融合发展。2014 年,学校积极谋划高水平大学建设方案。2015 年,学校出台《扬州大学交叉学科建设项目管理办法(试行)》,加快推进学科交融,立项建设 20 个交叉学科项目。2016 年,7 个中央财政支持地方高校发展专项资金项目申请全部获批。马克思主义理论、数学、生物学、植物保护、草学、中西医结合、外国语言文学、机械工程、土木工程 9 个一级学科入选"十三五"省重点(含培育)学科。试点推行学科特区,突出建设重点,深化交叉融合。

5. 深化科研管理体制改革,促进科技创新

高校的科研管理体制,对高校的科研工作乃至整个高校的发展具有十分重要的作用。学校通过建立科研评价分类标准,完善科研业绩考核和奖励激励制度,制订科研编制和科研工作量实施办法,完

善国家级重大科研项目、创新团队、创新平台以及标志性成果的培育机制，做实做强一批科研实体等举措，促进科技创新。2014年7月，苏中发展研究院设立直属党支部，实行理事会领导下的院长负责制。成立新农村发展研究院，与苏中发展研究院合署办公，两块牌子，一套班子。9月，成立军工科研生产管理办公室，副处级建制，挂靠科学技术处。为进一步促进科技创新，在此期间，相继成立了若干个研究中心。2016年6月，学校成立文化传承与创新研究院，挂靠文学院；成立创新材料与能源研究院，挂靠化学化工学院；成立现代农村水利研究院，挂靠水利与能源动力工程学院；成立稻作研究院，挂靠农学院；成立比较医学研究院，挂靠兽医学院；成立转化医学研究院，挂靠医学院。挂靠学院的实体科研机构相对独立运行，不设行政级别，其干部参照同级干部进行管理，在之后的干部使用上承认其任职经历。2016年，学校召开科技创新大会，全面部署深化科技创新体制机制改革，推动科技创新工作跨越式发展。

6. 创新社会合作机制，提高服务区域经济社会发展能力

学校本着"立足苏中、面向江苏、辐射全国"的思路，注重科教融合这一理念，主动为地方经济社会发展服务，力争在服务中求支持，在融入中求地位，在贡献中求发展。2014年7月1日，由扬州市政府与学校共建的省级大学科技园（筹）举行开园仪式，学校先后与苏州常熟市，泰州姜堰区，扬州邗江区、高邮市等地方政府签署了全面合作协议。2015年，学校大学科技园顺利通过由江苏省科技厅、教育厅联合组织的省级大学科技园评估验收，形成"一园三区"的基本格局，建筑面积达2.5万平方米。同年，学校与扬州市地方税务局的战略合作框架协议签字仪式在扬子津校区笃行楼举行。2016年1月16日，扬州市政府与学校签署《扬州市人民政府与扬州大学全面深化合作协议书》《关于扬州市第一人民医院划转为扬州大学直

属附属医院的协议书》《关于合作共建扬州大学广陵学院的协议书》《关于扬州大学实验农牧场地块整体处置的协议书》《关于扬州大学现代农业科教示范园合作共建的协议书》等五项协议。

7. 推进支撑保障工作改革,满足师生需求

只有深化资源配置机制改革,加强支撑保障工作,才能不断满足师生的需求。通过建立绩效导向的国有资产配置机制、校内各类资源有偿使用机制以及经费使用的绩效评价制度,完善学校资源配置;通过构建大后勤协调机构运行系统平台、师生综合事务一站式服务平台以及校级实验平台,构建学校信息资源共享平台,全力打造数字化校园。2014 年,扬子津校区文体馆工程(总建筑面积为48157 平方米)主体结构顺利封顶并投入使用。学校多方筹措资金,用于在职人员绩效工资和离退休人员生活补贴的发放,建立体现按岗定薪、按劳取酬和优绩优酬三位一体的薪酬分配体系和激励机制。2015 年 9 月,学校后勤数字化服务平台投入使用,为师生提供更加快捷、更加优质的服务。2011 年 12 月,学校被中国教育后勤协会表彰为"全国高校后勤十年社会化改革先进院校",后勤社会化改革成果入选"全国高校后勤十年社会化改革先进院校风采集"。

(三)全面推进新时代党的建设科学化水平

学校党委坚持贯彻落实党的十八大精神,大力实施党建工作创新工程,坚持党要管党、从严治党,提升党的建设科学化水平,为建设高水平大学提供强大动力和坚强保证。

1. 全面加强党的思想建设

思想建设是党的基础性建设,主要任务就是强化马克思主义理论武装,对党员进行党的基本理论、基本路线、基本方略的教育,保持全党在思想上、政治上、行动上的高度一致,保持党的先进性、纯洁性。2013 年 6 月 6 日,根据江苏省委关于深入开展党的群众路线教

育实践活动的部署，为切实抓好学校的教育实践活动，经研究，学校成立扬州大学党的群众路线教育实践活动领导小组。7月6日，校党委书记夏锦文主持召开校党委常委（扩大）会议，专题研究部署学校党的群众路线教育实践活动，传达学习全省党的群众路线教育实践活动动员大会精神。11月，学校召开党的群众路线教育实践活动推进会。校党委书记夏锦文传达了省委群众路线教育实践活动工作座谈会的有关精神，集中部署了下一阶段工作。2014年2月11日，扬州市委书记、市人大常委会主任谢正义围绕开展党的群众路线教育实践活动来学校调研，听取经验介绍和有关建议。2015年5月22日，校党委理论中心组召开"三严三实"专题学习会，传达学习中央和江苏省委关于开展"三严三实"专题教育的有关文件精神。2016年1月，《新华日报》第二版以《校领导走进"四室两厅"听建议》为题，报道学校"三严三实"专题教育的有关做法及成效。1月5日和11日，江苏新闻广播、江苏卫视分别以《扬州大学："三严三实"助推高水平大学建设》《扬州大学："严"出教研成果，"实"出保障水平》专题报道。中央组织部"共产党员"网、新浪网、网易新闻等分别进行了转载。5月5日，学校召开"两学一做"学习教育动员大会，全面部署"两学一做"学习教育。校党委书记姚冠新作动员报告，校长焦新安主持会议。全体校领导出席会议。9月27日，学校成立"两学一做"博硕士生党员宣讲团，校长焦新安为宣讲团授旗，校党委副书记、副校长叶柏森为宣讲团成员颁发聘书。学校开通"两学一做"专题网站，发放系列学习读本，校领导、院级党组织主要负责人、校内外专家等上党课共计652人次。

学校党委一如既往地重视党委理论学习中心组的学习，通过学习不断强化中心组成员对党的基本理论、基本路线、基本方略的领悟。继2012年8月26—28日学校在仪征枣林湾举行暑期党委理论学习中心组(扩大)学习会后,2013年8月27—29日,学校在高邮举行暑期党委理论学习中心组(扩大)学习会暨社会合作与服务研讨会。高邮市委书记韩方应邀作学习辅导报告。2014年8月25—26日,学校举行暑期党委理论学习中心组(扩大)学习会暨深化综合改革研讨会,苏州大学党委书记王卓君应邀结合苏州大学改革发展作了专题辅导报告。2015年8月26—27日,学校举行暑期党委理论学习中心组(扩大)学习会暨"十三五"事业发展研讨会。会议的主题是自觉践行"三严三实"要求,科学编制"十三五"规划。江苏省教育厅厅长、党组书记、省委教育工委书记沈健作学习辅导报告。校长焦新安作大会总结讲话。2016年8月26—27日,学校举行暑期党委理论学习中心组(扩大)学习会暨高水平研究型大学建设研讨会。校党委书记姚冠新作总结讲话,校长焦新安作了关于高水平研究型大学建设的专题报告。26日下午,省教育厅厅长沈健应邀作题为《加强省级统筹,发展更高水平的省域高等教育》的专题报告。

2. 全面加强党的政治建设

政治建设是党的根本性建设,决定了党的建设的方向和效果。在政治建设中,学校党委精心开好每年年初党委全委(扩大)会。2013年1月18日,校党委召开二届二次全体(扩大)会议,校党委书记夏锦文主持全会并代表党委常委会作了题为《深入学习贯彻党的十八大精神 奋力开创学校事业发展新局面》的工作报告。2014年1月18日,校党委召开二届三次全体(扩大)会议,校党委书记夏锦文主持全会并代表党委常委会作了题为《坚持立德树人锐意改革创新 全面推进学校各项事业科学发展》的工作报告。2015年1月26日,校党委召开二届四次全体(扩大)会议,校党委书记夏锦文主持全会并代表党委常委会作了题为《全面深化综合改革 科学谋划发展蓝图 加快高水平大学建设进程》的工作报告。2016年1月

23 日,校党委召开二届五次全体(扩大)会议,校党委书记姚冠新主持全会并代表党委常委会作了题为《提升目标定位　增强办学实力　向着高水平研究型大学开拓奋进》的工作报告。

3. 全面加强党的组织建设

党的组织建设主要包括民主集中制建设、党的基层组织建设、干部队伍建设和党员队伍建设。2013 年,学校荣获江苏省委教育工委高校"党建工作创新奖"和"最佳党日活动"优胜奖各 1 项,6 个党支部工作法入围全省高校党支部工作法示范案例。认真做好发展党员工作,实施"三投票三公示一答辩"制度,全年共发展党员 2240 名,其中学生党员 2229 名,教职工党员 11 名。坚持发展党员三级培训制度,升级完善党校网上测试平台,新增注册学员 16225 名。扎实开展干部教育培训工作,实施《扬州大学干部教育培训学时学分制管理暂行办法》,建立网上"扬州大学干部在线学习中心",先后举办了中层正职和副职领导干部学习贯彻党的十八大精神等培训班,切实提升干部能力和素养。2013 年 8 月,学校党委被江苏省委组织部、宣传部联合表彰为"全省首届学习型党组织建设工作先进单位"。

2014 年 5 月 19 日,江苏省委决定黄建晔任校党委委员、常委、副校长。2014 年 6 月 16 日,江苏省政府任命黄建晔为副校长,免去其南通农业职业技术学院院长职务;免去芮鸿岩的扬州大学副校长职务。2014 年 12 月 28 日,江苏省委任命叶柏森为校党委副书记、洪涛为校党委常委;江苏省政府任命洪涛为副校长,试用期一年。

2015 年 10 月 16 日,学校召开干部大会,宣布江苏省委关于校领导班子调整的决定。省委常委、宣传部部长王燕文,省委组织部副部长胡金波,省教育厅厅长、党组书记、省委教育工委书记沈健,扬州市委副书记张爱军等出席会议。会上宣布省委决定,免去夏锦文校党委书记、常委、委员职务;任命姚冠新为校党委委员、常委、书记。

2016 年 2 月 24 日,江苏省委任命陈亚平为校党委常委、副校长,试用期一年。

4. 全面加强党的作风建设

作风建设是党的建设中的重要一环。2013 年 10 月 16 日,省委党的群众路线教育实践活动第十六督导组来学校通报反馈校领导班子及成员作风建设情况和存在的问题,开展谈心谈话活动,并对教育实践活动查摆问题、开展批评环节作进一步指导。校党委书记夏锦文参加通报会和谈心谈话活动。

2013 年 6 月,学校全面开展党的群众路线教育实践活动。校领导班子成员和处级领导干部认真查找"四风"方面存在的突出问题,切实开展批评和自我批评,做好建章立制和整改落实工作,活动取得了显著成效,学校作为高校唯一代表在全省教育实践活动座谈会上作交流发言。校党委被表彰为"全省首届学习型党组织先进单位"、江苏高校思想政治教育工作先进集体、江苏省教育宣传工作先进单位。

2013 年 11 月 4 日,学校党委常委会召开专题民主生活会,深入查找在形式主义、官僚主义、享乐主义和奢靡之风"四风"方面存在的问题,以整风精神开展批评和自我批评,深刻剖析问题产生的根源,明确加强作风建设的整改方向。校党委书记夏锦文主持会议。省委第十六督导组成员参加了专题民主生活会,组长姜建中对会议作了点评。

2015 年学校召开党风廉政建设工作会议,及时调整责任制网络,层层签订党风廉政建设责任书,开展新一轮专题考核,提高党员干部贯彻落实党风廉政建设责任制的自觉性。学校组织 19 批次1600 余名干部师生到江苏省龙潭监狱、边城监狱、扬州市预防腐败警示教育基地开展警示教育活动。

2016 年"两学一做"学习教育扎实推进。以"注重日常教育、注重自我净化、注重以知促行、注重领导带头、注重解决问题"为重点，通过开展知识竞赛、专题讨论、主题活动、专项督查等，推进"五查摆五强化""七查摆七强化"，广大党员自觉"亮身份、树形象"，先锋模范作用进一步发挥，各级党组织的凝聚力、战斗力进一步增强。

二、省部共建与社会合作再创发展新平台

（一）省部共建落地生根

2015 年 9 月 21 日，江苏省政府和教育部联合印发《江苏省人民政府、教育部关于共建扬州大学的意见》〔苏政发（2015）111 号，以下简称《意见》〕，标志着扬州大学成为新一批省部共建高校。这为学校全面加强内涵建设、深化综合改革提供了重要的发展机遇。

11 月 12 日，学校印发《关于贯彻落实〈江苏省人民政府、教育部关于共建扬州大学的意见〉的通知》〔扬大委（2015）39 号〕，同时成立省部共建工作领导小组，组长：姚冠新、焦新安；副组长：刘延庆、叶柏森、刘祖汉、陈耀、黄建晔、胡效亚、陈永平、陈国宏、洪涛；领导小组下设办公室，具体负责省部共建工作的沟通、联络、指导和落实等工作。刘祖汉兼任领导小组办公室主任。

11 月 19 日，江苏省副省长曹卫星在南京接见校党委书记姚冠新、校长焦新安一行，听取学校工作汇报。曹卫星肯定了学校近年来的事业发展成效，并表示省政府将一如既往地关心、支持学校改革与发展。他要求学校要结合"十二五"发展状态，科学谋划"十三五"规划，进一步明晰学校发展的指导思想、目标任务和主要措施，扎实推动学校各项事业发展；要迅速启动省部共建的落实工作，确保省部共建的各项目标任务落到实处；要高度重视人才队伍建设，尤其是要加强高端人才、国际化人才和青年人才的引培工作，进一步强化学校内涵建设，大力推进高水平研究型大学建设；要进一步解放思

想,拓宽视野,努力服务地方经济建设和社会发展。

2016 年 1 月 16 日,学校召开"省部共建扬州大学"暨"十三五"事业发展战略研讨会。江苏省副省长曹卫星出席会议并发表重要讲话。教育部高教司副司长、直属办副主任范海林,扬州市市长朱民阳,江苏省农委主任吴沛良,省教育厅副厅长丁晓昌,省科技厅副厅长段雄,省财政厅副厅长赵光出席会议并讲话。

12 月 15 日,教育部 2016 年省部共建地方高校工作研讨会在西南科技大学召开,校长焦新安参加会议并作"深化校地合作,优化服务评价,聚力推进省部共建高水平大学建设"主题发言。

(二)社会合作助推发展

"十二五"以来,校地合作全面展开,先后与省内 40 多个地方政府签署全面合作协议或科技合作协议,与扬州市政府开展新一轮深度合作。新建校企联盟 813 个,与地方共建科技创新服务中心、现代农业发展研究院、公共技术服务中心等产学研服务平台 262 个、省级企业研究生工作站 288 个。建成省级大学科技园,技术转移中心被评为"国家技术转移示范机构"。实施多项送科技、送人才服务工程,推进科技成果转化,签署横向合作协议 3400 多项,横向到账科研经费 4.34 亿元。新增校外科技推广基地 300 多个,推广各类科技成果800 多项,1 项成果获国家一类新兽药注册证书并实施转化,经济效益显著。学校被表彰为"国家粮食丰产科技工程实施先进单位"、全省"送科技下乡促农民增收"活动科技富民突出贡献单位,连续五年被表彰为省"挂县强农富民工程先进单位。"

2013 年 3 月,学校与连云港市连云区政府签订教育、科技合作协议。4 月,学校与常熟市政府签订《共建扬州大学常熟现代农业发展研究院协议》。5 月,建筑科学与工程学院与江苏固丰集团在宿迁签订产学研全面合作协议。6 月,建筑科学与工程学院与江苏华建建设股份有限公司共建的江苏省企业研究生工作站揭牌。8月,学校与丹阳经济开发区签订合作共建协议。9月,学校与徐州市铜山区政府签订合作共建协议。10月,扬州市政府与学校全面合作协议签约仪式在荷花池校区大学生活动中心小剧场隆重举行。扬州市委书记谢正义出席签约仪式并讲话,校党委书记夏锦文代表学校致辞,扬州市长朱民阳、校长焦新安代表双方签约。扬州市副市长孔令俊主持签约仪式。10月15—16日,江苏省委副书记石泰峰视察学校位于泰州市姜堰区沈高镇和兴化市钓鱼镇的国家粮食丰产科技工程试验示范基地,农学院张洪程教授作了相关汇报。

2014年3月,根据《关于市政府与扬大合作协议需重点研究事项进展情况及建议》精神,校党委组织部与市委组织部正式启动"专家教授挂职锻炼"工作。5月,学校与泰州市姜堰区政府在姜堰区签订校地合作协议,并召开扬州大学社会合作与服务资源发布会。6月,校第五次全国校友分会会长、秘书长会议在宿迁召开,同时举办扬州大学—宿迁市产学研合作暨产业转型高层论坛。校党委书记夏锦文,校长焦新安,副校长陈耀、胡效亚、陈国宏,来自全国19个地方校友分会的会长、秘书长及校友代表70余人出席会议。7月,省科技厅、省教育厅同意筹建扬州大学省级大学科技园,学校举行扬州市政府与扬州大学共建省级大学科技园(筹)签约开园仪式,扬州市委书记谢正义出席签约仪式并讲话,校党委书记夏锦文代表学校致辞。扬州市长朱民阳、校长焦新安共同为科技园揭牌。校长焦新安与邗江区区长龚振志签署全面战略合作协议。副校长刘祖汉代表学校与中国银行等中介服务机构以及意向入园企业签约。7月,扬大医学院宜兴临床学院、附属宜兴中医院签约暨揭牌仪式在宜兴举行。校党委书记夏锦文,宜兴市市委书记、市人大常委会主任王中苏出席并讲话。8月,学校与高邮市政府共建"扬州大学高邮研究中心"。

2015年6月,学校与扬州市地方税务局签订战略合作框架协议。11月,学校与江苏省农业科学院签订全面战略合作框架协议。

2016年1月,扬州市政府与学校全面深化合作协议签约仪式在荷花池校区大学生活动中心小剧场隆重举行,江苏省副省长曹卫星、扬州市委书记谢正义、校党委书记姚冠新出席仪式并致辞,扬州市市长朱民阳、校长焦新安等代表市校双方签约,省教育厅副厅长丁晓昌等出席活动,扬州市委副书记张爱军主持签约仪式。市校双方共签署了五项协议,洪锦华、丁纯、张跃进、袁秋年、卢桂平、陈扬、姚苏华、张宝娟、陈卫庆等扬州市四套班子领导,叶柏森、黄建晔、胡效亚、陈国宏等在扬校领导出席仪式。5月,学校与扬州市政府就进一步推进全面合作举行市校合作座谈会。8月8日,高邮农业科技园奠基。11月,"扬州大学—海安县政府全面合作签约仪式暨产学研对接活动"在海安县举行,校长焦新安、海安县县长顾国标共同为扬州大学技术转移中心海安县分中心揭牌。

三、高水平地方综合性大学建设圆满收官

（一）人才培养质量提高

学校坚持以人才培养为核心,深入推进教育教学改革,探索构建一流人才培养体系,人才培养能力不断提高,为建设成高水平地方综合性大学奠定了人才基础。

2013年,学校召开本科教学工作会议,新增国家级"本科教学工程"项目20项、本科专业3个、国家级大学生创新创业训练计划项目47个、省大学生创新创业训练计划项目98个,荣获省教育教学成果奖6项(其中特等奖2项),首次设立教学改革特区2个,研究性教学改革深入推进。学校被评为省研究生招生考务管理工作优秀报考点和研究生招生管理工作优秀招生单位。

2014年,学校修订完成2014版本科人才培养方案,出台《扬州

大学关于推进研究性教学专业改革的若干意见》，遴选18个专业、3门公共课程，开展研究性教学改革特区建设。开展"课堂教学质量建设月"、教学沙龙和教授观摩课等活动，着力提高教学质量。2项成果荣获国家级教学成果二等奖，7种11册教材入选国家级第二批"十二五"规划教材，新增教育部卓越农林人才培养计划项目2项、精品视频公开课1门、国家级大学生创新创业训练计划项目45个、省大学生创新创业训练计划项目95个。扬州大学与扬州市政府联合申报"全国健康促进与教育示范基地"，在扬子津校区建成大学生创业苗圃并投入运行，获批省教育厅创业示范基地建设单位。1个学生科技创新团队入选全国"小平科技创新团队"。学校被表彰为"江苏省自学考试先进单位"和"江苏省高等教育自学考试优秀考点"，1人被表彰为"江苏省自学考试先进工作者"。学校召开研究生教育工作会议，推进"三型一化"研究生培养模式改革，研究生教育制度体系日臻完善，省级创新工程项目立项数居全省前列，1篇论文入选全国优秀博士论文提名论文，全日制研究生招生人数创历史新高，学校连续五年被评为省研究生招生单位及报考点"双优"单位。

2015年，学校继续加强本科教学工程建设，新增江苏高校品牌专业6个、省卓越人才培养项目4项、省部级教改课题13项，立项数量、建设质量位居全省前列。创新创业实验班、创新实践实验班改革进展顺利，学校以全国第3位次的历史最好成绩第4次捧得"挑战杯"竞赛"优胜杯"，荣获省级以上学科竞赛奖570项、省优秀毕业设计（论文）11项，新增国家级、省级大学生创新创业训练计划项目140项，获批省级众创空间、省级创业示范基地，1人被表彰为"江苏省高职院校优秀培训管理者"。研究性教学改革更加深入，网络教学平台在线课程数、累计访问量再攀新高，30件作品在全国、全省微课竞赛中获奖。研究生"三型一化"分类培养改革扎实推进，导师队伍建设明显加强，博士生选拔"申请—考核"制改革启动实施，专业学位种类增至 15 个。学校获批省研究生培养创新工程项目 119 项，立项数位居全省前列。学位论文抽检与双盲送审更加严格，研究生学位论文抽检优秀率高出全省平均水平 7.2 个百分点。学校被确定为教育部研究生课程建设试点单位。继续教育持续发展，专业数、在籍学生数、培训学员数再创新高。全年授予博士学位 79 人、硕士学位 2431 人、学士学位 10479 人。

2016 年，学校入选首批国家级深化创新创业教育改革示范高校。学校顺利通过本科教学质量审核评估，本科教学质量和水平得到评估专家的充分肯定。召开艺体类通识教育行政工作会议、本科教学工作大会，研究制定一系列相关配套举措。学校 6 项成果获省高等教育科学研究成果奖，获奖数居全省高校之首。3 个专业通过国家专业认证（评估），12 门课程入选首批国家级精品资源共享课，1 个省级实验教学共享平台获批立项。研究生教育改革取得新突破，新增省优秀博士学位论文 2 篇、省优秀硕士学位论文 10 篇、省级研究生创新计划 116 项、省级研究生教改课题 10 项，荣获全国研究生教育成果奖二等奖 1 项。研究生招生规模再创历史新高，博士学位论文抽检合格率达 100%。成立创新创业学院。学生在省级以上学科竞赛获奖 498 人次，大学生创业苗圃获评省级创业示范基地，第 2 次捧得"创青春"江苏省大学生创业大赛"优胜杯"，并获优秀组织奖，荣获"创青春"全国大学生创业大赛银奖 2 项。学校的继续教育层次、结构和质量持续提升。

学校坚持立德树人，思想政治工作成绩喜人，涌现出一批有社会影响力的先进典型。毕业生就业率稳定在 95% 以上。学校成为"教育部卓越工程师教育培养计划试点高校"，被表彰为"全国创新创业教育研究与实践先进单位""全国大学生社会实践工作先进单位""江苏省教学工作先进高校""江苏省国防教育示范学校""江苏省高校毕业生就业工作先进集体"，人才质量稳步提升。

（二）学科建设加速提升

学校坚持分类指导、分层建设，按照"发展工科、提升医科、振兴文理、强化农科"的思路，突出建设重点，深化交叉融合，学科优势更加明显，学科建设加速提升。

2013 年，学校举行了 5 场学科交叉活动，对 14 个学科进行了诊断评估。召开发展工科推进会，制定工科发展规划和实施意见，开展工科基础数据采集和基本状态分析，对 8 个学院的工学学科分别进行了 2 个层次、16 场次的专题调研，着力推进工科发展。

2014 年，江苏高校优势学科建设工程立项项目由 4 个增加到 6 个（含重点序列学科），探索在优势学科设置学科特区，优势学科结构明显优化。召开发展工科推进会，出台《扬州大学关于大力发展工科的若干意见》和《扬州大学工科发展规划（2014—2020 年）》，对规划各项目标进行了任务分解，着力推进工科发展。

2015 年，学校省优势学科建设工程二期项目全部通过中期检查，6 个省级重点学科全部通过考核验收。召开学科建设专题行政工作会议，出台《扬州大学交叉学科建设项目管理办法（试行）》，加快推进学科交融，立项建设 20 个交叉学科项目。定期发布学科动态报告，着力培育新的生长点。加大学科建设投入力度，年学科建设经费超亿元。6 月 8 日，江苏高校品牌专业建设工程一期项目名单公布，学校申报的 6 个专业全部入选，其中，汉语言文学、农学专业获批为 A 类建设项目，数学与应用数学、化学、动物医学专业获批为 B 类建设项目，生物技术专业获批为 C 类建设项目，入选专业数位居省属高校前列。

2016 年学校围绕国家"双一流"和江苏省高水平大学建设工程，

谋划学校高峰学科和高水平大学建设方案。7个中央财政支持地方高校发展专项资金申报项目全部获批。9个学科入选"十三五"省重点学科(含培育)。试点推行学科特区,突出建设重点,深化交叉融合。完成专任教师一级学科归属确认。临床医学进入 ESI 排名前1%,之前入围的化学、植物与动物科学、工程学、农业科学和整体领域,同比分别上升26位、50位、91位、49位和87位,入围学科领域实现理、工、农、医全覆盖。在《中国大学评价》、中国最好大学排名、美国 ESI、英国 QS 世界大学排名等国内外排行榜中,学校位次显著提升。

"十二五"时期,省一级学科重点学科(含培育)由6个增至9个;省优势学科(含重点序列)由4个增至6个,实现了文、理、工、农、医全覆盖。ESI 排名前1%的学科由3个增至6个,学科整体水平和各学科排名显著提升。中央财政支持地方高校发展专项资金项目、参照"211工程"三期建设所有项目通过验收。

(三)科研创新成果丰硕

学校始终注重科研创新能力的培养,坚持需求导向、问题导向,加大组织力度,强化协同创新,学术竞争力、科研影响力和社会贡献度全面提升。

2013年学校制订扬州大学协同创新计划,获批省级协同创新中心1个。新增国家级科研项目170项(其中重点、重大项目8项)、授权专利147件,年科技经费突破4亿元。1个团队获批"江苏省高等学校优秀科技创新团队",1位青年专家获得教育部"新世纪优秀人才支持计划"支持。召开校第二次人文社科大会,推动哲学社会科学繁荣发展。2013年3月,教育部公布第六届高等学校科学研究优秀成果奖(人文社会科学)评奖结果,车锡伦《中国宝卷研究》获一等奖,夏锦文《当代中国的司法改革:成就、问题与出路——以人民法院为中心的分析》获二等奖，钱忠好《中国农村土地制度变迁和创新研究》获三等奖。

2014年学校牵头的"粮食作物现代产业技术协同创新中心"获得江苏省政府批准立项培育建设。新增国家级科研项目174项（其中，国家科技支撑计划项目2项、"973计划"项目1项、国家自然科学基金重点国际合作研究和优秀青年基金各1项、国家转基因重大专项4项），田汉云教授主持的"清代扬州学派文献整理与研究"获批2014年度教育部哲学社会科学研究重大课题攻关项目，这是学校首次获批该级别重大项目。1项成果获国家科技进步奖二等奖，1项重大成果获批国家一类新兽药注册证书并成功转化，6项成果获部省级科研奖励一等奖，年科技经费达4.3亿元。

2015年12月23日，教育部发文公布了国际合作联合实验室立项建设名单，学校"农业与农产品安全国际合作联合实验室"名列其中。全国仅有17个联合实验室获得立项建设。这标志着学校重点实验室建设走上了一个新台阶。2015年，学校新增省部级重点研究室1个、优秀科技创新团队1个，国家级科研项目180项（其中重点项目4项），省部级科研项目219项，年科技经费突破5亿元。参与完成的1项成果荣获国家科技进步奖二等奖，19项成果荣获省部级科研奖励（其中一等奖5项）。获批江苏省专利实施计划项目承担单位、首批江苏省中国特色社会主义理论体系研究基地。

2016年，学校召开科技创新大会，出台系列改革举措。优化科技创新体系，成立6个科研实体机构。新增自然科学类项目1188项，其中国家级项目197项（国家自然科学基金项目112项、重点或重大项目19项），国际合作科研项目21项。尤其是在2015年启动的国家重点研发计划中，学校牵头项目2项、项目课题14个，位居省属高校前列。年科技经费突破6亿元，到账经费突破3亿元，纵向经费突破2亿元,国家重点研发计划资助经费超过1.5亿元,横向科研到账经费超过9500万元。新增授权发明专利162件、计算机软件著作权150件。学校技术转移中心成为中国高校技术转移联盟首批成员单位。获得国防发明专利授权11项,1个军工产品成功列装国家军事装备。新增国家社科基金项目30项,连续6年获批国家重大或重点项目,面上项目立项数位列全国第45位、江苏省第3位。2项结项成果被鉴定为优秀,1项成果入选《国家哲学社会科学成果文库》,1项成果获省主要领导批示。获部省级以上科研成果奖38项,其中一等奖6项。新增部省级科研平台7个。

（四）国际合作交流广泛开展

学校以培养国际化人才为根本,以提升师资队伍国际化水平为关键,全方位加强国际交流合作,学校国际影响力稳步提升。

2013年,学校实施"中非高校20+20合作计划",与国（境）外高校及机构共签订了24份协议和备忘录,承办教育部第十一次对发展中国家教育援外工作会议,首次启动国家留学基金管理委员会优秀本科生国际交流项目,申报并执行首个亚洲区域合作专项资金项目。学校被确定为教育部中国留学服务中心出国留学培训基地。2013年12月,学校被表彰为"江苏省外国专家管理工作先进集体"。

2014年,学校组织6个代表团45人次出访近30所高校,签署合作协议13份。学校获批国家高端外国专家项目3个,首次获批国家创新型人才国际合作培养项目1个,申报国家优秀本科生国际交流项目7个,全英文授课专业和精品课程建设进展显著,海外学生数量首次突破千人。

2015年,学校获批中国—东盟教育培训中心、首个海外惠侨工程中餐繁荣基地,发起成立江苏—澳门·葡语国家高教合作平台,实施"中非高校20+20合作计划"。派出395人、6个代表团访问23

个国家和地区,新签校际合作协议 28 份。举办"中加学术交流年"活动,承办 9 场国际学术会议。获批高端外国专家项目 4 个、国家创新型人才国际合作培养项目 1 项、省级全英文授课精品课程 2 门,立项建设全英文授课课程、专业项目 36 项,派出 548 名学生出国交流学习。海外学生总数增长到 1331 人,来华留学生人数同比增长 25.6%。海外孔子学院(课堂)注册学生数增长到 6700 多人,推广中华文化活动广受好评。校地深度合作取得重大成果,与扬州市政府签署全面深化合作系列协议,直属附属医院建设、广陵学院迁址办学、实验农牧场置换等重点项目建设取得实质性进展。

2016 年,学校承办第三届江苏—澳门·葡语国家大学合作联席会,并当选 JMP 联盟主席单位。学校获批省级引进国外智力成果示范推广基地和 5 个高端外国专家项目。7 个代表团出国(境)访问,17 个国家和地区的 34 个代表团来校访问,签署合作协议 35 份。举办 12 场国际学术会议。邀请境外专家来校讲学 229 场,同比增长 21%。举办两场"青春看世界——大学生海外文化交流分享会"。派出 328 名教职工出国(境)研修交流,出访目的地同比增加 15 个。海外教育发展迅速。海外学生数增至 1748 人,来华留学生数增至 1536 人,生源国增加 14 个,总人数同比增长 31.3%。孔子学院工作稳步推进,汉语教学志愿者海外覆盖面不断扩大。获批教育部来华留学英语授课品牌课程 1 门、省级全英文授课精品课程 3 门(含培育)和留学江苏目标学校。承办"留动中国——在华留学生阳光运动文化之旅"系列赛事、中国政府奖学金来华留学生"感知中国"文化体验项目。

2015 年 11 月 25—26 日,学校召开合并办学以来的第一次国际合作与交流工作推进大会。江苏省教育厅副厅长丁晓昌出席会议并作题为《积极推进教育对外开放 努力提升江苏高等教育的国际竞争力》的专题报告,校长焦新安作学校国际合作与交流工作报告。会议要求,强力实施人才强校战略,进一步增强教师队伍的国际竞争力;合力培养学生国际素养,进一步增强扬大学子的国际适应性;着力推进国际协同创新,进一步增强科研创新的学术影响力;致力促进中华文化海外传播,进一步增强教育援外与孔子学院工作的拓展性功能;全力深化管理服务工作改革,进一步增强教学科研环境的国际化氛围。

"十二五"期间,国际合作高校、学术机构由 28 个国家(地区)100 余所拓展到 45 个国家(地区)252 所。扬大当选江苏—澳门·葡语国家大学合作联盟首任主席单位。获批国侨办"海外惠侨工程中餐繁荣基地"。入选全国优秀本科生国际交流项目改革试点高校,学生出国(境)人数年增长率达 8%。海外学生数量由 900 多名增长到 1700 多名,学历生比例大幅提升。

(五)社会服务屡创佳绩

服务经济社会发展全局是教育的使命。学校始终坚持服务需求,全面提高服务地方经济社会发展的能力。

2013 年,学校召开社会合作与服务工作研讨会。2013 年 10 月 8 日,学校与扬州市政府签署全面合作协议,双方将在决策咨询、科技合作、大学科技园建设、协同创新平台建设、技术转移分中心建设、高层次人才合作、应用型高素质紧缺人才培养、资源共享等八个方面开展深度合作。

2014 年,学校推进与扬州市的深度合作,省级大学科技园(筹)顺利开园,51 家企业入驻,入园企业年产值超过 14100 万元。学校先后与苏州常熟市,泰州姜堰区、扬州邗江区、高邮市等地方政府签署全面合作协议,与高邮市政府合作成立了"扬州大学高邮研究中心",新建技术转移中心建湖分中心,分中心总数达 31 个。学校签订横向项目 900 多项,到账经费近 8000 万元,合作申报课题 200 多项。学校专家负责编制的《江苏省农业综合开发高标准农田建设实施规划(2013—2020 年)》由江苏省政府发文批复实施。2014 年 1 月,学校被表彰为省帮扶工作先进单位。5 月 16 日,学校决定成立"扬州大学司法鉴定所",填补了苏中地区在微量、痕迹、声像资料等鉴定类别上的空白。

2015 年,学校大学科技园通过省级大学科技园评估验收。与江苏省农科院等单位签署战略合作框架协议,新建技术转移分中心 2 个、产学研合作平台 32 个、校企联盟 150 多个。新增横向项目 857 项,横向到账经费增长到 1.15 亿元。举办苏中发展论坛、新农村发展讲坛等,牵头编制的 2 份规划分获科技部、江苏省政府批准实施。2015 年 3 月,学校再次被省农委、省教育厅、省科技厅联合表彰为 2014 年度全省挂县强农富民工程"挂县突出单位",这是学校连续第 6 年获此殊荣。

2016 年 4 月 1 日,扬州大学镇江高新技术研究院揭牌成立。2016 年度,大学科技园 2 家企业上市。学校与镇江市、中国牧工商(集团)总公司等启动全面合作。国际合作联合实验室等建设明显加强,苏中发展研究数据库、咨询报告数据库建设加快。

第二节　全面开启高水平研究型大学建设新征程

"十三五"期间,学校坚持以习近平新时代中国特色社会主义思想为指导,深入学习贯彻落实习近平总书记关于教育的重要论述以及对学校"优化组合、转型化合"的重要指示精神,坚持走内涵式高质量发展道路,办学水平、综合实力和社会影响力显著提升,高水平研究型大学建设取得新成效。

一、"十三五"规划开启高水平研究型大学建设新征程

（一）"十三五"规划形成过程

2015 年初，学校召开"十三五"规划编制工作动员大会，成立了规划编制工作领导小组和办公室，集中开展调查研究和学校总规划、子规划和学院分规划的起草工作。

十八届五中全会召开后，校党委着手修改完善规划初稿。校党委常委会先后召开 3 次会议研究讨论，就初稿的指导思想、发展目标、主要任务和重大举措提出重要意见。其间，起草组对初稿进行了数次修改，形成了征求意见稿。12 月初，征求意见稿在校内广泛征求意见，先后召开 5 次座谈会，并与民主党派人士进行了民主协商，邀请 7 位专家对学院分规划提出修改意见。2016 年 1 月 16 日，学校专门召开"省部共建扬州大学"暨学校"十三五"事业发展战略研讨会，进一步对《扬州大学"十三五"事业发展规划（征求意见稿）》进行论证。在征求意见稿的起草过程中，对大家提出的意见和建议，起草组认真研究吸收。

经过征求意见、教职工代表大会讨论、校长办公会审议、校党委常委会审定、教育厅审批等环节，2017 年 3 月，学校公开发布《扬州大学"十三五"事业发展规划》，10 大领域 190 项改革全面启动实施。同时，全面启动实施人才培养、学位与研究生教育、队伍建设、学科建设、科技工作等 11 个专项规划，以及 27 个学院和附属医院的分规划。

（二）"十三五"时期学校改革与发展指导思想

学校"十三五"规划制定的改革与发展的指导思想：高举中国特色社会主义伟大旗帜，全面贯彻党的十八大和十八届三中、四中、五中、六中全会精神，以马克思列宁主义、毛泽东思想、邓小平理论、"三个代表"重要思想、科学发展观为指导，深入贯彻习近平总书记系列重要讲话精神，按照习近平总书记对学校提出的"优化组合、转

型化合"要求,根据中长期教育改革和发展规划纲要,以"四个全面"战略布局为引领,以立德树人为根本,以全面提升质量为核心,以一流学科建设和贯彻落实省部共建意见为重点,以高素质队伍建设为关键,以全面深化综合改革为动力,以全面推进依法治校和党的建设为保障,全面开启研究型大学建设新征程。

（三）"十三五"学校事业发展目标

1."高水平研究型大学"发展目标的提出

《扬州大学"十二五"改革和发展规划》明确了"建设国内有地位、国际有影响、特色鲜明的高水平地方综合性大学"的奋斗目标。通过长期艰苦奋斗,学校内涵发展稳步提升,标志性成果接连涌现,综合实力不断增强,发展势头持续向好。进入"十三五"后,学校主动提升发展定位,明确走高水平研究型大学建设之路。

2015年,国务院正式印发《统筹推进世界一流大学和一流学科建设总体方案》,明确鼓励高校在同一层次和同一类型中争创一流。2016年,江苏省出台了"江苏高水平大学建设方案",加快推进江苏高水平大学建设。站在新的历史发展方位,按照习总书记对学校提出的"优化组合、转型化合"要求,经过全校上下一年多的广泛调研和充分论证,结合高等教育发展形势、省部共建意见、广大师生的愿望和社会各界的期盼,学校"十三五"规划提出了"建设国内一流、国际知名、特色鲜明的高水平研究型大学"的奋斗目标。

2.目标实现的两个发展阶段

实现这一目标,需要经过两个发展阶段。

第一阶段,到"十三五"末,"建设国内一流、国际知名、特色鲜明的高水平研究型大学"取得重大进展。

第二阶段,到2032年,即建校130周年之际,学校综合实力跻身全国地方综合性大学前 5 强、稳居全国高校 50 强、力争全球高校 500 强,建成国内一流、国际知名、特色鲜明的高水平研究型大学。

（四）"十三五"规划发展重点

一是全面贯彻落实省部共建意见,建设江苏省高水平有特色大学和世界一流学科;二是全面加强创新创业教育,着力培养卓越创新人才;三是全面深化综合改革,为学校事业发展提供不竭动力。

二、第三次党代会布局高水平研究型大学建设

学校第三次党代会全面总结了第二次党代会以来的工作,选举产生新一届党委班子和纪委班子,进一步明确了学校发展的目标任务、指导思想和战略举措,描绘了建成国内一流、国际知名、特色鲜明的高水平研究型大学的宏伟蓝图。

（一）第三次党代会胜利召开

根据党章规定和江苏省委部署,2017 年 4 月,校党委决定在 2017 年召开校第三次党代会,并成立由全体党委常委组成的筹备工作领导小组。在履行有关程序,经省委组织部、省委教育工委、省纪委、扬州市委批复同意后,校党委召开全委会,作出"召开校第三次党代会"的决议,并下发《关于召开中国共产党扬州大学第三次代表大会的通知》。

2017 年 8 月 24—25 日,校党委以"同心同德迎接党代会,凝心聚力描绘新蓝图"为主题,举行了校党委理论中心组（扩大）会暨 2017—2022 年发展战略研讨会。战略研讨会对高水平研究型大学发展目标提出了三点建议。首先,体现目标定位的延续性。在学校"十三五"规划和省高水平大学建设思路的基础上统筹考虑目标定位。始终坚定"国内一流、国际知名、特色鲜明的高水平研究型大学"的办学定位,始终坚定"冲击世界一流学科建设高校"这一阶段性目标,始终坚定"培养一流人才、创造一流成果、打造一流学科"的根本

任务。其次,体现目标定位的发展性。根据学校事业快速发展的现实情况,在"十三五"目标的基础上进一步调高目标、调优指标。再次,体现目标定位的前瞻性。确立的目标比"标兵"的目标定得更实,比"追兵"的目标定得更高。

2017年9月28—29日,中国共产党扬州大学第三次代表大会隆重召开。扬州市委书记、市人大常委会主任谢正义出席大会开幕式并讲话;江苏省委组织部、省委教育工委第七督导组组长,南京艺术学院原党委书记米如群等出席会议。校党委书记姚冠新主持开幕式,并代表中共扬州大学第二届委员会作了题为《全力聚焦一流,全面深化改革,坚定不移向高水平研究型大学阔步迈进》的工作报告。校长、校党委副书记焦新安主持第一次全体会议,并在开幕式上致辞。校纪委书记周琴代表中共扬州大学第二届纪律检查委员会作了题为《坚持全面从严治党,强化监督执纪问责,为建设高水平研究型大学提供坚强政治保证》的工作报告。大会代表、列席人员、特邀嘉宾400余人参加大会。大会于9月27日下午举行了预备会议。29日下午,大会选举产生了中共扬州大学第三届委员会和中共扬州大学第三届纪律检查委员会,审议并通过了《关于中国共产党扬州大学第二届委员会工作报告的决议》和《关于中国共产党扬州大学第二届纪律检查委员会工作报告的决议》。

在中共扬州大学第三届委员会第一次全体会议上,选举产生了中共扬州大学第三届委员会常务委员会委员、书记、副书记,通过了中共扬州大学第三届纪律检查委员会第一次会议选举结果的报告,姚冠新同志主持会议并代表新一届党委常委会发表讲话。第三届党委常委会由姚冠新、焦新安、叶柏森、刘祖汉、黄建晔、陈国宏、洪涛、陈亚平、周琴、费坚、薛小平、刘巧泉、张信华组成,姚冠新为书记,焦新安、叶柏森、刘祖汉为副书记,周琴为纪委书记。

（二）会议确定了高水平研究型大学发展目标和任务

1.事业发展总体目标新定位

2016 年 10 月，"十三五"规划提出"建设国内一流、国际知名、特色鲜明的高水平研究型大学"。第三次党代会对学校发展总体目标作了进一步明确，确定为"建成国内一流、国际知名、特色鲜明的高水平研究型大学"。实现这个总体目标，需要经过两个阶段：

第一阶段：到 2022 年，即建校 120 周年之际，建成若干一流学科，迈进新一轮国家"双一流"建设高校行列，学校综合实力跻身全国高校 50 强，高水平研究型大学建设取得突破性进展。

第二阶段：到 2032 年，即建校 130 周年之际，学校综合实力跻身全球高校 500 强，建成国内一流、国际知名、特色鲜明的高水平研究型大学。

2.实施五大战略

人才集聚战略。坚持党管人才、引培并举，以高层次人才和创新团队建设为重点，改革完善高端人才队伍建设机制。坚持以人为本、绩效优先，用好现有人才，稳定关键人才，引进急需人才，育好青年人才，有效激发各类人才队伍的发展动力和创新活力，为学校事业发展提供有力支撑。

学科化合战略。瞄准重大需求和学科前沿，打破现行学科建设体制局限，构建相互支撑、有机化合、交融发展的学科生态。搭建多学科交叉平台和跨学院研究平台，促进学科交叉融合，提升交叉创新能力，培育新兴学科、特色学科，打造一流学科。

品牌发展战略。准确把握高等教育发展规律，围绕国家"双一流"战略、江苏高水平大学建设计划，深入挖掘学校特色与优势，加大资源投入力度，着力塑造内涵建设品牌，充分发挥品牌引领作用，带动学校核心竞争力全面提升。

开放合作战略。坚持全方位开放办学,汲取世界先进教育理念和办学经验,广泛争取办学资源,努力改善办学条件。拓展师生国际交流渠道,加强与海外优秀教育机构合作,提升跨文化交流与研究水平。坚持立足江苏、融入区域、服务全国,在提高服务社会贡献率上发出扬大声音、形成扬大方案、贡献扬大智慧。

文化引领战略。更加注重以文化人、以文育人,形成推动进步、引领文明、富有特色的扬大精神和扬大文化。以社会主义核心价值观为基本原则,推进文化传承创新,形成优良的校风、教风、学风,为建设高水平研究型大学提供强大精神动力。

3. 实施"七大一流工程"

一是实施一流师资集聚工程,聚力强化人才支撑作用;二是实施一流人才培养工程,着力提升育人质量;三是实施一流学科造峰工程,强力提升学科建设水平;四是实施一流成果培育工程,切实提升科研创新能力;五是实施一流品牌塑造工程,大力提升社会影响力;六是实施一流治理体系建设工程,深入推进治理体系和治理能力现代化;七是实施一流环境创建工程,持续提高管理服务水平。

三、"十三五"时期高水平研究型大学建设取得新成效

"十三五"期间,全校师生员工围绕"高水平研究型大学",以持久的奋斗和努力为学校的争先进位打下了非常坚实的基础,学校的事业发展取得新成效。

（一）人才培养质量明显提高

坚持以本为本,强化立德树人,初步构建一流本科人才培养体系,形成了具有扬大特质、扬大优势的一流本科教育;持续推进研究生教育综合改革,研究生创新能力不断提升;加快推进继续教育转型发展,不断完善人人成才的终身教育体系。

1. 专业建设全面发力

根据国家专业调整方案和社会需要，不断推进专业结构优化调整，专业建设水平显著提高。实施本科专业品牌化建设与提升工程，健全专业动态调整和优化机制，主动停招、停办了一批生源不旺、就业不畅的专业。新增西班牙语、风景园林、酒店管理、公共艺术、实验动物学、生物制药、智能制造工程、人工智能、应用心理学等9个专业；汉语言文学、思想政治教育、法学、小学教育、英语、数学与应用数学、化学、体育教育、机械设计制造及其自动化、土木工程、农业水利工程、农学、动物科学、动物医学、生物技术、临床医学、工商管理、烹饪与营养教育等18个专业入选国家级一流本科专业建设点；农业水利工程、给排水科学与工程、土木工程、工程管理、机械设计制造及其自动化、环境工程、水利水电工程、临床医学、车辆工程、小学教育、学前教育、数学与应用数学等12个专业通过国家级专业认证（评估）。除此之外，18个专业入选江苏高校品牌专业建设工程二期项目（第一批），入选数位居省属高校第一；6个专业通过江苏高校品牌专业建设工程一期项目验收。

2. 课程建设成果丰硕

课程建设是人才培养的基础工作，对推进人才培养模式改革有着非常重要的作用。学校不断提升课程的品质，取得了一系列成绩。制（修）订2017版、2021版本科专业人才培养方案；实施"三百一千"课程（"三百一千"课程建设是指建设100门通识核心课程，100门实践类课程，100门研究性教学课程，1000门开放性课程。）建设，开展在线开放课程、全英文授课精品课程等建设。建成国家级精品资源共享课13门（文学概论、中学语文课程标准与教材研究、大学英语、物理化学、分析化学、土壤肥料学、作物栽培学、生物统计与试验设计、昆虫学、动物遗传学、动物传染病学、兽医微生物学、植物生理学），20门课程被认定为首批国家级一流本科课程，其中国家精品在线开放课程5门（中学语文课程标准与教材研究、作物栽培学、动物遗传学、动物传染病学、声乐作品赏析与演唱）；获批省级一流本科课程42门、省级课程思政示范课程2门、省在线开放课程25门、省高校"金课"建设平台推进计划项目2个，国家级、省级一流本科课程立项数均位居全省高校前列。继续教育18门课程的网络资源培训讲座入选江苏省高校助力乡村振兴在线开放课程，并被中国大学MOOC（慕课）网站收入，获批13门省级精品资源共享课程。

3. 教材建设持续加强

学校实施教材精品、特色战略，教材建设持续加强。修订《扬州大学教材建设与管理办法（试行）》。全面推进"马工程"重点教材统一使用，鼓励教师主编和参编"马工程"（马克思主义理论研究和建设工程）重点教材。推进教材、教学参考资料和教学课件"三位一体"的立体化教材建设，加强教材研究，创新教材呈现方式和话语体系，鼓励和支持专业造诣高、教学经验丰富的专家学者开展教材编写，提高教材编写质量。新增省重点立项建设教材54部，立项建设校重点教材84部。

4. 教学研究与改革不断深化

主动适应新一轮科技革命和产业变革，围绕国家重大战略需求和区域经济社会发展需要，在理念革新、专业建设、资源建设、培养体系升级、质量文化塑造等方面深化改革、强化实践，教学研究与改革实践成效明显。22名教授入选教育部本科生教学指导委员会（其中副主任委员3人）。获国家级教学成果奖二等奖1项（兽医学院，现代兽医一流本科人才"三四三"培养体系构建与实践，2018年），教育部新工科改革与实践项目1项、新农科研究与改革实践项目3

项、新文科研究与改革实践项目 1 项,教育部产学合作协同育人项目 159 项;获省级教学成果奖 8 项(其中特等奖 2 项、一等奖 1 项);获批江苏省高等教育教改研究课题 37 项。

5. 创新创业教育品牌更亮

优化创新创业学院运行机制,强化创新创业教学资源建设,大力推进创新创业教育迭代升级,进一步提升学生创新创业素养。全面实施《扬州大学创新创业学院人才培养实施方案》等,深化实验班教育教学改革与探索。成立共青团扬州大学创新创业学院工作指导委员会,打造创新创业俱乐部,开展系列特色双创实践活动。立项建设创新创业类通识共享课程、基础示范课程、"专创融合"特色示范课程、在线开放课程 41 门,重点教材 9 部,创新创业教育优秀教学团队项目 10 个,聘请校内外创新创业导师 290 名。2017 年 1 月 18 日,学校获评全国首批深化创新创业教育改革示范高校;12 月 28 日,学校获评第三批"全国高校实践育人创新创业基地"。2018 年 7 月 6 日,学校获评全国创新创业典型经验高校;12 月 6 日,学校被表彰为"全国深化创新创业教育改革特色典型经验高校"。

6. 研究生教育改革不断深入

持续推进研究生教育综合改革,实现结构与效益齐头并进、规模与质量协同发展的良好态势。一是研究生规模质态不断提升。截至 2020 年 9 月,在校研究生达到 12561 人(不含同等学力学生数),其中博士生 994 人(全日制 949 人),硕士生 11567 人(全日制 7500 人)。全面推进申请考核、硕博连读、直接攻博等博士招生模式改革。推进本硕博贯通式培养模式改革,提高优秀学生留校深造比例。持续扩大专业学位研究生招生规模,类型结构不断优化。二是研究生导师队伍建设不断加强。深入贯彻落实教育部《研究生导师指导行为准则》等文件要求,出台《扬州大学关于全面加强研究生导师队伍建设的实施细则》，完善导师遴选、培训、聘任、考核等系列制度。2个导师团队获评江苏省"十佳研究生导师团队"。

7. 人才培养成效显著

学生思想政治素质、学习能力、实践能力不断提高，涌现出一批坚苦自立、追求卓越的优秀学子，获得一大批国家级、省部级奖项。2017年1月23日，薛禹同学获评"中国大学生自强之星"；张志鹏同学被评选为"2018江苏省大学生年度人物"。学校连续6次荣获"挑战杯"全国大学生课外学术科技作品竞赛"优胜杯"，荣获"创青春"全国大学生创业大赛、"挑战杯"中国大学生创业计划竞赛金奖3项，并捧得第十二届"挑战杯"中国大学生创业计划竞赛"优胜杯"，荣获中国"互联网+"大学生创新创业大赛金奖3项。学校获得大学生艺术展演等比赛省级奖项12项，其中特等奖2项；获得大学生各类体育赛事全国冠军10项、省冠军43项。学生就业率和升学率持续攀升，年底就业率始终保持在97%以上，升学率〔含出国（境）率〕攀升至33.96%，用人单位满意度始终保持在90%以上。新增省优秀博士学位论文7篇、省优秀硕士学位论文72篇。获评国家专业学位研究生教育指导委员会优秀博士专业学位论文2篇、优秀硕士专业学位论文9篇。研究生获得国家级竞赛奖项200余项、省级奖项450余项。新增国家级研究生教育成果奖1项、省级研究生教育成果奖5项。建成省研究生工作站128个，其中优秀研究生工作站21个。学校大力推进继续教育培训市场拓展，年均举办各类培训30000人次左右，中标国培、省培项目达20个以上。2016年获批江苏省干部培训基地；2017年获批江苏省专业技术人才继续教育基地、江苏省军转干部进高校专项培训基地；2019年获批江苏省产业人才培训基地；2020年获批国家级职业教育教师教学创新团队"物联网技术"培训基地。

（二）师资队伍质态显著优化

学校实施"人才集聚战略"，坚持"内扶外引"工作思路，师资队伍建设水平不断提升。2017年12月22—24日，学校召开了校第二次人才工作会议。制定出台以《关于进一步加强人才工作的若干意见》为核心的"1+25"系列文件，启动实施"33111人才引进和培养计划"，力争到2022年新增院士3名，"长江学者奖励计划"特聘教授等杰出人才30名，"长江学者奖励计划"青年学者等领军人才100名，优秀青年学术骨干1000名，国家级高水平团队10个。

1. 师资队伍结构不断优化

"十三五"期间，教师队伍规模不断扩大，职称结构更加合理，博士化和国际化程度稳步提高，各支队伍协调发展。至"十三五"末，专任教师达2704名，40岁以下青年教师1162人，占比43%；高级职称教师1429人，占比52.8%；正高级职称教师557人，占比20.6%；具有博士学位的教师1953人，占比72.2%；具有外校学缘背景的教师占比81.5%；具有1年以上海外学缘背景或海外研修经历的教师共720人，占比26.6%。

2. 高端人才建设深入推进

高端人才是研究型大学建设发展的重要支撑，是立校强校之本。近年来，学校不断加大高端人才建设力度。"十三五"期间，学校共引进博士以上高层次人才841人，占目前现有专任教师总数的31.1%。新增外籍院士2人，"长江学者奖励计划"入选者4人，"万人计划"入选者7人，国家"杰出青年科学基金"获得者5人，国家"优秀青年科学基金"获得者2人，国家级教学名师2人，"百千万人才工程"国家级人选5人，科技部"创新人才推进计划"中青年科技创新领军人才2人，江苏特聘教授21人，江苏省"双创团队"4个，江苏省"双创人才"10人，江苏省"双创博士"86人，江苏省第五期"333

高层次人才培养工程"培养对象 32 人（第一层次 1 人，第二层次 5 人，第三层次 26 人），江苏高校"青蓝工程"培养对象 41 人，江苏省"六大人才高峰"培养对象 55 人，江苏省第五期"333 高层次人才培养工程"科研资助项目 8 项。新增政府特殊津贴专家 5 人，江苏省有突出贡献中青年专家 2 人，省级教学名师 2 人。实现国家级人才项目类别大满贯。

3. 加强师德师风建设

教师发展，师德为要。师德师风是评价高素质教师队伍的第一标准。学校采取了一系列措施加强师德师风建设。一是加强组织保障。2019 年 9 月 12 日，增设师德师风建设科；11 月 6 日，成立师德师风建设领导小组，同日，成立师德失范应急处置工作小组。二是加强制度建设。出台《中共扬州大学委员会关于建立健全师德建设长效机制的实施意见》《扬州大学师德失范行为负面清单及处理办法（试行）》等文件，构建了学校、教师、学生和社会多方参与的师德监督体系。三是树立典型，营造氛围。开展"名师厚德讲堂""最美教师评选""教职工荣退仪式""新教师入职宣誓仪式"等活动。2018 年 1 月 3 日，刘秀梵院士领衔的"动物传染病学教师团队"入选教育部首批"全国高校黄大年式教师团队"；9 月 7 日，杨建昌教授被评为"江苏省 2018 最美高校教师"。2019 年 9 月 9 日，兽医学院被人力资源和社会保障部、教育部联合授予"全国教育系统先进集体"称号。

4. 人事制度改革持续深化

学校不断推进人事制度改革，推动管理重心下移，集中政策资源，引培高端人才，稳定关键人才，扶持青年人才，大力推进人才队伍建设的科学化、规范化和制度化。一是人才引进、培养与评价改革。先后出台高层次人才引进与培养工作突出贡献奖实施办法、人才引进办法等文件。引进人才实施"543"绩效考核评价,特聘教授聘期实施"优秀长聘""合格续聘""非聘即走"等机制。二是健全考核与分配制度。坚持"一流人才,一流业绩,一流报酬""多劳多得、优劳优酬"的激励导向,制订教师基本工作量要求,实施绩效工资办法,大力推进分配制度改革,构建以岗位绩效工资为主体,年薪工资、协议工资、项目工资等并存的薪酬分配体系。三是优化岗位聘任制度。先后出台《扬州大学岗位设置与聘用暂行办法》等文件,完成两次科级岗位全员聘任工作。结合编制使用和学科发展,实施长聘、短聘、项目聘用的多元聘用机制,实施全员聘用合同管理制度等。四是完善职称评审制度。修订专业技术职称评聘办法和基本资格条件,对学历、资历、成果、海外研修经历等提出新的要求;根据学科特点,制定不同的专业技术职称任职资格条件,建立分类评价标准;完善同行专家评价机制,健全青年教师职称晋升绿色通道。五是改进博士后培养和管理制度。在站博士后 356 人,博士后科研流动站增至 20 个,3 个流动站在全国博士后综合评估工作中获评优秀,1 名教师获评"全国优秀博士后管理工作者"。

（三）学科建设水平快速提升

建设高水平学科是建设高水平研究型大学的核心要义。五年来,学校学科发展取得了长足进步,在各类国际、国内主要学科排行榜上,位次快速前移,部分学科位居全国前列或全省第一,一系列核心指标取得了突破,学科发展质态更优,发展动力更足。

1.学位点结构布局日趋完善

学位点数量持续增加,新增一级学科博士学位授权点 11 个、博士专业学位类别 1 个,调整一级学科博士点 1 个。学校有一级学科博士学位授权点 21 个,分别为作物学（2000 年获批）,兽医学（2003 年获批）,畜牧学（2006 年获批）,中国语言文学、中国史、数学、化学、水利工程、植物保护、草学（2011 年获批），马克思主义理论、体育学、外国语言文学、物理学、生物学、土木工程、农业工程、食品科学与工程、软件工程、园艺学、临床医学（2018 年获批）。博士专业学位类别3 个，分别为兽医博士（2006 年获批）、教育博士（2018 年获批）、临床医学博士（2020 年获批）。有硕士专业学位类别 27 个。有一级学科硕士学位授权点 50 个。

2. 重点学科成绩突出

省优势学科二期建设的 6 个学科均取得了一系列重大标志性成果，全部成功入选省优势学科三期项目，同时新增 1 个三期项目立项学科，省优势学科数由 6 个增至 7 个。省重点学科新增马克思主义理论、生物学、植物保护、外国语言文学、机械工程、土木工程 6 个学科（含 3 个省重点培育学科），省重点学科数由 3 个增至 9 个。在"十三五"省重点学科中期考核中，植物保护、外国语言文学、机械工程、土木工程 4 个学科中期检查结果为"优秀"。

3. 学科评估进步明显

在教育部学位中心第四轮学科评估中，扬大兽医学进入 A- 档，马克思主义理论、化学、作物学、畜牧学、中国语言文学 5 个学科进入B 档，外国语言文学、化学、法学、土木工程、生物学等学科均取得了明显进步。THE（泰晤士高等教育）世界大学排名位居国内大学第43 位；软科世界大学学术排名位居国内第 59—72 位，软科中国大学排名位居第 69 位，11 个学科上榜软科世界一流学科，兽医学位居第 33 位；中国大学综合实力排行榜位居第 65 位；自然指数排名位居国内第 68 位；校友会中国大学排行榜位居第 89 位。ESI 学科整体领域排名位居国内第 83 位。7 个学科（化学、植物与动物科学、工程学、农业科学、临床医学、材料科学、计算机科学），进入 ESI 全球排名前 1%，入围学科数位居全国高校第 47 位。

4.学科改革创新不断推进

学校通过创新体制机制,学科建设成效彰显。2017 年,学校入选江苏高水平大学建设工程,2018 年,学校持续获得省高水平大学建设支持。2018 年 12 月 15 日,学校召开学科建设与研究生教育工作大会,会议确定了未来 5 年学科建设与研究生教育工作的主要目标、发展目标、主要任务和举措等。2019 年 5 月 31 日,学校决定在 5 个一级学科设立学科特区(2019—2022 年),第一类:兽医学、作物学;第二类:化学、畜牧学、中国语言文学。每年投入 3100 万元专项资金用于学科特区建设,在政策上予以支持,在资源上优先配置。学校重视医科改革发展。2018 年 6 月,扬州大学附属医院被纳入省级医院管理序列;2019 年 3 月 20 日,新增普外科、超声科、儿科、病理科、麻醉科等 5 个省级临床重点专科,附属医院省级临床重点专科达9 个;2019 年 5 月,扬州大学医学部成立,更好地促进了医教研融合发展;2020 年 6 月,学校成立江苏省肝胆外科临床医学中心扬州分中心、江苏省神经内分泌肿瘤诊治中心扬州分中心、江苏省肿瘤个体化医学协同创新中心扬州分中心、上海新华医院胎儿医学中心扬州分中心、扬州大学附属医院儿童医学中心"五大中心";2020 年 11月,学校召开医科发展大会,印发《扬州大学关于推进医科高质量发展的若干意见》。

(四)科研创新成果接连突破

"十三五"期间,扬大科研项目、高水平论文、重大奖项等获得发展,学校在科研创新方面呈现了良好势头,先后多次被表彰为"江苏省先进高校科协""江苏省技术市场工作先进集体""江苏高校协同创新工作先进高校"等。

1.科研项目质和量持续提升

学校充分发挥综合性大学交叉融合的优势,积极争取各级各类科研项目,承担国家重大、重点项目的能力显著提升,项目总数和科研经费均跃上新台阶。新增国家自然科学基金项目729项,其中国家杰出青年科学基金项目1项、优秀青年基金项目2项。主持国家重点研发计划项目5项,承担国家重点研发计划课题29项、任务(子课题)137项,主持国际科技创新合作项目5项,主持国家重大科技专项课题2项,国家基础性研究专项2项,国家农业产业技术体系专项13项。学校科研总经费达35.95亿元,科研项目到账总经费17.4亿元。新增国家社科基金项目151项,其中国家社科基金重大项目6项,重点项目8项。姚文放教授主持完成的国家社科基金重点项目成果入选《国家哲学社会科学成果文库》。人文社会科学各级各类到账经费近1.5亿元。

2. 科研成果产出成绩显著

学校持续强化重大科技成果的培育力度,实施重大科技成果培育计划,注重拓展科技成果源,加速推进科技成果产出。2017年,杨建昌教授领衔的"促进稻麦同化物向籽粒转运和籽粒灌浆的调控途径与生理机制"项目获国家自然科学奖二等奖,焦新安教授领衔的"重要食源性人兽共患病原菌的传播生态规律及其防控技术"项目获国家科技进步奖二等奖;2018年,张洪程院士领衔的"多熟制地区水稻机插栽培关键技术创新及应用"项目、王金玉教授领衔的"优质肉鸡新品种京海黄鸡培育及其产业化"项目均获国家科学技术进步奖二等奖;2019年,刘秀梵院士领衔的"基因VII型新城疫新型疫苗的创制与应用"项目获国家技术发明奖二等奖,陈国宏教授(第二完成单位)的"蛋鸭种质创新与产业化"项目获国家科学技术进步奖二等奖。学校连续三年共获6项国家科学技术奖二等奖,实现国家自然科学奖、技术发明奖、科学技术进步奖的"全覆盖",获奖数量居全国高校前列。首次获得全国创新争先奖1项。以第一完成单位获得部省级及以上科技奖励115项,其中一等奖31项。以第一完成单位获得江苏省科学技术奖13项,其中一等奖6项、二等奖2项、三等奖5项。以第一完成单位获得高等学校科学研究优秀成果奖(科学技术)11项,其中一等奖4项、二等奖7项。获各级各类人文社科类成果奖297项,其中教育部第八届高等学校科学研究优秀成果奖(人文社会科学)5项(二等奖4项,三等奖1项),江苏省哲学社会科学优秀成果奖69项(一等奖16项)。发表SCI论文8762篇(其中一区论文1204篇,二区论文2911篇),申请专利5547项,获得授权专利2888项。学校目前共拥有专利2769件,其中发明专利1342件,获得中国专利奖优秀奖1项。出版人文社科类著作363部,发表CSSCI(中国社会科学引文索引)、SSCI(社会科学引文索引)、A＆HCI(艺术与人文科学引文索引)收录论文1572篇。

3.科研平台建设稳步推进

学校充分整合优势资源,大力推进协同创新,重大科研平台建设成效明显。自然科学方面,先后获批"国家禽流感专业实验室""畜禽传染病学重点开放实验室动物生物安全三级实验室"等国家级科研平台;获批部省级科技创新平台15个;与扬州市共建市校合作高水平科技创新平台24个;农业与农产品安全国际合作联合实验室顺利通过教育部验收;"江苏高校动物重要疫病与人兽共患病防控协同创新中心"通过考核,"江苏高校粮食作物现代产业技术协同创新中心"获批立项。截至2020年12月,学校共有部省级重点实验室25个,部省级工程中心和协同创新中心等20个,部省级以上科技服务平台13个,各类创新平台共获得各级建设经费1亿余元。新增江苏省高校优秀科技创新团队2个,江苏省高校"青蓝工程"科技创新团队1个,江苏省"双创"团队2个,江苏省农业产业技术体系创新团队21个。人文社科方面,新增13个省部级哲学社会科学研究基地。其中具有代表性的有：2017 年 6 月 13 日，苏丹研究中心入选教育部国别和区域研究中心备案名单；2019 年 1 月 7 日，获批教育部高校思想政治工作队伍培训研修中心；2020 年，学校苏丹和南苏丹研究中心获批国家民委"一带一路"国别和区域研究中心。新增江苏高校哲学社会科学优秀创新团队 2 个，江苏高校哲学社会科学重点研究基地 2 个。至此，学校共有 19 个省部级文科研究基地，59 个校级文科研究基地。

4. 科研管理不断完善

深化科技体制改革，在科研经费管理、科技成果产出、科技成果转化等方面建立了更加有效的激励与约束机制，陆续出台一系列科技创新政策；成功入选江苏省"科技改革 30 条"试点单位。在考核评价方面，按照理、工、农、医和实体研究院等不同类别，建立了科研工作分类考核机制，分层分类确定评价目标、内容和标准；建立专职科研队伍，成立农业科技发展研究院（国际联合实验室）、苏中发展研究院（乡村振兴战略研究院）、中国大运河研究院、文化传承与创新研究院、创新材料与能源研究院、城市规划与发展研究院、现代农村水利研究院、水稻产业工程技术研究院、比较医学研究院、转化医学研究院、产业经济研究院等 11 个实体科研机构。出台《扬州大学科研诚信管理暂行办法》，强化了科研诚信和学风建设。

（五）社会合作水平与服务效能充分发挥

学校不断发挥自身优势，积极与地方加强联系与合作，彰显社会服务功能，社会合作与服务取得较好成果。

1. 社会合作不断深入

与扬州江都区、镇江新区、镇江润州区等省内外 20 多个地方政府新签全面合作协议或科技合作协议，与中国牧工商（集团）总公司、江苏省农垦集团有限公司等大型企业建立战略合作关系。扬州市第一人民医院顺利划转为扬州大学附属医院。2016年12月28日,扬州市第一人民医院划转暨扬州大学附属医院揭牌仪式在医院西区行政楼学术报告厅举行。扬州市委副书记、代市长张爱军与校长焦新安签署《扬州市第一人民医院划转扬州大学移交清单》《扬州大学淮海路校区部分不动产划转扬州市移交清单》。

省市共建扬州大学进一步深化。2019年9月6日,江苏省教育厅与扬州市政府共建扬州大学暨新一轮市校合作推进会在扬子津校区文体馆剧场举行。会议签署了《江苏省教育厅、扬州市人民政府共建扬州大学协议书》《扬州市人民政府、扬州大学进一步全面深化合作协议书》《关于合作共建扬州高端智库协议书》《关于推进扬州大学附属医院建设和发展合作协议书》《关于合作共建高水平科技创新平台协议书》等五项协议,根据协议规定,2019—2023年5年内,省教育厅资助15亿元,市政府提供5亿元支持扬州大学建设。

扬州大学高邮校区建设顺利推进,生态智慧牧场建成并启用。2016年12月10日,学校决定成立(高邮)现代农业科教示范园区建设与管理工作领导小组。陈国宏任组长,洪涛任副组长。2017年1月16日,(高邮)现代农业科教示范园区生态智慧牧场建设项目开工仪式在扬州国家农业科技园区(八桥核心区)内举行。2018年2月27日,广陵学院新校区举行资产交接仪式,新校区投入使用。

《扬州通史》编撰工作稳步推进。2017年9月,《扬州通史》编撰工作启动仪式在扬州市政府会议室举行。作为市校人文社科类重大合作项目,扬州市投入人民币700万元课题经费,由扬州大学中国史学科组织相关学者开展课题研究与撰写,计划四年内完成通史编纂任务,交付出版。

由扬州市政府与学校合作共建的大学科技园于2017年12月被科技部认定为国家级科技企业孵化器;2019年12月,获得中国产学研创新示范基地称号。扬州大学镇江高新技术研究院获"2019 年中国产学研合作促进奖"。

2. 社会服务不断延展

以社会需求为导向，充分发挥人才、科技和创新优势，服务地方经济社会发展能力显著提升。学校成为首批"中国高校技术转移联盟"成员单位，江苏省技术转移联盟理事单位，扬州市技术转移联盟副理事长单位。新建国家技术转移中心分中心 10 个，技术转移分中心增至 41 个，形成技术转移覆盖全省、辐射全国的网络布局。新建校企联盟 360 个，省级校地研发平台 32 个，校外科技推广基地 229 个，校、企工程研究中心 245 个。学校先后承担和参与制定国家、地方和行业标准 65 项，其中国家标准 21 项。出台《扬州大学贯彻落实乡村振兴战略行动计划》，成立乡村振兴战略研究院、乡村振兴协同创新中心。

推广各类成果 1700 余项，签订技术合同 6300 余项，总金额达 24.78 亿元，到账经费近 7 亿元。其中，"重要食源性人兽共患病原菌的传播生态规律及其防控技术"实现从农场到餐桌的全产业链食品安全监控；研制的新城疫灭活疫苗，减少养殖企业经济损失上百亿元；高性能泵站被推广到"南水北调"中线工程、引江济淮工程等全国大型水利工程中；"架式草莓优质高效生产技术"在全国多省市推广，得到江苏省委副书记任振鹤等省领导的高度赞扬；"特色乳加工关键技术与装备研发"在 12 家乳品企业实现产业化，年新增销售额近 20 亿元。

高水平智库成果不断出现。建设"绿色大粮仓"的建议得到国务院副总理胡春华、国家发展改革委员会主任何立峰批示。"苏米"产业相关建议得到江苏省委书记娄勤俭、副省长赵世勇等多位省领导批示。关于农村物流发展的研究报告获省哲学社会科学研究成果一等奖,并获江苏省政府主要领导批示。《关于加快推进独立学院转设的建议》获全国人大常委会委员杜玉波批示。《大运河国家文化公园建设与运营中应注意的几个问题》等被全国政协采用。

（六）国际合作交流持续深化

积极实施国际化发展战略,扎实开展全方位、多领域、深层次的合作交流,国际交流日益密切,合作成效愈发显著,学术影响力和国际声誉持续提升。2020年12月,学校召开第二次国际合作与交流大会,会议提出了"十四五"乃至更长一段时期的国际化办学思路、关键举措和重点任务等。

1. 校际交流合作开创新格局

学校牢固树立"坚持地方化、更加国际化"的办学理念,坚持"请进来"与"送出去"并举,着力开创国际交流合作新格局。拓展与加拿大麦吉尔大学、美国加利福尼亚大学戴维斯分校等国外高校的合作交流,开展学生联合培养、师生互访、合作研究、技术研发等合作。发起成立江苏—澳门·葡语国家高校合作联盟,并当选主席单位。加入"欧亚太平洋学术协会""江苏英国高水平大学联盟""苏港澳大学联盟",获批全国首家"海外惠侨工程中餐繁荣基地"。

2. 人才培养国际化迈上新台阶

学校大力推进人才培养国际化,全力提升人才培养质量,着力培养更具全球竞争力的人才。新增与英国赫尔大学合作举办的护理学专业本科教育项目,国际商务专业本科教育项目入选省第二批中外合作办学高水平示范性建设工程培育点,"澳大利亚城乡一体化经验及其借鉴性研究"项目获批省首届中外合作办学平台联合科研项目。学校被教育部遴选为"中美人才培养计划121项目创新人才培养实验基地",与美国北亚利桑那大学等3所高校联合培养 10 个本科专业 414 名双学位学生和交换生,连续 3 年获评教育部"中美人才培养计划先进单位"。入选全国"首批优秀本科生国际交流项目改革试点高校"。学生出国(境)交流人数达 3133 人,其中本科生 2060 人,研究生 1073 人。3 个月及以上长期出国(境)交流人数达 1362 人。应届毕业生赴国(境)外留学或工作人数达 1107 人。

3. 师资队伍国际化实现新发展

学校坚持教师出国(境)交流与海外引智并重,全面推进师资队伍国际化水平提升。聘请 313 名外籍教师及科研人员来校长期工作。"动物重要疫病与人兽共患病防控学科创新引智基地"成功入选"高等学校学科创新引智计划"基地。获批国家高端外国专家引进计划34 项、省引智成果示范推广基地 1 个、省外国专家工作室 9 个,4 名外国专家入选省"外专百人计划"。外国专家连续获得 2018、2019年省国际科学技术合作奖,学校连续 4 年被表彰为省外国专家管理工作先进单位。

4. "留学扬大"开拓新局面

持续加大资源投入,着力打造"留学扬大"品牌,高质量推进留学生教育工作,圆满完成"十二五"各项目标任务。通过教育部来华留学质量认证,学校连续 3 年获评"江苏省来华留学教育先进集体"。截至 2020 年 11 月底,海外学生总数达 1637 人,其中来华留学生1568 人(学历生 1476 人)。新建面向国际学生的成建制专业 14 个,获批国家级全英文授课本科生精品课程 1 门、省级全英文授课精品课程 13 门、省级全英文授课培育课程 8 门。

(七)支撑保障功能日益增强

校园规划、后勤保障、资产管理扎实有序推进,校园建设、信息化建设提档升级,校友会、审计、安全保卫、图书、档案等工作扎实有效,支撑保障工作不断夯实。

1. 校园规划建设不断完善

做好校园总体规划修编。校园总体规划修编方案征求了学校教学、科研及其他管理部门的意见,充分听取了校内外专家的建议,经校党委常委会审定后形成方案文本,于2019年5月报送省教育厅,同时上报扬州市规划、文物保护、消防等职能部门。

完成基建项目建设。完成扬子津校区文体馆、扬子津校区青年教师周转公寓、瘦西湖校区教学楼、(高邮)现代农业科教示范园区一期项目、文汇路校区生活服务楼和挂藏楼等工程建设工作。顺利完成奶牛场的整体搬迁工作。完成了文汇路校区生命科学大楼立项以及开工前的各项审批工作,2020年12月,生命科学大楼举行了奠基仪式与开工典礼。

明确校区功能定位。随着扬子津校区建成并投入使用,扬州大学办学空间得到显著拓展,为改善办学条件创造了良好环境。自2010年3月学校启动校区功能布局优化调整工作至2019年,先后有16个学院进行了整体搬迁,其余学院也进行了相应调整,使得学院办学空间基本确定、校区功能定位更加明确、资源配置更加优化,为促进学校事业发展、内涵建设、质量提升奠定了良好基础。学校有瘦西湖校区、文汇路校区、扬子津校区、荷花池校区、江阳路南校区、江阳路北校区和扬子津南校区7个校区,其中瘦西湖校区、文汇路校区和扬子津校区作为学校的三大主校区。此外,学校还有高邮现代农业示范园区以及仪征青山实验农牧场。瘦西湖校区以文理教育类专业的办学为主,人文气息浓郁,文化底蕴深厚,为扬州大学文脉所在。文汇路校区为农科类人才的培养基地,为学校国家级重点学科、教育部国际联合实验室等重要平台的基地。扬子津校区是以工科和应用型文科为主的校区。

2. 后勤服务保障有力

秉持"以师生为中心"的理念，发扬"坚守、奉献、至善、创新"的后勤精神，后勤管理服务更加标准化、规范化，保障手段更加信息化、智能化，发展理念更加注重安全、绿色，后勤文化建设和软实力极大提升，以一流后勤服务服务师生员工、服务学校事业高质量发展。2020年，智慧教室、录播教室、网上图书馆、数字档案馆等一批数字化项目先后上线。完成公共卫生应急管理预案，修订《扬州大学公共卫生管理暂行办法》《扬州大学突发公共卫生事件应急处理工作预案》《扬州大学水电管理办法》等。2015年5月，江苏省副省长许津荣带领全省食品安全工作现场会的300多名代表参观扬子津校区学生餐厅，对学校食堂管理工作给予高度评价。2017年2月27日，幼教中心被中华全国总工会授予"全国五一巾帼标兵岗"称号；11月11日，学校荣获全国高校后勤文化建设优秀示范单位。2019年1月，学校被表彰为"2015—2018年度江苏省高等学校后勤行业先进集体"。

3. 国有资产管理精细

制订、实施《校区功能布局调整与房屋资源优化配置方案》，盘活存量资产。完成淮海路校区教学区、淮海路校区体育场、七里甸原实验农牧场三处地块及其附属资产的处置报批手续。实验农牧场地块于2020年7月以最高限价完成上市挂牌拍卖。推进公用房有偿使用改革工作，规范公租房管理。学校被表彰为"2017—2018年度江苏省房地产管理工作先进单位"。

4. 信息化建设不断升级

2020年，信息化建设与管理中心更名为信息化建设与管理处，纳入学校行政部门序列，明确信息化建设统筹管理职能。建成覆盖全校的"万兆到楼宇、千兆到桌面"的万兆校园网，实现了7个校区及附属医院 2 个院区、高邮园区、实验农牧场等的互联互通。连续五年获得"江苏省高等学校信息化建设先进集体"称号,2020 年获得"江苏省智慧校园示范校"荣誉称号。

5. 校友会、审计及其他工作扎实有效

2016 年 11 月、2017 年 5 月、2018 年 10 月、2019 年 11 月先后召开全国校友工作会议。基金会被中国高等教育学会教育基金工作研究分会表彰为"2017 年度教育基金工作先进单位"。基金会"中基透明指数 FTI"连续多年排名全国第一(并列)。基金会筹资功能持续增强。校友馆投入使用。

学校领导干部经济责任审计基本实现全覆盖,工程项目管理审计成效显著。2019 年 12 月,1 项成果被评为全国内部审计结果运用典型经验。2020 年 11 月,审计处再次被表彰为"全国内部审计先进集体"。持续实施重大项目、民生项目等集中采购我,全过程管理。

2017 年 7 月,学校荣获"江苏省平安校园建设示范高校"称号;2017 年、2018 年度获扬州市消防工作先进单位。《扬州大学学报》等四刊均被评为"RCCSE 中国核心学术期刊"。智慧图书馆建设初见成效,数字化档案馆初步建成。校办企业体制改革稳步推进,经营性资产效益和贡献度持续提升。

(八)治理能力建设扎实推进

不断完善学校治理体系、提升治理能力,学校 2019 年、2020 年连续两年获得省属高校综合考核第一等次。

1. 校领导班子履职能力不断提升

坚持和完善党委领导下的校长负责制,修订出台《扬州大学党委常委会议事规则》《扬州大学全委会议事规则》《扬州大学校长办公会议事规则》,落实"三重一大"制度,以"党委领导、校长负责、教授治学、民主管理、依法治校"为基本内容的现代大学制度进一步完善。实施"校领导重点调研"制度，聚焦高水平研究型大学建设，围绕干部队伍建设、纪检监察工作、人事人才工作、学科建设、科研工作、国际化、附属医院建设等专题，组织全体校领导深入调研，形成调研报告，开展专题交流，并将调研成果转化为新理念、新举措，着力破解发展难题。

精心开好每年年初党委全委扩大会。2017年1月14日，召开校党委二届委员会第六次全体（扩大）会议，校党委书记姚冠新作《聚力改革创新　聚焦内涵提升　奋力推进高水平研究型大学建设实现新突破》工作报告。2018年1月20日，校党委召开三届委员会第二次全体（扩大）会议，校党委书记姚冠新作《乘势而上　提质增效　争创一流高质量推进高水平研究型大学建设再上新台阶》工作报告。2019年1月20日，校党委召开三届委员会第三次全体（扩大）会议，校党委书记姚冠新作《解放思想　聚势突破　创建一流　更高质量书写高水平研究型大学建设新篇章》工作报告。2020年1月12日，校党委召开三届委员会第四次全体（扩大）会议，校党委书记姚冠新作《党委常委会2019年工作报告》。2021年1月16日，校党委召开三届委员会第五次全体（扩大）会议，校党委书记姚冠新作《立足新阶段　激发新动能　务求新突破　高质量开启高水平研究型大学建设的新征程》工作报告。党委全委扩大会谋划年度工作目标，明确年度工作总基调。从2016年的起势头到2017年的稳势头，从2018年的乘势而上到2019年的聚势突破，再到2020年提出的"思想再解放、改革再深入、目标再攀升"，学校年度工作总基调贯穿年度工作全过程，不断推动学校事业发展。

精心组织每年暑期校党委理论学习中心组集体学习。2017年8月24—25日，学校召开2017年暑期党委理论学习中心组（扩大）会暨2017—2022年发展战略研讨会，校党委书记姚冠新作题为《增

强政治定力 聚焦战略定位 全面汇聚高水平研究型大学建设的智慧和力量》的讲话,校长焦新安作题为《坚定一流目标 坚持需求导向 全面推进高水平研究型大学建设》的讲话。2018 年 8 月 29 日,学校召开 2018 年暑期解放思想大讨论活动党委理论学习中心组学习研讨(扩大)会,校党委书记姚冠新作题为《解放思想深化改革 提质增效争创一流 高质量推进高水平研究型大学建设再创新佳绩》的讲话,校长焦新安作题为《坚持质量导向 提升内涵水平 全力冲击一流学科建设高校》的讲话。2019 年 8 月 26—27 日,学校召开 2019 年暑期党委理论学习中心组(扩大)集体学习会暨高质量发展战略研讨会,校党委书记姚冠新作题为《守初心 担使命 找差距 抓落实 为高质量建设高水平大学提供坚强思想保证》的讲话,校长焦新安作题为《守高水平初心 担高质量使命 以更高标准更实作风加快内涵发展》的讲话。2020 年 8 月 29 日,学校召开 2020 年暑期党委理论学习中心组(扩大)会暨"十四五"事业发展战略研讨会,校党委书记姚冠新作题为《精准谋划 精准施策 精准发力 在新的平台上更高质量推进高水平研究型大学建设》的讲话,校长焦新安作题为《全面总结"十三五" 科学谋划"十四五" 以高质量规划引领高水平研究型大学建设开新局》的讲话。

2. 民主治校不断深入

在试点教授治学的基础上,2017 年 3 月,学校出台《扬州大学学术委员会章程(试行)》,逐步健全学术管理体系与组织架构。学校不断规范"两代会"建设,充分发挥代表参政议政的作用。2017—2018 年,学校先后召开四届四次、四届五次"两代会"暨新学期干部教师大会。2019 年 12 月 15—16 日,学校召开第五届教职工代表大会、第五届工会会员代表大会第一次会议。2020 年 12 月 5 日,学校召开第五届教职工代表大会第二次会议、第五届工会会员代表大会第二次会议。学校重视团代会、学代会和研代会建设，引导青年爱校、荣校，服务学校建设。2017年6月11日，召开共青团扬州大学第五次代表大会。2017年12月23日，召开第五次学生代表大会、研究生代表大会。

3. 学院主体地位不断彰显

强化学院办学主体地位，激发二级学院办学活力。制定《扬州大学关于进一步规范学院党政共同负责制的实施细则》，完善学院党政共同负责的运行机制，充分发挥领导班子在学院建设和发展中的重要作用；按照事权相当、权责一致的原则，不断扩大学院自主办学权；探索建立学院分类管理与考评机制，进一步明确了考核主体、考核办法并优化考评体系，引领学院明晰办学定位。有效推动管理重心下移，学院办学自主权持续扩大。

4. 制度建设不断健全

学校全面推进依法治校，不断完善内部管理体制和运行机制，坚持用制度管人、管事、管权。2017年，为适应高等教育发展的新形势和新要求，进一步促进管理科学化、规范化和制度化，学校启动"制度建设年"，推进规章制度"存废改立"工作，着力解决在科学决策、高效运转、自身建设等方面存在的突出问题。经梳理，保留制度214项、废止制度134项，拟修改制度269项、新立制度109项。做好文件规范性审查，每年编印《扬州大学规章制度汇编》。2020年，启动《扬州大学章程》修订。

5. 民生工程不断推进

学校提前实现校第三次党代会提出的教职工绩效收入倍增目标，离退休人员生活补助大幅增长，教职工重大疾病报销比例进一步提高，成立重大疾病医疗费用互助基金，健康服务不断优化。学生资助体系更加健全，累计资助家庭经济困难学生5.2亿元，连续多年获评省学生资助工作绩效评价优秀单位。

6. 组织结构不断优化

2018 年 5 月 7 日,学校对附属医院部分科级机构进行调整。医务处增设医联体办公室、应急办公室,病案管理科更名为病案统计科,均为二级科建制。成立科研处、教育处,一级科建制,撤销科教处;科研处下设 GCP(药物临床试验质量管理规范)办公室,原科教处中心实验室隶属于科研处,教育处下设住院医师规范化培训办公室,均为二级科建制。财务处增设物价科,二级科建制;经营管理办公室改为二级科建制,隶属于财务处。医疗设备管理处更名为医学工程处,一级科建制。化学试剂中心更名为采购中心,一级科建制。增设纪委办公室、行风办公室,一级科建制,与监察室合署。健康促进中心更名为健康管理中心,一级科建制。老年病科更名为老年医学科,二级科建制。妇产科撤销计划生育科(二级科)。耳鼻咽喉科鼻内镜及鼾症外科更名为鼻科,二级科建制。肿瘤科增设化疗科,二级科建制。成立全科医学科,一级科建制。药剂科增设临床药学科,二级科建制。

2019 年 5 月,学校对有关机构和岗位设置进行调整。纪委办公室升格为正处级建制,党委巡察办公室设在纪委办公室。纪委增设监督检查处、审查调查处、案件审理处,均为副处级建制。成立中共扬州大学后勤纪律检查委员会、中共扬州大学广陵学院纪律检查委员会。成立中共扬州大学离退休委员会,撤销中共扬州大学离退休工作委员会。教务处增设师范教育办公室,加强对全校师范教育的宏观管理,副处级建制,教务处 1 名副处长兼任师范教育办公室主任。撤销教育科学学院(师范学院)师范教育办公室,教育科学学院(师范学院)继续承担师范学院职能。教育教学评估中心升格为正处级建制,下设教学督导科、质量评估科。学科建设办公室与研究生院(党委研究生工作部)合署办公,合署后机构更名为研究生院(学科建设办公室、党委研究生工作部）。学科建设办公室保留正处级建制，下设学科管理科、高水平大学建设科，撤销学科建设办公室综合科。成立医学部，正处级建制，下设综合科、对外协作科（实习医院管理科）。成立人工智能学院，挂靠信息工程学院。将物理科学与技术学院的电子信息科学与技术学科专业调整至信息工程学院。

撤销水利与能源动力工程学院，以原水利与能源动力工程学院的水利水电工程、农业水利工程、水文与水资源工程、港口航道与海岸工程专业为基础，组建水利科学与工程学院；以原水利与能源动力工程学院的电气工程及其自动化、测控技术与仪器专业、建筑电气与智能化、建筑环境与能源应用工程、新能源科学与工程、能源与动力工程专业为基础，组建电气与能源动力工程学院。撤销中共扬州大学水利与能源动力工程学院委员会，成立中共扬州大学水利科学与工程学院委员会、中共扬州大学电气与能源动力工程学院委员会。

党委办公室增设督查科，正科级建制。校长办公室增设法务办公室（信访办公室）正科级建制。党委教师工作部增设师德师风建设科，正科级建制。采购管理办公室增设综合科。

7. 做好新冠肺炎疫情防控工作

新冠肺炎疫情暴发后，校党委坚决贯彻落实党中央、国务院和江苏省委省政府的决策部署。第一时间作出应急部署，成立疫情防控工作领导小组，成立疫情防控工作指挥部，建立了严密的疫情防控指挥体系；严格落实健康信息和出行动态"日报告""零报告"制度；面向全体学生，推出了 1660 门、3332 门次在线教学课程，累计开放虚拟仿真实验教学资源 8 项、线上通识课和专业基础课实验项目 36 个，确保停课"不停学、不停教、不停研"；为家庭经济困难的学生发放临时补助 15 万元，向上网困难的学生赠送免费流量包；学校在全省较早启动了线下开学工作，学生分 4 批完成返校复学，省教育厅简报专题报道了经验做法；累计选派 93 人次医护人员（含直属附院和附属苏北人民医院）驰援湖北抗疫一线。

（九）党的全面领导持续强化

学校坚持以习近平新时代中国特色社会主义思想为指导，坚持社会主义办学方向，落实立德树人根本任务，党的领导坚强有力，党的建设得到全面加强；着力构建具有扬大特色的"大思政"工作格局和"三全育人"工作体系，思想政治工作落细落实；大力实施文化引领战略，建强校园文化阵地，校园文化建设成效显著。

1. 扎实抓好党的专题学习教育

做好党的十九大和校第三次党代会精神学习宣讲。2017 年 10 月 23 日，校党委印发《关于认真学习宣传贯彻学校第三次党代会精神的通知》，就学习的意义、组织等提出了要求；2017 年 11 月 9 日，校党委印发《关于认真学习宣传贯彻党的十九大精神的通知》，通知要求，全校各级党组织、全体党员领导干部、师生和员工要把学习贯彻党的十九大精神与贯彻落实学校第三次党代会精神紧密结合起来，围绕"全力聚焦一流，全面深化改革，坚定不移向高水平研究型大学阔步迈进"这一主题，围绕八个方面的具体目标、"七个一流工程"及全面从严治党展开。学校邀请省委宣讲团成员，组织校领导宣讲团、教授宣讲团、博硕士学生党员宣讲团、老干部宣讲团，面向全体师生开展党的十九大和校第三次党代会精神学习宣讲 40 余场。2017 年 10 月 27 日，学校召开学习贯彻党的十九大精神研讨会暨"中特基地"建设推进会。2017 年 11 月 15 日，十九大代表、扬州市委书记谢正义来校作十九大精神宣讲报告。2017 年 11 月 29 日，校党委书记姚冠新作校领导宣讲十九大精神首场报告。

深入开展"两学一做"主题教育。校党委周密安排部署，积极推进落实"两学一做"学习教育工作。2016 年下半年，学校印发《中共扬州大学委员会关于进一步深化"两学一做"学习教育的实施意见》《进一步推进"两学一做"学习教育工作进程安排表》，对开展学习教育提出明确要求。同时，校党委组织部会同纪委，建立定期督查机制，组建四个督查组，聘请党务工作经验丰富的老书记作为督查小组组长，以随机抽查、听取介绍、查阅台账、现场观摩等方式，对"两学一做"学习教育情况进行指导检查。2017 年，按照上级要求，主题教育活动突出"学、做、改"三个环节，巩固"两学一做"学习教育成果；出台《关于推进"两学一做"学习教育常态化制度化的工作方案》《中共扬州大学委员会关于开展"双抓双促"大走访大落实活动的通知》，推进"两学一做"学习教育常态化制度化。2017 年 4 月 28 日，校党委书记姚冠新参加全省推进"两学一做"学习教育常态化制度化工作座谈会，并作"强化思想政治教育，把'两学一做'贯穿立德树人全过程"交流发言。

认真开展"不忘初心、牢记使命"主题教育。2019 年 9 月 9 日，校党委印发《关于成立扬州大学"不忘初心、牢记使命"主题教育领导小组的通知》。9 月 16 日，校党委印发《扬州大学关于开展"不忘初心、牢记使命"主题教育的实施方案》；学校召开"不忘初心、牢记使命"主题教育动员会，校党委书记姚冠新发表动员讲话，对全校开展主题教育进行全面动员。主题教育紧扣"守初心、担使命，找差距、抓落实"总要求，一体推进学习教育、调查研究、检视问题和整改落实等重点措施。一是组织集中学习。10 月 10 日，学校举行"不忘初心、牢记使命"主题教育时代楷模先进事迹报告会。10 月 31 日，校领导姚冠新、焦新安、周琴为党员干部师生上"不忘初心、牢记使命"主题教育专题党课。12 月 4 日，学校召开"不忘初心、牢记使命"主题教育校党委领导班子专题民主生活会。省委主题教育第十二巡回指导组组长管向群一行 5 人来校指导。二是做好调查研究。2019 年，校党委常委班子成员聚焦学校事业发展的瓶颈问题和关键难题,围绕"学校中层干部执行力现状及提升对策研究""高水平研究型大学建设的思考与实践"等调研选题,亲赴一线察实情、找问题、寻对策,学校于 10 月 21—22 日举行"不忘初心、牢记使命"主题教育校领导班子调研成果交流会。三是查找问题,整改落实。校领导班子自觉对照党规党章找差距,全校各级党组织和师生党员查找出问题一万余条,一一制定了整改措施。聚焦专项整治任务,抓好整改,针对 8 个方面的突出问题,制定学校专项整治工作方案,细化 98 项整改措施,实行项目化管理、销号式整改。学校主题教育工作受到省巡回指导组的充分肯定。10 月 25 日,校党委书记姚冠新参加全省高校"不忘初心、牢记使命"主题教育推进会并作《抓牢基层基础,推动主题教育落地落实》交流发言。主题教育获评全省"优秀"等次。《人民日报》等央媒多次报道。

2. 江苏省委对学校党委进行巡视

根据江苏省委统一部署,2017 年 11 月 10 日至 12 月 28 日,江苏省委第九巡视组对扬州大学党委进行了巡视。11 月 10 日,江苏省委第九巡视组巡视扬州大学党委工作动员会召开。会上,江苏省委第九巡视组组长郜虎林就即将开展的巡视工作作了讲话,扬州大学党委书记姚冠新主持会议并作表态发言。江苏省委第九巡视组副组长荆和平及巡视组有关成员,扬州大学领导班子成员出席会议;院士,副校级调研员,校党委委员、纪委委员,全体中层干部,市级及市以上各级党代表、人大代表、政协委员、民主党派负责人和部分退出领导岗位的校领导列席会议。巡视期间,巡视组通过广泛开展个别谈话,认真受理群众来信来访,调阅有关文件资料,深入了解情况,发现问题、形成震慑,顺利完成了巡视任务。江苏省委巡视工作领导小组及时听取巡视情况汇报,并向江苏省委书记专题会报告了有关情况。2018 年 1 月 19 日，江苏省委第九巡视组向扬州大学党委反馈巡视情况。江苏省委第九巡视组组长郜虎林主持召开向扬州大学党委书记姚冠新的反馈会议，传达了江苏省委书记娄勤俭在省委书记专题会议上关于巡视工作的讲话精神。郜虎林代表江苏省委巡视组分别向姚冠新和扬州大学党委领导班子反馈了巡视情况，对扬州大学党委主要负责人和党委领导班子抓好巡视整改工作提出要求。姚冠新主持向领导班子反馈的会议并就做好巡视整改工作作表态讲话。1 月 24 日，学校在荷花池校区行政楼一楼报告厅举行巡视整改工作动员会，校党委书记姚冠新主持会议并讲话，全体校领导出席动员会。姚冠新介绍了江苏省委巡视办对巡视整改工作的相关要求，对下一步做好巡视整改工作做出明确部署，并提出具体要求。3 月 8 日，学校在荷花池校区教学主楼二楼多功能厅举行巡视整改工作推进会。校党委书记姚冠新出席会议并讲话，校党委副书记叶柏森主持会议并具体部署近期学校巡视整改工作。姚冠新对做好下一阶段的巡视整改提出了具体要求。6 月 5 日，校党委在行政楼一楼报告厅召开巡视整改工作中期推进会，系统总结和部署了我校巡视整改工作。校党委书记姚冠新、校长焦新安出席会议并讲话，校党委副书记叶柏森主持会议，校纪委书记周琴出席推进会。姚冠新充分肯定学校巡视整改工作的总体推进情况，并对下一阶段的巡视整改提出明确要求。

3. 组织建设持续推进

江苏省委根据领导班子的建设情况，对学校领导班子先后进行调整。2017 年 1 月 3 日，免去刘延庆校党委副书记、常委、委员、纪委书记职务。6 月 19 日，周琴任校纪委书记，试用期一年。6 月 23 日，学校领导班子换届。省委决定焦新安任校长，刘祖汉、黄建晔、陈国宏、洪涛、陈亚平任副校长，俞洪亮、费坚任副校长（试用期一年）；免去叶柏森、陈耀、胡效亚副校长职务。6月23日，刘祖汉任校党委副书记；周琴任校党委委员、常委；免去陈耀、胡效亚的校党委常委、委员职务。2018年2月13日，免去钱晓勤副校级调研员职务。8月22日，免去雍自成副校级调研员职务；免去顾晓虎副校级职务。9月，免去刘祖汉校党委副书记、常委、委员、副校长职务。2019年4月22日，刘巧泉任副校长，试用期一年。2019年7月9日，省纪委报省委同意，周琴任省监委派驻扬州大学监察专员。2020年10月19日，免去费坚校党委常委、委员、副校长职务。12月14日，周如军任校党委常委、副校长，试用期一年。

持续加强干部队伍建设。完成两轮中层领导班子换届和中层干部聘任，实现二级党组织委员会集中换届制度化。实施市校干部交流，开展"科技镇长团""驻村第一书记""经济薄弱区帮扶工作队"等干部选拔推荐。做好干部考核管理和教育培训等工作。培养、推荐、输送一批优秀干部到地方、相关高校任职。

全面加强基层党组织建设。贯彻落实《新时代江苏基层党建"五聚焦五落实"三年行动计划（2019—2021年）》，规范学院党政共同负责制运行机制，推进《学院党委工作标准》《学院党委会议事规则》《学院党政联席会议议事规则》的落实督查；加强党支部建设，制订出台《扬州大学基层党支部工作标准》《关于教师党支部书记"双带头人"培育工程实施办法》《扬州大学关于坚持党支部"三会一课"制度的规定》等文件，全面推行党支部书记向二级党组织工作述职制度，全面推进基层党支部"标准＋示范"建设；加强基层党务工作队伍建设，举办党务岗人员培训班、学生党支部书记网络培训班；推进党员纪实管理，印制启用《发展党员工作全程纪实手册》《组织生活记录簿》；修订出台《扬州大学优秀共产党员、优秀党务工作者、先进基层党组织评选表彰办法》，开展党内"两优一先"评选表彰工作。"十三五"期间,基层组织工作取得显著成绩。全校教师党支部书记"双带头人"比例达到 100%,1 个教师党支部书记工作室入选全省首批党支部书记工作室示范点和全国高校"双带头人"教师党支部工作室,3 个党支部入选全国党建工作"样板党支部",1 个研究生党支部获教育部全国高校"百个研究生样板党支部"荣誉,2 个党组织获评"江苏省高校先进基层党组织";1 名研究生党员入选全国"百名研究生党员标兵",6 人获得全省高校"优秀共产党员""优秀党务工作者"称号。1 人荣获"全国抗击新冠肺炎疫情先进个人""江苏省优秀共产党员"称号,受到江苏省委书记娄勤俭亲切会见,并在全省"七一"表彰大会发言。

4. 纪检监察工作扎实有效

以政治建设为统领,全面从严治党取得新成效,2018—2020 年,连续三年获评省属高校、科研院所类"第一等次",获"2017—2019年全省纪检监察信访举报工作先进单位"二等奖。开展三轮校内巡察,持续加强内控体系建设,一体推进"不敢腐、不能腐、不想腐";驰而不息纠正"四风",深入开展形式主义、官僚主义专项整治;每年组织开展廉政风险排查与防控,持续深化廉政风险排查防控;校纪委认真履行协助职责和监督责任,协助校党委持续推进全面从严治党,制定全面从严治党"两个责任"清单,认真做好"两个责任"履责纪实工作;组织开展 39 个二级党组织主要负责人向校纪委述责述廉工作,常态化约谈二级单位主要负责人;对师德师风建设、招标采购、招生录取、职称评聘等重点领域开展"嵌入式"监督;持续增强不想腐的自觉,通过邀请专家讲座、观看警示教育片、通报典型案例、参观警示教育基地等多种方式常态化开展警示教育,每年组织开展毕业生廉洁从政专题教育;加强制度建设,制定出台《扬州大学重点领域关键环节监督办法(试行)》《扬州大学处级领导干部廉政档案管理办法》《扬州大学关于实施党风廉政建设责任追究的办法（试行）》《扬州大学纪委委员联系基层党组织工作制度》《扬州大学基层党组织纪律检查委员工作职责》等，扎牢不能腐的笼子；深化纪检监察体制改革，在全省率先设立纪委机关"一办三处"，配备"两正四副"纪委中层干部，设立二级单位纪委 3 个，明确二级单位纪检委员36 名；自 2017 年学校接受省委巡视并全面完成巡视整改后，2018年出台《扬州大学巡察工作实施办法（试行）》，通过几年的努力，实现了第三届校党委校内巡察全覆盖。

5. 统战、群团、离退休及关工委工作影响力不断扩大

统战工作有力推进，获全国统战理论创新成果一等奖 1 项，4 个组织和 28 人次受到相关民主党派中央和省委表彰。群团工作不断加强，近 20 个集体、个人获得"全国优秀工会工作者"等荣誉。不断深化"凝聚青年、服务大局、当好桥梁、从严治团"学校共青团四维工作格局，获评江苏省"青年学习社"、江苏省高校"新思想"青智库建设单位以及全省共青团工作综合考核优秀等次，多项工作和多人荣获团中央、团省委表彰。离退休和关心下一代工作扎实推进。

6. 思想政治工作不断加强

坚持立德树人，着力构建具有扬大特色的"大思政"工作格局和"三全育人"体系，思政工作落细落实。

2017 年 1 月 10 日，校党委书记姚冠新参加全省高校思想政治工作会议，并作《打造"五大特区"，扶优做强马克思主义学院》主题发言。5 月 5 日，学校召开思想政治工作会议，出台《关于加强和改进新形势下思想政治工作的实施意见》等"1+8"系列文件，成立党委教师工作部和学生党建指导中心、思想政治教育研究中心。2018年 4 月 10—13 日，中国高等教育学会学生工作研究分会 2018 年学术年会在扬州大学召开。会议发布由学校具体起草、面向新时代高

校学生工作的《扬州宣言》。6月4日,教育部思想政治工作司一级巡视员俞亚东来校专题调研学校思想政治工作质量提升工程的实施情况。9月7日,学校成立意识形态工作领导小组。2019年1月7日,学校获批教育部"高校思想政治工作队伍培训研修中心"。4月25—27日,学校举办第240期全国高校思想政治工作骨干示范培训班。来自全国93所高校的93名高校思想政治工作骨干参加了培训。2019年,学校制定实施《扬州大学思想政治工作质量提升工程暨"三全育人"综合改革实施方案》,启动建设"三全育人"综合改革示范学院。

2019年,校党委宣传部获评"全省宣传思想工作先进集体"。连续10年获得江苏省教育宣传积分考核第一名,并获评江苏教育新闻舆论工作表扬单位(先进单位)。1人获得全国高校思政课年度影响力人物提名奖,2人分别获评全国思政课教学标兵、教学骨干,1人获首届全国高校思想政治理论课教学展示活动一等奖,1人被遴选为教育部"全国高校优秀思政课示范课百人巡讲团"成员。马克思主义学院连续3年获批江苏省高校"示范马克思主义学院"。2人入选第十三届全国见义勇为模范群体,1人当选第六届江苏省道德模范,1人当选"感动江苏教育人物——2016美德学生"。连续3年分别有1名辅导员、1名学生荣获"江苏高校辅导员年度人物"("江苏高校最美辅导员")、"江苏大学生年度人物"("江苏最美大学生"),其中,2人获评"江苏大学生年度人物"、1人获评"江苏最美大学生"、1人获评"江苏高校最美辅导员"、2人获评"江苏高校辅导员年度人物"。

7.校园文化建设成效显著

大力实施文化引领战略,加强校园文化阵地建设,校园文化育人功能不断提升。一是加强环境文化建设。出台《关于进一步加强校园文化建设的意见》；开展"讲校史、释校训、唱校歌"等形式多样的主题教育活动；编印、推广并应用《扬州大学视觉形象识别系统（VIS）使用手册》；加强学院文化、学科文化等的建设,启动辅导员工作室、网络思政精品项目建设；实施校园环境升级改造工程,推进楼宇文化建设。二是加强文化品牌建设。深化"一院一品"项目建设,促进专业文化与班团建设、第一课堂与第二课堂深度融合；推进"研本1+1"引领计划精品项目；校院每年举办科技文化艺术节。三是做好新媒体建设。推进校园媒体融合发展,学校官方微信连续三年入选全国高校微信公众号百强排行榜；"乖乖隆地咚"大学生网络文化工作室入选教育部首批大学生网络文化工作室、江苏省宣传思想文化工作创新奖。

第三节　高水平研究型大学建设扎实推进

秉承"坚苦自立"校训,发扬"求是、求实、求新、求精"校风,继前人之志,守建设高水平大学之初心,在新的发展高度上,在新的历史节点上,全校师生以新的姿态,为把学校"建成国内一流、国际知名、特色鲜明的高水平研究型大学"而不懈奋斗。

一、擘画高水平研究型大学建设新蓝图

（一）"十四五"规划形成过程

2020年4月,启动规划编制。学校成立了"十四五"规划编制工作领导小组、办公室,总结、梳理、分析学校"十三五"规划执行情况,动员、部署、编制"十四五"规划的相关工作。

2020年5月至7月,起草规划。经过前期深入学习调研、广泛征求意见,完成各专项规划、学院（单位）规划和学校总规划的初稿起草工作。

2020年8月至11月，咨询论证。8月28—30日，学校举行2020年暑期党委理论学习中心组（扩大）会暨"十四五"事业发展战略研讨会，邀请苏州大学原党委书记王卓君、江苏省教育厅副厅长王成斌作专题报告。校党委书记姚冠新带队先后赴浙江大学、上海大学、南昌大学调研学习。校长焦新安带队先后赴中南大学、湖南农业大学调研学习。学校先后召开10次座谈会，征求学院代表、机关部门代表、民主党派代表、教师代表的意见和建议。邀请8位专家对学院分规划提出修改意见。对各组提出的意见和建议，起草组认真吸收。

2020年12月至2021年8月，审议定稿。2021年4月至5月，学校分组召开学院"十四五"规划、专项规划审核论证会。各学院、相关部门汇报了"十三五"期间的主要发展成就和"十四五"的发展形势、目标定位、核心指标、主要任务、重点举措以及2035年远景展望。与会校领导和相关职能部门负责人对各专项规划的建设思路、目标任务、发展举措等提出建设性意见，对规划文本提出了具体修改建议。

2021年9月，报上级主管部门。经过征求意见、教代会讨论、校长办公会审议和校党委常委会审定，"十四五"总规划、8个专项规划和30个分规划完成编制，其中，总规划报教育厅审批。

（二）"十四五"发展目标定位与内涵

第三次党代会提出学校发展的总体目标，即"建成'国内一流、国际知名、特色鲜明的高水平研究型大学'"。扬州大学三届五次全体（扩大）会议提出，要全面提升阶段性发展目标，赋予"国内一流、国际知名"以新定位、新内涵。实现"十四五"发展目标需要分两个阶段。第一阶段，到2025年，学校要进入"一流学科建设高校"行列，综合实力进入国内高校50强、全球高校400强；第二阶段，到2032

年建校 130 周年之际,综合实力跻身全球高校 300 强,全面建成高水平研究型大学。

（三）"十四五"发展战略

学校继续沿用校第三次党代会提出的人才集聚、学科化合、品牌发展、开放合作、文化引领等 5 大战略。根据当前发展形势,赋予了发展方略新的内涵意蕴。在人才集聚战略中,融入了分类精准引才、坚持绩效导向、全面激发人才贡献度等内容;在学科化合战略中,提出要更加明晰学科相关负责人的权责界限,更加强调考核评价和结果运用,更加重视学科交叉等等;在品牌发展战略中,强调要围绕学校特色来塑造品牌,要围绕服务需求来彰显品牌;在开放合作战略中,提出要积极应对国际化大变局所带来的挑战,提高国际合作的层次和内涵,推动产学研更加紧密地融合,实现成果更多地转化应用;在文化引领战略中,提出要结合学校治理体系和治理能力现代化建设,大力发挥文化治理的效用,切实将强大的文化软实力转化为推动事业高质量发展的硬实力。

（四）明确五项发展重点

一是坚持立德树人的根本任务,培养堪当民族复兴大任的时代新人;二是坚持高水平目标定位,迈进世界一流学科建设高校行列;三是坚持服务经济社会发展使命,增强高水平科技成果供给能力;四是坚持以师生为中心的发展理念,提升师生满意度和幸福感;五是坚持全面深化改革,推进学校治理体系和治理能力现代化。

（五）确立六项主要任务

一是加强人才培养供给侧改革,努力造就具有大德、大智、大气和鲜明扬大烙印的一流人才;二是深化人才人事体制机制改革,聚力打造德才兼备、质态更优、活力充沛的一流师资队伍;三是推进学科分类分层建设,围绕打造高峰学科,构建多学科协调发展的学科有机生态体系；四是强化科研体制机制创新，着力提升服务国家战略和区域经济社会发展的一流成果产出能力；五是提升国际交流合作水平，形成与高水平研究型大学建设相适应的一流合作新格局；六是发挥文化引领功能，建设厚植文化育人新优势的一流大学文化。

二、迈出高水平研究型大学建设新步伐

2021年是"十四五"开局之年，2022年是120周年校庆之年，学校师生员工围绕高水平研究型大学建设目标，立足新阶段、激发新动能，着力进行内涵建设，满怀豪情走向未来。

（一）打赢学校疫情防控阻击战

2021年7月，学校在第一时间获悉南京禄口机场发生疫情后，全面启动应急机制，有效抓住了疫情防控先机，做到了摸排早、部署早、封控早。学校党政领导分别带领由相关部门负责人和各学院负责人组成的网格化管理小组，全天候驻守各校区，织密织牢防控网络。从7月25日开始，累计派出近万人次医学类师生、医务人员支援南京、扬州等地，全力支持地方核酸检测，全力担好医院防控责任，全力参与社区抗疫工作。

8月16日，江苏省省长吴政隆到扬州大学附属医院西区医院，视察疫情防控工作。吴政隆对连日来战斗在一线、服务在一线、奉献在一线的附属医院广大医务工作者表示慰问。8月21日上午，吴政隆来校检查指导疫情防控工作，听取学校疫情防控工作及事业发展概况汇报。吴政隆对学校疫情防控站位高，行动早，措施实，敢担当，第一时间启动疫情防控应急机制，实施校园封闭管理等做法给予充分肯定。

（二）开展庆祝中国共产党成立100周年活动和党史学习教育

2021年3月，学校印发《关于开展党史学习教育的实施方案》

《党委理论学习中心组党史学习教育专题学习方案暨2021年度学习计划》。3月15日，召开党史学习教育动员布置大会。校党委理论学习中心组组织12场专题学习。7月1日，同步收听收看庆祝中国共产党成立100周年大会实况；11月12日，集中学习党的十九届六中全会精神，同时把学习宣传贯彻党的十九届六中全会精神和习近平总书记近期重要讲话、重要指示精神，作为党史学习教育的重要内容。

利用关工委老同志组成的"夕阳红"理论讲师团、马克思主义学院博硕士生理论宣讲团、辅导员讲师团等，深入师生，开展党史宣讲，传承伟大建党精神。《人民日报》、新华社客户端、《光明日报》、《新华日报》以及省党史学习教育简报对学校党史教育相关活动先后进行了60余次报道。

（三）精心筹备120周年校庆

2021年4月15日，学校成立建校120周年、在扬办学70周年、合并办学30周年校庆工作领导小组；5月19日举行120周年校庆倒计时一周年启动仪式，发布120周年校庆第一号公告，邀请长期以来关心、支持学校事业发展的各位校友、各级领导、海内外朋友，相约"5·19"，相聚扬州，相会扬大，共襄盛举，共话未来。2022年2月8日，学校举行120周年校庆倒计时100天主题活动，发布120周年校庆第二号公告，公布了校庆系列活动。为筹备120周年校庆，学校成立张謇研究院，系统梳理学校办学传统、办学经验，深入开展新时代扬大精神大讨论；启动校史馆、博物馆等一批特色文化项目的建设；加强校友会建设，提高服务校友、发展校友的能力水平，积极争取广大校友为高水平研究型大学建设作贡献；组织编写扬州大学校史。

（四）高质量内涵式发展持续推进

2021年9月，学校入选江苏高水平大学建设高峰计划A类建设高校。11月,学校编制的《江苏高水平大学高峰计划遴选高校建设方案》通过江苏高水平大学建设领导小组办公室审定。生物学与生物化学、药理学与毒理学、环境生态学、微生物学等学科首次进入ESI全球排名前1%。至此,我校已有11个学科进入ESI全球前1%学科。4月17日,召开校第三次人文社会科学大会。11月27日,召开校第五次本科教学大会。12月24日,召开校第四次科技创新大会。2021年6月1日,科技部、教育部联合发布《关于公布第十一批国家大学科技园认定结果的通知》,我校大学科技园被认定为国家大学科技园。9月,学校被国家知识产权局、教育部认定为高校国家知识产权信息服务中心。2件作品获第七届中国国际"互联网+"大学生创新创业大赛金奖。2件作品分获第十七届"挑战杯"全国大学生课外学术科技作品竞赛红色专项赛特等奖、一等奖。国家自然科学基金、国家社科基金立项数均创新高。2021年12月7日,学校召开深化教育评价改革推进会,对进一步深化教育评价改革进行再动员、再部署、再落实。

（五）内部管理和支撑保障更加务实高效

学校实施"十大民生工程",积极开展"我为师生办实事"实践活动。加快推进生命科学大楼、高邮校区二期工程建设。完成扬子津校区教室空调安装和食堂改造工程。实现"五标体系"一体化认证,2个食堂获评省"餐饮质量安全示范店",1个食堂获评"江苏好食堂"。建成机电技术基础实验教学中心,智慧养殖、虚拟仿真实验室等一批专业实验室投入使用。财务状况及资金使用效率持续向好,稳步推进教学科研用房改革,持续推进智慧校园建设。连续第11年获全省学生资助绩效评价优秀等次。2021年6月16日,成立公共卫生学院,与护理学院合署,名称为"扬州大学护理学院·公共卫生学院"。

2021 年,学校对党委领导班子部分职务进行了调整。2021 年 5 月 10 日,赵文明任校党委常委。

2021 年 11 月,校纪委书记、派驻监察专员周琴当选中共江苏省第十四届纪律检查委员会委员。

（六）奋力谱写高水平研究型大学新篇章

2022 年 1 月,江苏省委对学校党政正职进行调整。1 月 24 日上午,学校召开干部大会。省委决定焦新安任校党委书记,免去姚冠新的校党委书记、常委、委员职务;丁建宁任校党委委员、常委、副书记、校长,免去焦新安的校长职务。

2022 年 1 月 25 日,校党委召开三届六次全体（扩大）会议,校党委书记焦新安作题为《增进发展自信　续写百廿辉煌　奋力谱写高水平研究型大学建设新篇章》的工作报告。会议确定 2022 年的工作思路和“启航新甲子、锚定新目标、抢抓新机遇、谱写新篇章”的年度工作总基调,对 2022 年度各项目标任务做了总体部署。

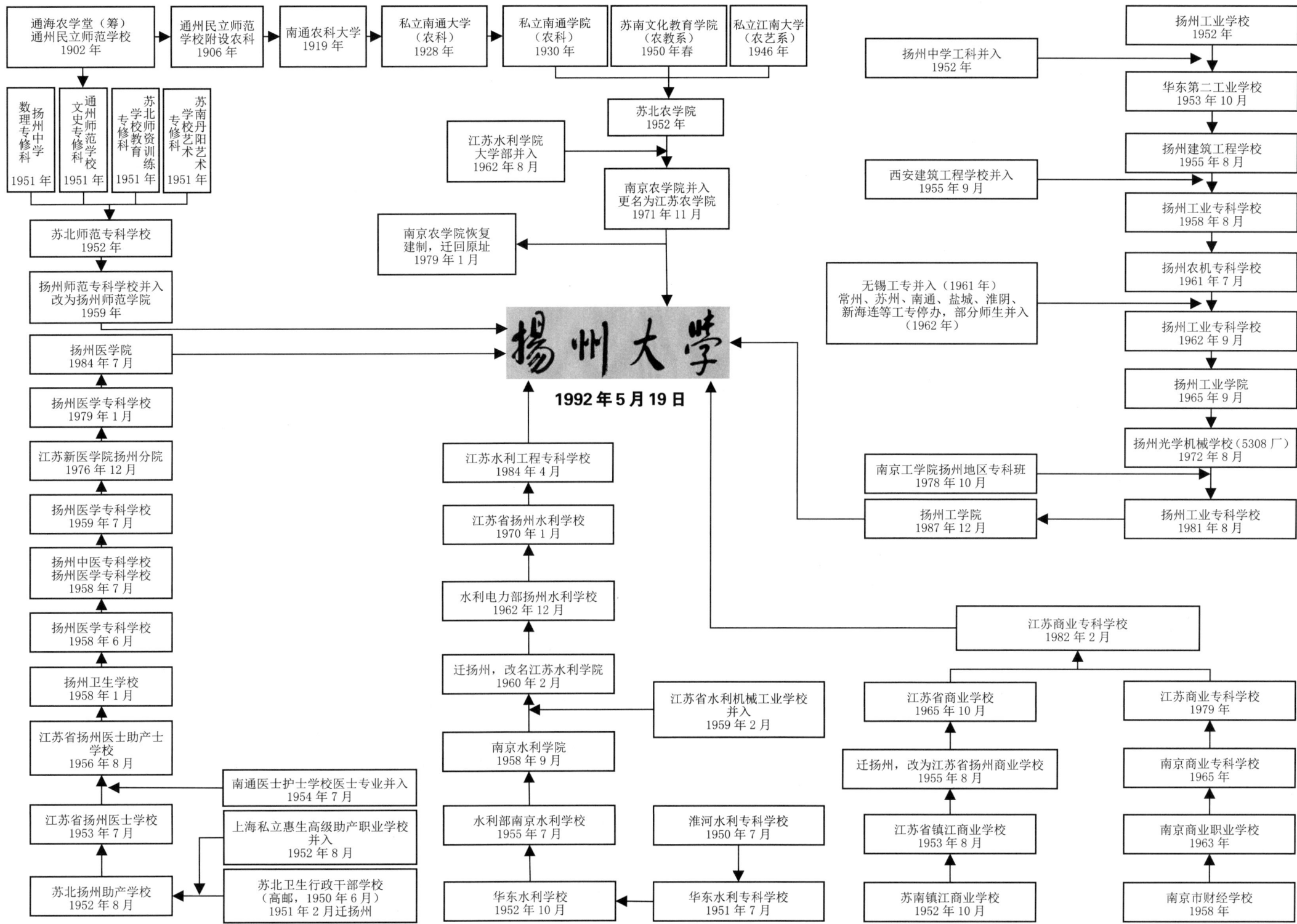

通海农学堂（筹）
通州民立师范学校
1902 年

通州民立师范学校附设农科
1906 年

南通农科大学
1919 年

私立南通大学（农科）
1928 年

私立南通学院（农科）
1930 年

苏南文化教育学院（农教系）
1950 年春

私立江南大学（农艺系）
1946 年

扬州工业学校
1952 年

扬州中学工科并入
1952 年

华东第二工业学校
1953 年 10 月

数理专修科 扬州中学 1951 年

文史专修科 通州师范学校 1951 年

苏北学校资训练专修科 教育 1951 年

苏南丹阳艺术学校专修科 1951 年

苏北农学院
1952 年

江苏水利学院大学部并入
1962 年 8 月

西安建筑工程学校并入
1955 年 9 月

扬州建筑工程学校
1955 年 8 月

苏北师范专科学校
1952 年

南京农学院并入更名为江苏农学院
1971 年 11 月

扬州工业专科学校
1958 年 8 月

扬州师范专科学校并入改为扬州师范学院
1959 年

南京农学院恢复建制，迁回原址
1979 年 1 月

无锡工专并入（1961 年）
常州、苏州、南通、盐城、淮阴、新海连等工专停办，部分师生并入
（1962 年）

扬州农机专科学校
1961 年 7 月

扬州医学院
1984 年 7 月

扬州工业专科学校
1962 年 9 月

扬州大学

1992 年 5 月 19 日

扬州医学专科学校
1979 年 1 月

扬州工业学院
1965 年 9 月

江苏新医学院扬州分院
1976 年 12 月

江苏水利工程专科学校
1984 年 4 月

南京工学院扬州地区专科班
1978 年 10 月

扬州光学机械学校（5308 厂）
1972 年 8 月

扬州医学专科学校
1959 年 7 月

江苏省扬州水利学校
1970 年 1 月

扬州工学院
1987 年 12 月

扬州工业专科学校
1981 年 8 月

扬州中医专科学校
扬州医学专科学校
1958 年 7 月

水利电力部扬州水利学校
1962 年 12 月

扬州医学专科学校
1958 年 6 月

江苏商业专科学校
1982 年 2 月

扬州卫生学校
1958 年 1 月

迁扬州，改名江苏水利学院
1960 年 2 月

江苏省水利机械工业学校并入
1959 年 2 月

江苏省商业学校
1965 年 10 月

江苏商业专科学校
1979 年

江苏省扬州医士助产士学校
1956 年 8 月

南京水利学院
1958 年 9 月

迁扬州，改为江苏省扬州商业学校
1955 年 8 月

南京商业专科学校
1965 年

南通医士护士学校医士专业并入
1954 年 7 月

江苏省扬州医士学校
1953 年 7 月

上海私立惠生高级助产职业学校并入
1952 年 8 月

水利部南京水利学校
1955 年 7 月

淮河水利专科学校
1950 年 7 月

江苏省镇江商业学校
1953 年 8 月

南京商业职业学校
1963 年

苏北扬州助产学校
1952 年 8 月

苏北卫生行政干部学校
（高邮，1950 年 6 月）
1951 年 2 月迁扬州

华东水利学校
1952 年 10 月

华东水利专科学校
1951 年 7 月

苏南镇江商业学校
1952 年 10 月

南京市财经学校
1958 年

附录二　大事年表

1902 年初	张謇筹办通海农学堂。
1902 年 4 月 7—8 日	张謇应两江总督刘坤一之邀商谈兴学事宜,提议先立师范和中、小学,遭到保守派官僚的阻挠,遂决定私资在家乡南通创办师范学校。
1902 年 6 月	两江总督刘坤一做出批复,正式批准成立通州民立师范学校。
1902 年 10 月 15 日	张謇作《通州师范学校议》,宣称"夫中国之有师范学校,自光绪二十八年始;民间之自立师范学校,自通州始"。
1903 年 4 月 27 日	通州师范学校举行开学典礼。
1904 年 5 月 15 日	张謇为通州师范学校题写校训"坚苦自立,忠实不欺"。
1905 年 4 月 19 日	两江总督周馥带员视察通州师范学校。
1906 年 3 月 2 日	张謇规划通州师范学校附属博物苑和农艺试验场。
1906 年秋	通州师范学校附设农科(习称"师范农科")。次年 4 月,农科校舍落成。
1907 年 10 月	通州师范学校附设农科本科正式上课。
1908 年 2 月	通州师范学校聘请照井喜三郎(日籍教员)任农科主任。

1909 年 3 月	通州师范学校附设蚕科,王仁寿任主任。
1910 年 2 月	通州师范学校聘请孙观澜(润江)任农科主任。
1910 年 5 月 9—10 日	通州师范学校召开校友会成立大会暨第一次校友会大会,决定于每年开校纪念日(四月初一)召开校友会年会。
1910 年秋	师范农科改办初、高两等农业学校。次年 1 月(农历 1910 年 12 月),初、高两等农业学校校舍建成;师范农科本科首批学生毕业。
1911 年 4 月 1 日	通海垦牧公司召开第一次正式股东大会,通过提议案,拨给通州师范学校 150 顷(9000 亩)垦田。将 1901 年《通海垦牧公司集股章程启》中提出的划给通海小学堂 100 顷和农学堂 50 顷土地,折股划归通州师范学校及其附设的初、高两等农业学校。
1911 年 6 月 25 日	清学部奏准张謇担任中央教育会会长。
1911 年 11 月	受战事影响,通州师范学校和通州女子师范学校及其附属小学停招一年。
1912 年 5 月	通州民立师范学校改称"私立南通师范学校"。
1912 年 11 月	南通师范学校改称"江苏省代用师范学校"。
1913 年 1 月	初、高两等农业学校改为甲、乙两种农业学校,校名为"南通县私立农业学校"(简称"农校")。张謇为农校题写校训"勤苦俭朴"。
1915 年 8 月 30 日	江苏巡按使韩国钧(紫石)委任代用师范学校代理校长江谦兼任南京高等师范学校校长。
1916 年 7 月	乙种农校停办,专办甲种农校。
1917 年 12 月 4 日	中华职业教育先驱黄炎培及江苏省教育总会沈恩孚到代用师范学校考察,盛赞代用师范学校

为提倡农工分科的先驱。

1918 年 2 月 9 日	北洋政府教育部咨江苏省省长,奖给江苏省代用师范学校匾额,匾文为"横渠教泽"。
1919 年夏	张謇、张詧在启秀路南原甲种农业学校对面的田中兴建广厦,创办南通农科大学(时称"南通大学农科")。
1920 年 6 月	美国著名哲学家、教育家杜威在江苏省教育会副会长黄炎培,北京大学沈君默,东南大学教授陈鹤琴、王伯秋、刘经庶(伯明)等国内著名教育名流的陪同下,参观代用师范学校。杜威给予南通教育以很高评价,称"南通者,教育之源泉,吾尤望其成为世界教育之中心也"。
1921 年 7 月 10 日	江苏省教育厅函令,江苏省代用师范学校改称"江苏省第一代用师范学校"(简称"第一代师")并附发钤印。
1921 年 11 月 1 日	南通农科大学举行学校落成典礼。同年,招收大学预科生。
1922 年 2 月 23 日	通州师范学校附属垦牧乡(海复镇)高等小学落成,也称"江苏省第一代用师范学校第二附属小学"。抗战期间,通州师范学校在此办学,时称"通师侨校"(简称"侨校")。
1923 年 3 月 25 日	第一代师、女子师范学校的学生参加学生游行,反对日本政府拒绝取消"二十一条",拒绝交还旅顺、大连的帝国主义行径。
1923 年 6 月	南通农科大学根据"壬戌学制"将预科改为附属高中农科(三年制)。
1923 年 9 月	南通农科大学开办本科(四年制),面向国内高

	级中学或大学预科毕业生。
1924 年 6 月	第一代师学生组织成立"晨光社"。
1925 年 4 月	第一代师学生丛允琼、王盈朝由中共早期领导人恽代英介绍加入中国共产党。
1925 年 5 月 9 日	第一代师学生发表《"五·九国耻纪念日"敬告青年》,呼吁取消一切不平等条约。
1925 年 6 月 4 日	第一代师学生为声援"五卅运动",成立救国委员会,积极参与组织南通学生上海"五卅惨案"后援会,并停课游行。
1926 年 1 月	第一代师学生在校内成立中国共产主义青年团支部。
1926 年 5 月	中共第一代师支部成立。王盈朝担任首任党支部书记。
1926 年 8 月 24 日	学校创办人、名誉校长张謇先生于南通病逝,终年 73 岁(1853—1926)。
1926 年 10 月 29 日	南通各界在南通县公共体育场举行张謇追悼会。
1927 年 6 月	南京国民政府在江苏、浙江试行"大学区制",第一代师归"第四中山大学区"管辖。
1927 年 7 月	第一代用师范学校取消"代用",恢复私立,改名为"私立张謇中学"。同月,代理校长江谦辞职,于忱(敬之)任代理校长。
1927 年 8 月	张謇之子张孝若(怡祖)任南通农科大学校长、南通纺织大学校长、南通医科大学校长。
	张謇中学成立中国共产党地下党支部。9 月,刘瑞龙任支部副书记。
1928 年 6 月 2 日	张謇中学学生党员刘瑞龙、南通女子师范学校学生党员汪钦曾、张謇中学毕业生党员丁介和

等在南通博物苑参加中共地下党南通县委扩大会议,被反动军警围捕,并被押送至南京,与中共苏北特委书记黄逸峰、陆景槐一同被关在"江苏省特别刑事法庭"候审,后经地下党多方努力营救,均无罪释放,此事件称"博物苑案"。

1928 年 7 月 10 日　张謇中学召开校董会,呈请中央大学批准恢复"通州师范学校"校名;选举张孝若为校董会主席;推选马灵源为校长。

1928 年 8 月　南通农科大学、南通纺织大学、南通医科大学三校合并,定名为"私立南通大学",仍设农科、医科、纺织科。

1928 年 9 月　私立张謇中学复称"私立通州师范学校"。

1929 年 7 月　通州师范学校校长马灵源辞职;8 月,于忱暂代校务,顾怡生暂代教务。

1930 年 4 月　通州师范学校校董事会通过决议,校董会主席张孝若兼任校长。

1930 年 11 月 8 日　私立南通大学经国民政府教育部核定,以"私立南通学院"为校名立案,仍设农、医、纺三科,即南通学院农科、南通学院医科、南通学院纺织科。

1934 年 9 月　鉴于盐垦区植棉人才缺乏,南通学院增设高级植棉职业学校。

1935 年 10 月 17 日　张孝若在上海寓所遇刺逝世,终年 37 岁(1898—1935)。

1935 年 12 月　"一二·九"运动爆发后,南通学院、通州师范学校、南通女子师范学校等学校的数百名学生徒步至南通港准备赴南京向国民政府请愿,要求"团结抗日,一致对外,停止内战"。

1938 年 3 月 17 日	侵华日军占领南通城。通州师范学校、南通学院的图书、设备仪器遭到洗劫,校舍或被焚毁或被强占。
1938 年 5 月	通州师范学校决定迁至海复镇的通师第二附属小学继续办学。9 月,学校正式复课。
1938 年 8 月	南通学院农科先迁移至海滨,随后与纺织科一起迁往上海。
1941 年 12 月	新四军一师进驻海复镇,司令部设在镇东垦牧公司,教导队驻扎在通师侨校所在的第二附小内。粟裕、陶勇等首长常来侨校看望师生。
1942 年 2—7 月	南通学院租用上海重庆北路 270 号作为校址,恢复畜牧兽医系,7 月招生开学。次年,恢复农艺化学系,同时附设高级农业职业学校。
1942 年 5 月 4 日	新四军及海启行署应通师侨校举行纪念五四运动二十三周年活动,侨校、启东中学、继述中学、战地中学、能仁中学的师生参加纪念活动。同月,中国人民抗日军政大学第九分校在通师侨校成立。
1942 年 6 月	通州师范学校转移到通师侨校的《四部备要》及武英殿本《二十四史》被日军烧毁。
1942 年 11 月 1 日	在中共江苏省委的帮助下,南通学院部分师生抵达淮南抗日民主根据地——安徽天长铜城镇(新四军二师驻地)办学。1943 年春节后,在铜城镇的师生分期分批撤回上海,与原留在上海的南通学院师生处于"并存"状态,对外称"中国农纺学院",对内仍为南通学院。

1943 年 5 月	通师侨校租赁民房开办"尊素"（师范部）、"具儒"（初中部）两学塾，直到抗战胜利。
1946 年 1 月 5 日	通师召开校董会，成立通师复校委员会。
1946 年 2 月	南通学院成立"还校委员会"。在南通原校址建立"还校办事处"，办理学校从上海返南通和恢复医科事宜。
1946 年 8 月 30 日	南通学院院本部从上海迁返南通。
1946 年 12 月 1 日	南通学院农、纺、医三科成立校友会。
1947 年 2 月	国民政府教育部批准通州师范学院由私立师范改归公办。
1947 年 5 月 20 日	南通学院"通院"学生抗议国民党反动派镇压南京学生运动，制造"五二〇"惨案，成立罢课委员会，400 余名学生参加罢课斗争。
1949 年 2 月 2 日	南通解放。女师更名为"南通市立女子师范学校"。
1949 年 3 月	通师校董会委任于忱为通师校长，张梅安为副校长。
1949 年 5 月 26 日	通州师范学校、南通市立女子师范学校先后成立共青团支部。
1949 年 8 月 4 日	南通学院临时院务执行委员会举行第一次会议，选举张敬礼为主任委员，夏永生为副主任委员。6 日，执委会举行第二次会议，决定成立"迁校委员会"，冯焕文任迁校委员会主任委员、张绪武任副主任委员。
1949 年 9 月	"沪院"全部师生返回南通，原来形成的"通院"与"沪院"两地办学的格局从此结束。
1950 年 6 月 1 日	南通学院院务委员会成立。学院代理院长为张

	敬礼,副院长为冯焕文、蒋德寿。
1950 年 6 月	苏北行政公署在高邮建立苏北卫生行政干部学校(简称"苏北卫校")。
1950 年 7 月	苏北建设学校与华东水文技术人员训练班合并,在南京成立淮河水利专科学校。
1950 年 12 月 18 日	中央人民政府教育部批复:"私立南通学院聘任顾尔钥为该院院长准予备案。"同月,经上级党委批准,调整中共南通学院支部领导成员,顾尔钥任书记,孙石灵任副书记。
1951 年 1 月 29 日	私立通州师范学校更名为"苏北私立通州师范学校"。
1951 年 2 月	苏北卫生行政干部学校迁往扬州。
1951 年 5 月 22 日	通师更名为"南通私立通州师范学校"。女师校名改称"苏北南通女子师范学校"。
1951 年 5 月	苏北行政公署文教处制定、下发《一九五一年下半年师范教育实施计划》,委托通州师范学校、扬州中学、丹阳艺术学校和苏北师资训练学校代办文史专修科、数理专修科、艺术专修科和教育专修科,为苏北地区培养初中各科教师。
1951 年 7 月	淮河水利专科学校更名为"华东水利专科学校"。
1952 年 5 月 3 日	经中共中央华东局和华东军政委员会批准,苏北区党委和苏北行署决定:成立苏北农学院、苏北师范专科学校、扬州工业学校三院校筹建委员会。
1952 年 5 月 5 日	苏北区党委书记肖望东、苏北行署主任惠浴宇、苏北区党委宣传部部长俞铭璜、南通学院副院

长兼农科主任冯焕文教授等一同到扬州西郊扫垢山勘察苏北农学院建校校址。

1952 年 5 月 22 日　苏北行署通知：由孙蔚民、张乃康、张梅安、孙达伍、宋我真等 5 人组成苏北师范专科学校筹备委员会，孙蔚民任主任。由郭建、张人俊、章继成组成扬州工业学校筹备委员会，郭建兼任筹备委员会主任、校长。

1952 年 5 月　　　由私立通州师范学校文史专修科、扬州中学数理专修科、苏南丹阳艺术学校艺术专修科、苏北师资训练学校教育专修科合并建立苏北师范专科学校。由南通学院农科、苏南文教学院农业教育系、私立江南大学农艺系合并建立苏北农学院。

1952 年 6 月 13 日　苏北农学院筹备委员会成立，冯焕文为主任委员。

1952 年 6 月　　　苏北区党委、苏北行政公署决定：孙蔚民任苏北师范专科学校校长兼党委书记。

1952 年 7 月　　　扬州中学的工科并入扬州工业学校。

1952 年 8 月　　　上海私立惠生高级助产职业学校迁来扬州，与苏北卫生行政干部学校合并，校名为"苏北扬州助产学校"。

1952 年 9 月 23 日　华东水利部决定刘晓群任华东水利专科学校校长，杨持白、金左同任副校长。

1952 年 10 月 23 日　中共苏北农学院委员会成立，由王秉华、成克坚、徐观伯、季亭组成，成克坚任书记。

1952 年 10 月　　　在私立镇江新华中学的基础上，建立苏南镇江商业学校。

1952 年 10 月　　　华东水利专科学校改办中专，定名为"华东水利学校"。

1952 年 11 月 8 日　苏北行署调派张渤如任扬州工业学校校长,同时,苏北区党委和苏北行署机关党委会批准张渤如任该校党支部书记。

1952 年 11 月 14 日　扬州工业学校借扬州中学树人堂举行开学典礼,是日被定为扬州工业学校的建校纪念日。

1953 年 1 月 10 日　中国教育工会扬州市苏北师范专科学校委员会成立。

1953 年 1 月 12 日　苏北师范专科学校举行建校开学典礼。

1953 年 1 月　苏北师范专科学校决定 11 月 10 日为校庆纪念日。

1953 年 4 月 23 日　苏北师范专科学校实行行政改革,取消校务会议制度,分别建立校务委员会会议与校务行政会议的制度,以贯彻校长责任制。

1953 年 4 月 29 日　中央人民政府教育部批复同意任命孙蔚民为苏北师范专科学校校长、朱白吾为副校长、张乃康为副校长兼教务主任。

1953 年 7 月 23 日　苏北扬州助产学校更名为"江苏省扬州医士学校"。

1953 年 8 月 29 日　苏南镇江商业学校改称"江苏省镇江商业学校"。

1953 年 9 月　扬州工业学校自 1953 年 9 月起调整归属,归中央人民政府第二机械工业部领导。

1953 年 10 月 20 日　扬州工业学校更名为"华东第二工业学校",同时颁发"华东第二工业学校"印章。

1953 年 10 月 24 日　经中共南京市学校委员会同意,金左同任华东水利学校党支部书记。

1953 年 11 月 21 日	商业部任命韩澋为江苏省扬州商业学校校长，周文照任江苏省扬州商业学校副校长。
1954 年 2 月 2 日	苏北农学院决定将 5 月 5 日定为校庆日。
1954 年 7 月	南通医士护士学校的医士专业迁扬州，并入江苏省扬州医士学校。扬州医士学校护士专业迁南通，并入南通医士护士学校。
1954 年 9 月 9 日	扬州市第二初级中学划给苏北师范专科学校作为附属中学。
1954 年 9 月 23 日	经中共扬州市委批准，华东第二工业学校成立党总支，张渤如、徐少朋分别担任正、副书记。
1955 年 7 月	华东水利学校由水利部接收，更名为"水利部南京水利学校"。
1955 年 8 月 25 日	华东第二工业学校更名为"扬州建筑工程学校"。
1955 年 8 月底	江苏省镇江商业学校迁扬州，改称"江苏省扬州商业学校"。
1955 年 9 月	西安建筑工程学校并入扬州建筑工程学校。
1956 年 3 月 19 日	著名京剧表演艺术家梅兰芳先生到苏北农学院参观访问，全院师生在大礼堂举行欢迎仪式，梅兰芳先生在会上作了简短的讲话。
1956 年 8 月 10 日	省委文教部批复，张乃康兼任苏北师范专科学校党委书记，孙蔚民校长不再兼任党委书记。
1956 年 8 月	按照省教育厅指示，苏北师范专科学校撤销高邮分部，化学科改设为理化科。江苏省扬州医士学校更名为"江苏省扬州医士助产士学校"。
1956 年 9 月	中共八大代表孙蔚民出席中国共产党第八次全国代表大会。

1957 年 3 月 4 日	中共扬州市委批复,同意扬州建筑工程学校成立校党委会,张渤如任书记。
1957 年 4 月 29 日	国务院全体会议第 47 次会议通过任命冯焕文为苏北农学院院长,郭守纯、成克坚、夏永生为副院长的决定。
1957 年 10 月	郭沫若给扬州建筑工程学校的建 5913 班团支部回信,勉励他们"坚决跟着党走,始终拥护党的领导"。
1957 年 12 月	中共江苏省委决定,原中共扬州地委副书记兼专员陈超任苏北师范专科学校党委书记兼副校长,张乃康任党委副书记。
1958 年 1 月	江苏省扬州医士助产士学校更名为"扬州卫生学校"。
1958 年 4 月 4—6 日	中国共产党苏北农学院委员会召开首次党代表大会。
1958 年 6 月 7 日	扬州卫生学校升格为扬州医学专科学校,附设扬州卫校。
1958 年 7 月 23 日	扬州建筑工程学校划归江苏省领导,由省重工业厅主管。
1958 年 7 月 24 日	扬州中医专科学校成立,与扬州医学专科学校一套班子两块牌子。
1958 年 7 月	水利电力部决定将水利部南京水利学校下放给江苏省;9 月升格为南京水利学院。
1958 年 8 月 18 日	扬州建筑工程学校改为扬州工业专科学校,并附设中专部。
1958 年夏	成立南京市财经学校,1961 年末停办。
1959 年 2 月 6 日	在扬州的江苏省水利机械工业学校并入南京水

利学院。

1959 年 3 月 22 日	教育部副部长叶圣陶等全国人民代表大会代表、全国政协委员来扬州工业专科学校视察。叶圣陶为学校题词："党的教育方针,你们体会的最深刻。从你们的言谈,从你们的成绩,从你们的兴奋和欢欣,都得到这样的认识。"当年 4 月 17 日,以上题词在《人民日报》发表,并作了说明："学校办工厂,学生到工厂和农村,劳动、学习、科学研究三结合,这个学校的成绩很显著。"
1959 年 4 月	省委决定扬州师范专科学校并入苏北师范专科学校,两校合并后改名为"扬州师范学院"。5 月 1 日,扬州师范学院正式宣布成立。
1959 年 7 月 3 日	扬州中医专科学校与扬州医学专科学校合并,校名为"扬州医学专科学校",设中医、西医两个专业,附设扬州卫生学校。
1959 年 7 月 15 日	中共扬州地委委托扬州师范学院筹办专区中学教师进修学校,校名为"扬州师范学院附设中学教师进修学校"。
1960 年 2 月 2 日	江苏省人民委员会发出通知,南京水利学院迁址到扬州,更名为"江苏水利学院"。
1960 年 6 月 8 日	扬州地委决定在原扬州师范学院附设教师进修学校的基础上建立扬州专区教师进修学院,其行政领导关系属专署,由专署教育局具体管理,党组织关系属地委。
1960 年 7 月 5 日	江苏省委批复:孙蔚民任扬州师范学院院长、陈超任党委书记兼副院长、孙达伍任副书记兼副院长。

1960 年 7 月 30 日	扬州专署决定将苏北人民医院改为扬州医学专科学校附属医院。
1960 年 12 月 14 日	朱晨任江苏水利学院党委书记,院长胡扬调离。
1961 年 4 月	江苏省人民委员会对本省各专科学校进行专业调整。
1961 年 7 月	扬州工业专科学校改称为"扬州农机专科学校"。
1961 年 8 月	原扬州水利电力学校水利专业及镇江水利学校并入江苏水利学院中专班,盐城水利专科学校并入江苏水利学院大学部。
1961 年 8 月	中共江苏省委、江苏省人民委员会决定,无锡工业专科学校并入扬州工业专科学校。原无锡工专党委副书记严加光任扬州工专党委副书记。
1962 年 3 月 15—18 日	扬州师范学院举行第一次党代会。
1962 年 6 月	扬州工业专科学校中专部、扬州医学专科学校、江苏水利学院停办。扬州医学专科学校停办,恢复为中专。
1962 年 7 月 11 日	苏北农学院附设工农高中,搬迁至南京,与南京大学、南京工学院附设工农高中合并建立江苏省工农高中。
1962 年 7—8 月	江苏省常州工专、苏州工专、南通工专、盐城工专、淮阴工专、新海连工专等同时停办。各校部分教师和教学设备、图书,根据需要调配到扬州农机专科学校。
1962 年 8 月 14 日	中共扬州地委组织部通知,撤销中共扬州医学专科学校委员会,建立中共苏北人民医院、扬州卫生学校委员会。肖广普任中共苏北人民医

院、扬州卫生学校委员会书记,免去中共扬州医学专科学校委员会书记、医专副校长、苏北人民医院院长职务。缪祖培任中共苏北人民医院、扬州卫生学校委员会副书记兼苏北人民医院院长,免去中共扬州医学专科学校委员会第二书记职务。於十恺任中共苏北人民医院、扬州卫生学校委员会副书记兼扬州卫生学校校长,免去中共扬州医学专科学校委员会副书记职务。

1962 年 8 月 20 日	苏北农学院农学系招收首届研究生 3 名,其中作物栽培学科 1 名,遗传育种学科 2 名。
1962 年 8 月	中共江苏省委、省人民委员会决定将江苏水利学院大学部机电排灌、农田水利和河川枢纽及发电站专业及其师生、部分党政人员计 290 余人(其中学生 228 人)并入苏北农学院,新成立农田水利系。由于搬迁实验室、专业设备等原因,直到 1964 年暑假才完成搬迁。
1962 年 9 月 24 日	扬州农机专科学校仍改名为"扬州工业专科学校"。
1962 年 10 月 1 日	扬州医学专科学校附设卫生学校更名为"扬州卫生学校"。
1962 年 12 月 15 日	江苏水利学院中专部由水利部收回,更名为"水利电力部扬州水利学校"。
1962 年 12 月 26 日	苏北农学院方定一教授 1956 年开始主持小鹅瘟课题研究,后因各种原因中断。1961 年 4 月重新开始进行研究,并于当年在世界上首次发现小鹅瘟病毒,研制出抗血清。1962 年 12 月 26 日,又成功研发出疫苗。

1963 年 2 月	中共扬州地委组织部通知,杨凤太任中共扬州卫生学校党支部书记兼扬州卫生学校校长。
1963 年 3 月	经中共江苏省委批准,张渤如任扬州工业专科学校党委书记。
1963 年春	在南京市财经学校的基础上成立省市合办的南京商业职业学校。
1963 年 10 月 28 日	中国科学院数学研究所所长、数学家华罗庚来扬州师范学院作学术报告。
1964 年 3 月 26 日	原江苏水利学院党委书记朱晨调苏北农学院任副院长。
1964 年 5 月	扬州地委通知,缪祖培任中共苏北人民医院、扬州卫生学校委员会书记。
1964 年 6 月 15 日	扬州师范学院保留四年制的汉语言文学、数学、化学 3 个专业;停办外语专修科(俄语)、物理、生物 3 个专业;试办文史双科、数理双科。扬州工业专科学校保留三年制的机械工艺及其设备、农业机械、内燃机、金属学与热处理工艺及设备、铸造 5 个专业;停办三年制无机物工学专业。
1964 年 10 月	于建华任中共扬州水利学校党总支书记。
1964 年 12 月 26 日	江苏省农林厅、教育厅决定在苏北农学院举办半农半读师范专修科,培养农业高中和农场办半农半读中等农业技术学校的教师,设农学、畜牧兽医专业,学制为三年。
1965 年 4 月 22 日	苏北人民医院、扬州卫生学校召开党员代表大会,选举产生缪祖培等 9 人组成的新的党委会,缪祖培为书记,蒋标、杨德培为副书记。
1965 年夏	南京商业职业学校改名为"南京商业专科学

校"。同年秋,更名为"南京半工半读商业专科学校",邱鸿鼎任校长,潘维忠任党总支书记。

1965 年 9 月 6 日	解放军副总参谋长张爱萍在苏北农学院大礼堂向扬州地、市、县机关干部和驻扬高校代表 1500 余人作国际形势报告。
1965 年 9 月	扬州工业专科学校划归第五机械工业部领导,更名为"扬州工业学院"。
1965 年 10 月	江苏省扬州商业学校更名为"江苏省商业学校"。
1965 年 12 月	五机部任命范建文为扬州工业学院党委第一副书记兼政治部主任。
1966 年 3 月 18 日	苏北农学院党委确定在五星农场建立苏北农学院分院。
1969 年 6 月 16 日	五机部军管会通知,决定将扬州工业学院改办为第五机械工业部 5308 厂(第二厂名为曙光仪器厂)。
1969 年 11 月 17 日	江苏省商业学校停办。
1970 年 1 月 1 日	水利电力部扬州水利学校改称"江苏省扬州水利学校"。
1971 年 11 月 23 日	江苏省革委会决定,南京农学院与苏北农学院合并,组建江苏农学院,校址设在原苏北农学院。
1972 年 8 月 26 日	五机部发文:开办扬州光学机械学校(对外既是学校又是工厂)。
1973 年 5 月 16 日	中共江苏省委决定恢复江苏省商业学校,张少堂任校长兼党总支书记。
1975 年 9 月 19 日	中共江苏省委决定在江苏农学院开办西藏班,毕业后分到西藏工作。

1975 年 12 月 30 日	扬州师范学院为西藏培训师资,招收我省知青 40 名,毕业生进藏工作。
1976 年 11 月 4 日	江苏省革委会批复,同意创办扬州师范学院南通分院。
1976 年 12 月	经江苏省革委会批准,扩建"江苏新医学院扬州分院"。
1978 年 1 月	中共江苏省委决定任命成克坚为扬州师范学院党委书记、院革委会主任。
1978 年 12 月 28 日	经江苏省革命委员会报请国务院批准,正式成立扬州医学专科学校。
1978 年 12 月	扬州师范学院化学系科研产品"高精度标准电池"及论文《饱和标准电池电动势—温度系数公式》获 1978 年全国科学大会奖。
1979 年 1 月 3 日	中共中央办公厅电报通知:"同意在原校址恢复南京农学院,继续办好江苏农学院。"两校分设后,南京农学院为部属重点高校,江苏农学院校名不变,仍属江苏省革委会领导。
1979 年 1 月	原江苏新医学院扬州分院正式更名为"扬州医学专科学校"。
1979 年 2 月 9 日	中共江苏省委组织部批准,金左同任江苏省扬州水利学校校长。
1979 年 2 月	扬州师范学院首次招收研究生 12 名,专业为中国古代文学、中国现代文学、中国古代史、基础数学,学习年限为两年。
1979 年 3 月 30 日	中共江苏省委决定成克坚任扬州师范学院院长,免去扬州师范学院革委会主任职务。
1979 年春	江苏省政府决定,并报国务院批准,恢复南京商

业专科学校,并易名为"江苏商业专科学校"。
同年 11 月 1 日,江苏商业专科学校在南京复校
开学。

1979 年 8 月 27 日	根据江苏省委组织部批复,建立江苏省扬州水利学校党委会,由金左同任党委书记,于建华、周洁学任副书记。
1980 年 1 月 8 日	江苏省高教局经省人民政府批准,同意以扬州光学机械学校为基础成立扬州工专筹建处。
1981 年 5 月	农垦部、江苏省人民政府签署关于江苏农学院实行联合办学的协议书。联合办学的领导体制,实行省、部双重领导,以省为主。
1981 年 8 月 6 日	江苏省人民政府批准成立扬州工业专科学校,学制为三年,规模为 1200 人,设置机械制造、无线电技术、工业与民用建筑、供热通风等专业,实行省与地市双重领导、以省为主的管理体制。
1981 年 11 月 3 日	经国务院学位委员会批准,扬州师范学院中国古代文学专业获得博士学位和硕士学位授予权,任中敏教授为博士生指导教师。江苏农学院首批获得硕士学位授予权的专业是作物栽培、农田水利工程专业。
1982 年 1 月 15 日	经国务院批准,国务院学位委员会、教育部发文公布,扬州师范学院、江苏农学院获批首批授予学士学位高等学校。
1982 年 2 月	江苏商业专科学校迁扬州,与江苏省商业学校合并成立新的江苏商业专科学校,省商业厅厅长王长友兼任校长。
1982 年 6 月 8 日	经江苏省政府批准,江苏农学院和省农林厅脱

钩,正式转为省高等教育局领导。

1982 年 7 月 3 日	中共江苏省委任命凌启鸿为江苏农学院院长。
1982 年 8 月 28 日	中共江苏省委任命陈同高为江苏商业专科学校校长。
1982 年 12 月 12 日	中共江苏省委决定冯霖任扬州工业专科学校党委书记,徐玉宝任校长。
1983 年 3 月 11 日	经教育部批准,江苏省高等高教局同意江苏商业专科学校增设"烹饪"专业,学制为三年,从当年开始招生。9 月 17 日,中国首届烹饪大学生(专科)在江苏商业专科学校举行开学典礼。1994 年,扬州大学商学院中国烹饪专业从专科升格为本科,专业名改为"烹饪教育"。
1983 年 8 月	中共江苏省委决定,顾崇仁任扬州师范学院代理党委书记,吴骥陶任代理院长。同年 11 月,中共江苏省委根据中共中央宣传部批复,同意顾崇仁任扬州师范学院党委书记,吴骥陶任院长。
1983 年 9 月	中共江苏省委决定梁隆圣任江苏农学院代理党委书记,朱堃熹任代理院长。同年 11 月,中共江苏省委根据中共中央宣传部批复,同意梁隆圣任江苏农学院党委书记,朱堃熹任院长。
1983 年 12 月	扬州地委根据省委批复,任命陆以和为扬州医学专科学校党委书记;姚军为副校长,主持工作。
1984 年 4 月 16 日	江苏省人民政府批复,建立江苏水利工程专科学校,保留江苏省扬州水利学校。
1984 年 5 月 27 日	教育部同意商业部与江苏省在扬州师范学院联合办学,确定在扬州师范学院设置商业师范

部,规模为 1000 人,由扬州师范学院实行统一
管理。

1984 年 7 月 16 日　教育部批准扬州医学专科学校升格为医学院,
并定名为"扬州医学院"。设置医学、中医两个
专业,学制为五年,同时试办三年制妇产专业
(专科)。学校升格后仍归江苏省人民政府领导,
由省高教局具体管理。

1984 年 7 月 26 日　中共江苏省委任命李清璧为扬州医学院院长。

1984 年 10 月 13 日　中共江苏省委任命陈同高为江苏商业专科学校
党委书记,顾坚任江苏商业专科学校校长。

1985 年 1 月 10 日　扬州高校联合实验中心在江苏农学院举行可行
性论证会。会议决定在江苏农学院中心实验室
和扬州高校共用实验室(电镜部分)的基础上,
建立扬州高校联合实验中心。

1985 年 12 月 1 日　扬州师范学院中国古代文学专业首位博士生王
小盾通过论文答辩(导师为任中敏教授),获得
博士学位。

1987 年 7 月 8 日　中共江苏省委决定叶杏生同志任扬州工业专科
学校党委书记;学校于 1987 年底升格为扬州
工学院后,叶杏生任扬州工学院党委书记。

1987 年 12 月 16 日　国家教委批准成立扬州工学院,实行省、市双重
领导,以省为主的领导体制。

1988 年 3 月　全国人大代表曾华鹏出席七届全国人大一次会
议。

1988 年 6 月　以扬州师范学院和江苏农学院为首的 6 所高
校,开始探讨联合办学模式问题,联合组建的新
校名确定为"江苏大学"。

1988 年 8 月 16 日	中共江苏省委决定刘炳坤同志任扬州工学院院长。1991 年 11 月 23 日,兼任扬州工学院党委书记。
1988 年 9 月	国家教育委员会副主任朱开轩来扬州视察。在听取了有关扬州 6 所高校酝酿联合办学的汇报后,他表示积极支持这一改革实践,并建议江苏省人民政府和省教委关心和支持扬州高校联合办学的改革实践,将扬州高校联合组建成一所综合性大学。
1988 年 10 月	江苏省教委派出调查组赴扬州就 6 所高校联合办学的问题进行调查研究,听取 6 所高校和扬州市委、市政府的意见。
1988 年 11 月 8 日	扬州师范学院和江苏农学院等 6 所高校正式向江苏省人民政府递交《关于扬州六所省属高校实行联合办学,建立江苏大学筹备委员会的报告》。
1989 年 4 月 5 日	副省长杨咏沂、省教委副主任叶春生等在扬州师范学院召开扬州 6 所省属高校党委书记、院(校)长会议。杨咏沂宣读了江苏省人民政府《关于扬州六所省属高校实行联合办学并成立江苏大学筹备委员会的批复》。
1990 年 6 月 6 日	国家税务局致函我省,要求将扬州培训中心加入扬州大学,并改设税务学院。
1990 年 12 月 6 日	江苏农学院畜禽传染病实验室被农业部确定为首批部级重点开放性实验室。
1991 年 3 月 7 日	扬州 6 所省属高校党委书记、院(校)长会议在扬州召开,传达了国家教委副主任朱开轩对联

合办学的讲话精神。朱开轩指出,联合对提高
教学质量和办学效益,优化江苏高校的布局和
结构,都有一定的好处;实行联合,有利于加快
学科发展,优化专业结构。

1992 年 4 月 21 日 　江苏省政府向国家教委递交《关于申请建立扬
州大学的函》。

1992 年 5 月 19 日 　国家教委批准建立扬州大学,扬州大学下设师
范学院、农学院、工学院、医学院、水利学院、商
业学院、税务学院。

1992 年 6 月 22 日 　江苏省政府通知"从 1992 年起,扬州大学所属
的七个学院均以扬州大学名义招收新生"。

1992 年 12 月 9 日 　中共江苏省委决定朱克昌任扬州市委常委、扬
州大学党委书记、常务副校长,免去扬州市副市
长职务;袁相碗兼任校长;刘德华任校党委副
书记、副校长。

1992 年 12 月 　中共江苏省委高校工委决定建立扬州大学党委
会,由朱克昌、刘炳坤、刘德华、何开选、陈中英、
陈同高、顾崇仁、高信华、梁隆圣等九人组成。
朱克昌任书记,刘德华任副书记。建立扬州大
学校务委员会,由袁相碗、朱克昌、刘德华和 7
所学院的院长王勇、刘炳坤、刘传桂、羊锦忠、吴
骥陶、郭永年、薛钜组成。

1993 年 1 月 7 日 　校党委在师范学院第一会议室召开第一次党委
扩大会议。

1993 年 3 月 　顾黄初、刘秀梵当选为第八届中华人民共和国
全国人民代表大会代表;曾华鹏当选为第八届
中国人民政治协商会议全国委员会委员。

1993 年 5 月 24 日	中共中央总书记、国家主席江泽民题写"扬州大学"校名。
1993 年 7 月 3 日	学校向各学院颁发统一定制的校徽。
1993 年 9 月 20 日	学校向各学院颁发统一制定的扬州大学学生证。
1993 年 11 月 6 日	学校授牌大会在农学院礼堂举行。中共中央政治委员、国务院副总理李岚清发来贺信。同日，学校举行校部综合楼奠基仪式。
1993 年 11 月 10 日	学校决定统一使用新的校名、校牌和印鉴。
1993 年 11 月 30 日	中共中央政治局委员、国务院副总理李岚清对扬州大学走联合办学之路给予充分肯定。他希望全国高校向扬州大学学习，进一步深化高校管理体制改革。
1994 年 1 月 5 日	经江苏省教委批准，学校决定校部暂设党委办公室、校长办公室、教学科研办公室、总务后勤办公室、科技产业办公室等 5 个工作机构。
1994 年 3 月 21 日	中共中央政治局委员、国务院副总理李岚清在办公室召见赴京参加全国人大八届二次会议的扬州市委书记李炳才，询问扬州大学的办学情况，并对学校发展作重要指示。
1994 年 4 月 9 日	中共中央政治局委员、国务院副总理李岚清在学校 1994 年 4 月 1 日给他的信函上作重要批示，高度评价学校合并办学工作。
1994 年 4 月 25 日	由江苏省高教学会、扬州大学、江苏省教育科学研究所联合发起的全国高校联合理论与实践研讨会在税务学院召开。
1994 年 6 月 20 日	经省教委同意，学校统一发放毕业证书和学位证书。

1994 年 8 月 19 日	经中共江苏省委高校工委批准,建立中共扬州大学委员会常务委员会,由袁相碗、朱克昌、张耀宗、秦景明、严华海等 5 人组成。
1994 年 12 月 29 日	国务院学位委员会批准扬州大学为博士、硕士学位授予单位,并组建扬州大学学位评定委员会;撤销原扬州师范学院的博士、硕士学位授予单位,撤销原江苏农学院的硕士学位授予单位。
1995 年 3 月 14 日	江苏省学位委员会批准学校为学士学位授予单位,并同意成立扬州大学学位评定委员会,统一负责全校博士、硕士、学士学位评定工作。同时撤销原扬州师范学院、江苏农学院、扬州医学院、扬州工学院的学士学位授予单位,原 4 校经省教委、省学位委员会审核批准的学士学位授予专业,均转入扬州大学。
1995 年 3 月 30 日	中共中央政治局委员、国务院副总理李岚清在省长郑斯林的陪同下来学校视察。
1995 年 4 月 1 日	《扬州大学报》试刊出版。
1995 年 5 月 4 日	中共江苏省委决定顾铭洪任校长,方洪锦任常务副校长,杨家栋任副校长;免去袁相碗校长职务。
1995 年 5 月 6 日	学校隆重举行校部综合楼落成典礼。
1995 年 9 月 1 日	学校颁布实施《扬州大学校院系三级管理暂行办法》。
1995 年 10 月 21 日	中共江苏省委决定顾宸任校纪委书记,免去其工学院党委副书记职务。同时,省委高校工委决定顾宸任校党委委员、常委。
1996 年 4 月 12—14 日	扬州大学召开第一届大学生田径运动会。

1996 年 6 月 7 日	中共江苏省委决定梁隆圣任校党委副书记（正厅级）。
1996 年 6 月	校党政联席会决定校训为"求是、求实、求新、求精"，确定校标设计方案，确定 5 月 19 日为校庆纪念日。
1996 年 8 月 1 日	国家教委在北戴河召开全国高教体制改革座谈会，校长顾铭洪出席会议并作《多学院实体合并的有益尝试》的书面发言。
1996 年 8 月 12 日	中共中央政治局委员、国务院副总理李岚清在一份反映农学院农科教结合经验的简报上作出批示：农业院校除了要面向农村培养人才外，还要深入农村推进农科教三结合和科技成果的转化。扬大的做法是好的，希望在这方面做出更大的贡献。
1996 年 9 月 6 日	学校制订《关于进一步深化学校改革加快学校发展的若干意见》。
1996 年 11 月 8 日	学校首次科技工作会议在师范学院举行。
1996 年 11 月 19 日	国务院学位委员会同意扬州大学作为博士学位授予单位实行学位授权点的统一管理。
1996 年 11 月 19 日	江苏省教委批复同意《扬州大学改革和发展的"九五"计划和十年规划》，这是学校合并办学后的第一份"五年计划"和十年规划。
1996 年 11—12 月	学校举办首届科技文化艺术节。
1997 年 2—3 月	学校成立经济管理学院、建筑工程学院。
1997 年 4 月 25 日	国家教委港澳台办公室同意学校从 1997 年开始招收港澳台学生。
1997 年 5 月 16 日	学校召开首次师资工作会议。

1997 年 7 月 28 日	省委教育工委、省教委联合下发《关于进一步深化扬州大学内部管理体制改革的意见》,明确学校实行校院系三级建制、两级管理。
1997 年 9 月 5 日	江苏省教委与扬州市人民政府共建扬州大学协议签字仪式在学校举行。学校同时举行中心教学主楼奠基仪式。
1997 年 12 月 26—27 日	学校召开合并办学以来第一次工会会员暨教职工代表大会。
1998 年 1 月 17 日	中共中央政治局常委、国务院副总理李岚清视察学校,对学校几年来合并办学和体制改革取得的成绩给予了充分肯定,希望学校集中力量求发展,争取办成一所高水平的综合性大学。
1998 年 1 月 17—19 日	中共中央政治局常委、国务院副总理李岚清出席在扬州召开的"全国高等教育管理体制改革经验交流会"。校长顾铭洪在会上做题为"走合并办学之路,建设真正意义的综合性大学"的交流发言。
1998 年 3 月	全国人大代表顾黄初、刘秀梵出席九届全国人大一次会议,全国政协委员曾华鹏出席政协九届一次会议。
1998 年 4 月 26 日	经省招生委员会批准,学校实行统一代码招生。
1998 年 5 月 19 日	中共江苏省委决定葛锁网兼任校党委书记,免去朱克昌校党委书记职务。
1998 年 8 月 17 日	省委教育工委、省教委批准《扬州大学二级学院组建调整方案》《扬州大学深化内部管理体制改革方案》。
1998 年 12 月	经省教委批准,学校创办公有民办二级学院

——扬州大学广陵学院。

1999 年 1 月 20 日　　学校被批准为同等学力人员申请硕士学位授权单位。

1999 年 3 月 27 日　　召开首次教学工作会议。

1999 年 10 月 15 日　由中科院与扬州大学共同完成的"转基因体细胞克隆羊"诞生。该项成果入选教育部"1999年中国基础科学研究十大新闻"的头条新闻。

2000 年 4 月 8 日　　国际著名科学家、诺贝尔奖获得者、美籍华人杨振宁博士应邀访问学校。

2002 年 1 月 28 日　　中共江苏省委决定范明任校党委书记,郭荣任校长;免去葛锁网的党委书记、常委、委员职务,免去顾铭洪的校长及党委常委、委员职务。

2002 年 1 月　　　　学校被审计署表彰为 1999—2001 年度全国内部审计先进单位。此后,在每 3 年一次的全国内部审计"双先"表彰中,学校均榜上有名,至2020 年,连续七次荣获全国内部审计先进集体(含个人)。

2002 年 4 月 13 日　　召开扬州大学校友会成立大会。

2002 年 5 月 18 日　　隆重举行扬州大学百年校庆"大学校长论坛"。

2002 年 5 月 19 日　　隆重举行"合并办学 10 周年、在扬办学 50 周年、建校 100 周年"庆祝大会。召开扬州大学董事会成立大会暨首届董事会第一次会议。

2002 年 8 月 18 日　　中共中央政治局常委、国务院副总理李岚清莅临学校视察,并向学校百年校庆表示祝贺。

2002 年 11 月 21 日　由中国科学院国家基因研究中心负责,国家人类基因组南方研究中心、中国科学院遗传与发育生物学研究所、扬州大学等参与合作研究的国际水稻基因组计划第四号染色体精确测序任务圆满完成,对国际水稻基因组计划的贡献率达 10%。

2003 年 1 月 26 日　学校参与的国际水稻基因组计划第四号染色体精确测序工作被评为"2002 年中国十大科技进展头条新闻"。

2003 年 3 月　全国人大代表刘秀梵出席十届全国人大一次会议。

2003 年 9 月 22 日　《光明日报》在第一版头条位置以《扬州大学在改革中做大做强》为题,报道学校合并办学以来取得的成绩。时任教育部部长周济当天对该报道作出批示,予以肯定。

2003 年 11 月 26 日　学校召开第一次人文社科大会。

2003 年 12 月　校纪委、监察处被教育部表彰为"全国教育系统纪检监察工作先进集体"。

2004 年 2 月 4 日　中共中央政治局原常委、国务院原副总理李岚清在中南海亲切接见学校党委书记范明和校长郭荣。

2004 年 4 月 16 日　"扬大"商标注册被国家工商总局商标局正式受理。

2004 年 5 月 31 日　学校被教育部列为大学英语教学改革试点学校。

2004 年 6 月 24 日　校党委被中共江苏省委表彰为"先进基层党组织"。

2004 年 6 月 25 日　全省高校基层党组织建设考核工作汇报会在扬州大学召开。省委教育工委书记、教育厅厅长王斌泰到会讲话。校党委书记范明代表学校介绍党建迎考工作情况。与会人员参观了学校的党建展览。

2004 年 8 月 21 日	陈玘同学和队友马琳获第 28 届雅典奥运会乒乓球男子双打冠军,为中国体育代表团夺得该届奥运会第 16 枚金牌。
2004 年 11 月 16 日	张謇先生铜像揭幕仪式在文汇路校区隆重举行。
2005 年 1 月 17 日	扬州市党政代表团来学校调研,并与学校签订《扬州市人民政府与扬州大学全面合作框架协议》。
2005 年 1 月 18 日	《人民日报》、新华社、中央电视台("新闻联播")、中央人民广播电台、《光明日报》、《经济日报》、《中国教育报》等中央媒体集中报道农学院副研究员薛元龙 18 年来坚持服务"三农"的先进事迹。
2005 年 4 月 21 日	学校获得教育部 2004 年高等学校本科教学工作水平评估优秀成绩。
2005 年 5 月 28—29 日	中国共产党扬州大学第一次代表大会隆重召开。会议选举产生第一届党委会和纪律检查委员会。
2005 年 12 月 13 日	刘秀梵教授当选为中国工程院院士。
2005 年 12 月 23—26 日	召开合并办学以来的首次全校思想政治教育工作会议。
2006 年 5 月 2 日	中共中央政治局原常委、国务院原副总理李岚清来校视察,参观了学校"十五"期间改革发展成就展。
2006 年 6 月 30 日	校党委被中共中央表彰为"全国先进基层党组

织"。

2006 年 11 月 15 日　学校"十五""211 工程"及重点高校建设项目通过整体验收。

2007 年 4 月 16 日　中共中央政治局原常委、国务院原副总理李岚清来学校视察,为全校 1500 余名师生做"音乐·艺术·人生"讲座。

2007 年 4 月 28 日　由学校和海门京海集团有限公司、省畜牧兽医总站联合培育的"京海黄鸡"名列"江苏省 2007 年农业主导品种和主推技术"第一主导品种。

2007 年 5 月 17 日　学校举行纪念冯焕文教授诞辰 110 周年活动。

2007 年 5 月 19 日　学校举行"合并办学 15 周年、在扬办学 55 周年、建校 105 周年"庆祝活动。

2007 年 6 月 6 日　学校举行纪念任中敏先生诞辰 110 周年活动。

2007 年 8 月 20 日　教育部公布新一轮国家重点学科名单。学校原国家重点学科预防兽医学以高分通过考核评估,继续名列其中;作物栽培学与耕作学新增补为国家重点学科。

2007 年 9 月 4 日　预防兽医学创新团队被人事部、教育部表彰为"2007 年全国教育系统先进集体"。

2007 年 11 月 15 日　学校测试中心通过国家计量认证监督(扩项)评审。

2007 年 12 月 12 日　校团委被团中央表彰为"全国五四红旗团委"。

2007 年 12 月　动物遗传育种与繁殖学科被评为国家重点(培育)学科。

2008 年 3 月　全国人大代表郭荣出席十一届全国人大一次会议,全国政协委员刘秀梵出席政协十一届一次会议。会议期间,郭荣向胡锦涛总书记赠送 3 件特别礼物:总书记初中班主任李夜光老师的照片和亲笔信、曾受到总书记亲切关怀的兽医学院学生开妍的照片和亲笔信、总书记当年在文汇路校区参加高考的考场教室照片。

2008 年 5 月 12 日　扬子津新校区开工建设。2009 年 9 月,占地 1100 多亩的扬子津新校区正式投入使用。

2008 年 6 月 16 日　中共江苏省委决定陈章龙任校党委书记,免去范明校党委书记、常委、委员职务。

2008 年 9 月 8 日　在第 24 个教师节到来之际,省长罗志军来学校视察,了解学校改革发展情况,看望慰问全校教师。

2008 年 9 月 22 日　国家汉语国际推广领导小组办公室批准学校承办美国肯尼索州立大学孔子学院。

2008 年 11 月 11 日　中共江苏省委公布学校新一届行政领导班子。郭荣继续任校长、校党委副书记。

2008 年 11 月 20 日　由教育部主办、学校承办的"中阿(10+1)高教合作研讨会"在扬州隆重开幕。会议期间,学校与所有参与的 14 所阿拉伯高校签订合作协议。

2008 年 12 月 28 日　张洪程教授在中央农业工作会议上被表彰为"全国粮食生产先进工作者标兵"。中共中央政治局委员、国务院副总理回良玉为张洪程颁发奖牌和证书。

2009 年 2 月 18 日　学校图书馆被江苏省政府认定为"江苏省古籍重点保护单位"。

2009 年 3 月 31 日　扬州大学教育发展基金会成立。

2009 年 4 月 23 日　中共中央政治局常委、中央书记处书记、国家副主席习近平在南京主持召开深入学习实践科学发展观调研座谈会。校党委书记陈章龙汇报学校学习实践活动的开展情况。习近平肯定学校做法,要求学校做好"优化组合、转型化合"这篇"大文章"。

| 2009 年 6 月 9 日 | 学校图书馆被国务院认定为"全国古籍重点保护单位"。 |

2009 年 6 月 9 日 　学校图书馆被国务院认定为"全国古籍重点保护单位"。

2009 年 10 月 26 日 　入选"100 位新中国成立以来感动中国人物"的杰出校友吴登云将自己近年获得的"感动中国人物""全国优秀共产党员""全国五一劳动奖章"等荣誉证书、绶带和奖章等全部捐赠给学校。

2009 年 12 月 24 日 　校党委书记陈章龙参加第十八次全国高等学校党的建设工作会议。

2010 年 4 月 　学校确定以"坚苦自立"为校训,将原校训表述"求是、求实、求新、求精"作为校风。2011 年 4 月,学校确定以"厚德抱朴、弘道树人"为教风,以"学之以恒、行之以德"为学风。2011 年 9 月,《扬州大学校歌》正式发布。

2010 年 4 月 　学校被全国绿化委员会评为全国绿化模范单位。

2010 年 6 月 2 日 　学校入选"中非高校 20+20 合作计划"。

2010 年 11 月 9 日 　举办首次全国校友分会会长、秘书长会议。

2011 年 2 月 15 日 　中共中央政治局原常委、国务院原副总理李岚清在北京亲切接见校党委书记陈章龙、校长郭荣。

2011 年 4 月 9 日 　教育部部长袁贵仁在扬州亲切接见校党委书记陈章龙、校长郭荣,听取学校改革发展情况汇报。

2011 年 4 月 10 日 　江苏省省长李学勇来校视察。

2011 年 4 月 19 日	中共中央政治局原常委、国务院原副总理李岚清在扬州亲切接见校党委书记陈章龙、校长郭荣。
2011 年 9 月 28 日	全国妇联主席陈至立在北京亲切接见校党委书记陈章龙、校长郭荣、副校长叶柏森。
2011 年 9 月 29 日	中共中央政治局原常委、国务院原副总理李岚清在扬州亲切接见校党委书记陈章龙、校长郭荣。
2011 年 10 月 1 日	学校"海外校友会北美分会"在纽约成立。
2011 年 12 月 31 日	教育部决定在学校设立"教育部部级科技查新工作站"。次年 3 月 24 日,学校举行"教育部科技查新工作站"揭牌仪式。
2011 年 12 月	学校被中国教育后勤协会表彰为"全国高校后勤十年社会化改革先进院校"。
2012 年 2 月 8 日	中共中央政治局原常委、国务院原副总理李岚清在北京亲切接见校党委书记陈章龙、校长郭荣、副校长周新国。
2012 年 2 月 9 日	全国妇联主席陈至立在北京亲切接见校党委书记陈章龙、校长郭荣、副校长周新国。
2012 年 4 月 16 日	参照"211 工程"三期建设通过江苏省发改委、财政厅、教育厅组织的验收。
2012 年 5 月 15 日	中共中央政治局原常委、国务院原副总理李岚清在省市相关领导陪同下专程来校视察,出席其"我为大师画素描"艺术展,听取校党委书记陈章龙、校长郭荣的学校工作汇报,对合并办学 20 年以来取得的成果表示充分肯定和赞许,对学校改革发展作出重要指示。
2012 年 5 月 19 日	学校隆重举行"建校 110 周年、在扬办学 60 周年、合并办学 20 周年"庆祝大会。

2012 年 7 月 1 日	中共江苏省委决定夏锦文任校党委委员、常委、书记,免去陈章龙的校党委书记、常委、委员职务;焦新安任校长,免去郭荣的校长职务。
2012 年 10 月 12—13 日	学校召开中国共产党扬州大学第二次代表大会,确立了"建设国内一流、国际知名、特色鲜明的高水平地方综合性大学"的奋斗目标。
2012 年 10 月 16 日	以文学院钱宗武教授为首席专家申报的"《尚书》学文献集成与研究"获国家社科基金重大项目立项。
2012 年 10 月 29 日	张洪程教授获何梁何利基金科学与技术进步奖。
2012 年 11 月 28 日	召开首次人才工作大会。
2012 年 11 月	化学、植物与动物科学、工程学、农业科学 4 个学科的 ESI 排名进入全球大学和科研机构前 1%。
2013 年 1 月	成立研究生院。
2013 年 2 月 1 日	学校获批与教育部中国留学服务中心合作共建出国留学培训基地。
2013 年 3 月 22 日	车锡伦老师的研究成果《中国宝卷研究》获教育部第六届高等学校科学研究优秀成果(人文社会科学)一等奖。
2013 年 6 月 8 日	学校举行"中国扬州大学—加拿大农业与农业食品部农业科学联合实验室"揭牌仪式。
2013 年 9 月 10 日	学校关心下一代工作委员会被中国关心下一代工作委员会表彰为"五好基层关工委先进集体"。
2013 年 10 月 8 日	扬州市人民政府与扬州大学全面合作协议签约仪式举行。

2013 年 12 月 3 日	焦新安教授主持完成的"'三维式'研究性教学改革的探索与实践"、胡效亚教授主持完成的"优质教学资源协同创新构建高素质化学人才培养平台"2 项成果荣获 2013 年江苏省教学成果奖特等奖。
2013 年 12 月 12 日	教育部党组副书记、副部长杜玉波,全国妇联原主席陈至立等在北京分别会见校党委书记夏锦文、校长焦新安、副校长叶柏森一行,听取学校工作汇报。
2013 年 12 月 19 日	学校评选表彰首届"情暖校园"十大人物(群体)。
2014 年 1 月 7 日	中共中央政治局原常委、国务院原副总理李岚清在北京亲切接见校党委书记夏锦文、校长焦新安、副校长叶柏森,听取学校改革发展情况汇报。
2014 年 1 月 10 日	学校召开发展工科推进大会。
2014 年 4 月 21 日	世界自然保护联盟理事会主席、教育部原副部长章新胜来校视察,听取学校改革发展情况汇报。
2014 年 7 月 1 日	由扬州市人民政府与扬州大学共建的省级大学科技园(筹)开园仪式在学校隆重举行。
2014 年 7 月	以文学院田汉云教授为首席专家申报的"清代扬州学派文献整理与研究"获批教育部哲学社会科学研究重大课题攻关项目立项。
2014 年 9 月 4 日	郭荣教授主持完成的"地方高校多元融通六位一体的社会适应性培养体系建设"和焦新安教授主持完成的"地方高校全面推进研究性教学模式的改革与实践"2 项成果获 2014 年国家级教学成果奖二等奖。

2014 年 10 月 29 日	教育部党组副书记、副部长杜玉波来学校视察。
2014 年 12 月 2 日	学校荣获首批"全国智慧校园示范校"荣誉称号。
2014 年 12 月 4 日	学校研究生支教团"益往黔行·爱心一公里"项目获首届全国青年志愿服务项目大赛金奖。
2014 年 12 月 4 日	农业部副部长张桃林在北京接见校长焦新安，副校长刘祖汉、陈永平一行。
2014 年 12 月 18 日	由刘秀梵院士团队联合攻关获得的国家一类新兽药——"重组新城疫病毒（A-VII 株）灭活疫苗"成果发布会暨家禽重要疫病防控论坛召开。
2014 年 12 月 31 日	刘玉荣教授入选工程学科领域高被引科学家。
2015 年 1 月 9 日	由学校作为第二完成单位，张洪程教授、霍中洋教授参与完成的"超级稻高产栽培关键技术及区域化集成应用"成果荣获 2014 年度国家科技进步奖二等奖。
2015 年 2 月 2 日	刘秀梵院士、杨建昌教授、刘玉荣教授分别入选微生物和免疫学、农业与生物科学、控制与系统工程等学术领域高被引科学家。
2015 年 4 月 10 日	学校正式发布《扬州大学章程》。
2015 年 6 月 3 日	教育部党组副书记、副部长杜玉波，副部长林蕙青在北京分别会见校长焦新安、副校长刘祖汉一行，听取学校工作汇报。
2015 年 9 月 11 日	刘秀梵院士和崔治中校友入选世界兽医家禽协会荣誉堂。
2015 年 9 月 13 日	举行"中国—东盟教育培训中心"揭牌仪式。
2015 年 9 月 21 日	江苏省人民政府和教育部联合印发《江苏省人民政府、教育部关于共建扬州大学的意见》，标

志着学校成为新一批省部共建高校。

2015 年 9 月 29 日	中共江苏省委决定姚冠新任校党委委员、常委、书记。
2015 年 11 月 25—26 日	学校召开合并办学以来的第一次国际合作与交流工作推进大会。
2015 年 12 月 3 日	国家主席习近平访问南非期间,我校担任南非孔子学院院长的教师、志愿者学生等人受到习近平主席和夫人彭丽媛的集体接见。
2015 年 12 月 7 日	张洪程教授当选中国工程院院士。
2015 年 12 月 12 日	学校荣获"全国高校后勤信息化建设工作优秀单位"称号。
2015 年 12 月 23 日	"农业与农产品安全国际合作联合实验室"通过教育部论证立项建设。2019 年 4 月 16 日,教育部组织专家现场验收。2020 年 11 月 16 日,教育部发文确认验收通过,正式建立"教育部农业与农产品安全国际合作联合实验室"。
2016 年 1 月 5 日	中共中央政治局原常委、国务院原副总理李岚清,全国妇联原主席陈至立在北京接见校党委书记姚冠新、校长焦新安、副校长洪涛一行。
2016 年 1 月 9 日	学校召开科技创新大会。
2016 年 1 月 16 日	全国首个"海外惠侨工程中餐繁荣基地"落户学校。
2016 年 1 月 16 日	举行扬州市政府与学校全面深化合作协议签约仪式,江苏省副省长曹卫星、扬州市委书记谢正义、校党委书记姚冠新出席仪式并致辞,扬州市市长朱民阳、校长焦新安等代表市校双方签约。
2016 年 4 月 29 日	中共中央政治局原常委、国务院原副总理李岚

清在南京接见校党委书记姚冠新一行,听取学校事业发展情况汇报。

2016 年 5 月 27 日	诺贝尔文学奖获得者、法国著名作家勒·克莱齐奥先生应邀访问学校。
2016 年 5 月	临床医学学科进入 ESI 全球排名前 1%。
2016 年 6 月 28 日	学校 12 门课程入选首批国家级精品资源共享课名单。
2016 年 8 月 18 日	学校举行扬州(高邮)国家农业科技园区暨扬州大学现代农业科教示范园区奠基仪式。
2016 年 9 月 2 日	姚文放教授所著《从形式主义到历史主义:晚近文学理论"向外转"的深层机理探究》入选 2016 年《国家哲学社会科学成果文库》。
2016 年 12 月 28 日	学校隆重举行扬州市第一人民医院划转暨扬州大学附属医院揭牌仪式。
2017 年 1 月 18 日	学校被教育部认定为"全国首批深化创新创业教育改革示范高校"。
2017 年 2 月	刘秀梵院士、杨建昌教授、刘玉荣教授分别入选微生物和免疫学、农业与生物科学、控制与系统工程等学术领域的高被引学专家。
2017 年 2 月	后勤幼教中心被中华全国总工会授予"全国五一巾帼标兵岗"称号。
2017 年 3 月 2 日	中共中央政治局原常委、国务院原副总理李岚清在北京接见校党委书记姚冠新、副校长洪涛一行,听取学校事业发展汇报。
2017 年 3 月 24 日	江苏省委书记李强视察学校,对学校事业发展和取得的成绩给予充分肯定。
2017 年 3 月 31 日	陈军教授入选"长江学者奖励计划"青年学者。

2017 年 3 月	学校与扬州市政府共建扬州大学中国大运河研究院,同年 8 月,被江苏省教育厅认定为省高校哲学社会科学校外研究基地。
2017 年 4 月 5 日	学校入选首批优秀本科生国际交流项目改革试点高校。
2017 年 4 月 24 日	徐夏、刘丹 2 位同学及扬州职业大学 3 位同学被授予"全国见义勇为模范群体"荣誉称号。
2017 年 5 月	材料科学学科首次进入 ESI 全球前 1%。
2017 年 6 月 13 日	苏丹研究中心入选教育部国别和区域研究中心备案名单。
2017 年 7 月	学校被国家知识产权局认定为"全国专利文献服务网点"。
2017 年 9 月 28—29 日	中国共产党扬州大学第三次代表大会隆重召开。大会确立了"建成国内一流、国际知名、特色鲜明的高水平研究型大学"的奋斗目标。
2017 年 9 月 30 日	由学校牵头组织编撰的《扬州通史》编撰工作启动仪式隆重举行。
2017 年 12 月 27 日	大学科技园众创梦工场被科技部评定为国家备案众创空间,并纳入国家级科技企业孵化器管理服务体系。
2017 年 12 月 28 日	学校获评第三批"全国高校实践育人创新创业基地"。
2018 年 1 月 8 日	杨建昌教授领衔完成的项目"促进稻麦同化物向籽粒转运和籽粒灌浆的调控途径与生理机制"荣获国家自然科学奖二等奖,焦新安教授领衔完成的项目"重要食源性人兽共患病原菌的传播生态规律及其防控技术"荣获国家科技

进步奖二等奖。

2018 年 1 月 16 日　学校被教育部认定为"全国国防教育特色学校"。

2018 年 1 月　刘秀梵院士领衔的"动物传染病学教师团队"入选教育部首批"全国高校黄大年式教师团队"。

2018 年 2 月　李碧春教授入选第三批国家"万人计划"教学名师。次年 2 月,胡效亚教授入选第四批国家"万人计划"教学名师。

2018 年 3 月　全国人大代表焦新安出席十三届全国人大一次会议。

2018 年 4 月 4 日　中共中央政治局原委员、国务院原副总理刘延东在扬州接见校党委书记姚冠新、校长焦新安一行,听取学校事业发展情况汇报。

2018 年 4 月 27 日　学校主持修订编纂《中国农业百科全书·农作物卷》,张洪程院士担任专业主编。

2018 年 5 月 7 日　贵州省委书记孙志刚给学校贵州研究生支教团回信,充分肯定学校志愿者在贵州支教服务所取得的成绩。

2018 年 5 月 14 日　由扬州大学等 5 家单位申报的鸡新城疫、传染性支气管炎二联活疫苗获准为新兽药,并核发新兽药证书。这是国内首个研发成功并申报注册的 QX 型 IBV 活疫苗。

2018 年 5 月　学校毕业生就业指导工作在全国率先通过 ISO9001 质量管理体系认证。

2018 年 6 月 22 日　学校获评全国"优秀心理健康教育机构"。

2018 年 7 月 6 日　学校获评"2018 年度全国创新创业典型经验高

校"。

2018 年 7 月 18 日	"动物重要疫病与人兽共患病防控学科创新引智基地"入选"高等学校学科创新引智计划"。
2018 年 7 月	魏万红教授负责的"兔的形态结构与功能虚拟仿真实验"入选首批国家虚拟仿真实验教学项目。
2018 年 9 月 27 日	王金玉教授领衔培育的"海扬黄鸡"获国家畜禽新品种证书。
2018 年 10 月 15 日	重组新城疫病毒、禽流感病毒（H9 亚型）二联灭活疫苗获发国家新兽药证书。
2018 年 11 月 1 日	学校 36 个学科入选 2018 软科"中国最好学科"，总数位居全国第 26 位、全省第 4 位。
2018 年 11 月 27 日	刘玉荣教授入选 2018 年全球"高被引科学家"名单。
2018 年 12 月 3 日	全国首个"海外惠侨工程中餐繁荣基地联盟"在学校成立。
2018 年 12 月 15 日	学校召开学科建设与研究生教育工作大会。
2018 年 12 月 23 日	刘秀梵院士主持的"现代兽医一流本科人才'三四三'培养体系构建与实践"获国家级教学成果奖二等奖。
2018 年 12 月 29 日	首届"中苏关系高层论坛暨苏丹问题学术研讨会"在学校举行。
2019 年 1 月 7 日	学校获批教育部高校思想政治工作队伍培训研修中心。
2019 年 1 月 8 日	张洪程院士领衔完成的"多熟制地区水稻机插栽培关键技术创新及应用"、王金玉教授领衔完成的"优质肉鸡新品种京海黄鸡培育及其产业化"2 项成果获国家科技进步奖二等奖。

2019 年 1 月 16 日	学校获评 2018 年度"中国双创典型示范高校"。
2019 年 1 月 17 日	刘秀梵、杨建昌、刘玉荣等 3 位教授入选 2018 年中国"高被引学者"榜单。
2019 年 1 月 25 日	马克思主义学院研究生第二党支部入选教育部首批高校"百个研究生样板党支部",课程与教学论(数学)硕士研究生潘伊人入选"百名研究生党员标兵"。
2019 年 2 月	附属医院被国家卫健委办公厅确认为"第一批罕见病诊疗协作网医院"成员单位。
2019 年 3 月 14 日	计算机科学学科进入 ESI 全球排名前 1%。
2019 年 3 月 18 日	马克思主义学院刘勇副教授参加习近平总书记主持召开的全国学校思想政治理论课教师座谈会。
2019 年 5 月 31 日	学校决定在 5 个一级学科设立学科特区,第一类为兽医学、作物学,第二类为化学、畜牧学、中国语言文学。
2019 年 9 月 6 日	召开江苏省教育厅与扬州市人民政府共建扬州大学暨新一轮市校合作推进会。
2019 年 9 月 9 日	兽医学院被授予"全国教育系统先进集体"称号。
2019 年 9 月 25 日	杰出校友吴登云荣获"最美奋斗者"称号。
2019 年 12 月 10 日	顾瑞霞教授领衔完成的项目"特色乳加工关键技术与装备研发"荣获 2019 年度教育部科技进步奖一等奖。
2019 年 12 月 24 日	学校 18 个本科专业入选国家级一流本科专业建设点。
2020 年 1 月 10 日	刘秀梵院士领衔完成的项目"基因 VII 型新城

疫新型疫苗的创制与应用"荣获国家技术发明奖二等奖,以学校为第二完成单位、陈国宏教授参与完成的项目"蛋鸭种质创新与产业化"荣获国家科学技术进步奖二等奖。

2020 年 2 月　　　　学校累计选派 46 名医护人员驰援湖北,参与疫情防控工作。

2020 年 4 月 27 日　学校荣获 2019 年度江苏省属高校综合考核第一等次。此后,学校又于 2021 年、2022 年连续荣获该项考核第一等次。

2020 年 5 月 19 日　江苏省委书记娄勤俭对学校张洪程院士提交的建议报告《开展比学赶超,奋力推进"苏米"产业走在全国最前列》作出批示。

2020 年 5 月 30 日　焦新安教授荣获第二届全国创新争先奖。

2020 年 7 月 21 日　以文学院董国炎教授为首席专家申报的"中国说书通史"获批 2020 年度国家社科基金艺术学重大项目立项,这是学校首次获批国家社科基金艺术学重大项目。

2020 年 8 月　　　　张洪程院士撰写的高水平建设"绿色大粮仓"建议得到中共中央政治局委员、国务院副总理胡春华,全国政协副主席、国家发展和改革委员会主任何立峰批示。

2020 年 9 月 8 日　附属医院李娟娟被评选为全国抗击新冠肺炎疫情先进个人。

2020 年 11 月 1 日　学校隆重召开医科发展大会。

2020 年 11 月 18 日　刘玉荣、薛怀国、庞欢等 3 位教授分别在计算机科学、跨学科领域入选 2020 年全球"高被引科学家"名单。

2021 年 2 月 10 日	学校 14 个本科专业入选国家级一流本科专业建设点。
2021 年 6 月 1 日	学校大学科技园被科技部、教育部认定为国家大学科技园。
2021 年 6 月 18 日	举行《张謇辞典》首发式暨张謇研究院揭牌仪式。
2021 年 6 月	中餐非遗技艺传承实验室获批文化和旅游部重点实验室。
2021 年 7 月 8 日	环境生态学学科进入 ESI 全球排名前 1%。
2021 年 8 月 21 日	江苏省省长吴政隆来校检查指导疫情防控工作，听取学校疫情防控工作及事业发展概况汇报。
2021 年 9 月 24 日	学校入选江苏高水平大学建设高峰计划 A 类建设高校名单。
2021 年 9 月 30 日	学校被国家知识产权局、教育部认定为第三批高校国家知识产权信息服务中心。
2021 年 11 月 3 日	以学校为第三完成单位，农学院周勇副教授为第三完成人参与完成的项目"长江中游优质中籼稻新品种培育与应用"荣获国家科学技术进步奖二等奖。
2021 年 11 月 20 日	举行公共卫生学院成立揭牌仪式。
2021 年 11 月	微生物学学科首次进入 ESI 全球排名前 1%。
2021 年 11 月	校纪委书记、派驻监察专员周琴当选中共江苏省第十四届纪律检查委员会委员。
2021 年 12 月 27 日	"智能制造装备产业学院"入选首批国家级现代产业学院。
2022 年 1 月 24 日	中共江苏省委决定焦新安任校党委书记，免去姚冠新的校党委书记、常委、委员职务；丁建宁

任校党委委员、常委、副书记、校长，免去焦新安的校长职务。

2022年1月27日　张洪程院士领衔的"水稻丰产优质技术创新教师团队"入选第二批"全国高校黄大年式教师团队"。

后　记

　　百廿学府,人文日新;盛世修史,资政弘文。2022 年,扬州大学喜迎建校 120 周年、在扬办学 70 周年、合并办学 30 周年,为更好地传承历史文脉、展示发展成果、续写百廿华章,学校组织编纂了《扬州大学校史》。

　　2002 年,学校组织编撰了《扬州大学百年办学史稿》(未出版),由许卫平、吴善中担任主编,成员有邹甲申、史宇澄、尹祥保、田峻岫、石恒珍、费宗琴、陈曦、戴跃侬、史华楠、黄文德、薛小平。2012 年,学校又组织编撰了《扬州大学校史稿》(广陵书社出版),由周新国担任主编,吴善中、薛小平、周建超、周建兵担任副主编,成员有孙剑云、陆和健、林刚、林超、费迅、秦宏伟。本书是在以上二书的基础上进行修订、增补和完善而成。在此,谨向上述编写组成员表示衷心的感谢。

　　本书着重对相关史实进行了辨正,对合并办学前 6 所高校的发展历史进行了梳理,对合并办学 30 年来,特别是 2012 年以来的办学历史和主要成就作了简要概括。全书共分上篇、中篇和下篇,同时精选了部分历史照片,附录扬州大学历史沿革示意图,并编制了大事年表。其中,上篇由殷宏楼、吴善中修订;中篇由杨家栋、戴世勇牵头,唐尧、周详、黄庆华、刘怀玉、孙维、杨静雯、王成、蒋义刚、孙强、谈志娟等共同修订;下篇由蒋鸿青牵头,史华楠、金永健、卢彪、赵晓兰、陈森青、张勇、虞璐、王一凡、张琼、李亿、魏训鹏、杨方等共同修订、撰写；大事年表由张运、孙剑云编撰。全书由吴善中、陆和健统稿。

本书编撰过程中，许多领导、广大师生和校友给予了热情关心和大力支持，在此谨致谢忱。

因史料缺失，编撰时间紧迫及编者水平所限，本书难免有疏漏和不足之处，敬请读者批评指正。学校决定常态化进行校史修订工作，诚挚欢迎大家将有关史料、修订建议和意见反馈给档案馆（校史馆）。

《扬州大学校史》编纂组

二〇二二年四月